Internationale Standardlehrbücher der Wirtschafts- und Sozialwissenschaften

Herausgegeben von Universitätsprofessor Dr. Lutz Kruschwitz

Bisher erschienene Werke:

Bagozzi u. a., Marketing Management
Bergstrom · Varian, Trainingsbuch zu Varian, Grundzüge der Mikroökonomik, 5. A.
Blasius, Korrespondenzanalyse
Büning · Naeve · Trenkler · Waldmann, Mathematik für Ökonomen im Hauptstudium
Caspers, Zahlungsbilanz und Wechselkurse
Dixit · Norman, Außenhandelstheorie, 4. A.
Dornbusch · Fischer · Startz, Makroökonomik, 8. A.
Ethier, Moderne Außenwirtschaftstheorie, 4. A.
Gordon, Makroökonomik, 4. A.
Granvogl · Perridon, Sozioökonomie
Heike · Târcolea, Grundlagen der Statistik und Wahrscheinlichkeitsrechnung
Hillier · Lieberman, Einführung in Operations Research, 5. A.
Horngren · Foster · Datar, Kostenrechnung, 9. A.
Hull, Einführung in Futures- und Optionsmärkte, 3. A.
Hull, Optionen, Futures und andere Derivative, 4. A.
Johnson, Kundenorientierung und Markthandlung
Keegan · Schlegelmilch · Stöttinger, Globales Marketing-Management. Eine europäische Perspektive
Kneis, Mathematik für Wirtschaftswissenschaftler, 2. A.

Kruschwitz, Finanzierung und Investition, 4. A.
Kruschwitz, Investitionsrechnung, 9. A.
Kruschwitz · Decker · Röhrs, Übungsbuch zur Betrieblichen Finanzwirtschaft, 6. A.
Mehler-Bicher, Mathematik für Wirtschaftswissenschaftler, 2. A.
Meissner, Strategisches Internationales Marketing, 2. A.
Pindyck · Rubinfeld, Mikroökonomie, 4. A.
Rübel, Grundlagen der Monetären Außenwirtschaft, 2. A.
Rübel, Grundlagen der Realen Außenwirtschaft
Sargent, Makroökonomik
Schäfer · Kruschwitz · Schwake, Studienbuch Finanzierung und Investition, 2. A.
Sloman, Mikroökonomie, 3. A.
Smith, Einführung in die Volkswirtschaftslehre, 2. A.
Stiglitz, Volkswirtschaftslehre, 2. A.
Stiglitz · Schönfelder, Finanzwissenschaft, 2. A.
Varian, Grundzüge der Mikroökonomik, 6. A.
Zäpfel, Grundzüge des Produktions- und Logistikmanagement, 2. A.
Zäpfel, Strategisches Produktions-Management, 2. A.
Zäpfel, Taktisches Produktions-Management, 2. A.
Zwer, Internationale Wirtschafts- und Sozialstatistik, 2. A.

Grundlagen der Monetären Außenwirtschaft

Von
Universitätsprofessor
Dr. Gerhard Rübel

2., überarbeitete Auflage

R. Oldenbourg Verlag München Wien

Bibliografische Information Der Deutschen Bibliothek

Die Deutsche Bibliothek verzeichnet diese Publikation in der Deutschen
Nationalbibliografie; detaillierte bibliografische Daten sind im Internet
über <http://dnb.ddb.de> abrufbar.

© 2005 Oldenbourg Wissenschaftsverlag GmbH
Rosenheimer Straße 145, D-81671 München
Telefon: (089) 45051-0
www.oldenbourg-verlag.de

Das Werk einschließlich aller Abbildungen ist urheberrechtlich geschützt. Jede Verwertung
außerhalb der Grenzen des Urheberrechtsgesetzes ist ohne Zustimmung des Verlages unzulässig und strafbar. Das gilt insbesondere für Vervielfältigungen, Übersetzungen, Mikroverfilmungen und die Einspeicherung und Bearbeitung in elektronischen Systemen.

Gedruckt auf säure- und chlorfreiem Papier
Druck: Grafik+Druck, München
Bindung: R. Oldenbourg Graphische Betriebe Binderei GmbH

ISBN 3-486-57699-2

Vorwort zur ersten und zweiten Auflage

Das vorliegende Lehrbuch will die umfangreichen Zusammenhänge und Aspekte der monetären internationalen Beziehungen möglichst kompakt und übersichtlich darstellen. Für das Verständnis des Stoffes sind lediglich ökonomische Grundkenntnisse erforderlich. Mathematische Zusammenhänge sind weitgehend aus dem Text ausgegliedert und in eigenen Anhängen dargestellt, sie sind für das Sachverständnis nicht unbedingt erforderlich. Das Buch ist daher für alle Studierenden der Wirtschaftswissenschaften geeignet, die das interessante und für fast alle Berufsfelder immer wichtiger werdende Gebiet der internationalen Wirtschaftsbeziehungen in Pflicht- oder Wahlveranstaltungen belegen.

Roter Faden des Buchs ist das Austauschverhältnis zwischen verschiedenen Währungen, der Wechselkurs. Es werden ökonomische, aber auch nichtökonomische Bestimmungsfaktoren der Kurse betrachtet, die Rahmenbedingungen, unter denen Währungen gehandelt werden ebenso wie die Konsequenzen von Wechselkursänderungen und von unterschiedlichen Währungssystemen. Zunächst jedoch steht die Integration der außenwirtschaftlichen Beziehungen einer Ökonomie in die volkswirtschaftliche Gesamtrechnung sowie Ursachen und Folgen von ungleichgewichtigen Beziehungen zum Rest der Welt im Mittelpunkt. Kapitel II gibt einen Überblick über die grundlegenden Erscheinungsformen von Devisenmärkten und Wechselkursarten und diskutiert auch den gleichgewichtigen Zusammenhang zwischen Devisenkassa- und Devisenterminmärkten. Verschiedene Theorien zur Bestimmung der Wechselkurshöhe, die auch neuere Erklärungsversuche einbeziehen, stehen im Mittelpunkt von Kapitel III. Darauf folgend werden die Rahmenbedingungen analysiert, unter denen Währungen gehandelt werden und die Institutionen mit ihren Motiven vorgestellt, die dabei eine besondere Rolle spielen. Die Kapitel V und VI beschreiben die bisher zu beobachtende Praxis der monetären Beziehungen zwischen selbstständigen Staaten, die vom Goldstandard und dem Gold-Devisen-Standard bis zum Europäischen Währungssystem und zur Europäischen Währungsunion reichen. Die Auswirkungen unterschiedlicher Währungssysteme auf die einzelnen Volkswirtschaften und die ihnen verbleibenden Möglichkeiten einer eigenständigen Politik stehen im Mittelpunkt der Kapitel VII und VIII. Nach dieser umfassenden Darstellung der Grundlagen monetärer internationaler Beziehungen versucht Kapitel IX einen Ausblick in die Zukunft zu geben und diskutiert kritisch mögliche Aspekte einer neuen internationalen Finanzarchitektur.

Die zweite Auflage wurde überarbeitet und aktualisiert.

Passau   2002
Göttingen 2005   Gerhard Rübel

Inhaltsverzeichnis

Kapitel I

Die Zahlungsbilanz

1. Außenwirtschaftliche Beziehungen im Wirtschaftskreislauf einer Volkswirtschaft 1
2. Die Zahlungsbilanz 5
    2.1 Leistungsbilanz 5
    2.2 Vermögensübertragungen 8
    2.3 Kapitalbilanz 8
    2.4 Devisenbilanz 10
    2.5 Restposten 10
3. Ausgleich der Zahlungsbilanz 12
    3.1 Formaler Ausgleich 12
    3.2 Materieller Ausgleich 13
    3.3 Leistungsbilanzausgleich als wirtschaftspolitisches Ziel 14
4. Bestimmungsfaktoren der Zahlungsbilanz 15
    4.1 Determinanten der Einzelbilanzen 15
        4.1.1 Bestimmungsfaktoren der Leistungsbilanz 16
            4.1.1.1 Leistungsbilanzsaldo und relative Preisvorteile 16
            4.1.1.2 Leistungsbilanzsaldo und Wechselkurs 21
            4.1.1.3 Leistungsbilanzsaldo und Güterpreise 27
            4.1.1.4 Leistungsbilanzsaldo und sonstige Einflussfaktoren 28
        4.1.2 Determinanten von Kapital- und Devisenbilanz 29
        4.1.3 Folgen von Salden der Leistungs- bzw. der Kapitalbilanz.... 30
    4.2 Intertemporaler Ansatz der Zahlungsbilanztheorie 31
        4.2.1 Leistungsbilanzsaldo als Ergebnis von individuellen Planungen 31
        4.2.2 Determinanten des Leistungsbilanzsaldos im intertemporalen Kontext 39
5. Zusammenfassung von Kapitel I 46
6. Anhang zu Kapitel I 47

Kapitel II

Devisenmärkte

1. Grundsätzliche Erscheinungsformen des Wechselkurses 54
   1.1 Devisen, Devisenmärkte und Wechselkurs 54
   1.2 Kassawechselkurs und Terminwechselkurs 56
   1.3 Effektive und reale Wechselkurse 57
   1.4 Wechselkursrisiken und Möglichkeiten ihrer Absicherung 59
       1.4.1 Arten von Wechselkursrisiken 59
       1.4.2 Möglichkeiten der Absicherung von Wechselkursrisiken 61
2. Determinanten von Devisenangebot und Devisennachfrage................. 63
   2.1 Angebot und Nachfrage aus Außenhandelsgeschäften 63
       2.1.1 Bestimmung eines Devisenmarktgleichgewichts 63
       2.1.2 Stabilität eines Devisenmarktgleichgewichts und Normal
             reaktion der Leistungsbilanz auf Wechselkursänderungen.... 70
       2.1.3 Devisenangebot und Devisennachfrage von Außenhänd
             lern am Terminmarkt 72
   2.2 Devisenangebot und Devisennachfrage aus
       Spekulationsgeschäften 73
   2.3 Devisenangebot und Devisennachfrage aus kursgesicherten
       internationalen Anlagegeschäften 75
3. Gleichgewichtiger Zusammenhang zwischen Kassa- und
   Terminmärkten 80
   3.1 Die Arbitragewunschkurve 80
   3.2 Die Arbitragemöglichkeitskurve 81
   3.3 Gleichzeitiges Kassa- und Terminmarktgleichgewicht 83
   3.4 Veränderungen des Gleichgewichts 84
4. Zusammenfassung von Kapitel II 85

Kapitel III

Bestimmungsfaktoren des Wechselkurses

1. Kaufkraftparitätentheorem 88
   1.1 Kaufkraftparität in absoluter Form 88
   1.2 Kaufkraftparität in relativer Form 92
   1.3 Handel- und nicht-handelbare Güter 92
2. Die monetäre Wechselkurstheorie 96
   2.1 Der Fall eines kleinen Landes 96
   2.2 Zwei-Länder-Betrachtung 98

2.3　Wechselkursbildung im monetären Ansatz 100
　　　　2.3.1　Langfristiges Gleichgewicht 100
　　　　2.3.2　Veränderung des Gleichgewichts 102
3. Finanzmarktansatz 104
　　3.1　Portfoliotheoretische Zusammenhänge 104
　　3.2　Der wechselkursinduzierte Vermögenseffekt 107
　　3.3　Graphische Darstellung des Portfoliogleichgewichts 108
　　3.4　Determinanten des Wechselkursniveaus 110
　　　　3.4.1　Erhöhung des Geldangebots 110
　　　　3.4.2　Anstieg des ausländischen Zinssatzes 112
　　　　3.4.3　Anstieg des inländischen Volkseinkommens 113
4. Zinsparitätentheorem 115
5. Überschießende Wechselkursreaktion 117
　　5.1　Kurz- und langfristig reagierende Variable 117
　　5.2　Kurz- und langfristige Veränderungen des Wechselkurses 119
6. Sonstige Bestimmungsfaktoren des Wechselkurses 121
　　6.1　Erwartungen und Risiko 121
　　6.2　Spekulative Blasen 122
　　6.3　Technische Analyse, noise trade und Herdenverhalten 123
7. Zusammenfassung von Kapitel III 125
8. Anhang zu Kapitel III 127

Kapitel IV

Währungssysteme und währungspolitische Institutionen

1. Merkmale von Währungssystemen 130
2. Regeln für die Bestimmung der Wechselkurse und ihrer
　　Beeinflussung 131
　　2.1　Feste Wechselkurse durch Entscheidung einzelner Länder 131
　　2.2　Feste Wechselkurse durch institutionelle Vereinbarungen
　　　　zwischen mehreren Ländern 134
　　　　2.2.1　Das (n-1)-Problem 134
　　　　2.2.2　Bestimmung der Paritäten und der Bandbreiten 134
　　　　2.2.3　Stabilisierung der Wechselkurse 135
　　　　2.2.4　Regeln für Paritätsänderung 136
　　　　2.2.5　Vertragliche Kooperationen zwischen den Notenbanken ... 137
　　2.3　Flexible Wechselkurse 137
3. Mechanismen des Zahlungsbilanzausgleichs 138
　　3.1　Zahlungsbilanzanpassung 139
　　　　3.1.1　Anpassung durch Wechselkursänderung 139

3.1.2 Anpassung bei unverändertem Wechselkurs 140
3.2. Zahlungsbilanzfinanzierung 141
4. Art und Umfang von Währungsreserven 143
   4.1 Die wichtigsten Arten von Währungsreserven 143
   4.2 Bedarf und Entstehung von Währungsreserven 145
5. Währungspolitische Akteure 147
   5.1 Die nationalen Notenbanken 147
   5.2 Motive von Devisenmarktinterventionen nationaler
       Notenbanken 148
   5.3 Die Bedeutung der Geldmengensterilisation einer
       Devisenmarktintervention 150
   5.4 Der internationale Währungsfonds (IWF) 153
6. Zusammenfassung von Kapitel IV 157

Kapitel V

Weltwährungssysteme in der Praxis

1. Der klassische Goldstandard 160
   1.1 Institutionelle Regelungen des Goldstandards 160
   1.2 Ökonomische Wirkungen des Goldstandards 163
       1.2.1 Preisniveaustabilisierung 163
       1.2.2 Zahlungsbilanzausgleich 164
       1.2.3 Internationaler Konjunkturzusammenhang 166
   1.3 Beurteilung des Goldstandards 166
   1.4 Die Zwischenkriegszeit 169
2. Gold-Devisen-Standard - der Vertrag von Bretton Woods 171
   2.1 Die unterschiedlichen Ausgangspunkte 171
   2.2 Das Vertragswerk von Bretton Woods 172
   2.3 Erfahrungen mit dem System und das Triffin-Dilemma 175
   2.4 Das Scheitern des Gold-Devisen-Standards 177
3. Flexible Wechselkurse 180
   3.1 Erfahrungen mit flexiblen Wechselkursen 180
   3.2 Politische Versuche der Devisenmarktbeeinflussung –
       Weltwirtschaftsgipfel, Plaza-Abkommen und Louvre-Akkord 181
4. Zusammenfassung von Kapitel V 184

Kapitel VI

Währungspolitik in Europa

1. Der Europäische Wechselkursverbund 188
2. Das Europäische Währungssystem 189
   2.1 Die vertraglichen Regelungen des Europäischen
       Währungssystems 189
       2.1.1 Der Wechselkurs- und Interventionsmechanismus 189
       2.1.2 Das wechselseitige Beistandssystem 191
       2.1.3 Die Europäische Währungseinheit ECU 191
   2.2 Entwicklung und Krisen des EWS 193
       2.2.1 Die Rolle der D-Mark als Ankerwährung 193
       2.2.2 Die Krisen von 1992/93 194
       2.2.3 Die Turbulenzen im EWS aus theoretischer Sicht 197
3. Die Europäische Währungsunion 200
   3.1 Der Weg zur europäischen Währungsunion und der
       Maastrichter Vertrag 200
   3.2 Die Europäische Zentralbank 205
   3.3 Ökonomische Konsequenzen der Europäischen Währungsunion .. 207
       3.3.1 Die Optimalität Europas als einheitlicher Währungsraum .. 207
       3.3.2 Die Problematik asymmetrischer Schocks in einer
             Währungsunion 209
       3.3.3 Implikationen der Währungsunion für die europäischen
             Arbeitsmärkte 214
4. Zusammenfassung von Kapitel VI 217

Kapitel VII

Außenwirtschaftliche Abhängigkeiten einer Volkswirtschaft bei unterschiedlichen Währungssystemen

1. Die Bedeutung der terms of trade und ihre Abhängigkeit vom
   Wechselkurs 219
   1.1 Terms of trade und Güterhandel 219
   1.2 Terms of trade und Wechselkurs 221
   1.3 Die preisliche Wettbewerbsfähigkeit eines Landes 226
2. Internationale Preisübertragungen und Leistungsbilanzsaldo 228
   2.1 Güterpreisänderungen und Leistungsbilanzsaldo 228
   2.2 Inflationsimport bei festen Wechselkursen 230
   2.3 Inflationsimport bei flexiblen Wechselkursen 233

3. Stabilisierende und destabilisierende Währungsspekulation 235
   3.1 Spekulation bei festen Wechselkursen 235
   3.2 Spekulation bei flexiblen Wechselkursen 236
4. Außenwirtschaftliche Einflüsse auf die Zinsentwicklung am
   Kapitalmarkt 240
5. Zusammenfassung von Kapitel VII 243
6. Anhang zu Kapitel VII 245

Kapitel VIII

Wirtschaftspolitische Implikationen unterschiedlicher Währungssysteme

1. Makroökonomischer Modellrahmen 246
   1.1 Internes Gleichgewicht 246
   1.2 Außenwirtschaftliches Gleichgewicht 250
2. Geld-, Fiskal- und Wechselkurspolitik 255
   2.1 Expansive Fiskalpolitik bei unterschiedlichen
       Währungssystemen 255
       2.1.1 Der Fall flexibler Wechselkurse 255
       2.1.2 Der Fall fester Wechselkurse 258
       2.1.3 Vergleich der Ergebnisse 260
   2.2 Expansive Geldpolitik bei unterschiedlichen
       Währungssystemen 261
       2.2.1 Der Fall flexibler Wechselkurse 261
       2.2.2 Der Fall fester Wechselkurse 263
       2.2.3 Vergleich der Ergebnisse 264
   2.3 Wechselkurspolitik und Auslandseinflüsse bei
       unterschiedlichen Währungssystemen 265
       2.3.1 Der Fall flexibler Wechselkurse 265
       2.3.2 Der Fall fester Wechselkurse 269
       2.3.3 Vergleich der Ergebnisse 272
3. Internationale Rückwirkungen 273
4. Geld- und Fiskalpolitik bei flexiblen Güterpreisen 278
   4.1 Erweiterung der Modellstruktur 278
   4.2 Expansive Fiskalpolitik bei unterschiedlichen
       Währungssystemen 283
       4.2.1 Der Fall flexibler Wechselkurse 283
       4.2.2 Der Fall fester Wechselkurse 285
       4.2.3 Vergleich der Ergebnisse 287
   4.3. Expansive Geldpolitik bei unterschiedlichen
        Währungssystemen 287

      4.3.1 Der Fall flexibler Wechselkurse.................................287
      4.3.2 Der Fall fester Wechselkurse...................................289
      4.3.3 Vergleich der Ergebnisse...289
5. Wirtschaftspolitische Implikationen...290
6. Zusammenfassung von Kapitel VIII..291
7. Anhang zu Kapitel VIII...293

Kapitel IX

Perspektiven und "neue Architektur" der internationalen Finanzmärkte

1. Das "magische Dreieck" der internationalen Finanzarchitektur...........298
2. Vorschläge zur Erhöhung der internationalen Finanzmarktstabilität....301
   2.1 Institutionelle Überwachung der Märkte...................................301
   2.2 Regulierung der Märkte..302
3. Freier internationaler Kapitalverkehr und Konsequenzen für die nationale Wirtschaftspolitik..309
   3.1 Optimale internationale Kapitalakkumulation und nationale Wirtschaftspolitik...309
   3.2 Angestrebter Leistungsbilanzausgleich und Wechselkursziele als Garant eines globalen Gleichgewichts?................................312
4. Vorschläge für eine "neue internationale Finanzarchitektur".............315
5. Zusammenfassung von Kapitel IX..318

Kapitel I

Die Zahlungsbilanz

1. Außenwirtschaftliche Beziehungen im Wirtschaftskreislauf einer Volkswirtschaft

Im Wirtschaftskreislauf einer geschlossenen Ökonomie führt die Aggregation aller einzelwirtschaftlichen Transaktionen *zum ex-post-Gleichgewicht einer geschlossenen Volkswirtschaft:* Die Nettoinvestitionen (I^n) stimmen mit den gesamtwirtschaftlichen Ersparnissen (S) überein, oder anders ausgedrückt, die Veränderung des gesamtwirtschaftlichen Reinvermögens (Ersparnisse) muss der Veränderung des gesamtwirtschaftlichen Sachvermögens (Nettoinvestitionen) entsprechen. Die Differenz zwischen der Ersparnis und der Nettoinvestition ist der Finanzierungssaldo eines Wirtschaftssubjekts, der auch der Differenz zwischen der Veränderung seiner Forderungen und der Veränderung seiner Verbindlichkeiten entspricht. Da in einer geschlossenen Volkswirtschaft jeder Schuldnerposition eine entsprechende Gläubigerposition gegenübersteht, ergibt sich zwangsläufig ein gesamtwirtschaftlicher Finanzierungssaldo (F) von Null.

(I.1) $S = I^n$ bzw. $F = 0$

Der arbeitsteilige Wirtschaftsprozess heutiger Volkswirtschaften ist jedoch durch intensive reale und monetäre ökonomische Beziehungen zum Ausland gekennzeichnet. Dies hat auch Konsequenzen für die in (I.1) beschriebene Identität. Dabei liefern die hier dargestellten Zusammenhänge noch keine Kausalerklärungen, sie stellen lediglich Saldenmechanismen dar, die zu ex-post Identitäten führen.

Zum einen sind der Export (X) und der Import (M) von Gütern und Dienstleistungen bei der Verwendungsgleichung des Nettoinlandsprodukts zu berücksichtigen. Definitionsgemäß ist das Nettoinlandsprodukt (Y^n) einer geschlossenen Volkswirtschaft gleich der Summe aus privatem und öffentlichem Konsum (C_H, C_{St}) und den Nettoinvestitionen. Im Inland produzierte Güter werden jedoch nicht nur im Inland von den privaten Haushalten, von den privaten Unternehmen und vom Staat verwendet, sondern auch exportiert. Da auf der anderen Seite der Konsum der privaten Haushalte und des Staates sowie die Nettoinvestitionen auch Güter aus ausländischer Produktion enthalten, müssen diese Importe abgezogen werden, um eine Aussage über die nationale Wertschöpfung zu erhalten. Die Differenz zwischen X und M bezeichnet dabei den *Außenbeitrag* des betrachteten Landes.

(I.2) $\quad Y^n = C_H + C_{St} + I^n + X - M$

Bringt man die Importe auf die linke Seite, so sieht man, dass in einer Volkswirtschaft immer nur so viel konsumiert, investiert und exportiert werden kann, wie an Gütern aus inländischer Produktion und Importen zur Verfügung stehen.

(I.3) $\quad Y^n + M = C_H + C_{St} + I^n + X$

Fasst man den Konsum der privaten Haushalte und des Staates sowie die Nettoinvestitionen zur inländischen *Absorption* (A) zusammen, so wird deutlich, dass der Außenbeitrag der Differenz zwischen dem Nettoinlandsprodukt und der inländischen Absorption entsprechen muss. Ein positiver Außenbeitrag impliziert also, dass die inländische Absorption kleiner ist als das Inlandsprodukt.

(I.4) $\quad X - M = Y^n - A$

Die gesamtwirtschaftliche Ersparnis ergibt sich aus der Differenz zwischen dem Nettoinlandsprodukt und dem gesamtwirtschaftlichen Konsum, wobei in einer offenen Volkswirtschaft auch Übertragungen zwischen dem Inland und dem Ausland, also Güter- und Finanztransaktionen, die ohne ökonomische Gegenleistung erfolgen, zu berücksichtigen sind. Hier sollen die Übertragungen in Form von Nettoübertragungen des Auslands ins Inland (NÜ) berücksichtigt werden, die zusätzlich zur Inlandsproduktion für Konsumzwecke zur Verfügung stehen. Damit gilt:

(I.5) $\quad S = Y^n + N\ddot{U} - C_H - C_{St}$

Die Summe aus Außenbeitrag und Nettoübertragungen vom Ausland ist der *Leistungsbilanzsaldo* (LB) des betrachteten Landes.

(I.6) $\quad LB = X - M + N\ddot{U}$

Damit ergibt sich durch Einsetzen von (I.5) in (I.2) und Berücksichtigung von (I.6) das *ex-post Gleichgewicht einer offenen Volkswirtschaft* als Identität zwischen den gesamtwirtschaftlichen Ersparnissen auf der einen und der Summe aus Nettoinvestitionen und Leistungsbilanzsaldo auf der anderen Seite, mit anderen Worten, der Leistungsbilanzsaldo entspricht der Differenz zwischen den gesamtwirtschaftlichen Ersparnissen und den gesamtwirtschaftlichen Nettoinvestitionen.

(I.7) $\quad S = I^n + LB \quad$ bzw. $\quad S - I^n = LB$

Hinter den „realen" Größen Export und Import von Gütern und Dienstleistungen sowie den Übertragungen steht auch immer eine monetäre Seite, denn jeder Export führt zu Zahlungseingängen, Importe entsprechend zu Zahlungsausgängen. Die Konsequenzen dieser Zusammenhänge werden bei der Interpretation von (I.7) erkennbar. Sind die gesamtwirtschaftlichen Ersparnisse kleiner als die gesamtwirtschaftlichen Nettoinvestitionen - negativer Leistungsbilanzsaldo -, so existiert eine „Ersparnislücke", ein Teil der inländischen Nettoinvestitionen (des Sachvermögensaufbaus) wurde vom Ausland finanziert. Die Differenz zwischen der Ersparnis und den Nettoinvestitionen, der Finanzierungssaldo des Landes, ist in diesem Fall negativ. Dieser Finanzierungsbedarf muss durch Kapitalimporte gedeckt werden, so dass die Schuldnerposition des Inlands gegenüber dem Ausland um den Betrag des Finanzierungsdefizits zunimmt bzw. eine eventuell vorhandene Gläubigerposition entsprechend abnimmt. Sind dagegen die gesamtwirtschaftlichen Ersparnisse größer als die gesamtwirtschaftlichen Nettoinvestitionen, so existiert ein „Ersparnisüberschuss", ein Teil der inländischen Ersparnis wird nicht investiv im Inland verwendet, sondern dem Ausland durch Kapitalexporte zur Verfügung gestellt. Die Gesamtgläubiger- bzw. Gesamtschuldnerposition ändert sich damit entsprechend.

Das *Nettoauslandsvermögen* einer Volkswirtschaft entspricht ihrer Gläubiger- (positives Nettoauslandsvermögen) bzw. ihrer Schuldnerposition (negatives Nettoauslandsvermögen) gegenüber dem Ausland. In Höhe der gesamtwirtschaftlichen Ersparnisse (Stromgröße) entsteht also zusätzliches Volksvermögen, das sich aus einer Erhöhung des Sachvermögens im Inland (Nettoinvestition) sowie aus der Veränderung des Nettoauslandsvermögens zusammensetzt. Aus diesen Zusammenhängen folgt zwingend, dass *die Bestandsgröße Nettoauslandsvermögen der Summe aller Leistungsbilanzsalden der Vergangenheit entsprechen muss.*

Der Zusammenhang zwischen dem Leistungsbilanzsaldo als Stromgröße und der sich daraus ergebenden Veränderung der Bestandsgröße Auslandsvermögen wird aus Tabelle I.1 deutlich. Das Auslandsvermögen der Bundesrepublik Deutschland stieg bis Ende der 80er Jahre mit den deutlichen Leistungsbilanzüberschüssen an und erreichte 1991 mit 548 Mrd. DM (netto zu Marktpreisen) seinen bisherigen Höhepunkt. In den Jahren 1990 und 1991 vollzog sich dann im Zusammenhang mit der Deutschen Wiedervereinigung eine dramatische Verschlechterung der deutschen Leistungsbilanz, sie weist seit 1991 ein Defizit auf. Damit hat sich aber auch das Auslandsvermögen der Bundesrepublik Deutschland verringert, es ist aber nach wie vor positiv und betrug Ende 1999 noch 193 Mrd. DM.

Tabelle I.1. Entwicklung des Auslandsvermögens und der Leistungsbilanz in Deutschland

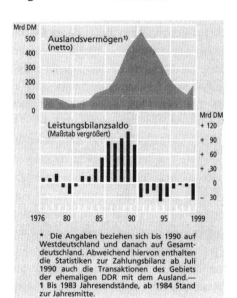

Quelle: Deutsche Bundesbank, Monatsbericht Januar 2001

Gliedert man die gesamtwirtschaftlichen Größen Ersparnis und Nettoinvestition in sektorale Größen auf, so folgt:[1]

(I.8) $\quad LB = \left(S_H - I_H^n\right) + \left(S_{St} - I_{St}^n\right) + \left(S_U - I_U^n\right)$

Da die Differenz zwischen der Ersparnis und der Nettoinvestition eines Sektors dem sektoralen Finanzierungssaldo entspricht, gilt auch:

(I.9) $\quad LB = F_H + F_{St} + F_U = F$

Der Leistungsbilanzsaldo eines Landes ist gleich der Summe der Finanzierungssalden der volkswirtschaftlichen Sektoren private Haushalte, private Unternehmen und Staat und entspricht damit dem gesamtwirtschaftlichen Finanzierungssaldo. Der Leistungsbilanzsaldo wird also neben dem Spar- und Investitionsverhalten der privaten Wirtschaftssubjekte auch vom Budgetsaldo des Staates determiniert.

---

[1] Nach der Revision der volkswirtschaftlichen Gesamtrechnung der Bundesrepublik Deutschland werden auch Investitionen der privaten Haushalte berücksichtigt, die vor allem aus deren Wohnungsbauinvestitionen bestehen. Das Subscript U steht für den Sektor Privatunternehmen.

In der bisher dargestellten volkswirtschaftlichen Kreislaufanalyse sind noch nicht alle Transaktionen zwischen In- und Ausland, insbesondere nicht die rein monetären Beziehungen, berücksichtigt. Dies geschieht in einer gesonderten Darstellung, der sog. *Zahlungsbilanz,* deren Aufbau im Folgenden dargestellt werden soll.

2. Die Zahlungsbilanz

Die Zahlungsbilanz eines Landes erfasst alle ökonomischen Transaktionen zwischen Inländern und Ausländern in einem bestimmten Zeitraum, bewertet in Inlandswährung. Es handelt sich also um eine Stromgrößenbetrachtung. Inländer und Ausländer werden dabei nicht nach Staatsangehörigkeit unterschieden, Inländer sind vielmehr alle natürlichen Personen mit ständigem Wohnsitz im Inland sowie alle anderen Wirtschaftssubjekte, bei denen der Schwerpunkt ihrer wirtschaftlichen Aktivität im Inland liegt. In der Zahlungsbilanz werden also alle ökonomischen Transaktionen zwischen *Gebietsansässigen* und *Gebietsfremden* erfasst. Die Gliederung der deutschen Zahlungsbilanz orientiert sich am *„Balance of Payments Manual"* des Internationalen Währungsfonds, in dem die grundsätzlichen Prinzipien der Zahlungsbilanzerstellung für die Mitglieder des Fonds aufgestellt sind. Die Zahlungsbilanz wird danach in verschiedene Teilbilanzen aufgegliedert. Die Aufzeichnung erfolgt grundsätzlich nach dem Prinzip der doppelten Buchführung, es werden also immer Leistung und Gegenleistung verbucht. Daraus folgt, dass die Zahlungsbilanz eines Landes formal immer ausgeglichen sein muss, dass sich die Salden der einzelnen Teilbilanzen also zu Null addieren. Bei den Teilbilanzen unterscheidet man *Leistungstransaktionen,* die in der Leistungsbilanz zusammengefasst werden, und *Finanztransaktionen,* wobei hier die Aktivitäten der Notenbank in einer gesonderten Bilanz erfasst werden. Die einzelnen Teilbilanzen sind aus Tabelle I.2 ersichtlich.

2.1 Leistungsbilanz

a) Außenhandel

Hier werden die Lieferungen von Waren an das Ausland (Warenexporte) und vom Ausland (Warenimporte) verbucht. Die Exporte werden nach ihrem Wert „free on board" (fob) erfasst, d.h. Transport- und Versicherungskosten sind bis zur Grenze des Lieferlandes enthalten. Bei den Importen gilt dagegen das Prinzip „cost, insurance, freight" (cif). Danach sind die Transport- und Versicherungskosten im Wert der Importe bis zur Grenze des Abnehmerlandes enthalten. Exporte werden auf der Habenseite verbucht, da sie zu Zahlungseingängen führen, Importe entsprechend auf der Sollseite. Die Gegenbuchung

Tabelle I.2 Die Zahlungsbilanz der Bundesrepublik Deutschland

Mrd €

Position	2000	2001	2002	2003
I. Leistungsbilanz	− 27,9	+ 1,7	+ 45,7	+ 46,8
1 Außenhandel [1]	+ 62,9	+ 100,7	+ 136,9	+ 133,3
Ausfuhr (fob) [1]	596,9	637,3	653,5	663,6
Einfuhr (fob) [1]	534,0	536,6	516,6	530,3
2. Dienstleistungen	− 59,8	− 60,9	− 46,5	− 45,2
darunter:				
Reiseverkehr	− 37,2	− 38,0	− 35,4	− 36,1
3. Erwerbs- und Vermögenseinkommen	− 2,6	− 10,7	− 16,8	− 12,5
darunter:				
Vermögenseinkommen	− 2,1	− 10,4	− 16,7	− 12,4
4. Laufende Übertragungen	− 28,4	− 27,4	− 27,9	− 28,8
darunter:				
Nettoleistung zum EU-Haushalt [2]	− 15,0	− 12,3	− 10,9	− 13,9
Sonstige laufende öffentliche Leistungen an das Ausland (netto)	− 4,1	− 4,6	− 5,4	− 4,9
II. Vermögensübertragungen [3]	+ 6,8	− 0,4	− 0,2	+ 0,3
III. Kapitalbilanz (Netto-Kapitalexport: −)	+ 28,3	− 26,2	− 68,7	− 55,0
1. Direktinvestitionen	+ 158,8	− 17,6	+ 29,1	+ 9,1
Deutsche Anlagen im Ausland	− 61,4	− 41,2	− 9,2	− 2,3
Ausländische Anlagen im Inland	+ 215,2	+ 23,6	+ 38,3	+ 11,4
2. Wertpapiere	− 152,4	+ 26,5	+ 43,9	+ 59,0
Deutsche Anlagen im Ausland	− 203,5	− 124,4	− 65,8	− 32,3
darunter:				
Aktien	− 102,3	− 10,6	− 4,8	+ 7,6
Rentenwerte	− 70,1	− 95,1	− 49,1	− 37,8
Ausländische Anlagen im Inland	+ 51,1	+ 150,9	+ 109,8	+ 91,3
darunter:				
Aktien	− 34,7	+ 86,8	+ 15,7	+ 24,2
Rentenwerte	+ 74,5	+ 80,3	+ 83,5	+ 69,2
3. Finanzderivate	− 12,5	+ 6,8	− 0,9	− 0,5
4. Kreditverkehr	+ 41,3	− 40,7	− 139,4	− 120,0
Kreditinstitute	+ 13,8	− 76,3	− 102,1	− 110,1
darunter kurzfristig	+ 38,3	− 33,1	− 88,7	− 73,1
Unternehmen und Privatpersonen	+ 4,5	− 7,9	+ 7,5	− 17,1
darunter kurzfristig	+ 0,5	− 17,1	− 11,6	− 12,4
Staat	− 19,4	+ 16,9	+ 5,5	+ 4,9
darunter kurzfristig	− 17,9	+ 16,8	+ 5,5	− 0,6
Bundesbank	+ 42,4	+ 26,6	− 35,4	+ 2,2
5. Sonstige Kapitalanlagen	− 1,9	− 1,3	− 1,5	− 2,6
IV. Veränderung der Währungsreserven zu Transaktionswerten (Zunahme: −) [4]	+ 5,8	+ 6,0	+ 2,1	+ 0,4
V. Saldo der statistisch nicht aufgliederbaren Transaktionen (Restposten)	− 13,2	+ 18,8	+ 21,2	+ 7,4

1 Spezialhandel nach der amtlichen Außenhandelsstatistik einschl. Ergänzungen; Einfuhr ohne Fracht- und Seetransportversicherungskosten, die in den Dienstleistungen enthalten sind. — 2 Ohne Erhebungskosten, EAGFL (Ausrichtungsfonds), Regionalfonds und sonstige Vermögensübertragungen, soweit erkennbar. — 3 Einschl. Kauf/Verkauf von immateriellen nichtproduzierten Vermögensgütern. — 4 Ohne SZR-Zuteilung und bewertungsbedingte Veränderungen.

Quelle: Deutsche Bundesbank, Geschäftsbericht 2003

zum Güterstrom erfolgt je nach Art des zugrunde liegenden Geschäftes in einer anderen Teilbilanz. Lediglich bei einem reinen Warentauschgeschäft würden beide Buchungen beim Warenverkehr erfolgen. Exporte und Importe werden in der Bundesrepublik Deutschland durch das Statistische Bundesamt erfasst, wobei es durch den Wegfall der innereuropäischen Grenzkontrollen seit 1994 zu erheblichen Erfassungsproblemen kommt, da man auf die Meldungen der Unternehmen angewiesen ist. Alle anderen in der Zahlungsbilanz erfassten Transaktionen werden von der Deutschen Bundesbank erhoben.

b) Dienstleistungen

Die Dienstleistungsbilanz enthält Dienstleistungskäufe von Inländern bei Ausländern (Dienstleistungsimporte, Sollseite) und die entsprechenden Käufe von Ausländern bei Inländern (Dienstleistungsexporte, Habenseite). Eine bedeutende Art von Dienstleistungshandel ist für die Bundesrepublik Deutschland der Reiseverkehr, der traditionell ein Defizit aufweist, da die Bundesbürger sehr gerne ins Ausland reisen und dort Dienstleistungen wie Hotelübernachtungen, Restaurantbesuche u.a. in Anspruch nehmen. Weitere größere Posten sind Transportleistungen, Finanzdienstleistungen sowie Patente und Lizenzen.

Addiert man die Salden von Außenhandels- und Dienstleistungsbilanz, so ergibt sich der *Außenbeitrag zum Bruttoinlandsprodukt*, wie er im vorhergehenden Abschnitt verwendet wurde.

c) Erwerbs- und Vermögenseinkommen

Hierzu zählen die grenzüberschreitenden Kapitalerträge und Einkommen aus unselbstständiger Arbeit, also Einkommen aus Faktorleistungen. Eine grenzüberschreitende Faktorleistung tritt etwa dann auf, wenn ein im Inland (Ausland) lebender Arbeitnehmer täglich zu seiner Arbeitsstätte im Ausland (Inland) fährt. Der Saldo der Erwerbs- und Vermögenseinkommen ist gleichzeitig die Differenz zwischen dem Bruttoinlandsprodukt und dem Bruttosozialprodukt, das die Wertschöpfung aller Inländer (unabhängig vom Ort ihrer Entstehung) erfasst.

d) Laufende Übertragungen

Übertragungen sind die Gegenbuchung zu allen Güter- und Finanzgeschäften zwischen In- und Ausländern, die ohne direkte ökonomische Gegenleistung vorgenommen werden. Unterschieden wird dabei zwischen laufenden Übertragungen, zu denen etwa die Beiträge der Bundesrepublik Deutschland an internationale Organisationen zählen, und ihrem Charakter nach einmaligen Übertragungen, die gesondert erfasst werden. Zu den laufenden Übertragungen zählen auch teilweise Versicherungsleistungen, da in der Dienstleistungsbilanz nur die Wertschöpfung der Versicherungen erfasst wird, nicht aber die eigentlichen Risikoprämien. Erfolgt eine laufende Übertragung in Form eines Gutes, so ist die Übertragungsbilanz (geleistete Übertragungen im Soll) als Gegenbuchung zur Warenbilanz (Warenexport im Haben) betroffen. Erfolgt die Übertragung ins Ausland in Form einer finanziellen Zuwendung, so erfolgt die Gegenbuchung in der unten dargestellten Kapitalbilanz.

Die Teilbilanzen a) bis d) bilden die *Leistungsbilanz*, in der alle Transfers berücksichtigt werden, die Einfluss auf Einkommen und Verbrauch haben. Da dies bei Vermögensübertragungen nicht direkt der Fall ist, werden diese außerhalb der Leistungsbilanz gesondert erfasst.

2.2 Vermögensübertragungen

Hierzu zählen alle Übertragungen zwischen In- und Ausländern, die von mindestens einer der beiden Seiten als „einmalig" angesehen werden. Beispiele sind Erbschaften, Schenkungen, Schuldenerlasse, aber auch etwa Infrastrukturleistungen der Europäischen Union (während die Beiträge an die Europäische Union laufende Übertragungen sind). Die Buchungstechnik entspricht der der laufenden Übertragungen. So ist die Erbschaft eines wertvollen Möbelstücks eine empfangene Übertragung (Habenseite), deren Gegenbuchung ein Warenimport (Sollseite) bildet, wenn das Möbel ins Inland gebracht wurde. Die Erbschaft eines Sparbuchs, das auf ausländische Währung lautet, wird dagegen in der Kapitalbilanz gegengebucht.

Addiert man den Saldo der Vermögensübertragungen zum Saldo der Leistungsbilanz, so erhält man den *Saldo der „korrigierten Leistungsbilanz"*, der, wie in Abschnitt I.1 diskutiert, dem gesamtwirtschaftlichen Finanzierungssaldo entspricht. Der Finanzierungssaldo gibt also das Ergebnis sämtlicher Leistungstransaktionen zwischen dem betrachteten Land und dem Rest der Welt wieder und entspricht auch deshalb der Veränderung der Nettoauslandsposition des Inlands.

2.3 Kapitalbilanz

Ein *Kapitalexport* wird durch den Erwerb eines Vermögenstitels durch einen Inländer von einem Ausländer oder die Kreditvergabe durch einen Inländer an einen Ausländer begründet. Als *Kapitalimport* bezeichnet man analog den Erwerb eines inländischen Vermögenstitels durch einen Ausländer oder die Kreditaufnahme eines Inländers bei einem Ausländer. Rückzahlungen internationaler Schuldverhältnisse werden analog zum Erwerb und der Veräußerung von Wertpapieren behandelt, die Rückzahlung eines ausländischen Kredits durch einen Inländer ist also ein Kapitalexport. Ein Kapitalexport begründet immer die Zunahme von Forderungen an das Ausland (Abnahme von Schulden gegenüber dem Ausland), ein Kapitalimport dagegen eine Zunahme der

Schulden gegenüber dem Ausland (Abnahme der Forderungen). Kapitalexporte erscheinen in der Zahlungsbilanz auf der Sollseite, da sie zu (potenziellen) Zahlungsausgängen führen, Kapitalimporte werden entsprechend auf der Habenseite verbucht, da sie zu (potenziellen) Zahlungseingängen führen. Kapitalexporte und -importe können entweder als monetäre Komponenten von Leistungstransaktionen auftreten (etwa der im Zusammenhang mit einem Exportgeschäft vergebene Kredit) oder es handelt sich um eine reine Finanztransaktion (Kauf eines ausländischen Wertpapiers als Geldanlage). Der private Kapitalverkehr mit dem Ausland wird in der Zahlungsbilanz in Teilbilanzen gegliedert, deren Abgrenzung primär nach funktionalen Gesichtspunkten erfolgt.

a) Direktinvestitionen

Als Direktinvestition bezeichnet man den Kauf bzw. die Gründung und die Liquidation eines Unternehmens oder einer Beteiligung daran im Ausland (auch in Form von Aktien), ebenso langfristige Darlehen und kurzfristige Finanzbeziehungen verbundener Unternehmen. Auch der grenzüberschreitende Immobilienverkehr wird hier erfasst. Erwirbt ein deutsches Unternehmen aus unternehmensstrategischen Überlegungen Aktien eines ausländischen Unternehmens, so handelt es sich um eine Direktinvestition im Ausland (Kapitalexport auf der Sollseite), die Gegenbuchung erfolgt je nach vereinbarter Zahlungsmodalität auf der Habenseite in einem anderen Teil der Kapitalbilanz oder in der Devisenbilanz als Abnahme der Währungsreserven. Würde das inländische Unternehmen eine Produktionsanlage im Inland abbauen und diese im Ausland errichten, so erfolgt die Gegenbuchung zu dieser Art des Kapitalexports in der Außenhandelsbilanz auf der Habenseite als Export. Direktinvestitionen ausländischer Unternehmen im Inland werden analog hierzu auf den jeweils entgegengesetzten Bilanzseiten erfasst.

b) Wertpapieranlagen

Hierzu zählen Portfolioinvestitionen wie Käufe oder Verkäufe von Aktien ohne Beteiligungsabsicht, Wertpapieren, Geldmarktpapieren, Anteilen an Geldmarktfonds, Finanzderivaten o.ä. Gesondert erfasst werden die Finanzderivate.

c) Kreditverkehr und sonstige Kapitalanlagen

Hier werden alle Finanztransaktionen erfasst, die weder Direktinvestitionen noch Wertpapieranlagen zuzuordnen sind. Ein großes Gewicht hat dabei der Kreditverkehr unter Banken, den Hauptakteuren an den internationalen Finanzmärkten. Erfasst werden hier auch staatliche Kredite an Entwicklungsländer. Der Kreditverkehr wird in kurzfristige (ursprüngliche Laufzeit kleiner als 1 Jahr) und langfristige (ursprüngliche Laufzeit länger als 1 Jahr) Transaktionen und außerdem nach den Sektoren Kreditinstitute, Private und Staat unterschieden.

2.4 Devisenbilanz

Die Devisenbilanz gibt die *Veränderung der Währungsreserven* der Zentralbank zu Transaktionswerten im betrachteten Zeitraum an. Auslandsaktiva der Zentralbank sind vor allem Gold, die Reserveposition im Internationalen Währungsfond, Forderungen an die Europäische Zentralbank, Sonderziehungsrechte sowie Bestände von Währungen anderer Länder, entweder in bar, vor allem aber in Form ausländischer Wertpapiere. Bei der Bestimmung der Nettoposition sind hiervon die Auslandsverbindlichkeiten der Zentralbank, die vor allem aus verzinslichen Einlagen ausländischer Notenbanken bestehen, abzuziehen. Eine Zunahme (Abnahme) der Nettoauslandsaktiva wird auf der Sollseite (Habenseite) der Devisenbilanz verbucht, um die Zahlungsbilanz letztlich zum Ausgleich zu bringen.

Eine typische Buchung in der Devisenbilanz ist der Kauf oder Verkauf ausländischer Währung durch die Zentralbank. Erhält etwa ein Exporteur (Warenverkehr, Habenseite) ausländische Währung, tauscht diese bei seiner Hausbank in Inlandswährung um und gibt die Hausbank die Fremdwährung an die Zentralbank weiter, so haben als Gegenbuchung zum Warenexport letztlich die Devisenreserven der Zentralbank zugenommen (Sollseite der Devisenbilanz). Auch wenn eine inländische Geschäftsbank im Rahmen einer Portefeuilleumschichtung ihren Bestand an Fremdwährung erhöht und diese bei der Zentralbank kauft, ist, obwohl kein Ausländer an dieser Transaktion beteiligt ist, die Zahlungsbilanz betroffen. Die offiziellen Auslandsaktiva, die *Währungsreserven* der Zentralbank, nehmen ab (Habenseite der Devisenbilanz), gleichzeitig nimmt der Devisenbestand der privaten Geschäftsbanken und damit ihre Forderungen gegenüber dem Ausland zu (Sollseite der Kapitalbilanz).

2.5 Restposten

Ein Restposten ist erforderlich, weil die exakte, lückenlose und periodengerechte Erfassung aller Güter-, Transfer- und Forderungsströme nicht möglich ist. Außerdem können viele Vorgänge nur geschätzt werden, etwa der Geldtransfer von Gastarbeitern in ihre Heimatländer, ebenso ein Teil des Kapitalverkehrs. Auf die Probleme der durch das Schengener Abkommen offenen europäischen Grenzen wurde bereits hingewiesen. Das Statistische Bundesamt ist bei der Erfassung der Güterströme auf die Angaben der Exporteue und Importeure angewiesen. Die mit den Warengeschäften verbundenen Finanzierungsgeschäfte werden dagegen über die Deutsche Bundesbank von den Geschäftsbanken erfasst. Aufgrund solcher Schwierigkeiten tritt in der Regel zwischen dem Saldo aller statistisch erfassten Leistungs- und Kapitaltransaktionen einerseits und der Veränderung der Auslandsposition der Zentralbank andererseits eine Differenz auf, die als *Saldo der statistisch nicht aufgliederbaren Transaktionen* bezeichnet wird und im Restposten der Zahlungsbilanz erscheint. Ein Saldo auf der Sollseite des Restpostens bedeutet Zahlungsausgänge aus nicht erfassten Transaktionen, ein Saldo auf der Habenseite entsprechende Zahlungseingänge.

Tabelle I.3. zeigt die längerfristige Entwicklung der Leistungsbilanz der Bundesrepublik Deutschland und ihrer Teilbilanzen. Nach den Rekordüberschüssen, Ende der 80er Jahre, folgte, ausgelöst durch die Deutsche Wiedervereinigung, eine nunmehr 10 Jahre währende Periode eines negativen Leistungsbilanzsaldos. Man sieht an der Entwicklung der Güterbewegungen, dass die Exportüberschüsse nach dem Absorptionsschock der Vereinigung sehr schnell wieder stiegen und mittlerweile etwa 3% des Bruttoinlandsprodukts ausmachen. Ursache der nach wie vor defizitären Leistungsbilanz ist aber vor allem die Dienstleistungsbilanz mit ihren tendenziell noch wachsenden Defiziten. Hier spielt der Auslandsreiseverkehr die dominierende Rolle. Aber auch Importe von Kommunikationsdienstleistungen haben eine zunehmende Bedeutung. Auch die Bilanz der laufenden Übertragungen befindet sich traditionsgemäß im Defizit.

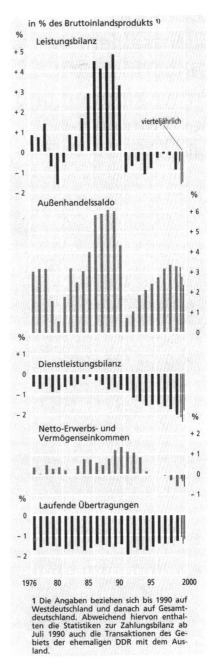

1 Die Angaben beziehen sich bis 1990 auf Westdeutschland und danach auf Gesamtdeutschland. Abweichend hiervon enthalten die Statistiken zur Zahlungsbilanz ab Juli 1990 auch die Transaktionen des Gebiets der ehemaligen DDR mit dem Ausland.

Quelle: Deutsche Bundesbank
Monatsbericht 1/2001

Tabelle I.3: Entwicklung der deutschen Leistungsbilanz 1976 bis 2000

3. Ausgleich der Zahlungsbilanz

3.1 Formaler Ausgleich

Unter Vernachlässigung von Rest- und Ausgleichsposten setzt sich die Zahlungsbilanz aus (korrigierter) Leistungsbilanz[2], Kapitalbilanz und Devisenbilanz zusammen. Der Export von Waren und Dienstleistungen, empfangene Übertragungen und Kapitalimporte stellen (potenzielle) Zahlungseingänge dar und werden deshalb auf der Habenseite verbucht. Importe von Waren und Dienstleistungen, geleistete Übertragungen und Kapitalexporte sind dagegen (potenzielle) Zahlungsausgänge, die Buchung erfolgt also auf der Sollseite. Da jede Buchung eine Gegenbuchung in einer der drei Teilbilanzen zur Folge hat, sind die beiden Seiten der Zahlungsbilanz wertmäßig stets identisch.

Weist die Devisenbilanz einen Saldo von Null auf, so muss ein Saldo auf der Habenseite (Sollseite) der Leistungsbilanz stets einem Saldo auf der Sollseite (Habenseite) der Kapitalbilanz entsprechen. Daraus folgt, dass ein Leistungsbilanzüberschuss (Saldo Habenseite) stets einem Nettokapitalexport (Saldo Sollseite) und ein Leistungsbilanzdefizit (Saldo Sollseite) stets einem Nettokapitalimport (Saldo Habenseite) entspricht.

Zieht man die Devisenbilanz in die Betrachtung ein, so gilt:

(I.10) $LB = NKX + NAZ$

Ein positiver Saldo der Leistungsbilanz ist identisch der Summe aus privaten Nettokapitalexporten (NKX) und der Nettozunahme der Auslandsaktiva der Zentralbank (NAZ). Ein Leistungsbilanzdefizit entspricht der Summe aus privaten Nettokapitalimporten und einer Nettoabnahme der Auslandsaktiva der Zentralbank, beide Seiten von (I.10) sind in diesem Fall negativ.

Da es sich um grenzüberschreitende Zahlungen handelt, entsprechen Zahlungseingänge einem *Angebot an Devisen*, Zahlungsausgänge dagegen einer *Nachfrage nach Devisen*. Damit besteht ein enger Zusammenhang zwischen der Zahlungsbilanz und der Situation auf den Devisenmärkten. Ist durch Leistungs- und private Kapitaltransaktionen ein Überschussangebot an Devisen entstanden, so führt dies bei konstanten Wechselkursen zu einer Zunahme der Nettoauslandsaktiva der Notenbank, da sie das Überschussangebot am Devisenmarkt durch ihre Nachfrage beseitigen muss. Bei einer Überschussnachfrage nach Devisen gilt das Umgekehrte, der Bestand an Devisen bei der Notenbank nimmt ab, um die Überschussnachfrage auszugleichen. Weist der Devisenbilanzsaldo einen Wert von Null auf, so muss sich der Devisenmarkt allein aufgrund privater Transaktionen im Gleichgewicht befinden. Allerdings kann eine Wechselkursänderung und die durch sie

---

[2] Im Folgenden wird unter der Leistungsbilanz stets die korrigierte Leistungsbilanz verstanden.

ausgelösten Leistungs- oder Kapitaltransaktionen zu diesem Gleichgewicht geführt haben. Der Einfluss des Wechselkurses auf die Zahlungsbilanz wird unten ausführlich diskutiert.

Tabelle I.4: Vereinfachte Zahlungsbilanzsystematik

	Sollseite	Habenseite
LB	Importe von Waren und Dienstleistungen	Exporte von Waren und Dienstleistungen
	Geleistete Übertragungen	Empfangene Übertragungen
KB	Kapitalexporte	Kapitalimporte
DB	Zunahme der Nettoauslandsaktiva der Zentralbank	Abnahme der Nettoauslandsaktiva der Zentralbank

3.2 Materieller Ausgleich

Obwohl die Zahlungsbilanz formal immer ausgeglichen sein muss, spricht man häufig von einem *Zahlungsbilanzsaldo*. Dies kann zum einen auf den Devisenbilanzsaldo bezogen sein, denn die Summe aus Leistungsbilanzsaldo und Saldo des privaten Kapitalverkehrs wird auch als *Saldo der Gesamtbilanz* bezeichnet. Eine Zunahme der Devisenreserven der Notenbank würde also einen positiven Zahlungsbilanzsaldo implizieren, eine Abnahme einen negativen Saldo.

Ein anderes Konzept ist die Unterscheidung zwischen *autonomen* und *zahlungsbilanzinduzierten* Transaktionen. Bei letzteren handelt es sich um Transaktionen, die mit dem Ziel durchgeführt werden, einen Ausgleich der Zahlungsbilanz herbeizuführen, also wirtschaftspolitische Maßnahmen, etwa die Begebung einer Anleihe zur Zahlungsbilanzfinanzierung, internationale Stützungsaktionen, aber auch Devisenmarktinterventionen der Zentralbank. Ein Ausgleich der Zahlungsbilanz läge vor, wenn dieser sich allein aus autonomen Transaktionen ergäbe. Eine Trennung in autonome und zahlungsbilanzinduzierte Transaktionen ist jedoch in der Praxis kaum möglich.

In der Regel ist mit einem Zahlungsbilanzsaldo aber der Saldo der Leistungsbilanz gemeint, da dieser, wie in Abschnitt I.1 diskutiert, die eigentlichen „Leistungen" einer Volkswirtschaft im Rahmen der Weltwirtschaft zum Ausdruck bringt.

3.3 Leistungsbilanzausgleich als wirtschaftspolitisches Ziel

Da sich die Leistungsbilanzsalden aller Länder definitionsgemäß zu Null addieren, einer externen Gläubigerposition also immer eine entsprechende externe Schuldnerposition im Rest der Welt gegenübersteht, werden ausgeglichene Leistungsbilanzsalden zur Vermeidung weltwirtschaftlicher Ungleichgewichte oft als politische Zielvorgabe genannt. So wird auch das im deutschen Stabilitäts- und Wachstumsgesetz (StWG) von 1967 genannte Ziel eines *„außenwirtschaftlichen Gleichgewichts"* in der Regel als Vermeidung eines Leistungsbilanzsaldos interpretiert.

Eine Verbesserung der Leistungsbilanz, d.h. die Verringerung eines Defizits oder die Vergrößerung eines Überschusses, wird in der tagespolitischen Diskussion jedoch oft als positive Erscheinung hervorgehoben, da dies eine Steigerung der Leistungsfähigkeit der Volkswirtschaft sowie eine Erhöhung der Konkurrenzfähigkeit der Inlandsprodukte an den Weltmärkten dokumentiere und nicht zuletzt einen positiven Beschäftigungseffekt für das Inland impliziere. Berücksichtigt man jedoch, dass im Ausmaß der Verbesserung der Leistungsbilanz ein Nettokapitalexport erfolgen muss, so erscheint ein Leistungsbilanzüberschuss in anderem Licht. Er muss nicht eine besonders gute internationale Konkurrenzfähigkeit und damit eine Standortstärke der betrachteten Volkswirtschaft ausdrücken, sondern kann auch das Gegenteil bedeuten. Die internationalen Kapitalanleger sehen eventuell im Inland keine hinreichende Rentabilität für ihre Ersparnisse und legen ihr Kapital deshalb im Ausland an. Erfolgt der Kapitalexport in Form von Direktinvestitionen, so bedeutet dies letztlich einen Export zukünftiger Arbeitsplätze. In dieser Betrachtung wäre ein Leistungsbilanzüberschuss eher negativ, als Zeichen eines Standortnachteils, zu interpretieren.

Ein Beispiel hierfür ist das seit Jahrzehnten bestehende Defizit der US-Leistungsbilanz. Dieses hat sich in den letzten Jahren stets weiter vergrößert und beträgt im Jahr 2000 etwa 400 Milliarden US-Dollar oder 4,1% des amerikanischen Bruttoinlandsprodukts. Betrachtet man die Wechselwirkungen zwischen Leistungsbilanzsaldo und Devisenmärkten, so müsste das Leistungsbilanzdefizit ein Überschussangebot an Dollar auf den Devisenmärkten implizieren und von daher zu einer deutlichen Abwertung der US-Währung, verbunden mit einer Verbesserung der Leistungsbilanz dieses Landes, führen. Dies ist jedoch deshalb nicht der Fall, weil private Kapitalanleger, vor allem auch aus Europa, eine Kapitalanlage in den USA als lohnender ansehen als in anderen Ländern, was den USA einen beträchtlichen Nettokapitalimport beschert. Das Leistungsbilanzdefizit ist also weniger das Zeichen einer mangelnden Konkurrenzfähigkeit der USA auf den Weltmärkten als vielmehr ein Vertrauensbeweis der internationalen Kapitalanleger in die US-Wirtschaft, ein Ausdruck der wirtschaftlichen Überlegenheit der USA.
Ein umgekehrter Zusammenhang bestand Ende der 80er Jahre in der Bundesrepublik Deutschland. Die deutsche Leistungsbilanz hatte in den 80er Jahren einen permanenten Überschuss zu verzeichnen, der sich 1989 auf über 5% des Bruttoinlandsprodukts erhöht hatte. Vor allem von Gewerkschaftsseite wurde

dies als Indiz für die gute Wettbewerbsfähigkeit der deutschen Produkte an den Weltmärkten angesehen und als Begründung für erhöhte Lohnforderungen benutzt. Unter anderem der Sachverständigenrat zur Begutachtung der gesamtwirtschaftlichen Entwicklung wies jedoch auf die Zweideutigkeit des Leistungsbilanzüberschusses hin. Ein signifikanter Teil der Ersparnisse der Bundesrepublik Deutschland wurde nicht im Inland investiv verwendet, sondern den Ausländern in Form von Kapitalexporten zur Verfügung gestellt. Dies ist aber nichts anderes als der Beweis eines mangelnden Vertrauens in die Zukunft des eigenen Landes und u.U. ein Export zukünftiger Arbeitsplätze.

Die Fragwürdigkeit des wirtschaftspolitischen Ziels eines Leistungsbilanzausgleichs wird auch deutlich, wenn man den Fall eines Leistungsbilanzdefizits bei Unterbeschäftigung unterstellt. Zum einen könnte man fordern, das Land solle versuchen, seine Exporte zu steigern und die Leistungsbilanz damit zu verbessern, um so einen Beitrag zum Abbau der Unterbeschäftigung im Inland zu leisten. Neben der damit verbundenen Problematik der beggar-my-neighbour-policy (dem Versuch, sich Vorteile zu Lasten des Auslands zu verschaffen) könnte aber auch der Fall vorliegen, dass die bestehende Arbeitslosigkeit nicht konjunktureller Natur ist, sondern auf Kapitalmangel im Inland beruht. In diesem Fall wäre aber keine Nachfragebelebung, sondern verbesserte Rahmenbedingungen für ausländische Direktinvestitionen das geeignetere Mittel zum Abbau der Arbeitslosigkeit. Hat dies Erfolg und steigt der Import ausländischen Kapitals, so ist damit jedoch eine weitere Verschlechterung der Leistungsbilanz verbunden.

4. Bestimmungsfaktoren der Zahlungsbilanz

4.1 Determinanten der Einzelbilanzen

Die Frage nach den Determinanten eines Leistungs- und damit eines Kapitalbilanzsaldos versucht, die Entstehung der bisher betrachteten ex-post Identitäten mit Hilfe verschiedener Theorien zu erklären. Man kann sich dieser Problematik von zwei Seiten her nähern. Zum einen kann man die Einzelbilanzen von Leistungs- und Kapitalbilanz durchgehen und versuchen, die Handlungsmotive der Wirtschaftssubjekte und deren Wirkung auf die Zahlungsbilanz zu untersuchen. Dies soll in diesem Abschnitt geschehen. Da die Leistungsbilanz aber auch der Differenz zwischen gesamtwirtschaftlicher Ersparnis und gesamtwirtschaftlicher Nettoinvestition entspricht, kann man auch versuchen, die Determinanten dieser beiden Größen zu analysieren, um auf diesem Weg eine Aussage über die Bestimmungsgrößen der Leistungsbilanz zu erhalten. Dies erfolgt in Abschnitt 4.2.

4.1.1 Bestimmungsfaktoren der Leistungsbilanz

Die einfachste Erklärung für internationalen Handel ist eine mangelnde *Verfügbarkeit* von Gütern. Ist ein Land nicht im Besitz eines bestimmten Gutes, etwa eines Rohstoffs, oder ist es, aus welchen Gründen auch immer, nicht in der Lage, ein bestimmtes Gut zu produzieren, so ist das Land auf den Import angewiesen. Bei rohstoffarmen Ländern, wie etwa der Bundesrepublik Deutschland, entspricht der Importanteil vieler Primärgüter 100%.

Ein zweiter Grund sind unterschiedliche Präferenzen der Konsumenten. Dies führt dazu, dass bei vielen Gütergruppen nahezu gleichartige Güter sowohl exportiert als auch importiert werden. Dies nennt man *intraindustriellen Handel*. Viele deutsche Verbraucher bevorzugen etwa den besonderen Flair eines französischen Wagens, während auf der anderen Seite französische Verbraucher auf die Robustheit und Zuverlässigkeit eines deutschen Autos nicht verzichten möchten. Gleiches gilt auch für den Dienstleistungshandel. Während deutsche Urlauber den Sonnenstrand an der französischen Mittelmeerküste lieben, wandeln ihre französischen Nachbarn auf den Spuren Ludwigs II. von Schloss zu Schloss in Bayern.

4.1.1.1 Leistungsbilanzsaldo und relative Preisvorteile

Hauptargument für die Kaufentscheidung eines Wirtschaftssubjekts ist aber in der Regel der Preis des Gutes. Um eindeutige Aussagen über den Zusammenhang zwischen Güterpreisen und internationalem Handel zu erhalten, werden im Folgenden homogene Güter unterstellt, d.h. die Konsumenten haben keine Präferenzen bezüglich der Herkunft der Güter, es ist ihnen also gleich, ob das Gut im Inland produziert oder importiert wurde. Außerdem soll zur besseren Veranschaulichung von einem Zwei-Länder-Zwei-Güter-Beispiel ausgegangen werden, bei dem die beiden Güter in beiden Ländern produziert und auch in beiden Ländern nachgefragt werden. Für die Güternachfrage ist in diesem Fall ein Vergleich des inländischen mit dem ausländischen Preis vor Aufnahme von Handel entscheidend. Diese Differenz nennt man den absoluten Preisvorteil. Da der Preis im Ausland in ausländischen Währungseinheiten definiert ist, muss dabei auch eine Währungsumrechnung erfolgen. Kennzeichnet man die Güterarten mit dem Subscript 1 und 2 und sei Land 2 das Ausland, dessen Größen mit einem Stern (*) versehen sind, so gilt für einen *absoluten Preisvorteil* des Landes 1 für Gut 1:

$$(I.11) \quad p_1 < p_1^* w$$

w bezeichnet den Wechselkurs, der als Preis einer ausländischen Währungseinheit, ausgedrückt in inländischen Währungseinheiten, definiert ist. Im Folgenden sei angenommen, die Währung des Inlands sei der Euro (€), die des

Auslands der Dollar (\$). Land 1 hat dann einen absoluten Preisvorteil für Gut 1, wenn der Preis dieses Gutes im Ausland, umgerechnet in Inlandswährung, - d.h. multipliziert mit dem Wechselkurs - höher ist als im Inland.[3]

Entsprechend wäre ein absoluter Preisvorteil des Inlands für Gut 2 definiert als:

(I.12) $\quad p_2 < p_2^* w$

Da jedoch internationaler Handel immer in zwei Richtungen erfolgen muss, oder anders ausgedrückt, ein Land nie nur ex- oder nur importieren kann, müssen sich in dem Zwei-Länder-Beispiel die beiden absoluten Preisvorteile zwischen den beiden Ländern verteilen. In der Regel sorgt der Wechselkurs, der ja auch eine Bestimmungsgröße des absoluten Preisvorteils ist, dafür, dass es zu einer Verteilung auf die beiden Länder kommt. Hat etwa, wie in den Gleichungen (I.11) und (I.12) unterstellt, Land 1 einen absoluten Preisvorteil für beide Güter und lässt man internationalen Handel zu, so haben die ausländischen Konsumenten einen Anreiz, beide Güter im Inland zu kaufen, während für das Inland ein Import nicht lohnend ist. Die Folge dieses Zustands ist eine Nachfrage der Ausländer nach inländischer Währung, die sie ja brauchen, um die inländischen Güter kaufen zu können, während dem kein inländisches Angebot gegenübersteht, da die inländischen Konsumenten nicht an den ausländischen Gütern und damit auch nicht an der ausländischen Währung interessiert sind. Die Folge dieses Überschussangebots an Währungseinheiten des Landes 2 (Überschussnachfrage nach denen des Landes 1) ist bei freien Märkten eine Aufwertung der Inlandswährung, die inländische Währung gewinnt gegenüber der ausländischen Währung an Wert, der Wechselkurs fällt. Wenn man nur noch einen Euro für einen Dollar zahlen muss, während man zuvor 1,2 Euro aufwenden musste, so ist der Dollar billiger geworden, der Euro hat an Wert gewonnen.

Eine solche Wechselkursänderung hat natürlich Auswirkung auf die absoluten Preisvorteile, da durch die Aufwertung des Euro die ausländischen Güter für die Inländer, in inländischer Währung ausgedrückt, billiger werden, während sich die inländischen Güter für die in ausländischer Währung zahlenden Ausländer verteuern. In den Gleichungen (I.11) und (I.12) nehmen die rechten Seiten ab.

Sobald sich durch den Wechselkursrückgang einer der beiden absoluten Preisvorteile umgekehrt hat, kann Handel in beiden Richtungen beginnen. Im

---
[3] Da in der hier vorgenommenen Betrachtung noch kein Handel erfolgt und auch Kapitalverkehr vernachlässigt wird, existiert streng genommen noch kein Wechselkurs zwischen den betrachteten Währungen. Man kann deshalb vereinfachend annehmen, dieser sei zunächst durch staatliche Instanzen, unabhängig vom Markt, festgelegt worden.

folgenden Beispiel wird davon ausgegangen, dass der absolute Preisvorteil des Landes 1 für Gut 2 geringer war als der für Gut 1. Der absolute Preisvorteil bei Gut 2 dreht sich also um, er liegt jetzt bei Land 2. Land 1 behält dagegen seinen Preisvorteil bei Gut 1. Es gilt:

(I.13) $\quad p_1 < p_1^* w \quad$ und $\quad p_2 > p_2^* w$

Fasst man die beiden Ungleichungen zusammen, so folgt:

(I.14) $\quad \dfrac{p_1}{p_1^*} < w < \dfrac{p_2}{p_2^*} \Rightarrow \dfrac{p_1}{p_2} < \dfrac{p_1^*}{p_2^*} \quad$ bzw. $\quad \dfrac{ME_2}{ME_1} < \dfrac{ME_2^*}{ME_1^*}$

(I.14) drückt einen **relativen Preisvorteil** des Landes 1 für Gut 1 aus. Da relative Preise nichts anderes als Mengenverhältnisse darstellen, impliziert (I.14), dass Land 1 für die Herstellung einer Mengeneinheit des Gutes 1 weniger Mengeneinheiten des Gutes 2 aufwenden (auf weniger Mengeneinheiten des Gutes 2 verzichten) muss als Land 2.

Findet nun Handel statt, so wird Land 1 sein relativ billigeres Gut 1 exportieren und Gut 2 importieren. Für Land 2 gilt das Umgekehrte. Durch die Öffnung der Grenzen verändern sich jedoch auch die bisherigen Güterpreisniveaus. Während vor Handel der Preis allein durch die Inlandsnachfrage und das Inlandsangebot bestimmt wurde, findet die Preisbildung jetzt an Weltmärkten statt, auf denen sich Angebot und Nachfrage aus allen beteiligten Ländern gegenüberstehen. Vernachlässigt man Transport- oder sonstige Kosten des Handels sowie politische Handelshemmnisse jeglicher Art, so wird sich für jedes Gut ein einheitlicher Weltmarktpreis, ausgedrückt in einer Währung, bilden.

Abbildung I.1 gibt einen Überblick über die Bestimmung der Weltmarktpreise.[4] Die äußeren Bilder stellen die Situation in den jeweiligen Ländern vor Aufnahme von Handel dar. Eine solche Situation nennt man **Autarkie**. Der Preis des Gutes 1, der sich in Land 1 vor Aufnahme von Handel bildet (p_1^A) - linkes oberes Bild -, ist kleiner als der in Inlandswährung umgerechnete Autarkiepreis des gleichen Gutes in Land 2 ($w p_1^{*A}$) - rechtes oberes Bild. Steigt der Preis über p_1^A, so entsteht in Land 1 ein Überschussangebot, das auf dem Weltmarkt angeboten wird. Die Überschussangebotskurve des Landes 1 im mittleren oberen Bild bildet also die zum jeweiligen Weltmarktpreis gehörende Differenz zwischen Angebot und Nachfrage in Land 1.

---

[4] Bei dieser vereinfachten Darstellung wird der Wechselkurs konstant gehalten, außerdem werden keine wechselseitigen Beziehungen zwischen den Märkten der beiden Güter berücksichtigt.

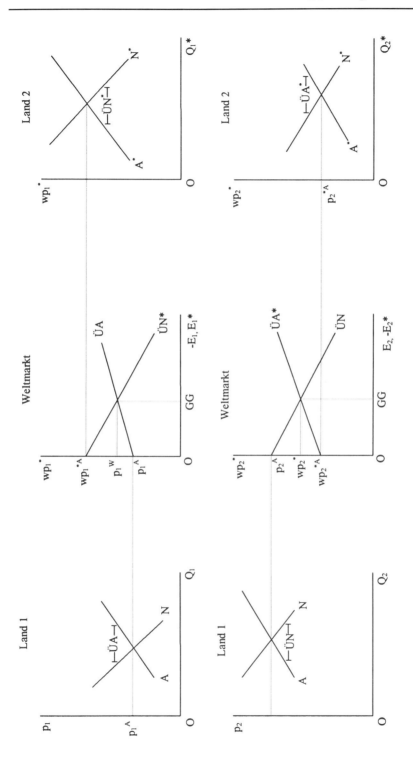

Abb. I.1: Weltmarktpreisbildung in einem Zwei-Länder-Fall

Die Überschussnachfrage des Landes 2 wird entsprechend konstruiert. Bei Weltmarktpreisen, die unter wp_1^{*A} liegen, entsteht in Land 2 ein Anreiz, das Gut 1 zu importieren. Die zu den jeweiligen Weltmarktpreisen gehörende Importnachfrage entspricht der Überschussnachfrage des Landes 2 nach Gut 1. Sie entspricht exakt der Differenz zwischen Nachfrage und Angebot in Land 2, dargestellt im rechten oberen Bild von Abbildung I.1.

Die Zusammenhänge für Gut 2 gelten analog, die Weltmarktnachfrage entspricht hier der Überschussnachfrage des Landes 1. Sie beginnt beim Autarkiepreis P_2^A und steigt mit sinkendem Weltmarktpreis. Das Weltmarktangebot beginnt beim Autarkiepreis des Landes 2 für Gut 2. Es steigt mit steigendem Weltmarktpreis und entspricht dabei stets der Differenz zwischen Angebot und Nachfrage dieses Gutes in Land 2.

Im Schnittpunkt von Überschussangebot- und Überschussnachfragekurve stimmen Weltmarktangebot und Weltmarktnachfrage überein, der sich dort ergebende Preis ist der gleichgewichtige Weltmarktpreis. Eine ausgeglichene Leistungsbilanz würde dabei implizieren, dass der Wert der Exporte - das Produkt aus gleichgewichtigem Preis und gleichgewichtiger Menge auf dem Weltmarkt des Gutes 1 - dem Wert der Importe - dem Produkt aus gleichgewichtigem Preis und gleichgewichtiger Menge auf dem Weltmarkt des Gutes 2 - entspricht. Dies kann etwa durch eine Veränderung des Wechselkurses sichergestellt werden, ein Zusammenhang, auf den unten näher eingegangen wird.

Aus Abbildung I.1 ist auch ersichtlich, dass die Richtung und das Ausmaß des internationalen Handels - neben dem Wechselkurs - von den Autarkiepreisen in den beiden Ländern abhängig ist, die wiederum von zahlreichen Faktoren bestimmt werden. So hat alles Einfluss, was die nationalen Angebots- und Nachfragekurven bestimmt, also etwa die Produktionstechnologie und die Kostensituation der Unternehmen (das *Ricardo-Theorem* führt internationalen Handel auf relative Arbeitskostenvorteile zurück), die Ausstattung der Länder mit Produktionsfaktoren (das *Heckscher-Ohlin-Theorem* führt internationalen Handel auf Unterschiede in der relativen Faktorausstattung und daraus bedingten Kostendifferenzen zurück), die Präferenzen der Konsumenten, die Einkommensverteilung, die Substitutionsmöglichkeiten zwischen den Gütern und auch zwischen den Produktionsfaktoren. Ebenso können die Marktstruktur, der Monopolisierungsgrad, aber auch die staatlichen Eingriffe in den Marktprozess oder die Wirtschaftspolitik im Allgemeinen genannt werden. All diese Größen bestimmen folglich auch den Leistungsbilanzsaldo des betrachteten Landes. Beispielhaft sollen im Folgenden der Einfluss einer Abwertung der Inlandswährung, eine - aus welchen Gründen auch immer erfolgende -

Nachfrageexpansion im Inland und alternativ dazu eine Nachfrageexpansion im Ausland auf den inländischen Leistungsbilanzsaldo betrachtet werden.

4.1.1.2 Leistungsbilanzsaldo und Wechselkurs

Die Argumentation soll weiterhin im Rahmen eines Zwei-Länder-Zwei-Güter-Zusammenhangs erfolgen. In Abbildung I.2 sind die Weltmärkte der beiden Güter dargestellt, sie entsprechen den beiden mittleren Bildern der Abbildung I.1. Eine Überschussnachfrage wird im Weiteren mit E abgekürzt. E entspricht also der Differenz zwischen nachgefragter (C) und angebotener (Q) Menge. Handelt es sich um ein Überschussangebot, so ist E negativ. Subskripte bezeichnen die Güterart, die ausländischen Größen sind wieder mit einem Stern gekennzeichnet.

(I.15) $\quad E_1 = C_1 - Q_1, \quad E_2 = C_2 - Q_2, \quad E_1^* = C_1^* - Q_1^*, \quad E_2^* = C_2^* - Q_2^*$

Gleichgewichte auf den Weltgütermärkten ergeben sich bei Identität von Gesamtangebot und Gesamtnachfrage bzw. von Überschussnachfrage des einen und Überschussangebot des anderen Landes. Dabei ist - wie in Abbildung I.1. - unterstellt, dass keine Substitutionseffekte zwischen den beiden Güterarten existieren, d.h. Überschussangebot und Überschussnachfrage nach einem Gut sind lediglich vom Preis dieses Gutes abhängig.

(I.16) $\quad -E_1(p_1) = E_1^*\left(p_1^*\right); \quad E_2(p_2) = -E_2^*\left(p_2^*\right)$

In Abbildung I.2. ergeben sich diese Gütermarktgleichgewichte aus den Schnittpunkten von Überschussnachfrage- und Überschussangebotskurven. Damit ist auch der Gleichgewichtspreis bestimmt. Da die Zahlungsbilanz in Inlandswährung ausgedrückt wird, entspricht die Fläche *OABC* in Abbildung I.2.a aus Sicht des Landes 1 dem Produkt aus Inlandspreis und Exportmenge, also dem inländischen Exportwert. Analog bezeichnet *ODFG* in Abbildung I.2.b das Produkt aus Inlandspreis und Importmenge und damit den Importwert des Landes 1. Die Differenz der beiden Flächen entspricht - wenn man wie hier von Dienstleistungshandel und Übertragungen absieht - dem Leistungsbilanzsaldo des Landes 1.

Steigt nun der Wechselkurs, wird die Inlandswährung also abgewertet, so verschieben sich in den Abbildungen I.2.a und I.2.b die jeweiligen ausländischen Kurven. Das Überschussangebot und die Überschussnachfrage des Auslandes sind von Auslandspreisen abhängig. Da auf den Achsen Inlandspreise stehen, müssen die Auslandspreise mit Hilfe des Wechselkurses umgerechnet werden. Steigt der Wechselkurs, so entspricht einem gegebenen Auslandspreis jetzt ein höherer Inlandspreis. Werden etwa bei einem Preis von 10$ 100 Mengeneinheiten vom Ausland auf dem Weltmarkt nachgefragt und ist der Wechselkurs gleich Eins, so entsprechen die 100 nachgefragten Mengeneinheiten auch einem Preis von 10€. Steigt dagegen der Wechselkurs auf 2, so entsprechen die 10$ jetzt 20€, bei denen die 100 Mengeneinheiten nachgefragt werden. Sowohl auf dem Weltmarkt des Gutes 1 als auch des Gutes 2 verschieben sich die ausländischen Kurven deshalb nach oben.

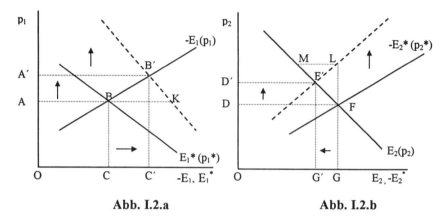

Abb. I.2.a   Abb. I.2.b

Abb. I.2: Veränderung von Export- und Importwert bei einer Abwertung der Inlandswährung

Betrachtet man zunächst Gut 1, so ergibt sich im neuen Gleichgewicht B' ein höherer Inlandspreis und eine größere Exportmenge. Durch die Abwertung werden die inländischen Güter für die Ausländer billiger, da sie beim Umtausch ihrer Währung weniger bezahlen müssen. Die Weltmarktnachfrage nach Gut 1 nimmt also zu. Wenn sich, was hier angenommen wird, die Angebotsentscheidung der inländischen Produzenten allein am Inlandspreis des Gutes orientiert, so wird sich die Angebotsmenge durch die Wechselkursänderung zunächst nicht verändern. Dadurch entsteht, bei noch konstantem Inlandspreis, eine Weltüberschussnachfrage nach Gut 1 in Höhe von BK, und der Preis in Inlandswährung steigt bis das Gleichgewicht B' erreicht ist. Folge ist damit ein eindeutiger Anstieg des inländischen Exportwerts auf OA'B'C'.

Die Veränderung des Importwerts ist dagegen nicht eindeutig. Die Importgüter werden bei gegebenem Auslandspreis durch die Abwertung für die Inländer teurer, der Inlandspreis steigt. Dies drückt sich durch die nach oben verschobene ausländische Überschussangebotskurve aus. Bei einem Preis in Höhe des Punktes M in Abbildung I.2.b ist die Inlandsnachfrage zurückgegangen, es ist ein Überschussangebot in Höhe ML entstanden. Der Weltmarktpreis in Inlandswährung sinkt, bis in F' ein neues Gleichgewicht erreicht ist. Der Preis in Inlandswährung ist bei normal verlaufenden Angebots- und Nachfragekurven aber letztlich höher als im ursprünglichen Gleichgewicht, lediglich ein Teil des abwertungsbedingten Preisanstiegs wird durch die Nachfragesenkung zurückgenommen. Ob der Importwert des Landes 1 bei dieser Konstellation sinkt oder steigt, die Fläche OD'F'G' größer oder kleiner ist als ODFG, hängt vor allem vom Ausmaß des Nachfragerückgangs nach Importgütern ab und damit von deren Substituierbarkeit. Man kann drei Fälle unterscheiden:

1) Hohe Preiselastizität der Importnachfrage: Das importierte Gut kann durch ein inländisches Substitut leicht ersetzt werden. In diesem Fall ist die Überschussnachfragekurve des Inlands relativ flach, es wird zu einem deutlichen Rückgang der Nachfrage kommen, und der Importwert wird trotz des gestiegenen Preises fallen. Damit ergibt sich durch die Abwertung eindeutig eine Verbesserung der inländischen Leistungsbilanz.

2) Preisanstieg und Mengenrückgang sind prozentual gleich groß. Der Importwert bliebe konstant und die Leistungsbilanz würde sich im Ausmaß des Exportwertanstiegs verbessern.

3) Geringe Preiselastizität der Importnachfrage: Das importierte Gut kann nur schwer ersetzt werden, die Überschussnachfragekurve des Inlands ist relativ steil. Der Mengenrückgang ist daher so gering, dass der Preisanstieg dominiert, der Importwert wird steigen. Auch in diesem Fall kann sich die Leistungsbilanz verbessern, solange der Anstieg des Importwerts kleiner ist als der Anstieg des Exportwerts. Nur in dem Fall, in dem der Anstieg des Exportwerts nicht ausreicht, um den Anstieg des Importwerts zu kompensieren, wird sich die Leistungsbilanz als Folge einer Abwertung der Inlandswährung verschlechtern. Dies ist eine *anormale Reaktion der Leistungsbilanz* aufgrund einer Wechselkursänderung.

Als *Normalreaktion der Leistungsbilanz* bezeichnet man also den Fall, in dem sich die Leistungsbilanz als Folge einer Abwertung verbessert oder aber als Folge einer Aufwertung verschlechtert $(\Delta LB / \Delta w > 0)$.

Damit gilt für einen Anstieg von w im Überblick:

1) $\Delta X > 0, \Delta M < 0$ und damit $\Delta LB > 0$: Normalreaktion

2) $\Delta X > 0, \Delta M = 0$ und damit $\Delta LB > 0$: Normalreaktion

3) $\Delta X > 0, \Delta M > 0$

    3a) $\Delta X > \Delta M$ und damit $\Delta LB > 0$: Normalreaktion

    3b) $\Delta X = \Delta M$ und damit $\Delta LB = 0$: keine Reaktion

    3c) $\Delta X < \Delta M$ und damit $\Delta LB < 0$: anormale Reaktion

Hinreichende Bedingung für eine Normalreaktion der Leistungsbilanz aufgrund einer Wechselkursänderung ist also eine preiselastische Importnachfrage des Inlands, d.h. die Preiselastizität müsste absolut größer als Eins sein, da in diesem Fall der Mengeneffekt dominiert und der Importwert damit eindeutig sinkt (Fall 1). Die Formulierung einer *notwendigen* Bedingung müsste dagegen auch alle anderen Preiselastizitäten von Angebot und Nachfrage berücksichtigen. Man kann dabei eine bestimmte Kombination von Angebots- und Nachfrageelastizitäten bestimmen, bei deren Erfüllung die Leistungsbilanz normal auf eine Wechselkursänderung reagiert.[5] Dies ist die sogenannte ***Robinson-Bedingung*** (Robinson, 1937), die für den Spezialfall vollkommen elastischer Angebotsfunktionen zur ***Marshall-Lerner-Bedingung*** wird (Marshall, 1923, Lerner, 1944) Durch die restriktiven Modellannahmen und insbesondere durch die Nichtberücksichtigung von Kapitalverkehr hat die Aussagekraft dieser exakten Konstellation jedoch an Bedeutung verloren.

Ein weiterer Einwand gegen eine Überbewertung von notwendigen Elastizitätsbedingungen beruht auf der hier gemachten Annahme, dass die Überschussangebots- und -nachfragefunktionen allein vom Preis in den jeweiligen Inlandswährungen abhängig sind. Dies impliziert aber, dass etwa das Angebotsverhalten der inländischen Exporteure unabhängig ist von der Höhe des Wechselkurses. Diesen hier dargestellten, die theoretische Analyse vereinfachenden Fall nennt man „*exchange rate pass-through*". Es könnte aber auch sein, dass die Anbieter auf den Weltmärkten andere Kriterien in ihr Preiskalkül aufnehmen, etwa ein bestimmtes Absatzvolumen oder das Erreichen eines bestimmten Marktanteils. Sie könnten aus diesem Grund etwa die Mindererträge, die sich als Folge einer Aufwertung der eigenen Währung ergeben, in Kauf nehmen. In diesem Fall blieben der Preis in Auslandswährung trotz einer Wechselkursänderung konstant. Ein solches Verhalten nennt man „*pricing to market*"-Strategie. Unter Berücksichtigung solcher Verhaltensweisen wird es natürlich fast unmöglich, die genaue Reaktion des Leistungsbilanzsaldos als Folge einer Wechselkursänderung vorherzusagen.

Die Deutsche Bundesbank (Deutsche Bundesbank, Monatsbericht Januar 1997) hat in einer Simulationsanalyse die Wirkung einer dauerhaften 5%igen Aufwertung der D-Mark auf die deutsche Handelsbilanz untersucht. Sie kommt zu dem Ergebnis, dass sich der Handelsbilanzsaldo kurzfristig, d.h. noch ohne Mengenreaktionen, um 1,8% verbessert, also eine anormale Reaktion vorliegt. Sie führt dies vor allem auf eine „pricing to market"-Strategie der deutschen Exporteure zurück. Langfristig wird sich die Leistungsbilanz dann normal verhalten, d.h. sie verschlechtert sich, allerdings nur um 0,4%. Vor allem die relativ geringe Preiselastizität der deutschen Importe, die auf 0,25% geschätzt wird, ist hierfür verantwortlich.

---

[5] Vgl. hierzu den Anhang zu diesem Kapitel.

J-Kurven Effekt. Die Tatsache, dass eine Abwertung zunächst nur Preiseffekte und erst längerfristig Mengeneffekte zur Folge hat, wird in der Literatur als J-Kurven-Effekt bezeichnet (vgl. z.B. eine Darstellung in Schäfer, 1985). Insbesondere in den USA konnte man beobachten, dass es nach einer Abwertung des US-Dollars zunächst zu einer Verschlechterung der Leistungsbilanz kam und die sich als Normalreaktion zu erwartende Verbesserung erst zeitverzögert einstellte. Kurzfristig führt eine Abwertung dazu, dass sich die Importe in Inlandswährung verteuern und für die in Auslandswährung abgeschlossenen Exportgeschäfte weniger erlöst werden kann. Die Handelsmengen reagieren auf diese Preisverzerrung erst zeitverzögert, da sie u.U. sogar vertraglich fixiert sind. Deshalb ist die Bedin-

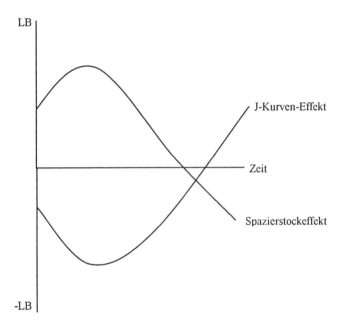

Abb.I.3: Zeitverzögerte Reaktion der Leistungsbilanz auf eine Wechselkursänderung

gung für eine Normalreaktion der Leistungsbilanz auf eine Wechselkursänderung meist nur längerfristig erfüllt. Den umgekehrten Fall, eine kurzfristige Verbesserung der Leistungsbilanz als Folge einer Aufwertung, die sich zeitverzögert in eine Verschlechterung umwandelt, nennt man einen Spazierstock-Effekt. In Abbildung I.3 sind diese Fälle dargestellt.

Hysterese-Effekt. Eine weitere Verzerrung des Einflusses einer Wechselkursänderung auf den Leistungsbilanzsaldo ist der Hysterese-Effekt (vgl. z.B. Baldwin/Krugman, 1989). In den USA hatte man beobachtet, dass sich aufgrund der starken Aufwertung des US-Dollars, Anfang der 80er Jahre, die Leistungsbilanz verschlechterte, also Normalreaktion vorlag. Als aber der Dollar in den folgenden Jahren stark abwertete, blieb die erwartete Verbesserung der Leistungsbilanz aus. Die vorübergehende Aufwertung hatte einen dauerhaften Leistungsbilanzeffekt ausgelöst.

Verallgemeinert gilt: Eine ökonomische Größe ändert ihren Wert aufgrund eines bestimmten Einflusses und bleibt im Zeitverlauf bei ihrem neuen Wert, obwohl der Einflussfaktor mittlerweile weggefallen ist. Im Falle der Leistungsbilanz führt man eine solche Reaktion auf fixe Markteintrittskosten zurück. Angenommen, es lohnt sich für einen europäischen Hersteller, seine Güter am US-Markt ab einem Dollarkurs von w_1 zu verkaufen. Wenn er aber bisher am US-Markt noch nicht präsent ist, so fallen zusätzliche Investitionskosten an, etwa zum Aufbau eines Händlernetzes, zur Umstellung der Produktion auf den US-amerikanischen Geschmack, zur Schulung seiner Mitar-

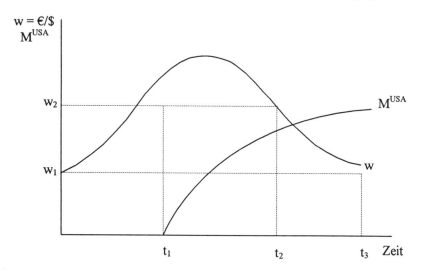

Abb. I.4: Hysterese Effekt

beiter u.a.m. Um diese Kosten zu decken, ist ein höherer Dollarkurs, in Abbildung I.4 etwa der Kurs w_2, erforderlich. Der Dollar müsste also, wenn er im Ausgangszeitpunkt bei w_1 liegt, aufwerten. Steigt nun der Dollar-Kurs tatsächlich über w_2 an, so wird sich der europäische Exporteur am US-Markt etablieren, die hierfür erforderlichen Kosten können durch den hohen Dollarkurs gedeckt werden.

Wertet in der Folge der Dollar wieder auf w_1 ab, so sind die variablen Kosten des europäischen Exporteurs nach wie vor gedeckt und es lohnt sich für ihn, am US-Markt zu bleiben. Würde er wieder aussteigen, so wären seine Markteintrittskosten verloren (sunk-costs). Für die USA bedeutet dies, dass sich auch bei einem im Zeitverlauf abwertenden Dollar der Importwert nicht verändert und sich die Leistungsbilanz von dieser Seite her nicht verbessert.

Der in diesem Abschnitt diskutierte Einfluss einer Wechselkursänderung auf den Leistungsbilanzsaldo beruht auf stark vereinfachende Annahmen. Es werden nur zwei Sektoren berücksichtigt, Substitutionseffekte zwischen diesen Sektoren werden wegen der Annahme, das Überschussangebot und die Überschussnachfrage sei allein vom jeweiligen Preis abhängig, vernachlässigt. Es wird ein vollkommener Weltmarkt ohne Berücksichtigung protektionistischer Maßnahmen unterstellt und weitergehende Effekte wie Zins- und Volkseinkommensänderungen sowie von daher entstehende Rückwirkungen auf den Leistungsbilanzsaldo bleiben ebenfalls unberücksichtigt. Die letztgenannten Einflüsse werden in Kapitel VIII untersucht, wo die Normalreaktion der Leistungsbilanz auf eine Wechselkursänderung in einen umfassenden makroökonomischen Modellrahmen integriert wird.

4.1.1.3 Leistungsbilanzsaldo und Güterpreise

Ein exogener Nachfrageanstieg im Ausland auf beiden Gütermärkten kann in Abbildung I.1 durch eine Rechtsverschiebung der Nachfragekurven in den beiden rechten Abbildungen dargestellt werden. Auf beiden Märkten steigen die ausländischen Autarkiepreise. Überträgt man diese Veränderungen bei gegebenem Wechselkurs auf die Weltmärkte, so ergibt sich, wie im Fall einer Abwertung der Inlandswährung, die in Abbildung I.2 dargestellte Verschiebung beider ausländischer Kurven nach oben. Durch die ausländische Nachfrageexpansion wird auf dem Markt des Gutes 1 bei jedem Weltmarktpreis die ausländische Überschussnachfrage größer, auf dem Markt des Gutes 2 sinkt aus dem gleichen Grund das Überschussangebot bei jedem Weltmarktpreis.

Die Konsequenzen dieses Prozesses auf die inländische Leistungsbilanz entsprechen exakt denen einer Abwertung der Inlandswährung. Die Interpretation erfolgt ebenfalls analog. So wird das Importgut für die Inländer teurer, jetzt jedoch nicht wegen des ungünstigeren Austauschverhältnisses der Währungen, sondern weil der Preis in Auslandswährung gestiegen ist. Als Normalreaktion der inländischen Leistungsbilanz als Folge eines exogenen Anstiegs der ausländischen Preise bezeichnet man also eine Verbesserung, als anormale Reaktion eine Verschlechterung.

Etwas anders sind die Zusammenhänge bei einer inländischen Nachfrageexpansion. Auch hier geht man von Abbildung I.1 aus, in der sich die inländische Nachfrage in den beiden linken Bildern nach rechts verschiebt, auf beiden Inlandsmärkten steigen die Autarkiepreise. Durch Übertragung auf die Weltmärkte verschiebt sich dort die inländische Überschussnachfrage- und die inländische Überschussangebotsfunktion nach oben. Eine eindeutige Reaktion der Leistungsbilanz ergibt sich jetzt von der Importseite her, wo durch die steigende inländische Nachfrage auch der Weltmarktpreis steigt. Der Importwert wird also eindeutig zunehmen. Auf dem Markt des Gutes 1 dagegen kommt es aufgrund des verknappten inländischen Angebots zu einem Preisanstieg. Die Exportmenge sinkt. Ob der Exportwert steigt oder fällt, ist von der Preiselastizität der Importnachfrage des Auslandes, also vom Ausmaß der Veränderung der Importnachfrage des Auslands aufgrund des Weltmarktpreisanstiegs, aber auch von der Preisreagibilität der inländischen Anbieter abhängig. Fasst man die einzelnen Fälle zusammen, so ergibt sich als Normalreaktion der Leistungsbilanz als Folge einer Nachfrageexpansion im eigenen Land, d.h. eines exogenen inländischen Preisanstiegs, eine Verschlechterung $(\Delta LB / \Delta p < 0)$. Im Einzelnen gilt:

1) $\Delta M > 0, \Delta X < 0$ und damit $\Delta LB < 0$: Normalreaktion

2) $\Delta M > 0, \Delta X = 0$ und damit $\Delta LB < 0$: Normalreaktion

3) $\Delta M > 0, \Delta X > 0$

    3a) $\Delta M > \Delta X$ und damit $\Delta LB < 0$: Normalreaktion

    3b) $\Delta M = \Delta X$ und damit $\Delta LB = 0$: keine Reaktion

    3c) $\Delta M < \Delta X$ und damit $\Delta LB > 0$: anormale Reaktion

4.1.1.4 Leistungsbilanzsaldo und sonstige Einflussfaktoren

Der ex-post Zusammenhang zwischen dem Leistungsbilanzsaldo und dem Inlandsprodukt wurde bereits in Abschnitt I.1 verdeutlicht. Der Leistungsbilanzsaldo entspricht der Differenz zwischen dem Nettoinlandsprodukt und der inländischen Absorption. Steigt im Rahmen eines expansiven Prozesses mit dem Volkseinkommen die inländische Absorption, so steigen damit in Abhängigkeit vom Anteil importierter Güter an der inländischen Absorption auch die Importe. Da die Exporte von einer positiven inländischen Konjunkturentwicklung direkt nicht beeinflusst werden, ist ein solcher Prozess mit einer tendenziellen Verschlechterung der Leistungsbilanz verbunden.

Analoge Zusammenhänge gelten für das Ausland. Da die ausländischen Importe jedoch den inländischen Exporten entsprechen, ist eine positive Konjunkturentwicklung im Ausland mit einer tendenziellen Verbesserung der inländischen Leistungsbilanz verbunden. Bei einem Rückgang der Volkseinkommen gilt auch der jeweils umgekehrte Zusammenhang für die Veränderung der Importe.

Fasst man die in diesem Abschnitt diskutierten Einflussfaktoren auf den inländischen Leistungsbilanzsaldo, die keinen Anspruch auf Vollständigkeit erheben, zusammen, so gilt:

(I.17) $LB = f$ (Verfügbarkeit von Gütern, Konsumentenpräferenzen, in- und ausländische Güterpreise, Wechselkurs, Faktorausstattung, Markt- und Kostenstrukturen, Wirtschaftspolitik, Monopolgrad, Faktorpreise, in- und ausländische Volkseinkommen, ...)

4.1.2 Determinanten von Kapital- und Devisenbilanz

Zum Teil sind Kapitalexporte und -importe sowie Veränderungen der Devisenreserven lediglich das Spiegelbild von zugrunde liegenden Leistungsbilanztransaktionen. Wenn etwa ein Exportgeschäft mit einem längeren Zahlungsziel des ausländischen Importeurs verbunden wird, so steigen die inländischen Forderungen gegenüber dem Ausland, es liegt also ein Kapitalexport vor. Ursache hierfür sind aber der Güterexport und die diesem Geschäft zugrunde liegenden Motive. Neben solchen induzierten Kapitalbewegungen gibt es auch reine Finanztransaktionen. Das Ausmaß dieser internationalen Finanztransaktionen ist in den letzten Jahren sprunghaft gestiegen. Es ist heute zur Regel geworden, dass sich Kapitalanleger nicht mehr auf inländische Alternativen beschränken, sondern international agieren. Neben der Bonität des Schuldners und einem eventuellen Länderrisiko, d.h. der Gefahr, das Vermögen nicht problemlos wieder ins Inland zurücktransferieren zu können, sind es im Wesentlichen die internationale Zinsdifferenz und die Wechselkurserwartung, die den privaten Kapitalverkehr determinieren.

Bei einer Anlageentscheidung zwischen In- und Ausland, etwa in Form festverzinslicher Wertpapiere, werden zunächst die Zinssätze verglichen. Je höher ceteris paribus der ausländische Zinssatz, umso eher bzw. mehr wird Kapital im Ausland angelegt, d.h. umso größer ist der Kapitalexport. Je größer der inländische Zinssatz, umso eher wird Kapital importiert.

Neben den Zinssätzen spielt vor allem der erwartete Wechselkurs (w^e) eine wesentliche Rolle. Wenn sich ein Kapitalanleger für eine bestimmte Zeit im Ausland engagiert, so wird vor der Anlage ausländische Währung nachgefragt und nach der Anlage das Kapital und die Zinsen wieder in Inlandswährung zurückgetauscht. Hat während der Dauer der Anlage die Währung, in der angelegt wird, an Wert verloren, so entsteht beim Rücktausch ein Umtauschverlust, der den im Ausland erzielten Zinsertrag schmälert oder sogar überkompensiert. Hat die Auslandwährung dagegen an Wert zugelegt, so erhöht dies einen im Ausland erzielten Zinsertrag. Dem inländischen Zinssatz muss also die Summe aus ausländischem Zins und erwarteter prozentualer Wechselkursänderung gegenübergestellt werden, um zu einer Anlageentscheidung zu kommen:

(I.18) $\quad r \Leftrightarrow r* + \dfrac{w^e - w}{w}$

Wird ein Wechselkursanstieg erwartet, so ist die Differenz zwischen w^e und w positiv. Der erwartete Kursgewinn der Auslandswährung macht eine Auslandsanlage rentabler, als dies der Auslandszins ausdrückt, bei identischem In- und Auslandszins würde diese Erwartung den Ausschlag für eine Auslandsanlage geben. Ist dagegen w^e kleiner als w, so schmälert dieser Umtauschverlust den Zinsertrag, bei identischen Zinssätzen würde die Wechselkurserwartung für eine Anlage im Inland sprechen.

Neben den Zinssätzen sowie dem erwarteten Wechselkurs gibt es zahlreiche weitere Einflüsse auf den internationalen Kapitalverkehr. Erwähnt seien nur die erwartete Entwicklung der Aktienkurse, erwartete Änderungen in den Inflationsraten oder der Geldpolitik der in Frage kommenden Länder, die wiederum Auswirkungen auf die Zinssätze hätten, staatliche Einflüsse auf den Kapital- oder Devisenmarkt und vieles mehr. Bei den ebenfalls zu den privaten Kapitalbewegungen gehörenden Direktinvestitionen gibt es eine ganze Fülle weiterer Einflussfaktoren. Hierzu zählen absatzorientierte, kostenorientierte und strategische Motive. Ein Unternehmen möchte mit seinem Produkt auf dem Auslandsmarkt Fuß fassen und gründet deshalb eine ausländische Niederlassung. Hier würde das Absatzmotiv dominieren. Internationale Differenzen der Faktorkosten, insbesondere der Löhne, können das Motiv für eine Verlagerung der Produktion ins Ausland sein. Investiert ein Unternehmen in einem Wirtschaftsblock (Europäische Union, Nordamerikanische Freihandelszone o.ä.), so liegt dieser Investition oft die Befürchtung zugrunde, zwischen den einzelnen Wirtschaftsblöcken könne es zu protektionistischen Maßnahmen kommen, die durch eine Präsenz vor Ort umgangen werden können.

Fasst man die Einflussfaktoren des Kapital- und Devisenbilanzsaldos, die auch hier nicht vollständig erfasst werden können, zusammen, so gilt:

(I.19) $\quad$ KB = f (in- und ausländische Zinssätze, Wechselkurserwartungen, Inflationserwartungen, Produktionskostendifferenzen, Absatzstrategien, Protektionistische Gefahren, Aktienpreisentwicklung, ...)

4.1.3 Folgen von Salden der Leistungs- bzw. der Kapitalbilanz

Wie in Abschnitt 3.3 diskutiert, wird ein Saldo der Leistungsbilanz oft als nicht wünschenswert bezeichnet und eine ausgeglichene Leistungsbilanz als wirtschaftspolitisches Ziel formuliert. Hohe Leistungsbilanzdefizite gelten als Ursache für Beschäftigungsprobleme und werden als Zeichen einer mangelnden internationalen Konkurrenzfähigkeit angesehen. Überschüsse andererseits gelten zwar als beschäftigungsfördernd und als Wettbewerbsvorteil, dennoch wird aus globalen Gründen ein Ausgleich gefordert, da jedem Überschuss im Rest der Welt ein entsprechendes Defizit gegenübersteht.

Auch die mit einem Leistungsbilanzsaldo verbundene Veränderung der externen Vermögenssituation eines Landes wurde oben bereits ausführlich diskutiert. Nun bedeutet aber jede Forderung nach ausgeglichenen Leistungsbilanzsalden automatisch auch die Forderung nach einem Ausgleich der Kapitalbilanzen (einschließlich der Devisenbilanz). Wenn alle Leistungsbilanzsalden Null wären, könnte kein Land mehr netto Kapital ex- oder importieren. Es dürfte zumindest fraglich sein, ob dies mit der ebenfalls erhobenen Forderung nach einer *optimalen internationalen Kapitalakkumulation* vereinbar ist. Dieser Zusammenhang soll im folgenden Abschnitt etwas ausführlicher diskutiert werden.

4.2 Intertemporaler Ansatz der Zahlungsbilanztheorie

4.2.1 Leistungsbilanzsaldo als Ergebnis von individuellen Planungen

Der Saldo der Leistungsbilanz ist neben seiner Definition als Differenz zwischen dem exportierten und dem importierten Wert von Gütern, Dienstleistungen und Übertragungen auch gleich der Differenz zwischen gesamtwirtschaftlicher Ersparnis und gesamtwirtschaftlicher Nettoinvestition. Wären alle Leistungsbilanzsalden der Welt Null, so würden in allen Ländern Ersparnis und Nettoinvestition übereinstimmen. In der Regel dürften für diesen nationalen Ausgleich von Land zu Land unterschiedliche Zinssätze notwendig sein. Existiert jedoch ein durch keinerlei Restriktionen behinderter Kapitalverkehr, so würde dies bei einem vollkommenen Markt zu einer Angleichung der Renditen in allen Ländern und zu einer Übereinstimmung von Weltersparnis und Weltnettoinvestition führen. Dabei existierende nationale Differenzen zwischen diesen beiden Größen widersprechen nicht dem Grundsatz einer globalen Optimalität. Die nationalen Salden in den Leistungs- und damit auch Kapitalbilanzen sind aus dieser Sichtweise das Ergebnis einzelwirtschaftlicher Entscheidungen über Sparen und Investieren. Diese beiden Größen haben gemeinsam, dass die Konsequenzen der heutigen Entscheidungen in der Zukunft liegen. Höhere Investitionen bedeuten höhere zukünftige Produktionsmöglichkeiten, und höhere Ersparnisse implizieren zukünftige Konsummöglichkeiten. Eine Analyse des Leistungsbilanzsaldos als Differenz zwischen Sparen und Investieren muss daher auf Erwartungen aufbauen und bedarf einer intertemporalen, d.h. einer über die Gegenwart hinausgehenden Überlegung.

Tabelle I.5 Sektorale Finanzierungssalden der Bundesrepublik Deutschland in Mrd. DM

Jahr	Private Haushalte	Private Unternehmen	Öffentliche Haushalte	Inland	Ausland
1972	65,5	-62,0	-1,7	1,8	-1,8
1973	69,2	-73,4	14,7	10,5	-10,5
1974	79,9	-42,1	-12,7	25,1	-25,1
1975	96,8	-27,3	-59,7	9,8	-9,8
1976	87,4	-37,3	-41,0	9,1	-9,1
1977	84,8	-45,9	-31,0	7,9	-7,9
1978	88,3	-35,3	-35,3	17,7	-17,7
1979	101,0	-72,1	-39,8	-10,9	10,9
1980	110,7	-90,8	-49,7	-29,8	29,8
1981	121,8	-78,9	-62,0	-19,0	19,0
1982	117,4	-56,0	-54,6	6,8	-6,8
1983	104,2	-49,1	-46,3	8,8	-8,8
1984	110,9	-61,4	-33,7	15,8	-15,8
1985	113,9	-56,1	-19,7	38,1	-38,1
1986	127,2	-22,2	-25,4	79,6	-79,6
1987	131,7	-14,1	-37,8	79,8	-79,8
1988	141,8	-10,2	-45,2	86,4	-86,4
1989	146,7	-45,8	4,3	105,2	-105,2
1990	178,9	-51,0	-46,3	81,6	-81,6
1991	213,7	-153,1	-94,7	-34,1	34,1
1992	233,7	-176,8	-87,2	-30,4	30,4
1993	220,3	-132,4	-118,8	-23,9	23,9
1994	213,7	-169,0	-87,3	-42,6	42,6
1995*	111,1	-30,9	-110,5	-30,4	30,4
1996*	120,7	-13,1	-121,2	-13,6	+13,6
1997*	122,9	-26,2	-96,5	0,2	-0,2
1998*	133,1	-73,5	-64,5	-5,0	5,0
1999*	135,7	-109,5	-58,1	-31,9	31,9
2000*	147,5	-203,0	+44,6	-10,9	10,9
2001*	190,3	-51,8	-115,2	23,3	-23,3
2002*	223,6	+50,1	-145,3	128,4	-128,4
2003*	245,5	+21,3	-160,6	106,2	-106,2

* Ab 1995 berücksichtigt der Finanzierungssaldo der privaten Haushalte auch deren Investitionstätigkeit, er ist daher geringer als in den Vorjahren. In gleichem Umfang verbessert sich dafür der Finanzierungssaldo der privaten Unternehmen.

Quelle: Deutsche Bundesbank Monatsberichte, Heft Mai der Jahrgänge 1973 bis 1998 sowie Juni 1999 bis 2004

Aus dem Kreislaufzusammenhang einer offenen Volkswirtschaft in Abschnitt 1 ergab sich aus Gleichung I.8, dass der Leistungsbilanzsaldo der Summe der sektoralen Finanzierungssalden von privaten Haushalten, privaten Unternehmen und des Staates entspricht. Die folgende Tabelle gibt einen Überblick über die sektoralen Finanzierungssalden in der Bundesrepublik Deutschland seit 1972 und damit aus dieser Sicht eine Begründung des deutschen Leistungsbilanzsaldos. Bei einer Interpretation dieser Zahlen ist jedoch Vorsicht geboten, weil es sich lediglich um ex-post Größen handelt, aus denen keine Kausalbeziehungen abgeleitet werden können.

Man sieht, dass im Jahr 1975 - das Jahr nach dem ersten Ölpreisschock - die Bundesrepublik Deutschland vor allem deshalb kein Leistungsbilanzdefizit aufwies, weil der private Finanzierungsüberschuss deutlich zunahm. Vor allem das Finanzierungsdefizit der Unternehmen nahm ab, weil im Zuge der wirtschaftlichen Schwierigkeiten nach der Ölpreissteigerung die Investitionstätigkeit sank. Beim Leistungsbilanzdefizit der Jahre 1979 bis 1981 ist dagegen das Finanzierungsdefizit der privaten Unternehmen deutlich gestiegen, von 35,3 Mrd. DM im Jahr 1978 auf über 90 Mrd. DM im Jahr 1980. Dies war mit steigenden Investitionen begleitet. Der Rekordüberschuss des Jahres 1989 mit 105,2 Mrd. DM ist zum einen auf die höheren Überschüsse der privaten Haushalte, aber auch auf den - einmaligen - Finanzierungsüberschuss des Staates zurückzuführen. Ursache der nach der deutschen Wiedervereinigung deutlich verschlechterten Leistungsbilanz – der Überschuss von 105,2 Mrd. DM verwandelte sich innerhalb von zwei Jahren in ein Defizit von 34,1 Mrd. DM – ist vor allem die drastische Zunahme der Finanzierungsdefizite von Unternehmen und Staat.

Zur Bestimmung des Leistungsbilanzsaldos aus diesem Blickwinkel sollen im Folgenden die Finanzierungssalden der privaten Haushalte und der privaten Unternehmen durch mikroökonomisch fundierte Optimierungsansätze im Rahmen eines Zwei-Perioden-Planungshorizonts einer kleinen offenen Volkswirtschaft analysiert werden. (Vgl. zum intertemporalen Ansatz der Zahlungsbilanztheorie z.B. Frenkel/Razin, 1987, Rübel, 1988, Sachs, 1981) Periode 1 wird als Gegenwart, Periode 2 als Zukunft bezeichnet. Die Ableitungen der einzelnen Optimalbedingungen sind im Anhang zu diesem Abschnitt dargestellt.

Angebotsseite

Es existiert in der Ökonomie ein Gut (Q), das sowohl investiv als auch konsumtiv verwendet werden kann. Der Bestand an Arbeit (A) ist in beiden betrachteten Perioden gegeben und kann bei einem variablen Lohnsatz vollbeschäftigt werden. Der Bestand des Faktors Kapital (K) ist in Periode 1 gegeben. Durch investive Verwendung eines Teils der in Periode 1 verfügbaren Gütermenge kann der Kapitalstock der Periode 2 erhöht werden. Dadurch steigt auch das zukünftig erreichbare Sozialprodukt. Zur Vereinfachung wird von einer Abnutzung des Kapitalstocks in Periode 1 abgesehen, d.h. trotz Güterproduktion ist der zu Beginn der Periode 1 vorhandene Bestand noch in vollem Umfang existent. Damit handelt es sich bei den Investitionen der Periode 1 (I^1) gleichzeitig um Brutto- wie um Nettoinvestitionen. Die getätigten Investitionen sollen außerdem sofort und in voller Höhe von den Unternehmen finanziert werden, sie schmälern also den Unternehmensgewinn in Periode 1. Da es sich um ein kleines Land handelt, sind sowohl die Güterpreise in den beiden Perioden als auch der Kapitalmarktzins durch den Weltmarkt gegeben.

Für die Unternehmen, die den Gegenwartswert ihres Gesamtgewinns maximieren wollen ergibt sich damit das Optimierungskalkül (vgl. zur Lösung den Anhang zu diesem Kapitel):

$$\text{Max. } p^1 Q^1\left(A^1, K^1\right) + \frac{p^2}{1+i} Q^2\left(A^2, K^2\right) - \ell^1 A^1 - \frac{\ell^2}{1+i} A^2 - p^1 I^1$$

$$\text{u.d.B. } A^1 = \overline{A}^1, \quad A^2 = \overline{A}^2, \quad K^1 = \overline{K}^1, \quad K^2 = K^1 + I^1$$

mit: p^1, p^2 Güterpreise in Periode 1 bzw. Periode 2; ℓ^1, ℓ^2: Lohnsatz in Periode 1 bzw. 2; i: Kapitalmarktzins.

Die vollbeschäftigungssichernde Lohnhöhe ergibt sich in beiden Perioden aus der Bedingung der Grenzproduktivitätsentlohnung. Für das optimale Investitionsniveau in Periode 1 gilt:

(I.20) $\quad p^1 = \frac{p^2}{1+i} Q_K^2$

Q_K^2 : Grenzproduktivität des Faktors Kapital in Periode 2

Der Preis (die Kosten) einer (Investitions-)Gütereinheit in Periode 1 entspricht im Optimum dem Gegenwartswert des zukünftigen Grenzprodukts dieser Einheit. Es werden in Periode 2 zusätzliche Kapitaleinheiten eingesetzt, solange die dabei entstehenden Kosten geringer sind als der Gegenwartswert der dadurch zusätzlich zu erzielenden Erträge. Wegen der Zwei-Perioden-Restriktion werden Investitionen in Periode 2 nicht berücksichtigt.

Das optimale Investitionsniveau ist von den Güterpreisen der beiden Perioden sowie vom Kapitalmarktzins abhängig, also von Größen, die vom Weltmarkt gegeben sind und auf die das betrachtete kleine Land keinen Einfluss hat. Daneben haben alle Faktoren Einfluss auf die Investitionsentscheidung, die die Grenzproduktivität des Faktors Kapital in Periode 2 beeinflussen. Dabei wird unterstellt, dass die Grenzproduktivität des Faktors Kapital mit zunehmendem Kapitaleinsatz abnimmt. Sinkt die Grenzproduktivität durch negative externe Einflüsse wie etwa steigende Rohölpreise, so muss bei gegebenen Güterpreisen und konstantem Zinssatz die Grenzproduktivität durch einen sinkenden Kapitaleinsatz wieder erhöht werden, um die Optimalbedingung (I.20) zu erfüllen. Das Investitionsvolumen in

Periode 1 sinkt. Andererseits würde etwa durch technischen Fortschritt oder andere positive Einflussfaktoren auf die zukünftige Grenzproduktivität auch das Investitionsvolumen zunehmen.

Private Nachfrage

Argumente der Nutzenfunktion der privaten Haushalte sind der Gegenwarts- und der Zukunftskonsum:

(I.21) $\quad U = U\left(C^1, C^2\right)$

C^1, C^2: Konsummengen des Haushalts in Periode 1 bzw. Periode 2.

Unterstellt man die üblichen Annahmen der Haushaltstheorie – positiver aber abnehmender Grenznutzen beider Konsumarten –, so kann der aus der Kombination von Gegenwarts- und Zukunftskonsum resultierende Nutzen der Haushalte durch eine Schar intertemporaler Indifferenzkurven dargestellt werden, die den bekannten konvexen Verlauf aufweisen. Die Grenzrate der zeitlichen Substitution – die Steigung der Indifferenzkurven – entspricht dabei dem reziproken Verhältnis der Grenznutzen und gibt an, welche Menge der Haushalt in Zukunft zusätzlich konsumieren möchte, wenn er heute auf eine Konsumeinheit verzichtet und sein Gesamtnutzen konstant bleiben soll. Ist dieser Ausdruck absolut größer als Eins, so liegt Gegenwartspräferenz vor, der Haushalt ist nur dann bereit, heute auf eine Konsumgütereinheit zu verzichten, wenn er dafür in der Zukunft mehr als diese Einheit zurückbekommt.

(I.22) $\quad -\dfrac{dC^2}{dC^1} = \dfrac{U_1}{U_2}$

Durch die beschriebenen Produktionsbedingungen ist auch das Einkommen der privaten Haushalte in Periode 1 gegeben. Sie haben außerdem subjektiv sichere Erwartungen bezüglich ihres Einkommens in Periode 2. Auch die Güterpreise in beiden Perioden sowie der Zinssatz und die Steuerzahlungen an den Staat sind den Haushalten bekannt (Periode 1) bzw. werden als subjektiv sicher erwartet (Periode 2). Unter Abzug der Steuerzahlungen vom Bruttoeinkommen in der jeweiligen Periode ergibt sich der Gegenwartswert des verfügbaren Gesamteinkommens der Haushalte als:

(I.23) $\quad Y_v^G = Y_v^1 + \dfrac{1}{1+i} Y_v^2$

Können die Haushalte ihr verfügbares Gesamteinkommen beliebig über die beiden Perioden hinweg konsumieren, so gilt die Identität:

(I.24) $\quad Y_V^G = p^1 C^1 + \dfrac{p^2}{1+i} C^2$

Löst man (I.24) nach C^2 auf, so folgt:

(I.25) $\quad C^2 = \dfrac{1+i}{p^2} Y_V^G - \dfrac{p^1}{p^2/(1+i)} C^1$

Dies ist eine intertemporale Konsummöglichkeitsgerade mit der Steigung $-p^1 : p^2/(1+i)$. Dieses Preisverhältnis determiniert, welche Mengeneinheiten des Gutes die Haushalte in Periode 2 zusätzlich konsumieren können, wenn sie auf eine Mengeneinheit in Periode 1 verzichten. Es stellt also die intertemporalen Substitutionsmöglichkeiten dar.

Versuchen die Haushalte durch eine optimale Aufteilung des Konsums über die beiden Perioden unter Berücksichtigung der Einkommensrestriktion ihren Nutzen zu maximieren, so ergibt sich das Optimierungskalkül:

$$\text{Max} \quad U(C^1, C^2) \quad \text{u.d.B.} \quad Y_V^G = p^1 C^1 + \dfrac{p^2}{1+i} C^2$$

Im Haushaltsoptimum gilt:

(I.26) $\quad \dfrac{U_1}{U_2} = \dfrac{p^1}{p^2/(1+i)} \quad$ bzw. $\quad -\dfrac{dC^2}{dC^1} = \dfrac{p^1}{p^2/(1+i)}$

Das Haushaltsoptimum ist also dann erreicht, wenn die Steigung einer Indifferenzkurve und die Steigung der Konsummöglichkeitsgeraden übereinstimmen, wenn die Grenzrate der zeitlichen Substitution dem Verhältnis der Güterpreise der beiden Perioden entspricht.

Staatliche Instanzen

Auch die staatlichen Instanzen nehmen einen Teil des gesamtwirtschaftlichen Güterbergs durch Besteuerung der privaten Haushalte für sich in Anspruch und verwenden ihn zur Bereitstellung öffentlicher Güter. Dabei muss der Gegenwartswert der Steuereinnahmen dem Gegenwartswert der Ausgaben entsprechen.

(I.27) $\quad T^1 + \dfrac{1}{1+i}T^2 = C_{St}^1 + \dfrac{1}{1+i}C_{St}^2$

Auf ein Optimierungskonzept zur Bestimmung des Staatsbudgetsaldos in den einzelnen Perioden wird aus Vereinfachungsgründen verzichtet.

In Abbildung I.5 sind die Zusammenhänge graphisch dargestellt. Dabei werden auf der Abszisse die Gegenwartswerte und auf der Ordinaten die Zukunftsgrößen abgetragen. Das mit den vorhandenen Beständen an Kapital und Arbeit bei optimaler Produktion in Periode 1 erzielbare Volkseinkommen beträgt od. Wird in Periode 1 nichts investiert, so erreicht die betrachtete Volkswirtschaft ein zukünftiges Volkseinkommen im Ausmaß od'. Wird dagegen ein Teil des heute vorhandenen Güterberges für investive Zwecke genutzt, so steigt das zukünftig erreichbare Volkseinkommen. Da der Bestand an Arbeit gegeben ist (aber in den beiden Perioden nicht identisch sein muss), nimmt der Grenzertrag des Kapitaleinsatzes in Periode 2 mit zunehmender Investitionstätigkeit ab, und es ergibt sich die *intertemporale Transformationskurve* NN'. Die in Periode 1 eingesetzten Investitionseinheiten werden auf der Abszisse von d aus nach links abgetragen, da sie von dem vorhandenen Güterberg abgezogen werden; die damit in Periode 2 zusätzlich verfügbaren Güter werden von d' aus nach oben gemessen. Punkt N' kennzeichnet also den Fall, in dem die gesamte, in Periode 1 verfügbare Gütermenge investiv verwendet würde, es ergäbe sich damit das höchstmögliche zukünftige Volkseinkommen.

Da unterstellt wird, dass das betrachtete Land im Rahmen seiner Budgetrestriktionen jede Gläubiger- oder Schuldnerposition in Periode 1 gegenüber dem Ausland eingehen kann, werden die intertemporalen Verbrauchsmöglichkeiten durch die in (I.25) diskutierte *intertemporale Kapitalmarktlinie* dargestellt. Das reale Tauschverhältnis zwischen Gegenwart und Zukunft bestimmt die Steigung dieser Budgetlinie und gibt damit die Verbrauchsmöglichkeiten in Gegenwart und Zukunft an, die durch eine Kreditvergabe oder Kreditaufnahme gegenüber dem Rest der Welt erreicht werden können.

Ziel ist es nun, unter Berücksichtigung der Faktorausstattung und der Produktionsmöglichkeiten des Landes die größtmögliche Kapitalmarktlinie zu erreichen. Dabei handelt es sich um die Gerade, die die intertemporale Transformationskurve des Landes tangiert. Das optimale Investitionsvolumen ist damit durch den Tangentialpunkt zwischen der intertemporalen Transformationskurve und der Kapitalmarktlinie in Punkt P gegeben und beträgt cd. Dass in diesem Punkt auch die Bedingung der optimalen Investitionshöhe erfüllt ist, ergibt sich aus Gleichung (1.20), die Steigung der Kapitalmarktlinie entspricht der Grenzproduktivität des zukünftigen Kapitaleinsatzes, also der

Steigung der intertemporalen Transformationskurve. Damit folgt für Periode 2 ein optimales Volkseinkommensniveau in Höhe von oc'.

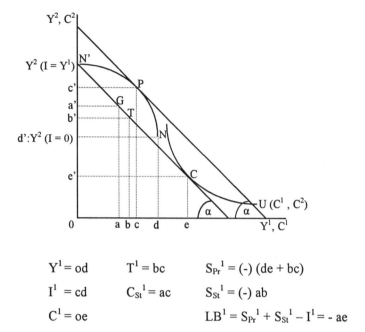

$Y^1 = od$ $T^1 = bc$ $S_{Pr}^1 = (-)(de + bc)$

$I^1 = cd$ $C_{St}^1 = ac$ $S_{St}^1 = (-) ab$

$C^1 = oe$ $LB^1 = S_{Pr}^1 + S_{St}^1 - I^1 = -ae$

Abb.I.5: Leistungsbilanzsaldo als Ergebnis intertemporaler Planungen

Durch die Berücksichtigung des Staates liegen die Konsummöglichkeiten privater Güter seitens der Haushalte unterhalb der gesamtwirtschaftlichen Kapitalmarktlinie. Auch die staatlichen Einnahmen und Ausgaben stellen Ansprüche auf den vorhandenen Güterberg dar und werden von den noch vorhandenen Gütern ausgehend, also von rechts nach links (Abszisse) bzw. von unten nach oben (Ordinate), gemessen. Wenn die Steuereinnahmen des Staates in Periode 1 bc, in Periode 2 b'c' betragen und seine Ausgaben ac bzw. a'c', so erhält man durch senkrechte und waagrechte Verbindungslinien die Punkte T und G, die die intertemporale Aufteilung von Steuern und Staatsausgaben determinieren. Damit liegt die Konsummöglichkeitsgerade privater Güter parallel unterhalb der Kapitalmarktlinie und verläuft durch die Punkte T und G. Im hier besprochenen Beispiel hat der Staat in Periode 1 ein Defizit in Höhe von ab und in Periode 2 einen entsprechenden Überschuss von a'b'. Das Ausmaß der Differenz zwischen der gesamtwirtschaftlichen Kapitalmarktlinie und der Konsummöglichkeitsgeraden privater Güter wird durch das Ausmaß der

Gesamtstaatsaktivität, also vom Gegenwartswert der Gesamtstaatsausgaben, bestimmt, nicht aber davon, ob der Staat in Periode 1 ein Budgetdefizit oder einen Budgetüberschuß aufweist.

Das Nutzenmaximum der privaten Haushalte ergibt sich durch den Tangentialpunkt zwischen einer Indifferenzkurve der Haushalte und ihrer Konsummöglichkeitsgeraden. Die optimale intertemporale Aufteilung des Konsums privater Güter durch die Haushalte beträgt in Abbildung I.5 oe bzw. oe', es ist hier also eine relativ hohe Gegenwartspräferenz unterstellt.

Aus den hier unterstellten Zusammenhängen folgt für Periode 1 eine negative private Ersparnis in Höhe von de + bc [6] und eine negative Ersparnis des Staates im Ausmaß ab. Damit ergibt sich als Differenz zwischen der gesamtwirtschaftlichen Ersparnis in Höhe von −(ac + de) und dem optimalen Niveau der Nettoinvestitionen (cd) ein Leistungsbilanzdefizit in Höhe von ae, d.h. im Ausmaß der waagrechten Differenz zwischen den Punkten C und G.

4.2.2 Determinanten des Leistungsbilanzsaldos im intertemporalen Kontext

a) Temporärer externer Schock

Alle Veränderungen, die Einfluss auf die Spar- und Investitionsentscheidungen von Haushalten und Unternehmen haben, beeinflussen in diesem Ansatz auch den Leistungsbilanzsaldo. So wird etwa ein negativer Volkseinkommenseffekt in Periode 1, der als temporär, also als nur vorübergehend angesehen wird, die Leistungsbilanz in Periode 1 negativ beeinflussen, da die privaten Haushalte den notwendigen Konsumverzicht über die Zeit verteilen und in der ersten Periode ihre Ersparnisse reduzieren. In Abbildung I.6 ist ein solcher Effekt dargestellt. Da sich die Erwartungen für Periode 2 nicht ändern, verschiebt sich Punkt N aufgrund der Einkommensreduktion in Periode 1 waagrecht nach links zu N_1. Bei Konstanz der Güterpreise, des Zinssatzes und der Staatsaktivität hat dieser negative temporäre Schock keinen Einfluss auf das optimale Investitionsniveau, so dass sich auch Punkt P - und mit ihm die Punkte T und G - waagrecht nach links verschieben. Da der Konsum vom Gegenwartswert des Gesamteinkommens abhängig ist, verschiebt sich Punkt C nach links unten zu C_1, d.h. der Konsum in beiden Perioden wird aufgrund des Einkommensrückgangs sinken. Der durch den heutigen Einkommensrückgang erforderliche Konsumverzicht wird also zum Teil in die Zukunft verlagert. Damit sinkt der Konsum in Periode 1 aber um weniger als das Einkommen, die im hier unterstellten Beispiel

---

[6] Dabei muss beachtet werden, dass die Investitionen der Periode 1 in voller Höhe den Ersparnissen der privaten Unternehmen entsprechen und damit die gesamte private Ersparnis aus der Differenz zwischen Y−T auf der einen und C auf der anderen Seite gebildet wird.

ohnehin negative Ersparnis der privaten Haushalte weitet sich aus, und die Leistungsbilanz in Periode 1 verschlechtert sich. Die waagrechte Differenz zwischen den Punkten G_1 und C_1 ($a_1 e_1$) ist größer als die Differenz zwischen G und C (ae).

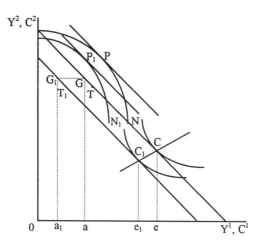

Abb.I.6: Negativer exogener Schock in Periode 1

$Y^1 \downarrow \;\rightarrow\; Y^G \downarrow$

$C^1 \downarrow \;\leftarrow\; \downarrow \;\rightarrow\; C^2 \downarrow$
$\downarrow$
$S^1 \downarrow \;\rightarrow\; LB^1 \downarrow$

b) Zukünftig erwarteter externer Schock

Umgekehrt wird ein für die Zukunft erwarteter Einkommensrückgang bereits heute durch Konsumenthaltung, d.h. durch höhere Ersparnisse, berücksichtigt und beeinflusst damit die Leistungsbilanz in Periode 1 positiv. Punkt N verschiebt sich in Abbildung 1.7 in diesem Fall senkrecht nach unten zu N_2, da das Einkommen in Periode 1 noch konstant bleibt. Hat der für die Zukunft erwartete negative Schock auch negative Auswirkungen auf die zukünftige Grenzproduktivität des Faktors Kapital, so wird auch das optimale Niveau der

Investitionstätigkeit (waagrechte Differenz zwischen den Punkten N und P) sinken. Punkt P, und mit ihm die Punkte G und T, verschieben sich nicht nur nach unten, sondern auch nach rechts zu P_2 bzw. G_2.

Für die Konsumentscheidungen der Haushalte ist der Gegenwartswert ihres Gesamteinkommens relevant. Dieses sinkt, der Konsum geht damit in beiden Perioden zurück. Ein Teil des für die Zukunft gegenüber der bisherigen Planung erwarteten Einkommensverlustes wird also bereits im heutigen Konsumverhalten berücksichtigt. Die Leistungsbilanz der Periode 1 wird sich aufgrund des für die Zukunft erwarteten negativen Schocks also eindeutig verbessern, zum einen wegen der steigenden Ersparnisse der privaten Haushalte (Konsumrückgang bei konstantem Einkommen), zum anderen wegen des Rückgangs des optimalen Investitionsniveaus. Der waagrechte Abstand zwischen den Punkten G_2 und C_2 ist gegenüber der Differenz zwischen C und G von beiden Seiten her kleiner geworden.

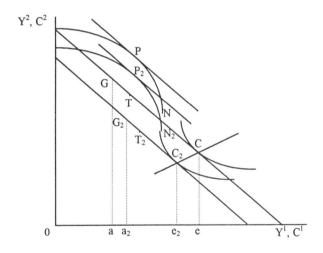

Abb.I.7: **Für Periode 2 erwarteter negativer exogener Schock**

$$Y^G \downarrow \leftarrow Y^2 \downarrow \rightarrow Q_k^2$$
$$C^1 \downarrow \leftarrow \rightarrow C^2 \downarrow$$
$$\downarrow$$
$$S^1 \uparrow \rightarrow LB^1 \uparrow \leftarrow I^1 \downarrow$$

c) Staatliche Einflüsse

Auch der Einfluss des Staates auf die Leistungsbilanz wird bereits aus dem hier betrachteten Zwei-Perioden-Ansatz deutlich: Grundsätzlich hat jede staatliche Aktivität, sei es in Form von Subventionen, Regulierungen oder steuerlichen Instrumenten, Einfluss auf die privaten Spar- und Investitionsentscheidungen und damit indirekt auf den Leistungsbilanzsaldo. Daneben können staatliche Instanzen aber auch direkt als Teil der gesamtwirtschaftlichen Ersparnis und Nettoinvestition den Leistungsbilanzsaldo beeinflussen. Dabei wird unter Berücksichtigung des in Gleichung (I.8) beschriebenen Zusammenhangs meist ein eindeutiger und enger Zusammenhang unterstellt, d.h. mit steigendem Staatsbudgetdefizit verschlechtere sich auch die Leistungsbilanz.

Unterstellt man eine Erhöhung des Staatsbudgetdefizits in Periode 1, das auf einen Anstieg der staatlichen Ausgaben bei Konstanz der Steuereinnahmen zurückzuführen ist, so hat diese Maßnahme zweifellos Auswirkungen auf die Höhe des Leistungsbilanzsaldos. Allerdings sind dabei zahlreiche Modifikationen zu unterscheiden. So muss zunächst berücksichtigt werden, ob die Konsumenten eine Ausgabensteigerung als ein temporäres Phänomen ansehen, das seitens des Staates wieder neutralisiert wird, d.h. also etwa durch eine entsprechende Reduzierung der staatlichen Ausgaben in der Zukunft. In diesem Fall bleiben in beiden Perioden ihre Steuerzahlungen konstant und sie sehen keine Auswirkungen des gestiegenen Staatsbudgetdefizits auf den Gegenwartswert ihres Gesamteinkommens. Sie werden deshalb auch nicht ihre Konsum- und Sparentscheidung in Periode 1 verändern. Dies ist in Abbildung 1.8 als Fall 1 dargestellt. Sowohl die Konsummöglichkeitskurve als auch der optimale Konsumpunkt bleiben unverändert, Punkt G verschiebt sich auf der Geraden nach links zu G_1, und im Ausmaß dieser Verschiebung (a_1a) verschlechtert sich die Leistungsbilanz.

Wenn die Konsumenten dagegen erwarten, dass sie letztlich die Finanzierung des gestiegenen Staatsbudgetdefizits der Periode 1 übernehmen müssen, etwa durch zukünftige Steuererhöhungen, so verschiebt sich ihre Konsummöglichkeitsgerade im Ausmaß des Gegenwartswerts der zukünftigen Steuererhöhung nach unten. Relevant ist jetzt Punkt G_2. Sie werden wegen des für die Zukunft erwarteten Einkommensrückgangs ihre Sparaktivität in Periode 1 erhöhen, der Konsumpunkt verschiebt sich zu C_2. Die Einschränkung des Konsums in Periode 1 hat für sich genommen eine positive Leistungsbilanzreaktion, deren Ausmaß von der Zeitpräferenzrate der Haushalte abhängig ist. Insgesamt wird sich die Leistungsbilanz aber auch in diesem Fall verschlechtern, da das Ausmaß des Konsumrückgangs in Periode 1 kleiner ist als die Erhöhung der Staatsausgaben. Die waagrechte Differenz zwischen den Punkten C und G (a_2e_2) ist gegenüber der Ausgangssituation größer geworden.

Die Zahlungsbilanz   43

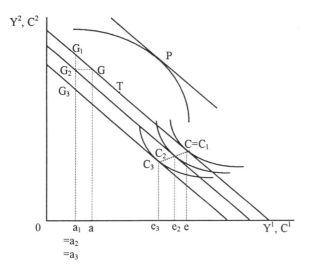

Abb.I.8: Staatsaktivität im intertemporalen Ansatz

Das gleiche Resultat (G_2, C_2) würde sich ergeben, wenn der Staat seine Ausgabensteigerung der Periode 1 sofort durch Steuererhöhungen finanziert hätte. Zusätzliche Staatsausgaben reduzieren das verfügbare permanente Einkommen, und zwar unabhängig davon, ob der Staat sie durch sofortige Steuererhöhung oder durch eine Kreditaufnahme finanziert, da die Wirtschaftssubjekte den Gegenwartswert der dann in der Zukunft notwendigen Steuererhöhung bereits in ihrem heutigen Verhalten berücksichtigen. Dies ist die Aussage des Ricardianischen Äquivalenztheorems (vgl. z.B. Bruno, 1974).

Wird neben der Ausgabensteigerung in Periode 1 auch ein gegenüber der bisherigen Planung höheres Staatsausgabenvolumen in Periode 2 erwartet, alles finanziert durch Steuererhöhungen in Periode 2, so verschiebt sich die Konsummöglichkeitsgerade weiter nach unten (G_3) und der Konsum in Periode 1 wird weiter eingeschränkt (C_3). In diesem Fall kann sich mit dem entstandenen Staatsbudgetdefizit in Periode 1 die Leistungsbilanz in Periode 1 sogar verbessern. Dies ist dann der Fall, wenn der Rückgang des privaten Konsums in Periode 1 (ee_3) größer ist als der Anstieg des Staatsbudgetdefizits in Periode 1 (aa_3), was in Abbildung I.8 unterstellt ist. Bei dieser Situation dreht sich der als Normalfall unterstellte Zusammenhang zwischen dem Staatsbudgetsaldo und dem Leistungsbilanzsaldo um. Das steigende Staatsbudgetdefizit in Periode 1 führt zu einer Verbesserung der Leistungsbilanz in dieser Periode!

Die mit der Staatsausgabenerhöhung gestiegene Verfügbarkeit öffentlicher Güter in Periode 1 kann natürlich auch Einfluss haben auf die Gestalt der intertemporalen Indifferenzkurven, d.h. man müsste diesen Einfluss auf den Nutzen privater Haushalte berücksichtigen. Es gibt zahlreiche weitere - auch nicht-ökonomische - Einflussfaktoren auf das Spar- und Investitionsverhalten der Wirtschaftssubjekte und damit auch auf den Leistungsbilanzsaldo des Landes. Zu nennen sind hier etwa vielfältige und divergierende Steuern, Subventionen und Regulierungen der verschiedensten Art. Aber auch eine mangelnde Berechenbarkeit der Politik beeinflusst die Spar- und Investitionsentscheidungen der Wirtschaftssubjekte und damit den Leistungsbilanzsaldo. Es wird anhand des hier dargestellten, sehr vereinfachten Modellrahmens auch deutlich, dass der Zusammenhang zwischen Staatsbudget- und Leistungsbilanzsaldo keineswegs so eindeutig gegeben ist, wie dies vielfach unterstellt wird. Belgien etwa, das Land mit dem höchsten Verhältnis von Gesamtstaatsverschuldung zum Bruttoinlandsprodukt in der Europäischen Union, hat in der Vergangenheit in aller Regel Leistungsbilanzüberschüsse aufzuweisen. Ursache ist die sehr geringe Gegenwartspräferenz der privaten Haushalte, d.h. die staatliche Budgetpolitik Belgiens „passt" zum Verhalten der privaten Wirtschaftssubjekte dieses Landes.

Ein mit Hilfe des intertemporalen Ansatzes dargestellter Leistungsbilanzsaldo beruht auf einer Optimalplanung von Unternehmen und Haushalten bei gegebener Staatsaktivität und stellt damit streng genommen eine optimale Größe dar. Man sieht aus dieser Darstellung - selbst wenn man die zahlreichen Einschränkungen des dabei benutzten einfachen Zusammenhangs berücksichtigt -, dass ein Leistungsbilanzüberschuss nicht als bloßes Ergebnis einer hohen internationalen Wettbewerbsfähigkeit des Landes interpretiert werden kann, sondern auf verschiedene Ursachen zurückzuführen ist. So ist ein Leistungsbilanzüberschuss unter anderem von der Gegenwartspräferenz der Konsumenten und von den Investitionsmöglichkeiten des Landes - dargestellt durch den Verlauf der intertemporalen Transformationskurve - im Vergleich zum Ausland abhängig. Man sieht auch, dass der Saldo allein noch nichts über eine Gleichgewichts- oder Ungleichgewichtssituation aussagt und wirtschaftspolitischen Handlungsbedarf signalisiert.

Was allerdings im Rahmen eines intertemporalen Ansatzes - vor allem, wenn man nur zwei Perioden berücksichtigt - sehr elegant aussieht, nämlich der Ausgleich aller Budgets über die Zeit, kann in der Realität schwierige Anpassungsprozesse erfordern. Man muss berücksichtigen, dass mit zunehmender Dauer eines Leistungsbilanzdefizits die externe Verschuldungsposition des Landes als Bestandsgröße ständig zunimmt. Aber auch hier zeigt sich die Notwendigkeit, nicht auf die Schuldnerposition als bloße Zahl zu sehen, sondern die Frage zu stellen, worauf die Leistungsbilanzdefizite der Vergangenheit zurückzuführen waren. Wurden die Kapitalimporte investiv verwendet, so wurden die Voraussetzungen geschaffen, um in der Zukunft zu einem Überschuss zu gelangen. Vorsicht ist allerdings geboten, wenn die Kapitalimporte lediglich der Finanzierung des Konsums aufgrund einer hohen Gegenwartspräferenz der Konsumenten dienten.

Zum Abschluss von Kapitel I soll noch kurz ein empirisches Ereignis mit Hilfe der verschiedenen Ansätze zur Bestimmung und Interpretation von Leistungsbilanzsalden diskutiert werden. 1970 lag der Preis für ein Barrel Rohöl an den Weltmärkten im Durchschnitt bei knapp 2 US-Dollar. Bis September 1973 stieg der Preis auf über 3 US-Dollar an. Aufgrund eines OPEC-Beschlusses im Zusammenhang mit dem Yom-Kippur-Krieg stieg er dann innerhalb eines Jahres auf über 12 US-Dollar. Abbildung I.9 zeigt die Entwicklung des Rohölpreises. Dieser Preisanstieg ging als der 1. Ölpreisschock in die Geschichte ein. Die Folgen des Preisschocks waren gewaltige Leistungsbilanzungleichgewichte. Auf der einen Seite wiesen die Ölexportländer - u.a. wegen ihrer damals noch geringen Absorptionskapazität - hohe Überschüsse auf, denen in den Industrieländern hohe Defizite gegenüberstanden. Diese Leistungsbilanzdefizite sind je nach Blickwinkel völlig unterschiedlich begründbar.

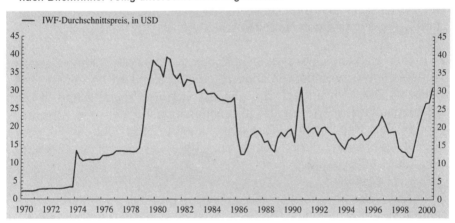

Quelle: EZB, Monatsbericht November 2000

Abb.I.9: Entwicklung des Rohölpreises pro Barrel

Betrachtet man die Leistungsbilanz als Differenz zwischen Ex- und Import von Gütern, Dienstleistungen und Übertragungen, so würde man mit der geringen Preiselastizität der Importnachfrage nach Öl argumentieren. Da die Industrieländer auf den Import von Öl angewiesen sind, weil zumindest kurzfristig keine Substitute zur Verfügung stehen, steigt mit steigendem Weltmarktpreis ihr Importwert, und die Leistungsbilanz verschlechtert sich.
Sieht man die Leistungsbilanz als Spiegelbild der Kapitalbilanz, so könnte man das sog. Dollar-Recycling als Begründung anführen. Wegen ihrer geringen Absorptionskapazität im Inland legten die Ölexportländer, vor allem die Mitglieder der OPEC, ihre Überschüsse in Form von Beteiligungen und Wertpapieren in den Industrieländern an. Ein solcher Kapitalimport des Industrielandes bedingt jedoch spiegelbildlich ein Leistungsbilanzdefizit.
Mit Hilfe des intertemporalen Ansatzes wiederum könnte man eine völlig andere Perspektive aufgreifen. Da die Industrieländer keine Substitutionsmöglichkeit

zum Rohöl hatten, starteten sie große Investitionsanstrengungen, zum einen, um Alternativen zum Öleinsatz zu erforschen und zu fördern, zum anderen, um den Ölverbrauch zu drosseln. Dass dies erfolgreich war, sieht man etwa am durchschnittlichen Kraftstoffverbrauch eines Kraftfahrzeugs, der heute bei vergleichbarer Leistung noch etwa halb so hoch ist wie Anfang der siebziger Jahre. Bei hohen Investitionen sinkt aber der Finanzierungssaldo der Unternehmen und durch Subventionszahlungen eventuell auch der des Staates. Reichen die gesamtwirtschaftlichen Ersparnisse zur Finanzierung der gestiegenen Investitionen nicht aus, so ergibt sich ein gesamtwirtschaftliches Finanzierungsdefizit, was einem Leistungsbilanzdefizit entspricht.

5. Zusammenfassung von Kapitel I

1. Im ex-post Gleichgewicht einer offenen Volkswirtschaft stimmen die gesamtwirtschaftlichen Ersparnisse mit der Summe aus Nettoinvestitionen und dem Leistungsbilanzsaldo überein, der Leistungsbilanzsaldo entspricht also der Differenz zwischen der gesamtwirtschaftlichen Ersparnis und den Nettoinvestitionen.

2. In der Zahlungsbilanz eines Landes werden alle ökonomischen Transaktionen zwischen Inländern und Ausländern in einem bestimmten Zeitraum erfasst. Sie gliedert sich im Wesentlichen in die Leistungsbilanz (Güterhandel, Dienstleistungshandel und Übertragungen), die Kapitalbilanz (Direktinvestitionen, kurz- und langfristiger Kapitalverkehr) und die Devisenbilanz (Veränderung der Auslandsposition der Zentralbank).

3. Der Leistungsbilanzsaldo (Stromgröße) gibt die Veränderung des Nettoauslandsvermögens (Bestandsgröße) einer Volkswirtschaft an. Dieses steigt bei einem Leistungsbilanzüberschuss und sinkt bei einem Leistungsbilanzdefizit.

4. Ein positiver Leistungsbilanzsaldo impliziert, dass eine Volkswirtschaft in einer bestimmten Periode mehr Leistungen ans Ausland geliefert, als von diesem empfangen hat. Dieser Überschuss drückt sich in der Zunahme der Summe aus privaten Forderungen gegenüber dem Ausland (Nettokapitalexporte) und den Währungsreserven der Zentralbank aus. Im Falle eines Leistungsbilanzdefizits nimmt diese Summe ab.

5. Der gleiche Zusammenhang wird auch aus der Definition des Leistungsbilanzsaldos als Differenz zwischen gesamtwirtschaftlicher Ersparnis und gesamtwirtschaftlicher Nettoinvestition deutlich. In Hö-

he der privaten Ersparnisse entsteht zusätzliches Volksvermögen, das sich aus einer Erhöhung des Sachvermögens im Inland (Nettoinvestitionen) und einer Veränderung des Nettoauslandsvermögens zusammensetzt.

6. Der Leistungsbilanzsaldo ist vom Wechselkurs abhängig. Dabei wird als Normalfall eine Verbesserung der Leistungsbilanz als Folge einer Abwertung bzw. eine Verschlechterung als Folge einer Aufwertung definiert. Die Normalreaktion ist u.a. umso eher gegeben, je größer der absolute Wert der Importnachfrageelastizität des betrachteten Landes ist.

7. Preissteigerungen im Inland führen im Normalfall zu einer Verschlechterung, Preissteigerungen im Ausland zu einer Verbesserung der inländischen Leistungsbilanz. Auch diese Reaktionen sind vor allem von den Importnachfrageelastizitäten der Länder abhängig.

8. Der Leistungsbilanzsaldo ist auch von allen Größen abhängig, die Einfluss auf die gesamtwirtschaftliche Ersparnis und die gesamtwirtschaftliche Nettoinvestition haben. Diese Einflüsse, zu denen auch die staatlichen Aktivitäten zählen, werden im intertemporalen Ansatz zur Zahlungsbilanztheorie untersucht. Ein Rückgang der gesamtwirtschaftlichen Ersparnis (Folge eines Einkommensrückgangs, Erhöhung der Gegenwartspräferenz, Konsequenzen eines Staatsbudgetdefizits o.a.) und/oder eine Erhöhung der gesamtwirtschaftlichen Nettoinvestition (Steigerung der Produktivität, Rückgang des Zinssatzes, Verbesserung der Zukunftsaussichten o.a.) verschlechtern dabei die Leistungsbilanz. Analog hierzu folgt eine Verbesserung bei steigenden Ersparnissen und/oder sinkenden Nettoinvestitionen.

6. Anhang zu Kapitel I

a) Reaktion der Leistungsbilanz auf eine Wechselkursänderung

Gegeben ist ein 2-Länder-2-Güter-Fall.

Die Gleichgewichtsbedingungen auf den Weltmärkten der beiden Güter lauten:

$$-E_1(p_1) = E_1^*\left(p_1^*\right); \quad E_2(p_2) = -E_2^*\left(p_2^*\right)$$

Für die Güterpreise gilt:

$$p_1 = wp_1^* \quad \text{und} \quad p_2 = wp_2^*$$

mit w als Wechselkurs €/$

Ist Gut 1 das Exportgut des Landes 1, d.h. $E_1 < 0$, $E_2 > 0$, so gilt:

$-p_1 E_1 \equiv X^{\text{€}}$ Exportwert des Landes 1 in €

$p_2 E_2 \equiv M^{\text{€}}$ Importwert des Landes 1 in €

$p_1^* E_1^* \equiv M^{*\$}$ Importwert des Landes 2 in $

$-p_2^* E_2^* \equiv X^{*\$}$ Exportwert des Landes 2 in $

mit

$$p_1 E_1 + p_2 E_2 = -LB$$

$$p_1^* E_1^* + p_2^* E_2^* = -LB^*$$

Ableitung der Leistungsbilanz des Landes 1 nach w:

$$LB = -p_1 E_1(p_1) - p_2 E_2(p_2)$$

$$\frac{dLB}{dw} = -E_1 \frac{dp_1}{dw} - p_1 \frac{dE_1}{dp_1} \frac{dp_1}{dw} - E_2 \frac{dp_2}{dw} - p_2 \frac{dE_2}{dp_2} \cdot \frac{dp_2}{dw}$$

$$\frac{dLB}{dw} = -E_1 \left(1 + \frac{dE_1}{dp_1} \cdot \frac{p_1}{E_1}\right) \frac{dp_1}{dw} - E_2 \left(1 + \frac{dE_2}{dp_2} \cdot \frac{p_2}{E_2}\right) \frac{dp_2}{dw}$$

Definiert man Überschussangebots- und -nachfrageelastizitäten der beiden Länder als:

$$\varepsilon_1 \equiv \frac{dE_1}{dp_1} \frac{p_1}{E_1} > 0 \quad , \quad \varepsilon_2^* \equiv \frac{dE_2^*}{dp_2^*} \frac{p_2^*}{E_2^*} > 0$$

$$\eta_2 \equiv \frac{dE_2}{dp_2} \frac{p_2}{E_2} < 0 \quad , \quad \eta_1^* \equiv \frac{dE_1^*}{dp_1^*} \frac{p_1^*}{E_1^*} < 0$$

so folgt:

(1) $\dfrac{dLB}{dw} = -E_1(1 + \varepsilon_1)\dfrac{dp_1}{dw} - E_2(1 + \eta_2)\dfrac{dp_2}{dw}$

Bestimmung von $\dfrac{dp_1}{dw}$ **und** $\dfrac{dp_2}{dw}$:

Differentiation der Gütermarktgleichgewichtsbedingungen nach w:

(2) $\quad E_1(p_1) + E_1^*(p_1^*) = 0 \quad \rightarrow \quad \dfrac{dE_1}{dp_1}\dfrac{dp_1}{dw} + \dfrac{dE_1^*}{dp_1^*}\dfrac{dp_1^*}{dw} = 0$

(3) $\quad E_2(p_2) + E_2^*(p_2^*) = 0 \quad \rightarrow \quad \dfrac{dE_2}{dp_2}\dfrac{dp_2}{dw} + \dfrac{dE_2^*}{dp_2^*}\dfrac{dp_2^*}{dw} = 0$

Güterpreiszusammenhang und Wechselkurs:

(4) $\quad p_1 = w p_1^* \quad \rightarrow \quad \dfrac{dp_1}{dw} = p_1^* + w\dfrac{dp_1^*}{dw} \quad$ bzw. $\quad \dfrac{dp_1^*}{dw} = \dfrac{1}{w}\dfrac{dp_1}{dw} - \dfrac{p_1^*}{w}$

(5) $\quad p_2 = w p_2^* \quad \rightarrow \quad \dfrac{dp_2}{dw} = p_2^* + w\dfrac{dp_2^*}{dw} \quad$ bzw. $\quad \dfrac{dp_2^*}{dw} = \dfrac{1}{w}\dfrac{dp_2}{dw} - \dfrac{p_2^*}{w}$

(4) in (2) ergibt: $\quad \dfrac{dE_1}{dp_1}\dfrac{dp_1}{dw} + \dfrac{dE_1^*}{dp_1^*}\dfrac{1}{w}\dfrac{dp_1}{dw} - \dfrac{dE_1^*}{dp_1^*}\dfrac{p_1^*}{w} = 0$

(5) in (2) ergibt: $\quad \dfrac{dE_2}{dp_2}\dfrac{dp_2}{dw} + \dfrac{dE_2^*}{dp_2^*}\dfrac{1}{w}\dfrac{dp_2}{dw} - \dfrac{dE_2^*}{dp_2^*}\dfrac{p_2^*}{w} = 0$

Durch Erweitern folgt für Gut 1:

$$\dfrac{dE_1}{dp_1}\dfrac{p_1}{E_1}\dfrac{E_1}{p_1}\dfrac{dp_1}{dw} + \dfrac{dE_1^*}{dp_1^*}\dfrac{p_1^*}{E_1^*}\dfrac{E_1^*}{p_1^* w}\dfrac{dp_1}{dw} - \dfrac{dE_1^*}{dp_1^*}\dfrac{p_1^*}{E_1^*}\dfrac{E_1^*}{w} = 0$$

Da $E_1 = -E_1^*$ sowie $p_1^* w = p_1$ und unter Berücksichtigung der Elastizitätsdefinitionen folgt:

$$\varepsilon_1 \dfrac{E_1}{p_1}\dfrac{dp_1}{dw} - \eta_1^* \dfrac{E_1}{p_1}\dfrac{dp_1}{dw} + \eta_1^* \dfrac{E_1}{p_1} p_1^* = 0$$

und damit:

$$\dfrac{dp_1}{dw} = \dfrac{p_1^* \eta_1^*}{\eta_1^* - \varepsilon_1}$$

Analog folgt für Gut 2:

$$\frac{dE_2}{dp_2}\frac{p_2}{E_2}\frac{E_2}{p_2}\frac{dp_2}{dw} + \frac{dE_2^*}{dp_2^*}\frac{p_2^*}{E_2^*}\frac{E_2^*}{p_2^*w}\frac{dp_2}{dw} - \frac{dE_2^*}{dp_2^*}\frac{p_2^*}{E_2^*}\frac{E_2^*}{wp_2^*}p_2^* = 0$$

$$\left(\eta_2 - \varepsilon_2^*\right)\frac{dp_2}{dw} = -\varepsilon_2^* p_2^*$$

$$\frac{dp_2}{dw} = \frac{p_2^* \varepsilon_2^*}{\varepsilon_2^* - \eta_2}$$

Setzt man $\frac{dp_1}{dw}$ und $\frac{dp_2}{dw}$ in (1) ein, so folgt:

$$\frac{dLB}{dw} = -\underbrace{\frac{E_1(1+\varepsilon_1)p_1^* \eta_1^*}{\eta_1^* - \varepsilon_1}} - \underbrace{\frac{E_2(1+\eta_2)p_2^* \varepsilon_2^*}{\varepsilon_2^* - \eta_2}}$$

bzw.

$$\frac{dLB}{dw} = \frac{dX}{dw} - \frac{dM}{dw}$$

Als **Normalreaktion** der Leistungsbilanz gilt: $\frac{dLB}{dw} > 0$

Hinreichend hierfür wäre

$$\frac{dX}{dw} > 0 \quad \text{und} \quad \frac{dM}{dw} < 0$$

Wegen der Definition der Elastizitäten und wegen $E_1 < 0$ ist $\frac{dX}{dw} > 0$ stets erfüllt.

Für $\frac{dM}{dw} < 0$ wäre eine hinreichende Bedingung: $|\eta_2| > 1$, d.h. die Leistungsbilanz verbessert (verschlechtert) sich als Folge einer Abwertung (Aufwertung), wenn $|\eta_2| > 1$. Dies ist allerdings nur eine hinreichende, keine notwendige Bedingung, denn auch wenn $|\eta_2| < 1$, ist $\frac{dLB}{dw} > 0$ nicht ausgeschlossen.

Die Ableitung **notwendiger** Bedingungen für eine Normalreaktion der Leistungsbilanz erfolgt in einer engen Umgebung eines Gleichgewichts, d.h. es wird angenommen $LB \sim 0$ bzw. $p_1^* E_1 \sim -p_2^* E_2$ im Ausgangsgleichgewicht.

Damit folgt:

$$\frac{dLB}{dw} = -\frac{\left(\varepsilon_2^* - \eta_2\right)(1+\varepsilon_1)p_1^* E_1 \eta_1^* + \left(\eta_1^* - \varepsilon_1\right)(1+\eta_2)p_2^* E_2 \varepsilon_2^*}{\left(\eta_1^* - \varepsilon_1\right)\left(\varepsilon_2^* - \eta_2\right)}$$

$$\frac{dLB}{dw} = -\frac{p_1^* E_1}{\left(\eta_1^* - \varepsilon_1\right)\left(\varepsilon_2^* - \eta_2\right)}\left[\varepsilon_1 \varepsilon_2^*\left(1+\eta_1^* + \eta_2\right) - \eta_1^* \eta_2\left(1+\varepsilon_1 + \varepsilon_2^*\right)\right]$$

Da der Ausdruck vor der Klammer negativ ist, gilt für $\frac{dLB}{dw} > 0$ damit die notwendige Bedingung:

$$\varepsilon_1 \varepsilon_2^*\left(1+\eta_1^* + \eta_2\right) < \eta_1^* \eta_2\left(1+\varepsilon_1 + \varepsilon_2^*\right) \quad \text{bzw.}$$

$$\frac{\eta_1^* \eta_2}{\varepsilon_1 \varepsilon_2^*}\left(1+\varepsilon_1 + \varepsilon_2^*\right) > \left(1+\eta_1^* + \eta_2\right)$$

Dies ist die **Robinson-Bedingung**.

Da die linke Seite positiv ist, ist auch hier $|\eta_2| > 1$ hinreichend für die Erfüllung dieser Bedingung.

Für $\varepsilon_1 = \varepsilon_2^* \to \infty$ folgt:

$$1 + \eta_1^* + \eta_2 < 0$$

Dies ist die **Marshall-Lerner-Bedingung**.

b) Intertemporaler Ansatz zur Zahlungsbilanztheorie

Intertemporale Konsumplanung

Die Nutzenfunktion des Haushalts lautet

$$U = U\left(C^1, C^2\right)$$

Bei totaler Differentiation folgt

$$dU = U_1 dC^1 + U_2 dC^2$$

und damit entlang einer Indifferenzkurve

$$-\frac{dC^2}{dC^1} = \frac{U_1}{U_2}$$

Sein Nutzenmaximierungsansatz lautet:

$$L = U\left(C^1, C^2\right) + \lambda\left[Y_V^G - p^1 C^1 - \frac{p^2 C^2}{1+i}\right]$$

Daraus folgt u.a.

$$\frac{\partial L}{\partial C^1} = U_1 - \lambda p^1 = 0$$

$$\frac{\partial L}{\partial C^2} = U_2 - \lambda \frac{p^2}{1+i} = 0$$

Damit gilt:

$$\frac{U_1}{U_2} = \frac{p^1(1+i)}{p^2}$$

Entscheidend für die Sparentscheidung des Haushalts in Periode 1 ist also nicht allein das Einkommen in Periode 1, sondern das erwartete Gesamteinkommen sowie der Zinssatz, der Gegenwartspreis und der zukünftig erwartete Güterpreis.

Intertemporale Gewinnmaximierung der Unternehmen

$$L = p^1 Q^1 + \frac{1}{1+i} p^2 Q^2 - \ell^1 A^1 - \frac{1}{1+i}\ell^2 A^2 - p^1 I^1$$

$$+ \lambda_1 \left[Q^1 - Q^1\left(\overline{A}^1 \overline{K}^1\right)\right]$$

$$+ \lambda_2 \left[Q^2 - Q^2\left(\overline{A}^2, K^2\right)\right]$$

$$+ \lambda_3 \left[K^2 - \overline{K}^1 - I^1\right]$$

Es folgt:

$$\frac{\partial L}{\partial Q^1} = p^1 + \lambda_1 = 0$$

$$\frac{\partial L}{\partial A^1} = -\ell^1 - \lambda_1 Q_A^1 = 0$$

und damit die Optimalbedingung $\ell^1 = p^1 Q_A^1$

$$\frac{\partial L}{\partial Q^2} = p^2 \frac{1}{1+i} + \lambda_2 = 0$$

$$\frac{\partial L}{\partial A^2} = \frac{1}{1+i}\ell^2 - \lambda_2 Q_A^2 = 0$$

und damit die Optimalbedingung $\ell^2 = p^2 Q_A^2$

Der Faktor Arbeit wird also in beiden Perioden gemäß seinem Wertgrenzprodukt entlohnt.

$$\frac{\partial L}{\partial K^2} = -\lambda_2 Q_K^2 + \lambda_3 = 0$$

$$\frac{\partial L}{\partial I^1} = -p^1 - \lambda_3 = 0$$

Damit folgt die oben diskutierte Optimalbedingung: $p^1 = \frac{p^2}{1+i} Q_K^2$

Kapitel II

Devisenmärkte

1. Grundsätzliche Erscheinungsformen des Wechselkurses

1.1 Devisen, Devisenmärkte und Wechselkurs

Devisen sind Forderungen verschiedener Art, insbesondere Sichteinlagen bei Banken, die in ausländischen Währungseinheiten fakturiert sind. Oft wird zwischen Devisen und Sorten unterschieden, wobei mit Sorten ausländisches Bargeld bezeichnet wird. Diese Unterscheidung soll hier nicht weiter verfolgt werden. Der *bilaterale Wechselkurs* ist das Umtauschverhältnis zwischen zwei Währungen. Wechselkurse können auf zwei Arten ausgedrückt werden. Zum einen als der Preis einer ausländischen Währungseinheit, ausgedrückt in inländischen Währungseinheiten, also €/\$, zum anderen als Kehrwert, dem Preis einer inländischen Währungseinheit, ausgedrückt in ausländischen Währungseinheiten, \$/€. Den Wert des Dollars, ausgedrückt in Euro, bezeichnet man auch als *Dollarkurs* oder Preisnotierung, der Kehrwert, der Preis eines Euro, ausgedrückt in Dollar, ist demzufolge der *Eurokurs* oder die Mengennotierung. Ist ein Euro einen halben Dollar wert, so beträgt der Dollarkurs 2, der Eurokurs entsprechend 0,5.

Für viele Marktteilnehmer ist es vorteilhafter, den Dollarkurs zu benutzen, etwa wenn man den Dollarpreis eines Gutes in Euro umrechnen will. Im Weiteren wird der Wechselkurs als der Preis einer ausländischen Währungseinheit, ausgedrückt in inländischen Währungseinheiten, definiert, er entspricht aus Sicht Europas also dem Dollarkurs.

Wechselkurse werden an Devisenmärkten durch Angebot an und Nachfrage nach Devisen bestimmt, der Kauf oder Verkauf von Devisen ist daher nichts anderes als ein Währungstausch. Da es sehr viele Währungen gibt und grundsätzlich jede Währung mit jeder anderen getauscht werden kann, gibt es auch entsprechend viele Devisenmärkte bzw. bilaterale Wechselkurse. Bei 10 Währungen existieren bereits 45 bilaterale Wechselkurse.[1] Allgemein gilt, dass bei n Währungen $(n^2 - n)/2$ bilaterale Wechselkurse existieren. Die

---

[1] Bildet man von allen 10 Währungen das Verhältnis zueinander, so käme man auf eine Zahl von 100. Da hierbei auch die Verhältnisse der 10 Währungen zu sich selbst enthalten sind, muss man 10 abziehen. Von den verbleibenden 90 Austauschverhältnissen ist die eine Hälfte lediglich der Kehrwert der anderen Hälfte, so dass 45 Wechselkurse verbleiben.

Deutsche Bundesbank veröffentlichte vor Einführung des Euro als alleiniges gesetzliches Zahlungsmittel in den Euro-Ländern die Wechselkurse von 193 verschiedenen Landeswährungen gegenüber dem US-Dollar und der D-Mark. Würde man für die 193 Währungen alle bilateralen Wechselkurse berechnen, so käme man auf 18528 Kurse. Zur Vereinfachung, und weil es sich im täglichen Devisengeschäft als Konvention durchgesetzt hat, werden deshalb meist alle Währungen in nur einer Numéraire-Währung, in der Regel dem US-Dollar, ausgedrückt. Kennt man den Wert des Dollars, ausgedrückt in Euro, und den Wert des Dollars, ausgedrückt in Yen, so kann man aus diesen beiden Kursen durch einfache Division die *cross-rate*, d.h. den Kurs des Yen, ausgedrückt in Euro, bestimmen.

Betragen die Dollarkurse in Euro, Yen und britischem Pfund

$$\frac{120 \text{ Yen}}{\text{Dollar}}, \frac{1{,}1 \text{ Euro}}{\text{Dollar}}, \frac{0{,}7 \text{ Pfund}}{\text{Dollar}},$$

so ergeben sich u.a. die folgenden cross-rates:

$$\frac{120 \dfrac{\text{Yen}}{\text{Dollar}}}{1{,}1 \dfrac{\text{Euro}}{\text{Dollar}}} = \frac{109{,}09 \text{ Yen}}{\text{Euro}} \quad \text{bzw.} \quad \frac{1{,}1 \dfrac{\text{Euro}}{\text{Dollar}}}{0{,}7 \dfrac{\text{Pfund}}{\text{Dollar}}} = \frac{1{,}57 \text{ Euro}}{\text{Pfund}}$$

Weichen die so bestimmten cross-rates von den direkten Wechselkursen zwischen Yen und Euro bzw. zwischen Euro und Pfund ab, so findet Kursarbitrage statt. Händler kaufen eine Währung dort, wo sie billiger ist, und verkaufen sie sofort wieder dort, wo sie teurer ist. Diese risikolosen Arbitragegeschäfte sorgen dafür, dass jederzeit eine annähernde Gleichheit des Wertes einer Währung rund um die Welt gewährleistet ist.

Oft ist es für die Marktteilnehmer auch im praktischen Devisenhandel einfacher und kostengünstiger, eine zentrale Währung zu benutzen, also bei einem beabsichtigten Tausch von japanischen Yen in Schweizer Franken zunächst mit Yen Dollar zu kaufen und anschließend die Dollar in Schweizer Franken umzutauschen. Der Grund sind zum einen die sehr niedrigen Transaktionskosten auf Märkten mit großem Marktvolumen und hoher Wettbewerbsintensität wie etwa dem für US-Dollar. Zum anderen erleichtert es das Devisengeschäft von Geschäftsbanken, den Hauptakteuren auf den Devisenmärkten, da sie den Saldenausgleich untereinander in nur einer Währung durchführen können.

Der Devisenmarkt ist kein geographisch abgegrenzter Markt, auf dem sich Käufer und Verkäufer von Angesicht zu Angesicht gegenüberstehen. Der Devisenmarkt kann vielmehr als ein virtueller Weltmarkt angesehen werden, auf dem von allen großen Finanzzentren der Welt aus, mit Hilfe elektronischer Medien, rund um die Uhr Devisen gehandelt werden. Das Handelsvolumen, das zur Zeit pro Tag etwa 3 Billionen US-Dollar beträgt, besteht zum überwiegenden Teil aus kurzfristigen Finanztransaktionen, nur noch etwa einem Prozent der Umsätze liegt Güterhandel zugrunde.

Hauptakteure an den Devisenmärkten sind die Geschäftsbanken, die entweder auf eigene Rechnung oder für Kunden aktiv sind. Die von den verschiedenen Marktteilnehmern an verschiedenen Orten vereinbarten Kurse zwischen zwei Währungen werden sich, wenn keine dirigistischen Einflussnahmen existieren, kaum unterscheiden, da Devisenmärkte weitestgehend die Bedingungen eines *homogenen bzw. eines vollkommenen Marktes* erfüllen: Das gehandelte Gut, die Währung, ist homogen, die Markttransparenz ist angesichts der zur Verfügung stehenden Kommunikationssysteme praktisch perfekt, und die Zahl der Marktteilnehmer ist sehr groß.

Da permanent ökonomische, aber auch nicht-ökonomische Informationen verarbeitet werden, die zu bestimmten Erwartungen der Marktteilnehmer führen und sich in Käufen oder Verkäufen von Währungen niederschlagen, handelt es sich bei offiziell veröffentlichten Wechselkursen um eine bloße Momentaufnahme, die jeden Tag zu einer bestimmten Uhrzeit stattfindet. Notiert wird meist der *Geldkurs*, zu dem Banken Devisen ankaufen, der *Briefkurs*, zu dem sie Devisen verkaufen, und ein Mittelwert zwischen Geld- und Briefkurs. Die Differenz zwischen Geld- und Briefkurs ist in der Regel von der Schwankungsbreite und -häufigkeit, der sog. *Volatilität* des jeweiligen Wechselkurses, abhängig. Bei relativ stabilen Wechselkursen, die kaum Schwankungen aufweisen, ist die Differenz gering, bei stark volatilen Kursen dagegen groß. Geschäftsbanken sind bei ihrem Sortengeschäft jedoch grundsätzlich frei, ihre An- und Verkaufskurse festzulegen. Die Differenz ist in der Regel größer als bei Devisen, was mit „Lagerkosten", etwa in Form von Zinsverlusten, und mit dem höheren Kursrisiko begründet wird, da sich während eines Tages zwar die Wechselkurse an den Devisenmärkten ändern, von der Bank gegenüber ihren Kunden in der Regel aber keine Kursanpassungen vorgenommen werden. Im Folgenden wird zwischen An- und Verkaufskursen nicht mehr unterschieden.

1.2 Kassawechselkurs und Terminwechselkurs

Wenn man von dem Wechselkurs zweier Währungen spricht, so ist in der Regel das Tauschverhältnis auf dem Kassamarkt (spot transactions) gemeint, das vereinbarte Tauschverhältnis ist der *Kassawechselkurs*, w_K. Auf dem Kassamarkt wird ein Kaufvertrag geschlossen zwischen dem Käufer einer bestimmten Menge an Devisen und dem Verkäufer dieser Devisen, der dafür Währungseinheiten des Käufers erhält. Im Kaufvertrag wird das Tauschverhältnis festgelegt, die Erfüllung des Geschäfts, d.h. die Übergabe der Währungen muss spätestens am zweiten Geschäftstag nach Vertragsabschluss erfolgen.

Benötigt die Deutsche Bank für einen Geschäftskunden 1 Million japanische Yen, so wird sie, etwa mit einer Tokioter Geschäftsbank, einen Kaufvertrag abschließen, in dem ein bestimmter Wechselkurs vereinbart wird. Spätestens am zweiten Arbeitstag nach diesem Geschäftsabschluss müssen die Yen der Deutschen Bank gutgeschrieben sein, die wiederum bis zu diesem Zeitpunkt der japanischen Bank den Gegenwert in Euro überwiesen haben muss.

Man kann die Erfüllung eines solchen Devisentauschs auch für einen späteren Zeitpunkt festlegen. In obigem Beispiel könnten die beiden Banken vereinbaren, die jeweiligen Währungseinheiten erst 30, 60 oder 90 Tage nach dem Vertragsabschluss zu übergeben. In diesem Fall spricht man von einem Termingeschäft (forward transactions), das hierfür vereinbarte Tauschverhältnis ist der *Terminwechselkurs*, w_T. Längere Termine als ein Jahr bilden die Ausnahme.

Termin- und Kassawechselkurs können sich unterscheiden. Ist der Terminkurs höher als der Kassakurs, so handelt es sich um einen Aufschlag oder Report, ist er niedriger, so erfolgt ein Abschlag oder Deport. Da auf dem Terminmarkt unterschiedliche Laufzeiten möglich sind, gibt es für jede Währung nicht nur einen, sondern für jeden Erfüllungszeitpunkt einen gesonderten Terminkurs. Die Auf- oder Abschläge gegenüber dem Kassakurs können sich also je nach Laufzeit unterscheiden. Die prozentuale Differenz zwischen dem Termin- und dem Kassakurs ist der *Swapsatz, s*. Im praktischen Devisenhandel und in Veröffentlichungen von Zentralbanken findet sich auch die Definition des Swapsatzes als absolute Differenz zwischen Termin- und Kassakurs. Hier wird jedoch von der Definition als prozentuale Differenz ausgegangen.

Liegt etwa der Dollarkurs am Kassamarkt bei 0,85 Euro und beträgt der Dollarterminkurs 0,8755 Euro, so liegt ein Report in Höhe von 0,0255 vor. Der Swapsatz beträgt in diesem Beispiel:

(II.1) $$s = \frac{w_T - w_K}{w_K} = \frac{0,8755 - 0,85}{0,85} = 0,03$$

1.3 Effektive und reale Wechselkurse

Effektive Wechselkurse sind methodisch einem Preisindex vergleichbar. Es wird die Wertentwicklung der inländischen Währung gegenüber mehreren anderen Ländern, etwa den Haupthandelspartnern, gemessen. Die berücksichtigten Länder werden dabei gewichtet, etwa durch ihren relativen Weltmarktanteil oder den bilateralen Handelsanteilen, anschließend wird ein Durchschnitt gebildet. Der effektive Wechselkurs ist also eine Indexziffer, die anzeigt, um wie viel Prozent sich der Durchschnitt der gewichteten Wechselkurse im Vergleich zu einer Basisperiode verändert hat, er gibt damit die durchschnittlichen Auf- oder Abwertungen der eigenen Währung während eines bestimmten Zeitraums an.

Bei vielen ökonomischen Fragestellungen ist es sinnvoll, reale Größen zu benutzen. Ähnliches gilt auch beim Wechselkurs. Mit dem nominellen Wechselkurs ist es lediglich möglich, den Preis ausländischer Güter in inländischen Währungseinheiten darzustellen. Eine bessere Möglichkeit, vor allem im zeitlichen Vergleich, wäre der Realpreis, d.h. der Preis ausländischer Güter, ausgedrückt in inländischen Gütereinheiten. Dieses Maß erhält man, indem man den nominellen Wechselkurs durch einen Preisindex inländischer Güter (p) dividiert und dieses Verhältnis mit einem vergleichbaren Preisindex ausländischer Güter (p*) multipliziert. Dieser Ausdruck, dessen Dimension dem Verhältnis Mengeneinheit Inlandsgüter zu Mengeneinheit Auslandsgüter entspricht, nennt man den *realen Wechselkurs* (w_R):

$$(II.2) \qquad w_R = \frac{w}{p} p^* = \frac{wp^*}{p}$$

Der reale Wechselkurs gibt also an, was eine Einheit des ausländischen Güterbündels, ausgedrückt in Einheiten des Inlandsgüterbündels, kostet. Die Güterbündel können sich auf Konsumenten beziehen, wobei jedoch auch Güter enthalten sind, die nicht handelbar, also nicht direkt mit dem Ausland vergleichbar sind. Man könnte auch den Produzentenpreisindex benutzen und hätte damit das Verhältnis der im Inland produzierten Güter zu den im Ausland produzierten Gütern. Den Kehrwert des realen Wechselkurses einer Währung bezeichnet man als den *realen Außenwert* dieser Währung.

Benutzt man statt des ausländischen Preisniveaus einen gewichteten Durchschnitt der Preisindizes verschiedener Länder, so erhält man einen *realen Effektivkurs*. Ein spezieller realer Effektivwechselkurs ist das Verhältnis zwischen den inländischen Exportgütern und den inländischen Importgütern, die aus verschiedenen Ländern kommen. Dieses Verhältnis ist der Kehrwert der *terms of trade*, die der Relation von Export- zu Importpreisen entsprechen.

$$(II.3) \qquad t.o.t. = \frac{p^{Ex}}{p^{Im}} = \frac{ME^{Im}}{ME^{Ex}}$$

Die terms of trade stellen ein Maß für die Wohlfahrtswirkung des internationalen Handels dar. Die Relation zwischen den Preisen der Exportgüter und den Preisen der Importgüter, beide in Inlandswährung, ist nichts anderes als das Verhältnis zwischen Mengeneinheiten des Importguts zu Mengeneinheiten des Exportguts. Ein Anstieg dieses Verhältnisses impliziert, dass das Land für eine Mengeneinheit seines Exportgutes mehr Mengeneinheiten des Importgutes erhält und damit seine Konsummöglichkeiten steigen. Man spricht in diesem Fall auch von einer Verbesserung der terms of trade.[2]

Eine andere Definition des realen Wechselkurses bezieht sich auf die Unterscheidung zwischen *handel- und nicht-handelbaren* Gütern. Als handelbar werden Güter bezeichnet, die exportiert werden oder die als Importsubstitute dienen. Nicht-handelbare Güter sind dagegen dadurch gekennzeichnet, dass Produktion und Konsum räumlich zusammenfallen, dass sie also nicht die Grenzen eines Landes überschreiten können. Hierzu zählen vor allem Dienstleistungen, obwohl aufgrund des Fortschritts in der Telekommunikation auch zahlreiche Dienstleistungen mittlerweile zu den handelbaren Gütern zu zählen sind. Der auf dieser Unterscheidung beruhende reale Wechselkurs ist definiert als:

(II.4) $$w_R = \frac{w p^*_H}{p_N}$$

p^*_H ist der vom Weltmarkt gegebene Preis der handelbaren Güter, p_N bezeichnet den im Inland determinierten Preis nicht-handelbarer Güter.

Der reale Wechselkurs in dieser Definition drückt die relative Wettbewerbsfähigkeit handelbarer in Bezug zu den nicht-handelbaren Gütern aus und ist damit eine Bestimmungsgröße für die Allokation zwischen den Sektoren handel- und nicht-handelbarer Güter sowie für den Leistungsbilanzsaldo. Eine reale Abwertung impliziert einen relativen Anstieg des Preises handelbarer Güter und führt zu steigenden Produktionsanreizen in diesem Sektor bei gleichzeitig sinkendem Konsum, so dass sich die Leistungsbilanz verbessert.

1.4 Wechselkursrisiken und Möglichkeiten ihrer Absicherung

1.4.1 Arten von Wechselkursrisiken

Währungsrisiken tangieren die finanzwirtschaftliche Sphäre von international tätigen Wirtschaftssubjekten. Es handelt sich dabei um die Gefahr eines finanziellen Verlustes, der sich durch die Aktivität in verschiedenen Währungsgebieten ergibt. Währungsrisiken im weiteren Sinn beinhalten das Konvertierungs- und das Transferrisiko. Dabei handelt es sich um die Gefahr,

---

[2] Vergleicht man eine Situation vor Aufnahme von Handel mit der von Freihandel, wie dies in Abschnitt 4.1.1.1 vereinfacht diskutiert wurde, so sieht man, dass durch die Aufnahme von Handel die terms-of-trade in beiden Ländern steigen, da sich der Preis des Exportgutes durch die steigende Auslandsnachfrage erhöht und der Preis des Importgutes durch die billigere ausländische Bezugsquelle sinkt. Dies impliziert für alle Länder eine terms-of-trade Verbesserung. Vgl. zur Bedeutung der terms of trade auch Kapitel VII.

dass der Währungsumtausch und der zwischenstaatliche Transfer von Geldern durch staatliche Eingriffe in die Devisenmärkte behindert oder verzerrt werden. Diese Art von Risiko kann man auch unter das allgemeine Länderrisiko subsumieren.

Unter Währungsrisiko im engeren Sinn versteht man das *Wechselkursrisiko*, das durch die Unsicherheit über Richtung und Ausmaß der zeitlichen Veränderung des Austauschverhältnisses zwischen der inländischen und der ausländischen Währung besteht. Man kann grundsätzlich ein direktes und ein indirektes Wechselkursrisiko unterscheiden. Ein direktes Wechselkursrisiko besteht, wenn das Wirtschaftssubjekt Forderungen oder Verbindlichkeiten als offene Position, d.h. ohne Absicherung unterhält. Ein direktes Wechselkursrisiko tritt auch dann auf, wenn ein Unternehmen Vermögensteile umfasst, die in ausländischer Währung fakturiert sind.

Sämtliche auf fremde Währung lautenden Finanzströme und Vermögensbestände eines Unternehmens werden als „exposure" bezeichnet. Besitzt ein Unternehmen solche Positionen, so werden diese durch Auf- oder Abwertungen der eigenen Währung gegenüber der Fremdwährung in ihrem Wert (in inländischer Währung ausgedrückt) verändert. Wird die eigene Währung (Euro) gegenüber der ausländischen Währung (Dollar) aufgewertet, so sinkt der Euro-Wert der auf Dollar lautenden Forderungen und Verbindlichkeiten. Bei Forderungen impliziert dies einen Verlust, bei Verbindlichkeiten einen Gewinn des Unternehmens.

Ein deutsches Unternehmen habe ein Warenexportgeschäft mit einem ausländischen Kunden abgeschlossen, aus dem ihm in 6 Monaten eine Million US-Dollar zufließen. Das Unternehmen hat mit dem aktuellen Kurs kalkuliert, der bei einem Euro pro Dollar liegen soll. Bleibt dieser Kurs konstant, so würde das Unternehmen in 6 Monaten eine Million Euro erhalten. Bei einer Aufwertung des Euro gegenüber dem US-Dollar sinkt der Wert eines US-Dollar, ausgedrückt in Euro, im hier unterstellten Zahlenbeispiel etwa auf 0,9 Euro. Das Unternehmen erhält in 6 Monaten zwar nach wie vor eine Million US-Dollar, diese entsprechen aber nur noch 0,9 Millionen Euro. Die Aufwertung des Euro gegenüber dem Dollar führt bei dem betrachteten Unternehmen zu einem „Verlust" in Höhe von 100 000 Euro. Wird der Euro gegenüber dem Dollar abgewertet, so verhält es sich umgekehrt. Hat das Unternehmen sowohl Forderungen als auch Verbindlichkeiten mit gleichem Fälligkeitsdatum, so besteht nur in Höhe der Nettogröße ein Währungsrisiko, da sich ansonsten der Währungsgewinn und der Währungsverlust ausgleichen.

Das Ausmaß des direkten Wechselkursrisikos ist vom Ausmaß der Volatilität, d.h. von der Häufigkeit und vom Ausmaß der Wechselkursschwankungen abhängig.

Ein indirektes Wechselkursrisiko ergibt sich aus dem Tatbestand, dass eine Wechselkursänderung die allgemeine wirtschaftliche Situation eines Unternehmens negativ beeinflussen kann. Wird die Währung des eigenen Landes aufgewertet, so wird es für die ausländischen Kunden teurer, einen bestimmten Betrag an inländischer Währung zu „kaufen", d.h. die Absatzchancen an den Weltmärkten würden abnehmen. Die inländischen Unternehmen haben nun zwei Möglichkeiten, auf diese Wechselkursänderung zu reagieren:[3] Zum einen können sie die Wechselkursänderung auf ihre ausländischen Verkaufspreise abwälzen (exchange rate pass-through). Diese werden steigen, so dass die Auslandsnachfrage nach den Produkten des inländischen Unternehmens sinkt. Alternativ hierzu kann das Unternehmen zur Vermeidung von Marktanteilsverlusten die ausländischen Angebotspreise (in Auslandswährung) konstant halten (pricing to market). Dies bedeutet aber letztlich nichts anderes als einen Rückgang der in Inlandswährung ausgedrückten ausländischen Verkaufspreise und damit ein Sinken der Auslandsumsätze.

Bei einer als dauerhaft angesehenen Aufwertung der Inlandswährung kann das Unternehmen auch in Erwägung ziehen, die für den Auslandsmarkt vorgesehenen Produkte vor Ort zu produzieren. Hierfür ist eine Direktinvestition notwendig. Wird die eigene Währung nach Realisierung der Direktinvestition doch wieder abgewertet, so kann sich der Aufbau der ausländischen Produktionsstätte nachträglich als ökonomisch falsch erweisen, wenn sich durch die Abwertung der Inlandswährung die Produktion im Inland und der anschließende Export der Güter als kostengünstiger erweist als die Produktion im Ausland. Das Risiko einer Direktinvestition, ebenso wie das, eine Direktinvestition zu unterlassen, resultiert aus der Tatsache, dass bei einem Produktionskostenvergleich zwischen zwei Ländern immer der Wechselkurs als Umrechnungsfaktor berücksichtigt werden muss, so dass dessen Änderung auch die Kostenrelation zwischen In- und Ausland beeinflusst.

1.4.2 Möglichkeiten der Absicherung von Wechselkursrisiken

a) Termingeschäfte

Die hier dargestellte Form eines Währungsrisikos kann durch verschiedene Maßnahmen abgesichert werden. Neben dem Versuch, das Risiko durch eine Valutierung in der eigenen Währung auf die Handelspartner abzuwälzen, besteht auch die Möglichkeit der Kursabsicherung auf Terminmärkten.

> Ein deutscher Exporteur etwa habe einen Kaufvertrag über die Lieferung von 10 Maschinen an ein US-amerikanisches Unternehmen abgeschlossen, wobei die Lieferung erst nach Fertigstellung der Maschinen in 6 Monaten erfolgen kann. Der Kaufpreis wurde mit 5 Millionen US-Dollar vereinbart. Der Exporteur kann nun bereits heute die 5 Millionen Dollar per Termin in 6 Monaten verkaufen. Er schließt also heute einen Dollar-Verkaufsvertrag zu einem vereinbarten Wechselkurs ab, muss aber erst in 6 Monaten die Dollar seinem Vertragspartner liefern und bekommt auch erst in 6 Monaten den Gegenwert in Euro. Da der Um-

---
[3] Vgl. hierzu auch Abschnitt 4.1.1.2 in Kapitel I.

tauschkurs aber bereits heute vereinbart wird, kann der Exporteur diesen in seinen Verkaufspreisverhandlungen mit einkalkulieren.

Der zweite Hauptgrund für Terminmarkttransaktionen ist das Gegenteil des ersten, die Risikopräferenz. Man nennt diese Marktteilnehmer deshalb auch die *Spekulanten*. Ein Spekulant hat bestimmte Erwartungen über den zukünftigen Kassakurs und vergleicht diesen mit dem für diesen Zeitpunkt geltenden Terminkurs.

Besteht seitens des Spekulanten aufgrund der ihm zugänglichen Informationen etwa die Erwartung, dass in 6 Monaten ein Dollar 0,9 Euro wert sein wird und liegt der aktuelle Terminkurs für Geschäftserfüllung in 6 Monaten bei 0,8 Euro für einen Dollar, so würde es sich für den Spekulanten lohnen, am Terminmarkt Dollar zu kaufen. War seine Erwartung richtig und der Dollarkurs steigt am Kassamarkt tatsächlich in 6 Monaten auf 0,9 Euro, so kann er die Dollar, die er am Erfüllungstermin des Geschäfts bekommt, sofort mit einem Gewinn von 0,1 Euro pro Dollar wieder verkaufen. Hat der Spekulant einen 6-Monats-Kaufkontrakt über eine Million Dollar abgeschlossen, so bekommt er in 6 Monaten eine Million Dollar und muss in 6 Monaten 0,8 Millionen Euro dafür bezahlen. Zeitgleich mit der Erfüllung des Geschäfts kann er aber die eine Million Dollar für 0,9 Millionen Euro am Kassamarkt verkaufen, so dass er, ohne je einen Dollar besessen zu haben, 100000 Euro - abzüglich eventueller Transaktionskosten - Gewinn realisiert hat. Er trägt allerdings das Risiko, dass seine Erwartung falsch war, denn ist der Preis des Dollars nicht gestiegen, sondern gefallen, so kann er die Dollar nur mit Verlust verkaufen oder er muss sie behalten.

Haben die Spekulanten im Wesentlichen gleichgerichtete Erwartungen, so werden sie durch ihre Transaktionen letztlich die Terminkurse bestimmen. Wenn in obigem Beispiel eine Abwertung für den Euro (der Dollarkurs steigt von 0,8 auf 0,9 Euro) allgemein erwartet wird, so wird dies eine Nachfrage nach Dollar am Terminmarkt auslösen und der Terminkurs steigt solange, bis er dem von den Spekulanten erwarteten zukünftigen Kassakurs entspricht. Differenzen zwischen den aktuellen Kassakursen und den Terminkursen werden also vor allem durch Wechselkurserwartungen begründet.

b) Devisenoptionen

Eine andere Möglichkeit der Absicherung einer ausstehenden Forderung oder Verbindlichkeit, ist der Kauf einer *Devisenoption*. Devisenoptionen stellen einen Vertrag dar, der dem Inhaber des Titels (Devisenoptionsschein) das Recht, aber nicht die Verpflichtung zum Kauf (call-option) oder Verkauf (put-option) eines bestimmten Devisenbetrags zu einem bestimmten Termin und zu einem vereinbarten Kurs einräumt. Der Käufer der Option zahlt dem Verkäufer hierfür eine Prämie. Wie beim Termingeschäft bedarf es jeweils eines Handelspartners, der die Erwartung des Spekulanten über die Wechselkursentwicklung nicht teilt, da er sich sonst auf ein solches Geschäft nicht einlassen würde. Das Risiko eines Optionsnehmers bleibt auf den Optionspreis beschränkt, während der Anbieter der Option (Stillhalter) ein unbegrenztes Risiko eingeht.

Währungsoptionen dienen auch Außenhändlern zur Absicherung eines Geschäfts, dessen Zustandekommen noch nicht sicher ist. Steht etwa für ein deutsches Unternehmen ein Auftrag in Aussicht, der in US-Dollar fakturiert sein wird, so kann sich das Unternehmen mit einer Dollar-Verkaufsoption gegen Kursschwankungen absichern. Kommt das Geschäft nicht zustande, so muss die Option nicht eingesetzt werden. Umgekehrt kann eine noch nicht sichere Ausgabe in Dollar durch eine Dollar-Kaufoption abgesichert werden.

c) Währungsfutures

Ein weiteres Instrument sind *Währungsfutures*. Ein Future-Kontrakt begründet die Lieferung einer bestimmten Währungsmenge zu einem bestimmten Preis an einem bestimmten Termin. Anders als bei einem Währungstermingeschäft wird nur in einem sehr geringen Teil der abgeschlossenen Futures die Währung nach Ablauf der Frist tatsächlich geliefert. In der Regel erfolgt während der Laufzeit des Kontrakts die „Glattstellung", d.h. bei einem Kaufkontrakt (Verkaufskontrakt) wird ein Verkaufskontrakt (Kaufkontrakt) mit identischem Betrag und gleicher Fälligkeit geschlossen. Währungsfutures bieten nicht nur eine Möglichkeit zur Absicherung von Wechselkursänderungsrisiken (Hedging), sie erlauben es auch, durch sich gegenseitig kompensierende Engagements an Kassa- und Futuremärkten bestehende Preisungleichgewichte zwischen den Märkten auszunutzen.

d) Wechselkursrisiko-Versicherung

Schließlich kann auch eine Wechselkursrisiko-Absicherung bei der staatlichen Exportkreditversicherung Hermes abgeschlossen werden. Dies gilt jedoch nur für Absicherungen über einen längeren Zeitraum als 24 Monate, weil eine so langfristige Absicherung üblicherweise auf privaten Finanzmärkten nicht möglich ist. Abgesichert ist dabei nur das Risiko, das nach Ablauf von 24 Monaten eintritt. Aufgrund des Subsidiaritätsprinzips sind die ersten 24 Monate durch Privatgeschäfte zu sichern.

2. Determinanten von Devisenangebot und Devisennachfrage

2.1 Angebot und Nachfrage aus Außenhandelsgeschäften

2.1.1 Bestimmung eines Devisenmarktgleichgewichts

Güterexporte und Güterimporte implizieren in der Regel eine Transaktion auf dem Devisenmarkt. Die inländischen Exporteure bekommen für ihre Güter ausländische Währungseinheiten, die sie dann in Inlandswährung umtauschen. Wenn für die Abwicklung des Geschäfts Inlandswährung vereinbart wurde, so müssen die ausländischen Kunden ihre Währung vor dem Kauf in Inlandswährung umtauschen. In beiden Fällen entspricht der Wert der inländischen Exporte, ausgedrückt in Auslandswährung, dem Devisenangebot. Wie in Kapitel I dargestellt, ist der Exportwert und damit das Devisenangebot selbst wiederum vom Wechselkurs abhängig.

Sollen etwa 5 Krafträder exportiert werden, von denen jedes 2000 Euro kostet, so würde sich bei einem Dollarkurs von 0,8 Euro - was einem Eurokurs von 1,25 Dollar entspricht - das Devisenangebot aus dem Exportgeschäft auf 12500 Dollar belaufen. Steigt jedoch der Dollarkurs auf 0,9 Euro - sinkt also der Eurokurs auf 1,11 Dollar -, so wird ceteris paribus auch das Dollarangebot auf 11111 Dollar sinken, da die ausländischen Importeure jetzt weniger Dollar für einen Euro aufwenden müssen. Ein Kraftrad kostet nach wie vor 2000 Euro, in Dollar ausgedrückt ist es aber nicht mehr 2500 $, sondern nur noch 2222 $ wert.

Bei diesem Beispiel ist jedoch nicht berücksichtigt, dass die Preissenkung in Dollar vermutlich zu einer Erhöhung der ausländischen Nachfrage führen wird. Die Frage, wie die Euroabwertung das Devisenangebot, also den Wert der inländischen Exporte in Dollar, verändert, ist dabei nicht eindeutig zu beantworten, da dem gesunkenen Dollarpreis ein vermutlich gestiegenes Exportvolumen gegenübersteht.

Analog hierzu entspricht die Devisennachfrage dem Wert der inländischen Importe, ausgedrückt in Auslandswährung. Entweder müssen sich die inländischen Nachfrager vor dem Auslandskauf Dollar besorgen oder sie können die Importgüter in Euro bezahlen, und diese werden dann von den ausländischen Exporteuren auf dem Devisenmarkt gegen Dollar getauscht. Auch hier beeinflusst eine Wechselkursänderung das Handelsvolumen am Devisenmarkt, da durch eine Euro-Abwertung die Importgüter, in Euro ausgedrückt, teurer werden. Das Importvolumen würde dadurch im Normalfall sinken.

Um das Devisenangebot und die Devisennachfrage aus Außenhandelsgeschäften genauer analysieren und das sich dabei ergebende Devisenmarktgleichgewicht diskutieren zu können, bietet es sich an, wieder auf den aus Kapitel I bekannten Zwei-Länder-Zwei-Güter-Fall zurückzugreifen. Gut 1 sei wieder das Exportgut des Landes 1, Gut 2 das Exportgut des Landes 2. In Abbildung II.1 sind die Überschussnachfrage- und die Überschussangebotskurven der beiden Länder auf den Weltmärkten der beiden Güter dargestellt. Im Unterschied zu Kapitel I werden auf der Ordinate jetzt die Preise in Auslandswährung abgetragen, da der Wert von Ex- und Importen in Auslandswährung bestimmt werden soll. Die Exportmenge im Ausgangsgleichgewicht beträgt also 0A, der gleichgewichtige Dollarpreis 0B. Der in Dollar ausgedrückte Exportwert des Inlands, und damit das Dollarangebot auf dem Devisenmarkt, entspricht der Fläche 0BQA. Entsprechend ergibt sich die Dollarnachfrage aus dem in Dollar ausgedrückten Importwert des Inlands und kann durch die Fläche ODRC dargestellt werden.

Es soll nun die Wirkung einer Euroabwertung bzw. einer Dollaraufwertung diskutiert werden. Wie in Kapitel I wird auch hier angenommen, dass die Überschussnachfrage und das Überschussangebot am Weltmarkt allein von den heimischen Preisen abhängig ist. Es wird also zur Vereinfachung exchange rate pass-through und kein pricing to market unterstellt. Da auf den Achsen die Dollarpreise abgetragen werden, verschieben sich durch eine Wechselkursänderung die Kurven des Inlands. Auf dem inländischen Importmarkt (Gut 2 in Abbildung II.1.b) dreht sich durch eine Euroabwertung die inländische Überschussnachfragekurve nach unten.

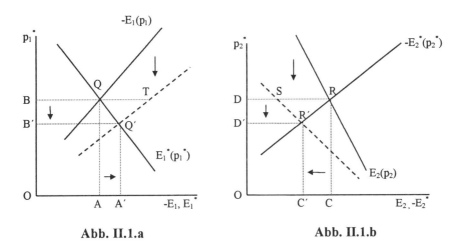

Abb. II.1.a Abb. II.1.b

Abb. II.1: Veränderung von Ex- und Importwert in Dollar aufgrund einer Abwertung des Euro

Wird ein Gut importiert, das 5 $ kostet, und beträgt der Dollarkurs 0,8 €, so entsprechen den 5 $ 4 €. Der Europreis ist wiederum die Entscheidungsgröße für die inländische Nachfrage, die bei 4 € 100 Mengeneinheiten betragen soll. Steigt der Dollarkurs auf 0,9 €, so hat sich das Gut bei noch konstantem Dollarpreis für die Inländer verteuert, da den 5 $ jetzt 4,5 € entsprechen. Wenn die Inlandsnachfrage nach dem Importgut normal reagiert, so wird die Nachfrage durch die Verteuerung sinken, im Beispiel etwa auf 80 Mengeneinheiten, d.h., beim bisherigen Preis von 4 $ ist die Weltmarktnachfrage gesunken.

Da das ausländische Weltmarktangebot durch die Wechselkursänderung direkt nicht beeinflusst wird, existiert beim bisherigen Gleichgewichtspreis ein Überschussangebot in Höhe von *SR*. Das Ausmaß dieses Ungleichgewichts ist von den Preiselastizitäten des Weltmarktangebots und der Weltmarktnachfrage abhängig. Durch das Überschussangebot wird auch der in Dollar ausgedrückte Weltmarktpreis sinken. In Abbildung II.1.b ergibt sich also ein neues Importmarktgleichgewicht in R' bei geringerer Importmenge und geringerem Dollarpreis, der Wert der inländischen Importe, ausgedrückt in Dollar (OD'R'C'), ist als Folge der Euroabwertung eindeutig gesunken.

Nicht eindeutig ist dagegen die Reaktion des inländischen Exportwerts, ausgedrückt in Dollar. Durch die Euroabwertung dreht sich die inländische Überschussangebotskurve in Abbildung II.1.a nach unten, da das Inlandsangebot vom Europreis abhängig ist und bei einer Euro-Abwertung einem bestimmten Europreis ein niedrigerer Dollarpreis entspricht. Beim alten gleichgewichtigen Dollarpreis 0B besteht damit ein Überschussangebot in Höhe von QT, das einen Rückgang des gleichgewichtigen Dollarpreises zur Folge hat. Durch diesen Weltmarktpreisrückgang steigt die ausländische Nachfrage, das Exportvolumen des Inlands nimmt zu. Es ergibt sich ein neues Gleichgewicht bei Q', das durch eine höhere Exportmenge (0A'), aber einen gesunkenen Dollarpreis (0B') charakterisiert ist. Die Veränderung des Exportwerts in Dollar und damit des Devisenangebots ist damit nicht eindeutig bestimmbar, es stehen sich ein positiver Mengen- und ein negativer Preiseffekt gegenüber.

Man könnte nun wieder analog zu Kapitel I eine Normalreaktion der Leistungsbilanz, hier ausgedrückt in Auslandswährung, aufgrund einer Wechselkursänderung definieren. Eine Abwertung des Euro hätte im Normalfall eine Verbesserung des Außenbeitrags in Auslandswährung zur Folge. Man kann die Erfüllung dieser Normalreaktion auch wieder von den Angebots- und den Nachfrageelastizitäten der beiden Länder auf den Weltmärkten abhängig machen. Hinreichende Bedingung für einen Anstieg des Exportwerts in Dollar, und damit für eine Verbesserung des Außenbeitrags, ist eine Preiselastizität der ausländischen Importnachfrage von absolut größer als Eins.

Für das Ziel, ein Devisenmarktgleichgewicht darstellen zu können, sind diese Überlegungen ungeeignet. Man kann sich jedoch einer Hilfsüberlegung bedienen. In Abbildung II.1.b wurde gezeigt, dass der Importwert des Inlands, ausgedrückt in Dollar, als Folge einer Euroabwertung eindeutig sinkt. Mit anderen Worten, eine Euroabwertung hat einen Rückgang der Dollarnachfrage am Devisenmarkt zur Folge. Wenn man dieses Ergebnis spiegelbildlich auf das Ausland überträgt, so würde der Importwert des Landes 2, ausgedrückt in Auslandswährung - in diesem Fall also in Euro -, aufgrund einer Dollarabwertung eindeutig sinken. Eine Dollarabwertung hätte also am Devisenmarkt einen Rückgang der Euronachfrage zur Folge. Da die Euronachfrage aber im Zwei-Länder-Beispiel dem Dollarangebot entsprechen muss, könnte man dieses damit eindeutig bestimmen.

Man betrachtet hierzu den Weltmarkt des Gutes 1 - Exportgut von Land 1, Importgut von Land 2. Da auf der Ordinate der Preis in Auslandswährung stehen soll, die Untersuchung aber aus Sicht des Landes 2 erfolgt, ist in Abbildung II.2 der Europreis abgetragen. Eine Abwertung des Dollars, 1/w steigt, verschiebt nun die Überschussnachfragekurve des Landes 2 nach unten, da jedem Dollarpreis ein geringerer Europreis entspricht. Beim bisherigen Eurogleichgewichtspreis (0E) impliziert dies ein Überschussangebot in Höhe von VU, wodurch der gleichgewichtige Europreis fällt. Ergebnis ist eine geringere Importmenge des Landes 2 bei ebenfalls gesunkenem gleichgewichtigen Europreis. Der Importwert des Landes 2, ausgedrückt in Euro, und damit die Euronachfrage am Devisenmarkt wird bei einer Abwertung des Dollars also eindeutig von OEUD auf OE'U'D' sinken.

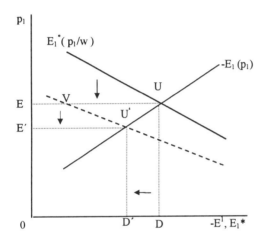

Abb. II.2: Veränderung des Importwerts des Auslandes in Euro aufgrund einer Abwertung des Dollars

Dieser Zusammenhang zwischen der Euronachfrage und dem Eurokurs - dem Kehrwert des Dollarkurses - ist in Abbildung II.3.b abgetragen. Zur Vereinfachung ist dabei ein linearer Verlauf unterstellt. Der ebenfalls eindeutig negative Zusammenhang zwischen der Dollarnachfrage (Importwert des Landes 1 in Auslandswährung) und dem Dollarkurs, der in Abbildung II.1.a abgeleitet wurde, ist in Abbildung II.3.a eingezeichnet.

Um die Zusammenhänge der Abbildungen II.3.a und II.3.b in ein Devisenmarktdiagramm einzeichnen zu können, muss in einem letzten Schritt die Euronachfrage in Abhängigkeit vom Eurokurs umgerechnet werden in das entsprechende Dollarangebot in Abhängigkeit vom Dollarkurs. In Abbildung II.3.b ist die Euronachfrage, die Punkt B entspricht, auf der Abszisse abgetragen, sie beträgt 0C. Um das dieser Nachfrage entsprechende Dollarangebot ablesen zu können, muss die Euronachfrage mit dem Europreis, der auf der Ordinate abgetragen ist, multipliziert werden. Das Dollarangebot entspricht also der Fläche 0ABC. Um die Umrechnung für alle Punkte der Euronachfra-

68 Devisenmärkte

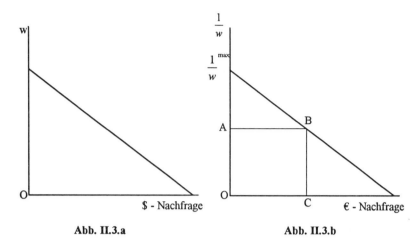

Abb. II.3.a   Abb. II.3.b

Abb. II.3: Dollar-Nachfrage in Abhängigkeit vom Dollarkurs und Euro-Nachfrage in Abhängigkeit vom Eurokurs

gekurve durchführen zu können, bietet es sich an, mit dem maximalen Eurokurs zu beginnen, d.h. mit dem Kurs, bei dem die Nachfragekurve die Ordinate schneidet. Diesem maximalen Eurokurs entspricht ein minimaler Dollarkurs $\left(w^{min}\right)$, der auf der Ordinate der Abbildung II.4 abgetragen ist. Betrachtet man nun kleiner werdende Eurokurse, d.h. steigende Dollarkurse, so wird das Dollarangebot zunächst zunehmen. In der Mitte der Euronachfragekurve erreicht die Fläche unter der Kurve, d.h. das Dollarangebot, sein Maximum und nimmt bei dann weiter fallenden Eurokursen ab. Erreicht der Eurokurs den Wert Null, schneidet also die Euronachfragekurve die Abszisse, so erreicht auch das Dollarangebot den Wert Null. Die Annäherung an diese Grenze erfolgt jedoch nicht kontinuierlich, da der Eurokurs den Wert Null erst bei einem unendlich hohen Dollarkurs erreicht. Daraus folgt, dass sich die Dollarangebotskurve der Ordinate asymptotisch annähern muss.

Die aus der Euronachfrage der Ausländer abgeleitete Dollarangebotskurve in Abhängigkeit vom Wechselkurs wird nun mit der Dollarnachfragekurve in das Devisenmarktdiagramm II.4 eingezeichnet, um den gleichgewichtigen Wechselkurs zu bestimmen. Existiert die Dollarnachfragekurve $N_0^{\$}$, so ergibt sich das stabile Devisenmarktgleichgewicht G_0. Angebot- und Nachfragekurve haben einen normalen Verlauf. Verschiebt sich dagegen die Dollarnachfrage nach rechts, etwa zu $N_1^{\$}$, so können sich drei Schnittpunkte zwischen den beiden Kurven ergeben. Nicht bei allen Gleichgewichtspunkten handelt es sich jedoch um ein stabiles Gleichgewicht.

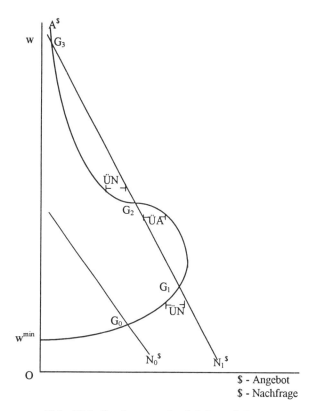

Abb. II.4: Devisenmarktgleichgewichte

Unter einem *stabilen Marktgleichgewicht* versteht man eine Situation, in der eine Überschussnachfrage (ein Überschussangebot) durch den dadurch induzierten Preisanstieg (Preisrückgang) abgebaut werden kann. Dies ist offensichtlich in den Gleichgewichten G_1 und G_3 der Fall. In einem engeren Bereich unterhalb dieser Gleichgewichtspunkte besteht eine Überschussnachfrage nach Dollar. Der Preis des Dollars, d.h. der Wechselkurs, wird dadurch steigen. Bei einem Anstieg des Wechselkurses gelangt man aber zum Gleichgewicht. Im engen Bereich oberhalb der Gleichgewichte G_1 und G_3 gilt das Analoge für ein Überschussangebot an Dollar. Das Überschussangebot löst einen Preisrückgang, in diesem Fall also einen Wechselkursrückgang aus, das Überschussangebot wird dadurch beseitigt und man gelangt in den Gleichgewichtspunkt G_1 bzw. G_3.

Anders verhält es sich jedoch mit dem Gleichgewichtspunkt G_2. In einem engeren Bereich unterhalb dieses Gleichgewichts besteht ein Überschussangebot an Dollar. Durch den damit induzierten Wechselkursrückgang bewegt man sich jedoch vom Gleichgewicht weiter weg. Gleiches gilt oberhalb von G_2, wo der Wechselkurs steigt. Es handelt sich bei G_2 also um ein instabiles Gleichgewicht. Der Grund liegt darin, dass die anormal verlaufende Kurve, in diesem Fall also die Dollarangebotskurve, in G_2 eine absolut größere Preiselastizität aufweist, also flacher verläuft als die normal verlaufende Nachfragekurve. Dadurch führt eine „normale" Preisreaktion zu einer „anormalen" Mengenreaktion auf dem betrachteten Markt.

2.1.2 Stabilität eines Devisenmarktgleichgewichts und Normalreaktion der Leistungsbilanz auf Wechselkursänderungen

Es soll nun geprüft werden, ob zwischen der in Kapitel I diskutierten Normalreaktion der Leistungsbilanz aufgrund einer Wechselkursänderung und der Stabilität eines Devisenmarktgleichgewichts, bei dem Devisenangebot und Devisennachfrage allein aus Außenhandelsgeschäften stammen, ein Zusammenhang besteht. Eine Normalreaktion der Leistungsbilanz ist als Verbesserung in Folge einer Abwertung und als Verschlechterung in Folge einer Aufwertung der Währung des betrachteten Landes definiert $(dLB/dw > 0)$. Bezeichnet $E^\$$ die Überschussnachfrage nach Dollar, d.h. die Differenz zwischen Dollarnachfrage und Dollarangebot, so gilt als Bedingung für ein wie oben definiertes stabiles Devisenmarktgleichgewicht:

(II.5) $$\frac{dE^\$}{dw} < 0$$

Eine Überschussnachfrage nach Dollar führt zu einer Preissteigerung, also zu einem Anstieg von w. Ist das Gleichgewicht stabil, so führt der Anstieg von w zu einem Rückgang der Überschussnachfrage, man nähert sich dem Gleichgewicht. Das Gleiche gilt für ein Überschussangebot, in diesem Fall ist $E^\$$ negativ. Der Wechselkurs fällt aufgrund des Überschussangebots und dieser Rückgang beseitigt das Ungleichgewicht, d. h. $E^\$$ steigt.

Die Überschussnachfrage nach Dollar entspricht im hier diskutierten Zwei-Länder-Zusammenhang der Differenz zwischen dem Importwert und dem Exportwert des Landes 1, beide bewertet in Dollar.

(II.6) $$E^\$ = p_2^*(C_2 - Q_2) - p_1^*(Q_1 - C_1)$$

Drückt man die Dollarpreise in Europreisen aus, so gilt:

(II.7) $$E^\$ = \frac{1}{w}p_2(C_2 - Q_2) - \frac{1}{w}p_1(Q_1 - C_1)$$

Durch Ausklammern des Wechselkurses folgt:

(II.8) $\quad E^\$ = \dfrac{1}{w}\left[p_2(C_2 - Q_2) - p_1(Q_1 - C_1)\right]$

Der Ausdruck nach dem Eurokurs auf der rechten Seite von (II.8) entspricht aber genau dem negativen Wert des Leistungsbilanzsaldos des Inlands, ausgedrückt in Euro:

(II.9) $\quad E^\$ = \dfrac{1}{w}(M - X) = -\dfrac{1}{w}LB$

Unterstellt man eine Wechselkursänderung und differenziert deshalb (II.9) nach w, so folgt:

(II.10) $\quad \dfrac{dE^\$}{dw} = -w\dfrac{dLB}{dw} - \dfrac{LB}{w^2}$

Da man, wie oben diskutiert, Aussagen über die Stabilität eines Marktgleichgewichts immer nur in der engeren Umgebung eines Gleichgewichts treffen kann, soll der Leistungsbilanzsaldo in der Ausgangslage annähernd dem Wert Null entsprechen. Unterstellt man außerdem zur Vereinfachung einen Wert des Wechselkurses in der Ausgangslage von 1, so gilt:

(II.11) $\quad \dfrac{dE^\$}{dw} = -\dfrac{dLB}{dw}$

Die Überschussnachfrage nach Dollar und die Leistungsbilanz reagieren also stets in umgekehrter Richtung auf eine Wechselkursänderung. Dies heißt aber, dass bei einer Normalreaktion der Leistungsbilanz aufgrund einer Wechselkursänderung $(dLB/dw > 0)$ eine Überschussnachfrage nach Dollar durch einen Wechselkursanstieg immer abgebaut wird ($dE^\$/dw > 0$). Eine Normalreaktion der Leistungsbilanz impliziert also ein stabiles Devisenmarktgleichgewicht, Instabilität auf dem Devisenmarkt heißt auf der anderen Seite nichts anderes als eine anormal reagierende Leistungsbilanz als Folge einer Wechselkursänderung.

Unterstellt man im Folgenden Normalreaktion der Leistungsbilanz und beschränkt sich zur Vereinfachung auf das Devisenmarktgleichgewicht G_0 in Abbildung II.4, so kann man dieses Gleichgewicht auch durch die explizite Berücksichtigung von Überschussnachfrage und Überschussangebot an Dollar in einer *Nettotransaktionskurve* darstellen. In Abbildung II.5 ist der Wechselkurs auf der Ordinate abgetragen, auf der rechten Abszisse steht das Überschussangebot an Dollar (Nettodollarangebot), auf der linken Seite die Überschussnachfrage (Nettodollarnachfrage). w_0 kennzeichnet den gleichgewichtigen Wechselkurs, bei dem die Überschussnachfrage gleich Null ist. Bei höheren Werten des Dollarkurses herrscht ein Überschussangebot an Dollar oder ein entsprechender Leistungsbilanzüberschuss, bei niedrigeren Werten als w_0 entsprechend eine Überschussnachfrage nach Dollar bzw. ein Leistungsbilanzdefizit. Die Nettotransaktionskurve verläuft umso flacher, je preis(wechselkurs-)elastischer die Devisenangebots- und -nachfragekurve ist.

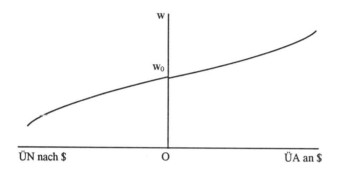

Abb. II.5: Nettodollarangebot und –nachfrage aus Außenhandelsgeschäften

2.1.3 Devisenangebot und Devisennachfrage von Außenhändlern am Terminmarkt

Die bisherigen Aussagen über Devisenangebot und Devisennachfrage aus Außenhandelsgeschäften und die sich daraus ergebenden Devisenmarktgleichgewichte bezogen sich auf den Devisenkassamarkt. Grundsätzlich können Außenhändler aber auch auf den Devisenterminmärkten aktiv werden, wenn sich für sie ein Wechselkursrisiko dadurch ergibt, dass der Zeitpunkt des Geschäftsabschlusses und der Zahlungstermin auseinander fallen. Dabei gelten im Prinzip die gleichen Zusammenhänge wie am Kassamarkt. Normalreaktion unterstellt, wird mit steigendem Wechselkurs am Terminmarkt das Devisenangebot aus kursgesicherten Exportgeschäften zu nehmen. Analoges gilt für den Importmarkt. Auch hier kann der Abschluss eines Importgeschäfts und die Bezahlung zeitlich auseinander fallen, so dass als Grundlage des Importgeschäfts der Terminkurs benutzt wird. Die Devisennachfrage aus Importen wird also bei steigendem Terminwechselkurs abnehmen. Die graphische Darstellung dieses Zusammenhangs unterscheidet sich grundsätzlich nicht von der des Kassamarktes, so dass die in Abbildung II.5 dargestellten Zusammenhänge sowohl für den Kassa- als auch für den Terminmarkt Gültigkeit besitzen.

Ein Außenhändler kann prinzipiell auch auf eine Kursabsicherung seines Geschäftes verzichten, etwa wenn er zum Fälligkeitstermin seiner Dollarforderungen den gleichen oder einen höheren Kassakurs erwartet als heute oder wenn der von ihm erwartete Kassakurs höher ist als der heutige Terminkurs für diesen Zeitpunkt. Er geht in diesem Fall eine offene Position ein. Ein solches Verhalten lässt sich theoretisch als Kombination aus einer Kurssicherung am Terminmarkt und einer Terminmarktspekulation darstellen. Wenn der Exporteur zu einem Zeitpunkt t einen bestimmten Dollarbetrag erwartet, so verkauft er bei Kursabsicherung diese Dollar bereits heute per Termin Zeitpunkt t. Als Spekulant, der zum Zeitpunkt t einen Kassakurs erwartet, der über dem Terminkurs für diesen Zeitpunkt liegt, wird er heute auf dem Terminmarkt Dollar kaufen und diese zum Zeitpunkt t am Kassamarkt verkaufen. Die beiden Aktionen am Terminmarkt heben sich dabei jedoch auf, so dass als Ergebnis die offene Position des Händlers bzw. der Verkauf der erwarteten Dollar am Kassamarkt im Zeitpunkt t verbleibt. Um die einzelnen Gruppen von Devisenmarktteilnehmern klar trennen zu können, würde die offene Position eines Außenhändlers in der dargestellten Form getrennt. Als kursgesichertes Außenhandelsgeschäft zählt er zur Gruppe der Außenhändler, in der Ergänzung, der Terminmarktspekulation, wird er zur Gruppe der Terminmarktspekulanten gezählt.

2.2 Devisenangebot und Devisennachfrage aus Spekulationsgeschäften

Als Devisenmarktspekulation bezeichnet man den Kauf oder Verkauf von Devisen in der Absicht, durch eine in der Zukunft liegende entgegengerichtete Transaktion Gewinne zu erzielen. Spekulationsgeschäfte sind zwar grundsätzlich sowohl auf dem Kassa- als auch auf dem Terminmarkt möglich, üblich ist jedoch die *Terminmarktspekulation,* weil man bis zur Erfüllung des Geschäfts im Prinzip keine Zahlungen leisten muss. Grundlage einer Devisenmarktspekulation ist, wie oben bereits diskutiert, der erwartete Kassakurs.

Bei der Erwartungsbildung über zukünftige Wechselkurse gehen zahlreiche ökonomische wie auch nicht-ökonomische Informationen ein, die sich in der Regel - zumindest teilweise - widersprechen dürften, so dass mehrere zukünftige Wechselkursniveaus möglich erscheinen. Zur Fixierung einer bestimmten Erwartung bedarf es daher einer Gewichtung der alternativ erwarteten Ereignisse mit subjektiven Wahrscheinlichkeiten. Der erwartete Wechselkurs ist dann der Mittelwert der mit den subjektiven Wahrscheinlichkeiten gewichteten möglichen Kurse, die dabei auftretende Standardabweichung stellt ein Maß für das mit dem Spekulationsgeschäft verbundene Risiko dar.

Kassamarktspekulation

Bei einer Kassamarktspekulation kauft der Spekulant im Falle eines erwarteten Anstiegs des Wechselkurses Devisen. Er wartet, bis sich seine Erwartung erfüllt hat und verkauft die Devisen dann wieder am Kassamarkt. Dabei muss der Spekulant aber sofort eigene Mittel einsetzen und bis zur Erfüllung seiner Erwartung ausländische Währung halten. Er wird diese deshalb verzinslich anlegen, weshalb er neben der Wechselkurserwartung auch die Differenz zwischen in- und ausländischem Zinssatz bei seinem Verhalten berücksichtigen wird. Eine solche Strategie hat aber große Ähnlichkeit mit einem Zinsarbitragegeschäft, das im nächsten Abschnitt diskutiert werden wird.

Terminmarktspekulation
Bei einer Terminmarktspekulation vergleicht der Spekulant den für einen bestimmten Zeitpunkt t erwarteten Kassakurs mit dem heute für den Zeitpunkt t notierten Terminkurs. Ist der erwartete Kassakurs höher als der Terminkurs, so lohnt es sich, am Terminmarkt Devisen zu kaufen und diese bei Erfüllung des Terminkontrakts im Zeitpunkt t wieder zu verkaufen. Auch bei einem erwarteten Kassakurs, der unter dem heutigen Terminkurs liegt, kann ein Geschäft abgeschlossen werden. Der Spekulant verkauft in diesem Fall auf dem Terminmarkt Devisen. Erst im Zeitpunkt der Erfüllung dieses Geschäfts müssen die Devisen geliefert werden, d.h. im Gegensatz zur Kassamarktspekulation können am Terminmarkt Devisen verkauft werden, ohne diese überhaupt zu besitzen. War die Erwartung korrekt, so kann der Spekulant im Zeitpunkt t die Devisen, die er bringen muss, am Kassamarkt günstiger kaufen, als er sie zum früheren Zeitpunkt bereits verkauft hat. Der Spekulant benötigt bei einer Terminmarktspekulation also nur dann Liquidität, wenn seine Erwartung falsch war, da er dann einen Verlust erleidet.

Unterstellt man Risikoaversion der Spekulanten, so wird sich das Ausmaß des Risikos im Volumen des getätigten Geschäfts widerspiegeln bzw. der Umfang der Spekulation wird nur mit steigender Risikoprämie zunehmen. Das Ausmaß des Devisenmarktengagements ist also positiv von der Differenz zwischen dem heutigen Terminkurs und dem erwarteten zukünftigen Kassakurs abhängig.

Die Höhe der für ein bestimmtes Engagement geforderten Risikoprämie ist von verschiedenen Faktoren abhängig, etwa von der bisherigen Volatilität des betreffenden Wechselkurses, der Bonität der beteiligten Länder, aber auch vom herrschenden Wechselkurssystem. Da der erwartete Kassakurs von den subjektiven Erwartungen der einzelnen Spekulanten abhängig ist, wird sich in der Regel das Ausmaß der Terminmarktspekulation bei jedem gegebenen Terminkurs zwischen den einzelnen Spekulanten unterscheiden. Man kann jedoch die Zusammenhänge am Devisenterminmarkt ähnlich denen der Außenhändler durch Aggregation über alle Spekulanten in Form einer Nettotransaktionskurve darstellen. In Abbildung II.6 ist auf der Ordinate der Terminwechselkurs sowie der für den gleichen Zeitpunkt erwartete Kassakurs abgetragen. Auf der rechten Abszisse steht das Überschussangebot an Termindevisen, auf der linken Abszisse die Überschussnachfrage. Entspricht der im Durchschnitt aller Spekulanten für die Zukunft erwartete Kassakurs $\left(\tilde{w}_K^e\right)$ genau dem heutigen Terminwechselkurs für diesen Zeitpunkt, so findet über den Durchschnitt aller Spekulanten kein Nettodevisenmarktengagement dieser Gruppe von Marktteilnehmern statt. Bei höheren Terminkursen existiert eine Differenz zwischen erwartetem Kassakurs und Terminkurs und es werden Devisen am Terminmarkt verkauft. Es entsteht ein Überschussangebot, das mit steigender Differenz zum erwarteten Kassakurs zunimmt. Bei niedrigeren Terminkursen handelt es sich analog um eine Überschussnachfrage. Werden die abgeschlossenen Terminkontrakte fällig, so entsteht auf dem zukünftigen Kassamarkt in diesem Ausmaß ein dem Terminkontrakt entgegengerichtetes Geschäft, das unabhängig vom dann herrschenden Kassakurs ist.

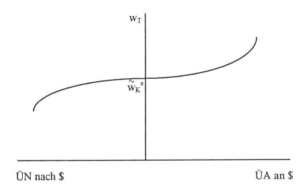

Abb. II.6: Nettodollarangebot und –nachfrage am Terminmarkt aus Spekulationsgeschäften

Hat etwa ein Spekulant per Termin 30 Tage Devisen verkauft, so muss er, um seinen vertraglichen Verpflichtungen nachkommen zu können, in 30 Tagen am Kassamarkt diese Devisen kaufen, unabhängig von dem dann herrschenden Kassakurs. Dies müsste man zu den sonstigen Kassageschäften addieren. Davon unabhängig besteht bei einer Kassamarktspekulation ein zu Abbildung II.6 analoger Zusammenhang, so dass diese Abbildung auch für den Kassamarkt Gültigkeit besitzt.

2.3 Devisenangebot und Devisenachfrage aus kursgesicherten internationalen Anlagegeschäften

Wird zur Ausnutzung internationaler Renditedifferenzen für eine kurze Frist Kapital in einem anderen Land angelegt oder ausgeliehen und das dabei auftretende Wechselkursrisiko am Terminmarkt abgesichert, so spricht man von einem Zinsarbitragegeschäft, da ein solches Verhalten zu einer Angleichung zwischen in- und ausländischen Erträgen führt. Eine Zinsarbitrage beinhaltet stets eine gleichzeitige, aber entgegengesetzte Transaktion auf dem Devisenkassa- und dem Devisenterminmarkt. Im Falle eines Inländers, der eine kursgesicherte Anlage im Ausland tätigt, ergibt sich am Kassamarkt eine Devisennachfrage, gleichzeitig wird am Terminmarkt das angelegte Kapital - zuzüglich der Zinserträge - wieder in Inlandswährung zurückgetauscht. Legt ein Ausländer Kapital im Inland an, so bietet er am Kassamarkt seine Währung an und fragt sie gleichzeitig am Terminmarkt wieder nach. Da sich der Kassa- und der Terminkurs in der Regel unterscheiden, muss ein Zinsarbitrageur bei seiner Anlageentscheidung neben den internationalen Zinsdifferenzen auch den Swapsatz berücksichtigen. Im Folgenden soll das konkrete Entscheidungskalkül eines inländischen Zinsarbitrageurs dargestellt werden.

Der Anlagebetrag des Zinsarbitrageurs, ausgedrückt in Euro, sei N. i ist der inländische, i* der ausländische Zinssatz. Zur Vereinfachung sei angenommen, die Zinssätze beziehen sich auf den Anlagezeitraum, im Beispiel auf einen Monat. w_K ist der Kassakurs, w_T der heutige Terminkurs für ein 30-Tage-Geschäft. Zur Vereinfachung wird auf die Absicherung des Zinsertrags am Terminmarkt verzichtet, d.h. nur der heute in Dollar umgetauschte Eurobetrag wird am Terminmarkt wieder verkauft. Diese Vernachlässigung fällt umso weniger ins Gewicht, je kurzfristiger der Anlagezeitraum und je niedriger der Auslandszinssatz ist.

Bei einer Anlage im Inland beträgt der Erlös (Er):

(II.12) $Er = N + iN$

Bei einer Auslandsanlage mit Absicherung des Anlagebetrages wird N zunächst durch Division mit dem Dollarkassakurs in Dollar ausgedrückt und anschließend durch Multiplikation mit dem Dollarterminkurs wieder in Euro umgerechnet:

(II.13) $Er^* = \dfrac{N}{w_K} w_T + i^* N$

Der Nettoerlös (Er^n), definiert als Differenz zwischen dem Erlös einer Auslandsanlage und dem Erlös einer Anlage im Inland, beträgt:

(II.14) $Er^n = N\left(\dfrac{w_T}{w_K} + i^*\right) - N(1+i)$

bzw.

(II.15) $\quad Er^n = N\left(\dfrac{w_T}{w_K} + i^* - 1 - i\right)$

Ersetzt man die 1 in der rechten Klammer durch den Ausdruck w_K / w_K, so folgt:

(II.16) $\quad Er^n = N\left(i^* - i + \dfrac{w_T - w_K}{w_K}\right)$

Der letzte Ausdruck in der Klammer von (II.16) entspricht dabei dem bereits bekannten Swapsatz (s). Der Nettoerlös einer Auslandsanlage ist also positiv (negativ), wenn die internationale Zinsdifferenz größer (kleiner) ist als der Swapsatz. Eine Anlage im Inland und Ausland erbringt den gleichen Erlös, d.h. der Nettoerlös ist Null, wenn sich die internationale Zinsdifferenz und der Swapsatz zu Null addieren. Im Einzelnen gilt:

$i^* - i + s > 0 \Rightarrow Er^n > 0$, d.h. Auslandsanlage rentabler

$i^* - i + s < 0 \Rightarrow Er^n < 0$, d.h. Inlandsanlage rentabler

$i^* - i + s = 0 \Rightarrow Er^n = 0$, d.h. Inlands- und Auslandsanlage gleich rentabel

Man sieht aus (II.16), dass eine Auslandsanlage auch dann unrentabler sein kann als die Anlage im Inland, wenn der Auslandszins größer ist als der Inlandszins. Dies ist dann der Fall, wenn der Swapsatz negativ und absolut größer ist als die Zinsdifferenz. Ein negativer Swapsatz drückt in der Regel eine erwartete Abwertung der Auslandswährung aus, die sich durch das Verhalten der Spekulanten im Terminkurs widerspiegelt, und induziert für die Anleger im Rahmen des Kurssicherungsgeschäfts einen Umtauschverlust.

Bei gegebenen Zinssätzen kann man die Höhe **des** Swapsatzes bestimmen, bei dem eine Inlands- und eine Auslandsanlage den gleichen Ertrag erbringen. Diesen Swapsatz nennt man den *„kritischen Swapsatz"*, s_k. Aus (II.16) sieht man, dass er der Differenz zwischen In- und Auslandszins entsprechen muss.

(II.17) $\quad Er^n = 0$ wenn $s_k = i - i^*$ bzw. $i = i^* + s_k$

Ist der tatsächliche Swapsatz größer als s_k, so ist eine Auslandsanlage lohnend, es wird Kapital exportiert. Ist der tatsächliche Swapsatz kleiner als der kritische Wert, so besteht ein Vorteil für die Inlandsanlage, es findet ein Kapitalimport statt. Der kursgesicherte Kapitalexport eines Zinsarbitrageurs impliziert eine Devisennachfrage am Kassamarkt und ein gleichzeitiges gleich großes (bei Vernachlässigung der Absicherung des Zinsertrags) Devisenangebot am Terminmarkt. Beim Kapitalimport seitens ausländischer Zinsarbitrageure findet das Devisenangebot am Kassamarkt, die Devisennachfrage am Terminmarkt statt. Durch das Engagement der Zinsarbitrageure wird bei Vernachlässigung sonstiger, eventuell existierender Risikoparameter eine bestehende Ertragsdifferenz zwischen einer in- und einer ausländischen Anlage verschwinden. Ist etwa eine Auslandsanlage lohnend, weil der Swapsatz größer ist als sein „kritischer" Wert, so führt das zunehmende Kapitalangebot im Ausland dort zu einem tendenziell sinkenden Zinsniveau, die Kapitalabflüsse im Inland hier zu einem tendenziell steigenden Zinsniveau. Diese Anpassung erfolgt solange, bis für die Zinsarbitrageure der Zustand der Indifferenz zwischen einer inländischen und einer ausländischen Anlage erfüllt ist, d.h. bis der tatsächliche Swapsatz der internationalen Zinsdifferenz entspricht. Man spricht dann vom Vorliegen der *gesicherten Zinsparität*.

(II.18) $$i = i^* + \frac{w_T - w_K}{w_K}$$

Berücksichtigt man, dass sich durch die Terminspekulation der Terminkurs stets dem von den Spekulanten im Durchschnitt erwarteten zukünftigen Kassakurs annähert, so kann man in (II.18) den Terminkurs durch den erwarteten Kassakurs ersetzen, dies ist die *ungesicherte Zinsparität*.

(II.19) $$i = i^* + \frac{w_K^e - w_K}{w_K}$$

Stellt man den Zusammenhang zwischen den gewünschten Nettokapitalexporten und -importen einerseits und dem Swapsatz andererseits bei gegebener internationaler Zinsdifferenz graphisch dar, so ergibt sich in Abbildung II.7 eine *Arbitragewunschkurve* (AWK). Auf der Ordinate ist der (positive oder negative) Swapsatz abgetragen, auf der rechten Abszisse sind die kursgesicherten Nettokapitalexporte aller Zinsarbitrageure, auf der linken Abszisse die kursgesicherten Nettokapitalimporte dargestellt. Der kritische Swapsatz, der identisch der internationalen Zinsdifferenz ist, entspricht dem tatsächlichen Swapsatz in dem Punkt, in dem die Arbitragewunschkurve die Ordinate schneidet. Bei AWK_0 in Abbildung II.7 ist ein positiver kritischer Swapsatz (s_k^0) unterstellt. Die Zinsarbitrageure sind in diesem Punkt indifferent, es findet weder ein Nettokapitalex- noch ein Nettokapitalimport statt. Liegt der tatsächliche Swapsatz über (unter) dem kritischen Wert, so lohnt sich die Kapitalanlage im Ausland (Inland), es wird Kapital exportiert (importiert). Unterstellt man den realistischen Fall einer nicht unendlich großen Elastizität der Nettokapitalbewegungen bezüglich des Swapsatzes bzw. der Zinsdifferenz, d.h. nimmt das Ausmaß der Kapitalbewegungen nur bei zunehmend steigender Differenz zwischen tatsächlichem Swapsatz und internationaler Zinsdifferenz zu, so ergibt sich die Darstellung in Abbildung II.7, der Kapitalexport (Kapitalimport) nimmt mit steigendem (sinkendem) Swapsatz zu. Ursache hierfür können u.a. Informationsdefizite oder Liquiditäts- und Risikoüberlegungen, die sich von Zielland zu Zielland unterscheiden, sein. Wäre die Elastizität der Kapitalex- und -importe seitens der Zinsarbitrageure in Bezug auf den Swapsatz unendlich groß, d.h. würde das Risiko einer Auslandsanlage als nicht existent angesehen, so entspräche die Arbitragewunschkurve einer Waagrechten in Höhe des „kritischen" Swapsatzes. Bei nur marginal höheren oder geringeren Sätzen würde sofort das gesamte verfügbare Kapital ex- oder importiert.

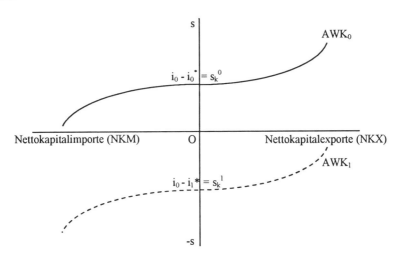

Abb. II.7: Arbitragewunschkurve

In der Realität kann ein Zinsarbitragegeschäft auch ohne Kurssicherung erfolgen. Der Anleger würde im Rahmen seiner Entscheidungsfindung statt des bekannten Terminkurses den von ihm für die Zukunft erwarteten Kassakurs berücksichtigen. Dabei handelt es sich jedoch um eine Kombination aus einer kursgesicherten Zinsarbitrage und einem Spekulationsgeschäft, was hier getrennt zu berücksichtigen wäre.

Die Lage der Arbitragewunschkurve ist vom Ausmaß der internationalen Zinsdifferenz und damit von der Höhe des kritischen Swapsatzes abhängig. Steigt etwa bei gegebenem Inlandszins der ausländische Zinssatz, so sinkt der kritische Swapsatz, und die Arbitragewunschkurve verschiebt sich nach unten. Bei jedem Swapsatz wird dann c.p. netto mehr Kapital exportiert (weniger netto importiert). Steigt der ausländische Zinssatz so stark, dass er den inländischen Satz übersteigt, so impliziert dies einen negativen kritischen Swapsatz, und es ergibt sich die in Abbildung II.7 als Fall 1 eingezeichnete Arbitragewunschkurve.

Jedem Nettokapitalexport seitens der Zinsarbitrageure entspricht eine Nachfrage auf dem Devisenkassamarkt und gleichzeitig in gleicher Höhe ein Angebot auf dem Devisenterminmarkt. Bei einem Nettokapitalimport besteht ein Devisenangebot auf dem Kassamarkt und eine Nachfrage auf dem Terminmarkt. Gleichgewicht auf den Devisenmärkten wäre gegeben, wenn von den anderen Marktteilnehmern, also den Außenhändlern und Spekulanten, in gleicher Höhe eine Gegenposition existiert. Im Falle eines Nettokapitalexports seitens der Zinsarbitrageure in Höhe von 5 Millionen Dollar müssten auf dem Kassamarkt von Außenhändlern und Spekulanten netto diese 5 Millionen Dollar angeboten werden und gleichzeitig müssten sie auf dem Terminmarkt netto Dollar in Höhe von 5 Millionen nachfragen. Da Angebot und Nachfrage auf dem Devisenkassa- und dem Devisenterminmarkt von der Höhe des Kassa- bzw. Terminwechselkurses abhängig sind, muss es also eine gleichgewichtige, d.h. markträumende Konstellation von Kassa- und Terminkurs geben.

3. Gleichgewichtiger Zusammenhang zwischen Kassa- und Terminmärkten

3.1 Die Arbitragewunschkurve

Zinsarbitragegeschäfte sind vom Swapsatz und damit gleichzeitig vom Kassa- und vom Terminkurs abhängig. Damit besteht eine enge wechselseitige Abhängigkeit der Kursbildung auf diesen beiden Märkten. Da die Nettotransaktionskurven von Außenhändlern und Spekulanten die jeweils gleiche Abhängigkeit vom Kassa- bzw. vom Terminmarkt aufweisen, werden diese beiden Gruppen in der folgenden Darstellung zusammengefasst. Gesucht ist ein gleichgewichtiges Verhältnis von Kassa- und Terminkurs, bei dem einer Kassanachfrage durch die Zinsarbitrageure ein entsprechendes Angebot von Außenhändlern und Spekulanten gegenübersteht und bei dem gleichzeitig auf dem Terminmarkt dem Angebot der Zinsarbitrageure eine Nachfrage der anderen beiden Gruppen entspricht: *Gesucht ist also die Kombination von Kassa- und Terminkurs, bei der die Entscheidungen aller drei am Devisenmarkt agierenden Gruppen miteinander vereinbar sind.*

Im unteren Teil von Abbildung II.8 ist die bekannte Arbitragewunschkurve dargestellt, wobei ein positiver kritischer Swapsatz unterstellt wird. In den beiden oberen Teilen von Abbildung II.8 sind die kumulierten Nettotransaktionskurven von Außenhändlern und Spekulanten für den Kassa- und den Terminmarkt eingezeichnet. Da bei der Arbitragewunschkurve auf der rechten Abszisse kursgesicherte Kapitalexporte abgetragen werden, die einer Kassamarktnachfrage und einem Terminmarktangebot entsprechen, sind die kumulierten Nettotransaktionskurven der übrigen Marktteilnehmer so eingezeichnet, dass auf der rechten Abszisse das Überschussangebot auf dem Kassamarkt und die Überschussnachfrage auf dem Terminmarkt abgetragen sind. Wegen der unterschiedlichen Achsenbezeichnung auf Kassa- und Terminmarkt verlaufen die Nettotransaktionskurven in umgekehrter Richtung, obwohl der gleiche funktionale Zusammenhang besteht. Eine Senkrechte, die durch alle drei Abbildungen verläuft, kennzeichnet also eine gleichgewichtige Situation, da sich sowohl auf dem Kassa- wie auf dem Terminmarkt Angebot und Nachfrage der drei Gruppen entsprechen.

Analoges gilt für die linken Abszissen, auf denen ein kursgesicherter Kapitalimport seitens der Zinsarbitrageure abgetragen ist, was ein Devisenangebot auf dem Kassa- und eine Devisennachfrage auf dem Terminmarkt impliziert. Deshalb sind senkrecht über dieser Achse das Überschussangebot von Außenhändlern und Spekulanten auf dem Terminmarkt und ihre Überschussnachfrage auf dem Kassamarkt abgetragen. Auch hier würde eine Senkrechte die Identität von Angebot und Nachfrage auf Kassa- und Terminmarkt implizieren. Auch in den Ordinatenschnittpunkten herrscht Gleichgewicht auf den Devisenmärkten. Die Zinsarbitrageure haben keinen Anlass für Kapitalex- oder -importe und auch bei den anderen beiden Gruppen gleichen sich Devisenangebot und -nachfrage auf beiden Märkten aus. Es stellt sich jetzt allerdings die Frage, welche Gleichgewichte, d.h. Punkte, die senkrecht übereinander liegen, überhaupt möglich sind, da in den ersten beiden Kurven durch eine bestimmte Überschussnachfrage oder ein Überschussangebot ein konkreter Kassa- und ein konkreter Terminkurs festgelegt sind. Damit ist aber auch der Swapsatz determiniert, so dass man aus der Kombination von Kassa- und Terminkurs von Außenhändlern und Spekulanten eine ganz bestimmte *Arbitragemöglichkeit* für die Zinsarbitrageure ableiten kann. Dies soll anhand eines Zahlenbeispiels verdeutlicht werden.

3.2 Die Arbitragemöglichkeitskurve

a) Kursgesicherter Nettokapitalexport in Höhe 0A:

Ein kursgesicherter Nettokapitalexport der Zinsarbitrageure in Höhe von 0A, der in dieser Höhe eine Nachfrage auf dem Kassamarkt und ein Angebot auf dem Terminmarkt impliziert, erfordert zur Wahrung der Devisenmarktgleichgewichte in gleicher Höhe ein Überschussangebot auf dem Kassamarkt und eine Überschussnachfrage auf dem Terminmarkt seitens der anderen Marktteilnehmer. Aufgrund der Verhaltensfunktionen von Spekulanten und Außenhändlern ist dies bei einem Kassadollarkurs von 0,9 € und einem Termin-

82 Devisenmärkte

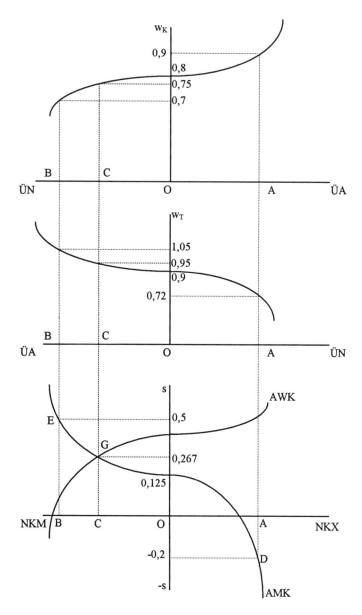

Abb. II.8: Gleichgewichtiger Zusammenhang zwischen Devisentermin- und Devisenkassakurs

Dollarkurs von 0,72 € erreicht. Diese beiden Kurse entsprechen aber einem Swapsatz von -0,2. Nur bei diesem Satz ist unter Berücksichtigung der Entscheidungen von Außenhändlern und Spekulanten ein kursgesicherter Kapitalexport seitens der Zinsarbitrageure möglich. Das Verhalten von Außenhändlern und Spekulanten ist jedoch im hier gewählten Beispiel nicht mit dem der Zinsarbitrageure vereinbar, da der einem Kapitalexport in Höhe von 0A entsprechende Swapsatz von -0,2 nicht auf der Arbitragewunschkurve liegt. Die Kombination aus s = -0,2 und einem Kapitalexport von 0A stellt deshalb einen Punkt (D) auf der *Arbitragemöglichkeitskurve* dar.

b) Kursgesicherte Nettokapitalimporte in Höhe 0B:

Nettokapitalimporte der Zinsarbitrageure im Ausmaß 0B erfordern in gleicher Höhe eine Überschussnachfrage auf dem Kassamarkt und ein Überschussangebot auf dem Terminmarkt seitens der anderen Marktteilnehmer, was bei Dollarkursen von 0,70 € (Kassamarkt) und 1,05 € (Terminmarkt) realisierbar ist. Dies entspricht einem Swapsatz von 0,5, d.h. auch Punkt E (Kombination von s = 0,5 und Kapitalimporten von 0B) ist ein Punkt auf der Arbitragemöglichkeitskurve, der jedoch wiederum nicht auf der Arbitragewunschkurve liegt, d.h. nicht mit dem Kalkül der Zinsarbitrageure vereinbar ist.

Bestimmt man in gleicher Weise weitere Kombinationen von Swapsatz, Kassa- und Terminkurs, so erhält man die Arbitragemöglichkeitskurve, die sich aus den Verhaltensfunktionen von Spekulanten und Außenhändlern auf Kassa- und Terminmarkt ableitet. Der Schnittpunkt der Arbitragemöglichkeitskurve mit der Ordinate liegt im hier gewählten Beispiel bei einem Swapsatz von 0,125. Dieser ergibt sich aus den Ordinatenschnittpunkten der Nettotransaktionskurven von Außenhändlern und Spekulanten bei einem Kassadollarkurs von 0,80 € und einem Termin-Dollarkurs von 0,90 €.

3.3 Gleichzeitiges Kassa- und Terminmarktgleichgewicht

Es ist offensichtlich, dass das Verhalten aller Marktteilnehmer nur bei einer bestimmten Kombination von Kassa- und Terminkurs und damit bei einem bestimmten Swapsatz miteinander vereinbar ist. Dieser gleichgewichtige Swapsatz ergibt sich durch den Schnittpunkt von Arbitragewunsch- und Arbitragemöglichkeitskurve in G, er beträgt im gewählten Beispiel 0,267. In diesem Arbitragegleichgewicht wird seitens der Zinsarbitrageure netto Kapital im Ausmaß 0C importiert, d.h. in dieser Höhe bieten sie am Kassamarkt Devisen an und fragen am Terminmarkt Devisen nach. Gleichgewicht auf diesen beiden Märkten wird dadurch sichergestellt, dass Außenhändler und Spekulanten in gleichem Ausmaß am Kassamarkt Devisen nachfragen, was bei einem Kassadollarkurs von 0,75 € der Fall ist. Am Terminmarkt besteht ein Überschussangebot von Außenhändlern und Spekulanten in Höhe von 0C, der dazugehörige Termindollarkurs beträgt 0,95 €. Es ist ersichtlich, dass ein Terminkurs von 0,95 € und der Kassakurs von 0,75 € dem gleichgewichtigen Swapsatz von 0,267 entspricht.

In Punkt G ist, wie beschrieben, das Verhalten aller Teilnehmer auf den Devisenmärkten kompatibel, und es herrscht Identität zwischen Angebot und Nachfrage auf beiden betrachteten Märkten. Dennoch kann dieser Zustand nicht als ein langfristiges Gleichgewicht bezeichnet werden, da noch ein Nettokapitalimport existiert. Solange dies der Fall ist, ist offensichtlich noch keine Zinsparität erfüllt. Ein langfristiges Gleichgewicht mit Erfüllung der Zinsparität wäre nur dann erreicht, wenn sich Arbitragewunsch- und Arbitragemöglichkeitskurve auf der Ordinate schneiden. Dies kann etwa durch eine Änderung der internationalen Zinsdifferenz erreicht werden. Da im bisherigen Schnittpunkt der beiden Kurven ein Kapitaltransfer vom Ausland ins Inland stattfindet, wird sich der Inlandszins tendenziell verringern, der Auslandszins wegen der Kapitalverknappung dagegen tendenziell erhöhen. Der kritische Swapsatz, der ja der Differenz zwischen Inlands- und Auslandszins entspricht, wird damit sinken, die Arbitragewunschkurve verschiebt sich nach unten. Dieser Zinsanpassungsprozess wird solange erfolgen, bis sich ein Gleichgewicht auf den Devisenmärkten bei gleichzeitiger Erfüllung der Zinsparität einstellt, d.h. bis sich Arbitragewunsch- und Arbitragemöglichkeitskurve auf der Ordinate schneiden. Im unterstellten Zahlenbeispiel wäre dies beim Swapsatz von 0,125 der Fall, der Kassadollarkurs beträgt dann 0,80 €, der Termindollarkurs hat einen Wert von 0,90 €.

3.4 Veränderungen des Gleichgewichts

Das hier abgeleitete Gleichgewicht ist von einer Vielzahl äußerer Einflüsse abhängig. Alle Bestimmungsfaktoren von Außenhandelsströmen, alle Einflüsse der Erwartungsbildung von Spekulanten, aber auch alle Determinanten der nationalen Zinsniveaus haben Einfluss auf die für das Gleichgewicht relevanten Kurven.

Steigt etwa der von den Spekulanten für die Zukunft erwartete Wechselkurs, so werden c.p. zusätzlich Termindevisen gekauft, da mit einem höheren Gewinn gerechnet wird. Die Nettotransaktionskurve auf dem Terminmarkt wird damit nach oben verschoben. Mit der Verschiebung der Nettotransaktionskurve auf dem Terminmarkt verschiebt sich aber auch die Arbitragemöglichkeitskurve nach oben, da mit einem höheren Terminkurs auch der Swapsatz steigt. Dies löst bei Erfüllung der Zinsparität im Ausgangsgleichgewicht Nettokapitalexporte aus, die auch zu einem Anstieg des Kassawechselkurses und zu einem höheren gleichgewichtigen Swapsatz führen.

Steigt exogen die ausländische Nachfrage nach inländischen Gütern, so erhöht sich das Angebot ausländischer Währung am Kassamarkt, die Inlandswährung wird aufgewertet. Damit verschiebt sich die Nettotransaktionskurve der Außenhändler nach unten, was bei unveränderten Terminmarktzusammenhängen ebenfalls eine Verschiebung der Arbitragemöglichkeitskurve nach oben und damit einen höheren gleichgewichtigen Swapsatz zur Folge hat.

Wird durch geldpolitische Maßnahmen der Notenbanken der Inlandszins gesenkt und/oder der Auslandszins erhöht, so verändert sich damit auch der kritische Swapsatz, er wird sinken. Mit dem Rückgang des kritischen Swapsatzes verschiebt sich die Arbitragewunschkurve nach unten. Der gleichgewichtige Swapsatz sinkt und es kommt zu Nettokapitalexporten, die Inlandswährung wird am Kassamarkt abgewertet, der Terminkurs dagegen sinkt. Eine Vielzahl weiterer Einflussfaktoren ist denkbar.

Durch die hier diskutierten Zusammenhänge wurde gezeigt, aus welchen Quellen Angebot und Nachfrage auf dem Devisenkassa- und dem Devisenterminmarkt resultieren und welcher gleichgewichtige Zusammenhang zwischen dem Kassa- und dem Terminkurs existiert. Über die absolute Höhe dieser Kurse und ihrer Veränderungen in der Zeit wurde aber noch nichts ausgesagt, dies soll in Kapitel III geschehen.

4. Zusammenfassung von Kapitel II

1. Der bilaterale Wechselkurs ist das Umtauschverhältnis zwischen zwei Währungen. Man unterscheidet die Preisnotierung (Preis einer ausländischen Währungseinheit, ausgedrückt in inländischen Währungseinheiten) und die Mengennotierung (Preis einer inländischen Währungseinheit, ausgedrückt in ausländischen Währungseinheiten).

2. Auf dem Kassamarkt wird ein Währungskauf- oder -verkaufsgeschäft vereinbart, dessen Erfüllung innerhalb von 2 Arbeitstagen erfolgen muss. Der dabei geltende Preis ist der Kassawechselkurs. Wird das Währungsgeschäft (Preis und Menge) zwar heute abgeschlossen, seine Erfüllung aber für einen späteren Zeitpunkt vereinbart, so spricht man von einem Terminmarkt. Der Preis ist der Terminwechselkurs.

3. Der Terminkurs kann über dem Kassakurs (Report) oder unter dem Kassakurs (Deport) liegen. Die prozentuale Differenz zwischen dem Termin- und dem Kassakurs (bezogen auf den Kassakurs) ist der Swapsatz. Differenzen zwischen dem Kassa- und dem Terminwechselkurs werden vor allem durch Wechselkurserwartungen begründet, da das Verhalten von Spekulanten dazu führt, dass sich der Terminkurs dem für die Zukunft erwarteten Kassakurs annähert.

4. Devisenoptionen stellen einen Vertrag dar, der dem Inhaber des Titels das Recht - aber nicht die Verpflichtung - zum Kauf oder Verkauf eines bestimmten Devisenbetrags zu einem bestimmten Termin und zu einem vereinbarten Kurs einräumt. Währungsfutures begründen die Lieferung einer bestimmten Währungsmenge zu einem bestimmten Preis und einem bestimmten Termin.

5. Dividiert man den Wechselkurs durch einen Preisindex inländischer Güter und multipliziert dieses Verhältnis mit einem vergleichbaren Preisindex ausländischer Güter, so erhält man den realen Wechselkurs. Der Kehrwert ist der reale Außenwert dieser Währung. Eine andere Definition des realen Wechselkurses ist das Verhältnis der Preise handel- zu nicht-handelbaren Gütern. Dieses Verhältnis drückt die relative Wettbewerbsfähigkeit der beiden Güterarten aus und ist damit eine Bestimmungsgröße für die sektorale Allokation.

6. Die terms of trade sind das Verhältnis der Preise von Export- und Importgütern, ausgedrückt in Inlandswährung, und entsprechen damit dem Verhältnis zwischen Mengeneinheiten des Importgutes zu Mengeneinheiten des Exportgutes. Ein Anstieg dieses Verhältnisses wird als Verbesserung bezeichnet, da das betrachtete Land für eine Mengeneinheit seines Exportgutes mehr Mengeneinheiten des Importgutes erhält und seine Konsummöglichkeiten damit steigen.

7. Bei den Devisenmarktakteuren kann man Außenhändler, Spekulanten und internationale Kapitalanleger unterscheiden. Das Devisenangebot aus Außenhandelsgeschäften entspricht dem Wert der inländischen Exporte, ausgedrückt in Auslandswährung, die Devisennachfrage entsprechend dem Wert der inländischen Importe, ausgedrückt in Auslandswährung. Bleiben sonstige Quellen von Devisenangebot und Devisennachfrage unberücksichtigt, so liegt ein stabiles (instabiles) Devisenmarktgleichgewicht immer dann vor, wenn auch die Leistungsbilanz normal (anormal) auf Wechselkursänderungen reagiert.

8. Grundlage für ein Devisenmarktengagement von Spekulanten ist der für die Zukunft erwartete Kassawechselkurs. Ist dieser höher als der heutige Kassakurs, so wird Fremdwährung am Kassamarkt nachgefragt (Kassamarktspekulation). Ist der für die Zukunft erwartete Kassakurs höher als der heutige Terminkurs für diesen Zeitpunkt, so werden am Terminmarkt Devisen nachgefragt (Terminmarktspekulation). Ist der erwartete Kassakurs niedriger als die heutigen Kurse, so ergeben sich entsprechend Angebote auf den Märkten.

9. Bei einem kursgesicherten internationalen Anlagegeschäft (Zinsarbitrage) wird der Inlandszins mit der Summe aus Auslandszins und Swapsatz verglichen. Ist die Auslandsanlage rentabler, so impliziert dies eine Kassanachfrage nach Devisen und gleichzeitig zur Absicherung ein Terminmarktangebot. Ist die Inlandsanlage rentabler, so folgt entsprechend ein Kassamarktangebot verbunden mit einer Terminmarktnachfrage.

10. Ist der Inlandszins identisch der Summe aus Auslandszins und Swapsatz, so liegt Zinsparität vor. Bezieht sich der Swapsatz dabei auf den Terminkurs, so spricht man von der gesicherten Zinsparität. Wird statt des Terminkurses der für die Zukunft erwartete Kassakurs verwendet, so ist dies die ungesicherte Zinsparität. Terminkurs und erwarteter Kassakurs sind identisch, wenn die Spekulanten gleichgerichtete Erwartungen haben und risikoneutral sind.

11. Ein gleichgewichtiger Zusammenhang zwischen den Wechselkursniveaus auf dem Kassa- und dem Terminmarkt liegt dann vor, wenn die Engagements aller am Devisenmarkt agierenden Gruppen miteinander vereinbar sind. Bei einem kursgesicherten Kapitalexport muß der damit verbundenen Nachfrage am Kassamarkt ein entsprechendes Überschußangebot von Außenhändlern und Spekulanten entsprechen und bei dem gleichzeitig am Terminmarkt realisierten Angebot der Kapitalanleger eine Nachfrage der anderen beiden Gruppen. Bei einem Kapitalimport gelten die umgekehrten Zusammenhänge.

Kapitel III

Bestimmungsfaktoren des Wechselkurses

Nachdem in Kapitel II der gleichgewichtige Zusammenhang zwischen dem Kassa- und dem Terminkurs dargestellt wurde, sollen nun die Bestimmungsfaktoren der Wechselkurshöhe und deren Veränderung diskutiert werden. Grundsätzlich resultiert der Wechselkurs als Preis einer Währung aus dem Marktgleichgewicht von Devisenangebot und Devisennachfrage. Devisenangebot und Devisennachfrage wiederum stammen aus den verschiedenen, in Kapitel II diskutierten Quellen, deren Bestimmungsfaktoren allerdings so vielfältig und komplex sind, dass es nahezu unmöglich erscheint, sämtliche Zusammenhänge vollständig zu erfassen. Es sollen deshalb beispielhaft solche Faktoren diskutiert werden, die einen dominierenden Einfluss auf die Höhe und die Entwicklung des Wechselkurses haben. Die Darstellung beschränkt sich aus Gründen der Verständlichkeit auf nur einen Wechselkurs. Es handelt sich also wieder um einen Zwei-Länder-Zusammenhang, der betrachtete Wechselkurs ist der Kassakurs, der als das Verhältnis von Inlandswährung (Euro) zu Auslandswährung (Dollar) definiert ist.

1. Kaufkraftparitätentheorem

1.1 Kaufkraftparität in absoluter Form

Die fundamentalsten Erklärungsfaktoren für Höhe und Entwicklung des Wechselkurses sind die Güterpreisniveaus der betrachteten Länder, die in der *Kaufkraftparitätentheorie* Berücksichtigung finden (diese Theorie geht zurück auf Cassel, 1927, ursprünglich 1918). In ihrer absoluten Form erklärt die Kaufkraftparitätentheorie die Wechselkurshöhe durch das Verhältnis von Inlandspreisniveau in Inlandswährung zu Auslandspreisniveau in Auslandswährung.

(III.1) $\quad w = p^{\€}/p^{\$} \quad$ bzw. $\quad p^{\€} = wp^{\$}$

Da das Auslandspreisniveau, multipliziert mit dem Wechselkurs, dem Inlandspreisniveau entspricht, ist durch (III.1) *Gleichheit der Kaufkraft des Geldes* in beiden Ländern sichergestellt, d.h. man kann mit einem bestimmten Geldbetrag in beiden Ländern das gleiche Güterbündel kaufen. Weicht der Wechselkurs von diesem Gleichgewichtswert ab, so würden auf freien Märkten Güterarbitrageprozesse in Gang gesetzt, die den Wechselkurs langfristig wieder an sein, durch die Güterpreisniveaus gegebenes Gleichgewichtsniveau anpassen. Drückt man (III.1) in prozentualen Veränderungen aus, so gilt:

(III.2) $\quad \hat{w} = \hat{p}^{\text{€}} - \hat{p}^{\$}$

Die prozentuale Veränderung des Wechselkurses entspricht der Differenz der prozentualen Veränderungen der Preisniveaus der beiden Länder. Das Kaufkraftparitätentheorem besagt in dieser absoluten Form nichts anderes als die Konstanz des realen Wechselkurses. Der reale Wechselkurs wurde in Kapitel II.1.4 definiert als $w_R = wp^{\$}/p^{\text{€}}$. Damit folgt für dessen prozentuale Veränderung:

(III.3) $\quad \hat{w}_R = \hat{w} + \hat{p}^{\$} - \hat{p}^{\text{€}}$

Es ist offensichtlich, dass bei Erfüllung von (III.2) die Veränderung des realen Wechselkurses Null sein muss.

> Steigt etwa das ausländische Preisniveau um 5%, bleibt das inländische Preisniveau konstant, und sinkt dann auch der nominelle Wechselkurs um 5%, so bleibt die Kaufkraftparität erfüllt. Gleichzeitig implizieren diese Veränderungen aber auch einen konstanten realen Wechselkurs. Die sich als Folge der fünfprozentigen Erhöhung der Auslandspreise ergebenden preislichen Wettbewerbsvorteile der Euro-Güter auf den Weltmärkten werden durch die Aufwertung des Euro um 5% genau kompensiert, der reale Wechselkurs bleibt unverändert. Dieser Prozess ist durch die oben diskutierte Leistungsbilanzreaktion zu erklären. Bei steigenden Auslandspreisen werden die Importe des Inlands abnehmen, während die Ausländer verstärkt Güter bei uns nachfragen. Dies impliziert im Normalfall eine Verbesserung der inländischen Leistungsbilanz. Auf dem Devisenmarkt entsteht ein Überschussangebot an Devisen, das durch eine Aufwertung der Inlandswährung abgebaut wird.

In der hier dargestellten Form setzt das Kaufkraftparitätentheorem voraus, dass kein Hindernis für eine vollkommene Preisangleichung zwischen in- und ausländischen Gütern existiert, es werden also vollkommene Weltmärkte unterstellt. Bei den in den beiden Ländern produzierten Gütern muss es sich um homogene Produkte handeln, es dürfen keine Transportkosten und keine Verzerrungen durch protektionistische Maßnahmen oder sonstige staatliche Eingriffe existieren. Das Kaufkraftparitätentheorem ist in diesem Fall also nichts anderes als das *Gesetz der Unterschiedslosigkeit der Preise,* das durch Arbitragetätigkeit sichergestellt ist. Sinken im Inland die Preise, so würden Wirtschaftssubjekte in diesem Land Güter kaufen, um sie im anderen Land teurer wieder zu verkaufen. Die damit ausgelösten Nachfrage- bzw. Angebotseffekte werden zu einer Wiederherstellung der Preisidentität in den beiden Ländern führen.

Unklar bleibt aber noch, ob, wie in obigem Beispiel diskutiert, die Güterpreise den Wechselkurs bestimmen oder ob auch der Wechselkurs die Güterpreisniveaus determiniert. Berücksichtigt man etwa auch andere Akteure auf den Devisenmärkten, so wird eine durch exogene Veränderungen ausgelöste Abwertungserwartung der Inlandswährung den Wechselkurs steigen lassen. Da sich die Abwertungserwartung in einem steigenden Terminkurs niederschlägt, wird die kursgesicherte Auslandsanlage rentabler, die Devisennachfrage und mit ihr der Wechselkurs steigt. War Kaufkraftparität erfüllt, so werden durch die Abwertung die in Euro umgerechneten Preise der Auslandsgüter jetzt die Inlandspreise übersteigen $\left(p^{\text{\texteuro}} < wp^{\$}\right)$. Bei Homogenität der Gütermärkte setzt in diesem Fall Güterarbitrage ein, die für eine Angleichung der Güterpreise an den veränderten Wechselkurs und damit für die Erfüllung von (III.1) sorgt.

Eine Überprüfung der Kaufkraftparität in dieser absoluten Form scheitert jedoch bereits an der in der Realität existierenden Inhomogenität der Güter. Nur für sehr wenige, als homogen angesehene international gehandelte Güter, wie etwa Gold, gilt die internationale Preisidentität recht genau. Die den nationalen Preisniveaus zugrunde liegenden Güterbündel sind dagegen von den jeweiligen Verbrauchergewohnheiten abhängig, und selbst wenn gleiche Güter konsumiert würden, werden sie von den Konsumenten als nicht vollkommen identisch mit den entsprechenden ausländischen Gütern angesehen, d.h. es handelt sich in aller Regel um inhomogene Güter.

Es gibt jedoch auch Ausnahmen, wie etwa das weltweit nach dem gleichen Herstellungsrezept vertriebene Erfrischungsgetränk Coca-Cola. Ein anderes Beispiel ist der von McDonalds in über 100 Ländern der Welt angebotene doppelte Hamburger „Big Mac". Geht man davon aus, dass der Verbraucher das Produkt „Big Mac" als homogenes Gut ansehen, d.h. es werden keine Qualitätsunterschiede in Abhängigkeit vom Land unterstellt, so müsste bei Erfüllung der Kaufkraftparität der Preis eines „Big Mac", ausgedrückt in einer Vergleichswährung, überall identisch sein. Dies wurde von der Zeitschrift „The Economist" einige Male getestet, wobei als Vergleichswährung der US-Dollar benutzt wurde. Die Ergebnisse von 1999 sind in Tabelle III.1 dargestellt.
Zur Umrechnung der lokalen Big Mac-Preise in US-Dollar wird der jeweils aktuelle Wechselkurs herangezogen. Der in Dollar umgerechnete Preis des Big Mac müsste dann für jedes Land dem Preis in den USA entsprechen. Es verwundert nicht, dass dies fast in keinem Land der Fall ist. Es gibt nationale Besonderheiten wie unterschiedliche Steuerbelastungen, unterschiedliche Löhne der Beschäftigten, unterschiedliche Ladenmieten u.a. Dividiert man den Preis des Big Mac in Landeswährung durch dessen Preis in den USA (in Dollar), so erhält man die *Big Mac-Parität* des Wechselkurses. Für Deutschland betrug diese Parität 1999 2,04 DM pro Dollar. Bei dieser Parität wird man also für einen bestimmten Geldbetrag in Deutschland und in den USA die gleiche Menge an Big Macs kaufen können. Vergleicht man die Big-Mac-Parität mit dem tatsächlichen

Wechselkurs der einzelnen Währungen zum Dollar, so kann man „überbewertete" und „unterbewertete" Währungen, jeweils im Vergleich zur Big Mac-Parität, unterscheiden. So war 1999 der Dollar, in D-Mark ausgedrückt, deutlich weniger wert, d.h. für einen bestimmten D-Mark-Betrag bekam man in den USA mehr Hamburger als in Deutschland. Gemessen an der Big-Mac-Parität war der Schweizer Franken mit 64% am deutlichsten überbewertet, der ungarische Forint mit 48% unterbewertet.

Tabelle III.1. Die Big Mac-Parität

The hamburger standard

	Big Mac prices in local currency	Big Mac prices in dollars	Implied PPP* of the dollar	Actual $ exchange rate 30/03/99	Under(-)/over (+) valuation against the dollar, %
United States†	$2.43	2.43	–	–	–
Argentina	Peso2.50	2.50	1.03	1.00	+3
Australia	A$2.65	1.66	1.09	1.59	-32
Brazil	Real2.95	1.71	1.21	1.73	-30
Britain	£1.90	3.07	1.28‡	1.61‡	+26
Canada	C$2.99	1.98	1.23	1.51	-19
Chile	Peso1,25	2.60	518	484	+7
China	Yuan9.90	1.20	4.07	8.28	-51
Denmark	DKr24.75	3.58	10.19	6.91	+47
Euro area	Euro2.52	2.71	0.97§	1.08§	+11
France	FFr8.50	2.87	7.20	6.10	+18
Germany	DM4.95	2.72	2.04	1.82	+12
Italy	Lire4,500	2.50	1,852	1,799	+3
Netherlands	Fl5.45	2.66	2.24	2.05	+10
Spain	Pta375	2.43	154	155	0
Hong Kong	HK$10.2	1.32	4.20	7.75	-46
Hungary	Forint299	1.26	123	237	-48
Indonesia	Rupiah14,500	1.66	5,967	8,725	-32
Israel	Shekel13.9	3.44	5.72	4.04	+42
Japan	¥294	2.44	121	120	0
Malaysia	M$4.52	1.19	1.86	3.80	-51
Mexico	Peso19.9	2.09	8.19	9.54	-14
New Zealand	NZ$3.40	1.82	1.40	1.87	-25
Poland	Zloty5.50	1.38	2.26	3.98	-43
Russia	Rouble33.5	1.35	13.79	24.7	-44
Singapore	S$3.20	1.85	1.32	1.73	-24
South Africa	Rand8.60	1.38	3.54	6.22	-43
South Korea	Won3,000	2.46	1,235	1,218	+1
Sweden	SKr24.0	2.88	9.88	8.32	+19
Switzerland	SFr5.90	3.97	2.43	1.48	+64
Taiwan	NT$70.0	2.11	28.8	33.2	-13
Thailand	Baht52.0	1.38	21.4	37.6	-43

*Purchasing-power parity: local price divided by price in United States
†Average of New York, Chicago, San Francisco and Atlanta ‡Dollars per pound §Dollars per euro
Source: McDonald's

Quelle: The Economist, 3. April 1999, S.74

1.2 Kaufkraftparität in relativer Form

Es gibt weitere Gründe, weshalb in der Realität die Annahme homogener internationaler Gütermärkte nicht aufrechtzuerhalten ist. So existieren protektionistische Maßnahmen ebenso wie Transportkosten. Außerdem gibt es nationale Güter, die nicht handelbar sind oder bei denen ein internationaler Handel an zu hohen Kosten scheitert. Der Preisanstieg für Baugrundstücke wird zwar das nationale Preisniveau, nicht aber den Wechselkurs beeinflussen. Solche Phänomene schränken die Gültigkeit der Kaufkraftparitätentheorie in ihrer absoluten Form erheblich ein.

Unterstellt man jedoch Konstanz der Marktinhomogenität, d.h. das Ausmaß des Protektionismus, die Unterschiede in den Steuersystemen, der Anteil nicht-handelbarer Güter am Sozialprodukt, die Höhe der Transportkosten und Ähnliches ändern sich zumindest kurz- bis mittelfristig nicht, so kann man *Kaufkraftparität in einer relativen Form* definieren.

(III.4) $\quad w = \dfrac{1}{\gamma} p^{\epsilon} / p^{\$} \qquad \text{bzw.} \qquad p^{\epsilon} = \gamma w p^{\$}$

γ misst dabei das als konstant unterstellte Ausmaß der Divergenz zwischen den beiden Preisniveaus. Damit folgt bei totaler Differentiation:

(III.5) $\quad dp^{\epsilon} = \gamma p^{\$} dw + \gamma w dp^{\$}$

bzw. in prozentualen Veränderungen:

(III.6) $\quad \hat{w} = \hat{p}^{\epsilon} - \hat{p}^{\$}$

Die prozentuale Veränderung des Wechselkurses wird also auch hier durch die Differenz der prozentualen Veränderung der beiden Preisniveaus bestimmt, ohne dass der Wert des Wechselkurses dem Verhältnis der beiden Preisniveaus entsprechen muss. Solange jedoch γ konstant bleibt, würde ein prozentual gleich großer Anstieg der beiden Preisniveaus keine Wechselkursänderung zur Folge haben.

1.3 Handel- und nicht-handelbare Güter

Die Zusammenhänge zwischen dem realen Wechselkurs und der Erfüllung der Kaufkraftparität in ihrer relativen Form sollen in diesem Abschnitt noch etwas intensiver diskutiert werden. Es sei angenommen, in beiden betrachteten Ländern werde sowohl ein handel- (H) als auch ein nicht-handelbares (N) Gut produziert. Die handelbaren Güter der beiden Länder sollen für die Konsumenten vollkommene Substitute darstellen. Sieht man von Transportkosten ebenso wie von sonstigen Verzerrungen des internationalen Preiszusammenhangs ab, so ist für diese Güterart Kaufkraftparität in ihrer absoluten Form gegeben. Es gilt:

(III. 7) $\quad w = p^{€H}/p^{\$H}$

Die nicht-handelbaren Güter werden auf rein nationalen Märkten gehandelt, ihr Preis steht daher nicht direkt mit dem Auslandspreisniveau in Beziehung, sondern bildet sich durch Angebot und Nachfrage im jeweiligen Land. Das Preisniveau der beiden Länder ist damit ein gewichteter Durchschnitt der Preise handel- und nicht-handelbarer Güter. Bezeichnet α den Anteil nicht-handelbarer Güter am gesamten Güterbündel, so gilt:

(III.8) $\quad p^€ = \alpha p^{€N} + (1-\alpha) p^{€H}$

bzw. für das Ausland:

(III.9) $\quad p^\$ = \alpha^* p^{\$N} + (1-\alpha^*) p^{\$H}$

Berücksichtigt man jetzt den in Gleichung (III.3) dargestellten Zusammenhang für die Veränderung des realen Wechselkurses, definiert die Veränderung des nominalen Wechselkurses durch die Kaufkraftparität der handelbaren Güter (III.7) und beachtet die Definitionen der beiden Preisniveaus, so folgt:

(III.10) $\quad \hat{w}_R = \left(\hat{p}^{€H} - \hat{p}^{\$H}\right) + \alpha^* \hat{p}^{\$N} + (1-\alpha^*)\hat{p}^{\$H} - \alpha \hat{p}^{€N} - (1-\alpha)\hat{p}^{€H}$

und nach Vereinfachen:

(III.11) $\quad \hat{w}_R = \alpha\left(\hat{p}^{€H} - \hat{p}^{€N}\right) - \alpha^*\left(\hat{p}^{\$H} - \hat{p}^{\$N}\right)$

Die Veränderung des realen Wechselkurses ist nur dann Null, d.h. die Kaufkraftparität ist nur dann erfüllt, wenn die rechte Seite von (III.11) Null ist.

Geht man zunächst davon aus, die Preise im Ausland bleiben konstant, so ist die Veränderung des realen Wechselkurses Null, wenn sich der Preis handelbarer und der Preis nicht-handelbarer Güter im Inland in gleichem prozentualen Ausmaß verändern.[1] Steigt dagegen der Preis handelbarer Güter stärker als der Preis nicht-handelbarer Güter, so nimmt auch der reale Wechselkurs zu, die Inlandswährung wird real abgewertet und dies trotz Gültigkeit der

---

[1] Die Relation der Preise zwischen handel- und nicht-handelbaren Gütern wurde bereits in Kapitel II.1.4 als alternative Definition des realen Wechselkurses diskutiert.

Kaufkraftparität für handelbare Güter. Steigt dagegen der Preis nicht-handelbarer Güter stärker, so handelt es sich um eine reale Aufwertung der Inlandswährung. Der reale Wechselkurs drückt in diesem Fall also die relative Wettbewerbsfähigkeit der handelbaren zu den nicht-handelbaren Gütern aus. Eine reale Abwertung bedeutet, dass der Preis der handelbaren Güter im Verhältnis zum Preis der nicht-handelbaren Güter steigt. Damit würde das Angebot des Landes an handelbaren Gütern zunehmen, da durch den Relativpreisanstieg ein stärkerer Produktionsanreiz für diese Güterart besteht. Da gleichzeitig durch die relative Verteuerung dieses Gutes die Nachfrage sinkt, entsteht ein Überschussangebot an handelbaren Gütern.

Berücksichtigt man in (III.11) auch ausländische Preisänderungen, so ist die Veränderung des realen Wechselkurses nur dann Null, wenn sich in beiden Ländern die Preise handel- und die Preise nicht-handelbarer Güter prozentual gleich stark verändern. Ist der Anteil α in beiden Ländern gleich, so realisiert das Inland eine reale Aufwertung - der reale Wechselkurs sinkt -, wenn das Preisverhältnis zwischen nicht-handelbaren und handelbaren Gütern im Inland relativ stärker zunimmt als im Ausland.

Was bestimmt die Preisrelation zwischen handel- und nicht-handelbaren Gütern? Hierzu gibt es empirisch überprüfte Theorien, nach denen der Produktivitätsentwicklung eine entscheidende Rolle zukommt (vgl. z.B. DeGrauwe, 1989). Handelbare Güter sind in der Regel Industriegüter, bei den nicht-handelbaren Gütern handelt es sich dagegen meist um Dienstleistungen. Steigt, etwa bedingt durch technischen Fortschritt, die Kapitalproduktivität, so erhöht sich auch die Arbeitsproduktivität, und zwar stärker im relativ kapitalintensiven Industriesektor als im relativ weniger kapitalintensiven Dienstleistungssektor. Die Produktionskosten werden damit im Handelssektor relativ zum Nicht-Handelssektor sinken, mit der Folge, dass im Handelssektor die Güterpreise sinken bzw. relativ weniger stark steigen als im Sektor nicht-handelbarer Güter. Je stärker der Produktivitätsfortschritt ausfällt, umso stärker wird gemäß diesem Zusammenhang das Preisverhältnis nicht-handelbarer zu handelbaren Gütern steigen und die Währung damit real aufwerten.

Damit ergibt sich die Aussage, dass *das Land mit dem relativ größeren Produktivitätsfortschritt eine reale Aufwertung seiner Währung verzeichnen kann. Ein Land mit einer im internationalen Vergleich nur geringen Produktivitätsentwicklung wird dagegen real abwerten.*

Auch in ihrer relativen Version kann die Kaufkraftparitätentheorie allerdings nur ein unvollkommener und eher langfristiger Bestimmungsfaktor der Wechselkurshöhe sein. Zum einen erscheint es problematisch, das Ausmaß der Inhomogenität des Weltmarktes als konstant zu unterstellen, zum anderen werden die in Kapitel II diskutierten Einflüsse von internationalen Kapitalanlegern und Spekulanten auf den Devisenmärkten, die selbstverständlich ebenfalls die Wechselkurshöhe determinieren und deren Verhalten nicht allein durch Inflationsdifferenzen erklärt werden kann, nicht berücksichtigt.

Man könnte versuchen, dies dahingehend zu interpretieren, dass die Kaufkraftparität ein spezielles langfristiges Gleichgewicht darstellt. Es finden keine kursgesicherten Kapitalbewegungen statt, weil der Swapsatz dem kritischen Swapsatz und damit der internationalen Zinsdifferenz entspricht. Außerdem ist der Swapsatz Null, d.h. der Terminkurs bzw. der erwartete Kassakurs entspricht dem aktuellen Kassakurs, so dass auch seitens der Spekulanten kein Anreiz besteht, am Devisenmarkt aktiv zu werden. Mit anderen Worten, die Arbitragewunsch- und die Arbitragemöglichkeitskurve der Abbildung II.8 würden sich im Nullpunkt schneiden. Die Wechselkurse würden in einem solchen Gleichgewicht allein von Außenhändlern bestimmt, und Güterarbitrage könnte dann für die Erfüllung der Kaufkraftparität, zumindest in ihrer komparativen Form, sorgen.

Das hier beschriebene fiktive Gleichgewicht wird in der Realität jedoch wohl nie existieren, da von einer dynamischen Weltwirtschaft ständig neue Impulse ausgehen, die das Verhalten der an den Devisenmärkten aktiven Wirtschaftssubjekte beeinflussen. Auch empirische Untersuchungen zeigen, dass Kaufkraftparität zwischen den bedeutenden Weltwährungen zumindest in den letzten 20 Jahren so gut wie nie erfüllt war. Bevor nach einer Störung ein langfristiges Gleichgewicht im oben definierten Sinne erreicht wird, tritt eine neue Störung auf, so dass auch in längerer Frist das Geschehen auf den Devisenmärkten eher durch eine Aneinanderreihung kurzfristiger Einflussfaktoren, als durch die Kaufkraftparität erklärt werden kann.

Dennoch ist die Kaufkraftparität im langfristigen Vergleich durchaus relevant. Eine Studie der Deutschen Bundesbank (Deutschen Bundesbank, Monatsbericht 11,1993) kommt für den Vergleichszeitraum 1973 bis 1993 zu dem Ergebnis, dass sich die Wechselkurse und das Preisgefälle sowohl zwischen der D-Mark und dem US-Dollar als auch zwischen der D-Mark und den europäischen Währungen parallel verändert haben, bei den europäischen Währungen unabhängig davon, ob diese Mitglied im EWS waren oder nicht. Kürzerfristig traten dagegen erhebliche Abweichungen von der Kaufkraftparität auf, die in Europa bis nahe 20%, gegenüber dem US-Dollar sogar in Bereichen von 40 bis 50% lagen. Die starken Abweichungen gegenüber dem US-Dollar konnten nur in Zeiträumen mehrerer Jahre wieder abgebaut werden.

Dieses Ergebnis bestätigt, dass die Entwicklung der Inflationsraten durchaus Einfluss auf die Wechselkursentwicklung hat, dass dieser Effekt aber in der Regel von kurzfristigen Impulsen überlagert wird. Zur Erklärung des Wechselkurses und seiner Veränderung bedarf es daher der Berücksichtigung weiterer Faktoren.

2. Die monetäre Wechselkurstheorie

2.1 Der Fall eines kleinen Landes

Die ebenfalls eher längerfristig ausgerichtete monetäre Wechselkurstheorie stellt einen Zusammenhang zwischen der Wechselkurshöhe und dem Geldmarktgleichgewicht eines Landes her (vgl. z.B. Mundell, 1968, Dornbusch, 1973). Dies soll zunächst für den Fall eines kleinen offenen Landes verdeutlicht werden. Nicht-handelbare Güter werden vernachlässigt. Das nominelle Geldangebot (G) sei zur Vereinfachung in vollem Umfang von der Zentralbank steuerbar, es stellt also eine exogene Größe dar. Die reale Geldnachfrage ist, wie üblich, vom realen Sozialprodukt positiv und vom inländischen Zinssatz negativ abhängig. Es gilt:

(III.12) $\quad G = p^\epsilon L^r\left(Y^r, i\right)$

Langfristig sei Kaufkraftparität in ihrer komparativen Form erfüllt.

(III.13) $\quad w = \dfrac{1}{\gamma}\left(p^\epsilon / p^\$\right)$

Langfristig stimmen auch der erwartete und der aktuelle Kassakurs überein, so dass der Terminkurs dem Kassakurs entspricht. Damit ist gemäß dem Zinsparitätentheorem (II.18) die internationale Zinsdifferenz Null:

(III.14) $\quad i = i^*$

Berücksichtigt man die relative Kaufkraftparität im Geldmarktgleichgewicht, so folgt:

(III.15) $\quad G = \gamma w p^\$ L^r\left(Y^r, i\right)$

Damit ergeben sich als Determinanten des Wechselkurses:

(III.16) $\quad w = \dfrac{G}{\gamma p^\$ L^r\left(Y^r, i\right)}$

Ist der Parameter γ konstant, so ist der Wechselkurs allein vom Verhältnis des Geldangebots zur Geldnachfrage abhängig. Der Wechselkurs wird also von den Größen determiniert, die auch Angebot und Nachfrage auf dem Geldmarkt bestimmen. Je größer das Geldangebot relativ zur Geldnachfrage, umso höher ist der Wechselkurs. Steigt die Geldnachfrage, etwa durch einen Anstieg des realen Volkseinkommens oder einen Rückgang des Zinssatzes, so sinkt der Wechselkurs, die Inlandswährung wertet auf. Steigt dagegen das Geldangebot, so wird die Inlandswährung c.p. abgewertet. Verdeutlicht wird dieser Zusammenhang, wenn man (III.16) für ein konstantes γ in prozentualen Veränderungen ausdrückt:

(III.17) $\hat{w} = \hat{G} - \hat{L}^r - \hat{p}^\$$

Bei konstantem Auslandspreisniveau entspricht die prozentuale Veränderung des Wechselkurses der Differenz der prozentualen Veränderung von Geldangebot und Geldnachfrage.

Der durch (III.16) beschriebene Zusammenhang zwischen dem Wechselkurs und dem inländischen Zinsniveau ist in Abbildung III.1 in einem Wechselkurs-Zinssatz Diagramm dargestellt. Steigt der Zinssatz, so verringert sich die Geld-

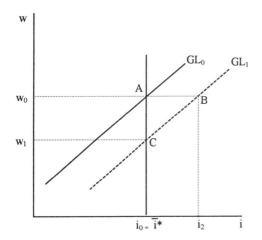

Abb. III.1: Wechselkursbestimmung gemäß der monetären Wechselkurstheorie

nachfrage. Bei gegebenem Geldangebot muss der Wechselkurs steigen, um Geldmarktgleichgewicht zu gewährleisten. Es besteht also zur Erfüllung des Geldmarktgleichgewichts ein positiver Zusammenhang zwischen diesen beiden Größen, der durch die Kurve GL dargestellt wird. Die Lage der GL-Kurve ist von der Höhe des ausländischen Preisniveaus, des inländischen Realeinkommens und des Geldangebots abhängig. Ausgangsgleichgewicht sei durch Punkt A auf der Kurve GL_0 gegeben, bei dem der inländische und der exogen gegebene ausländische Zinssatz übereinstimmen.

Steigt nun das inländische Realeinkommen oder sinkt das inländische Geldangebot, so entsteht auf dem Geldmarkt eine Überschussnachfrage, die Geldmarktgleichgewichtskurve verschiebt sich nach unten zu GL_1. Bei gegebenem Zinssatz muss der Wechselkurs sinken. Diese Wechselkursänderung kann man wie folgt begründen: Die Wirtschaftssubjekte stellen nach der unterstellten Störung fest, dass ihre tatsächliche Geldhaltung kleiner ist als ihr optimaler Wert, sie werden deshalb versuchen, diese zu erhöhen. Dies kann durch eine Verringerung ihrer Ausgaben für Güter und Dienstleistungen, durch den Verkauf von Wertpapieren oder durch eine Kreditaufnahme geschehen. Erfolgt die Anpassung durch eine sinkende Güternachfrage, so entsteht auf dem Gütermarkt ein Überschussangebot, das die inländischen Produzenten bei einem für das kleine Land gegebenen Weltmarktpreis im Ausland absetzen können. Die zusätzlichen Güterexporte verbessern die Leistungsbilanz und erhöhen das Angebot an Devisen. Die Inlandswährung wird damit aufgewertet, der Wechselkurs sinkt auf w_1. Man gelangt in das neue langfristige Gleichgewicht C.

Verkaufen die Wirtschaftssubjekte zur Erhöhung ihrer gewünschten Geldhaltung festverzinsliche Wertpapiere, so wird der Kurs der Wertpapiere sinken, der Inlandszins steigt auf i_2. Man kommt zu Punkt B. Die gleiche Zinsreaktion erhält man bei einer Ausweitung der Kreditnachfrage, um auf diese Weise die gewünschte Geldhaltung zu erhöhen. Ein Anstieg des inländischen Zinses wird aber zu einem Kapitalimport führen. Durch das zusätzliche Kapitalangebot wird der Inlandszins wieder sinken und sich im langfristigen Gleichgewicht dem gegebenen ausländischen Zinsniveau anpassen. Der Kapitalzufluss impliziert jedoch ein Überschussangebot auf dem Devisenmarkt, der Wechselkurs wird aus diesem Grund mit dem Rückgang des Zinsniveaus sinken. Man bewegt sich auf der GL_1-Kurve nach unten und erreicht auch in diesem Fall als neues langfristiges Gleichgewicht den Punkt C.

Entscheidend für die Bestimmung des Wechselkurses im monetären Ansatz ist also die Gleichgewichtssituation auf dem Geldmarkt. Solange Angebot und Nachfrage nach Geld unverändert bleiben, verändert sich auch nicht der Wechselkurs. Jedes Ungleichgewicht auf dem Geldmarkt hat aber ein Ungleichgewicht auf dem Devisenmarkt und damit auch eine Veränderung des Wechselkurses zur Folge.

2.2 Zwei-Länder-Betrachtung

Durch die bisherige Annahme eines kleinen Landes und den damit exogen gegebenen Größen Auslandspreisniveau und Auslandszinssatz bleiben die Einflüsse der ausländischen Geldpolitik auf den Wechselkurs unberücksichtigt. Um diese Lücke zu schließen, kann man auch hier die Betrachtung auf einen

Zwei-Länder-Zusammenhang erweitern. Hierzu ergänzt man die bisherige Darstellung um die explizite Berücksichtigung des ausländischen Geldmarkts, für den die dem inländischen Geldmarkt analogen Zusammenhänge gelten:

(III.18) $\quad G^* = p^{\$} L^{r*}\left(Y^{r*}, i^*\right)$

Löst man das ausländische Geldmarktgleichgewicht nach $p^{\$}$ auf, so gilt:

(III.19) $\quad p^{\$} = \dfrac{G^*}{L^{r*}\left(Y^{r*}, i^*\right)}$

Setzt man diesen Ausdruck für das ausländische Preisniveau in die Wechselkursdefinition des kleinen Landes (III.16) ein, so ergibt sich:

(III.20) $\quad w = \dfrac{G}{\gamma G^*} \dfrac{L^{r*}\left(Y^{r*}, i^*\right)}{L^r\left(Y^r, i\right)}$

bzw.

(III.21) $\quad \hat{w} = \left(\hat{G} - \hat{L}^r\right) - \left(\hat{G}^* - \hat{L}^{r*}\right) = \left(\hat{G} - \hat{G}^*\right) + \left(\hat{L}^{r*} - \hat{L}^r\right)$

Auch in dieser Definition des Wechselkurses wird der Grundgedanke der monetären Wechselkurstheorie deutlich: Der Wechselkurs wird determiniert durch das Verhältnis von inländischem zu ausländischem Geldangebot und dem Verhältnis von ausländischer zu inländischer realer Geldnachfrage. Der Wechselkurs ist umso höher, je größer das inländische Geldangebot im Verhältnis zum ausländischen Geldangebot und je geringer die inländische Geldnachfrage im Verhältnis zur ausländischen Geldnachfrage ist.

Steigt etwa das inländische Geldangebot stärker als das ausländische Geldangebot und bleibt die reale Geldnachfrage in beiden Ländern konstant, so wird der Wechselkurs steigen. Ursache ist das dann im Inland stärker steigende Preisniveau, was gemäß der Kaufkraftparitätentheorie zu einer Abwertung der Inlandswährung führt. Steigt das inländische Realeinkommen stärker als das ausländische Realeinkommen, während das Geldangebot in beiden Ländern konstant bleibt, so entsteht auf dem inländischen Geldmarkt eine im Vergleich zum Ausland größere Überschussnachfrage nach Geld. Wenn die Wirtschaftssubjekte ihre Güterkäufe reduzieren, um ihre Geldhaltung zu steigern, so entsteht als Folge des Geldmarktungleichgewichts ein stärkerer Güterpreisrückgang im Inland relativ zum Ausland, und damit kommt es gemäß der Kaufkraftparitätentheorie zu einer Aufwertung der Inlandswährung.

Aus Gleichung (III.20) wird noch ein weiterer Zusammenhang deutlich. Wenn sich die beiden Länder darauf verständigen, den Wechselkurs zu fixieren, so ist bei gegebener Geldnachfrage nur noch eines der beiden Geldangebote unabhängig. Andererseits sind unterschiedliche Kombinationen von in- und ausländischem Geldangebot mit dem fixierten Wechselkurs vereinbar. Es gibt nur zwei Lösungsmöglichkeiten für dieses Problem:

1. Eines der beiden Länder übernimmt die Funktion des Leitwährungslandes und gibt die Geldmenge vor. Das andere Land muss dann seine Geldmenge so anpassen, dass Gleichung (III.20) erfüllt ist.

2. Die beiden Länder vereinbaren eine geldpolitische Kooperation. Dabei besteht jedoch stets die Gefahr dass im Konfliktfall ein Land nicht bereit sein wird, seine Geldpolitik völlig dem Zwang der Wechselkursstabilisierung zu unterwerfen. Dies ist mit ein Grund dafür, dass Festkurssysteme, die nicht auf einer Leitwährung aufgebaut sind, zur Instabilität neigen. Diese Zusammenhänge werden in Kapitel IV vertieft.

2.3 Wechselkursbildung im monetären Ansatz

2.3.1 Langfristiges Gleichgewicht

Die Wirkungszusammenhänge zwischen Ungleichgewichten auf den Geldmärkten und dem Wechselkurs sollen anhand eines einfachen Zwei-Länder-Beispiels verdeutlicht werden. In beiden Ländern wird das gleiche, international handelbare Gut produziert. Die Geldmarktgleichgewichte entsprechen den Zusammenhängen (III.12) bzw. (III.18).

Es sei nun angenommen, ein Geldmarktungleichgewicht führe zu einer Anpassung über Güterkäufe. Besteht ein Überschussangebot an Geld, so werden verstärkt Güter nachgefragt, die inländische Absorption übersteigt dann das inländische Güterangebot. Besteht dagegen eine Überschussnachfrage auf dem Geldmarkt, so resultiert daraus eine sinkende Güternachfrage und die inländische Produktion übersteigt die inländische Absorption. Definiert man die Differenz zwischen Inlandsproduktion und Inlandsabsorption als Horten (H), so gilt:

(III.22) $\qquad H = Y^r - A$

Die Hortungsaktivität ist auf ein Geldmarktungleichgewicht zurückzuführen. Unterstellt man keine sofortige vollständige Übertragung des Geldmarktungleichgewichts auf die Gütermärkte, sondern nur im Ausmaß π ($\pi < 1$), so folgt für H:

(III.23) $$H = \pi\left(L^r(Y^r, i) - \frac{G}{p}\right)$$

Eine reale Überschussnachfrage auf dem Geldmarkt führt im Ausmaß π zu einer positiven Differenz zwischen Inlandsproduktion und realer inländischer Absorption, da die Güternachfrage in diesem Umfang eingeschränkt wurde.

Die gleichen Zusammenhänge gelten auch für das Ausland. Da es sich um ein Ein-Güter-Beispiel handelt, ist Kaufkraftparität in absoluter Form gegeben und im Geldmarktgleichgewicht des Auslands berücksichtigt:

(III.24) $$H^* = Y^{r*} - A^*$$

(III.25) $$H^* = \pi^*\left(L^{r*}(Y^{r*}, i^*) - \frac{wG^*}{p}\right)$$

Gleichgewicht auf dem Weltgütermarkt ist erfüllt, wenn das Gesamtangebot der Gesamtnachfrage entspricht:

(III.26) $$Y^r + Y^{r*} = A + A^*$$

Damit folgt wegen (III.22) und (III.24)

(III.27) $$H = -H^*$$

Weltgütermarktgleichgewicht kann also auch bei von Null verschiedenem nationalen Horten erfüllt sein. Da die Differenz zwischen Produktion und Absorption eines Landes dem Leistungsbilanzsaldo entspricht, impliziert (III.27), dass Weltgütermarktgleichgewicht auch bei nicht ausgeglichenen Leistungsbilanzsalden bestehen kann, sie müssen sich lediglich zu Null addieren. Die Geldmarktgleichgewichte sind dagegen nur dann erfüllt, wenn in beiden Ländern weder gehortet noch enthortet wird, Geldmarktgleichgewicht impliziert also ausgeglichene Leistungsbilanzen.

Die Hortungsfunktionen sind in Abbildung III.2 in Abhängigkeit vom Güterpreis in Inlandswährung dargestellt. Steigt der Güterpreis, so impliziert dies einen Rückgang der realen Geldmenge, und es entsteht eine Überschussnachfrage am Geldmarkt. Dies führt zu einem Rückgang der Güternachfrage, H steigt. Der prinzipiell gleiche Zusammenhang besteht auch für die ausländische Hortungsfunktion. Um das Weltgütermarktgleichgewicht (III.27) darstellen zu können, sind auf der rechten Abszisse positive Hortungswerte des Inlands und negative Hortungswerte des Auslands abgetragen, auf der linken Abszisse die jeweils entgegengesetzten Vorzeichen. Damit verläuft die inländische Hortungsfunktion von links unten nach rechts oben, die ausländische Funktion dagegen von links oben nach rechts unten. Der Schnittpunkt zwischen beiden Geraden, Punkt Q, kennzeichnet damit ein Weltgütermarktgleichgewicht, bei dem das Inland ein Leistungsbilanzdefizit, das Ausland entsprechend einen Leistungsbilanzüberschuss aufweist.

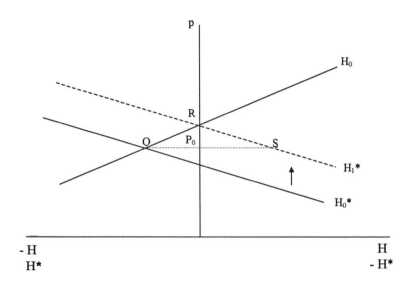

Abb. III.2: Geld- und Gütermarktgleichgewicht im monetären Ansatz

Im Gleichgewichtspunkt Q existiert wegen der Leistungsbilanzsalden jedoch am Devisenmarkt eine Überschussnachfrage nach ausländischer Währung, die Inlandswährung wird abgewertet. Der Anstieg des Wechselkurses erhöht die in Inlandswährung ausgedrückte Geldmenge des Auslands, die ausländische Hortungsfunktion verschiebt sich damit nach oben. Bei unverändertem Güterpreis würde jetzt in beiden Ländern enthortet, d.h. in beiden Ländern wäre die Absorptionsnachfrage größer als die Inlandsproduktion (Punkt Q im Inland bzw. Punkt S im Ausland). Der Güterpreis wird wegen dieser Überschussnachfrage am Gütermarkt steigen. Neues Gleichgewicht ist in Punkt R erreicht, bei dem sich sowohl der Weltgütermarkt als auch die beiden Geldmärkte im Gleichgewicht befinden.

2.3.2 Veränderung des Gleichgewichts

Zur Verdeutlichung der Wechselkursbildung im monetären Ansatz sollen beispielhaft eine Änderung der inländischen Geldmenge und ein Anstieg des inländischen Volkseinkommens diskutiert werden.

Anstieg der inländischen Geldmenge: In Abbildung III.3 besteht Ausgangsgleichgewicht in Punkt Q. Die inländische Notenbank erhöhe nun die Geldmenge, es entsteht damit ein Überschussangebot auf dem Geldmarkt und die Hortungsfunktion des Inlands verschiebt sich nach oben. Das Überschussangebot auf dem inländischen Geldmarkt führt zu Güterkäufen der Inländer, die den Preis steigen lassen. Neues Weltgütermarktgleichgewicht ist in Punkt R erreicht, bei dem das Inland wieder ein Leistungsbilanzdefizit, das Ausland einen Leistungsbilanzüberschuss, beide im Ausmaß RS, aufweisen. Dies induziert eine Abwertung der Inlandswährung, die ausländische Hortungsfunktion verschiebt sich dadurch ebenfalls nach oben. Der Güterpreis steigt, bis das neue langfristige Gleichgewicht in Punkt T erreicht ist. Die Geldmengenexpansion im Inland hat zu einer Abwertung der Inlandswährung und zu einem Anstieg des inländischen Preisniveaus geführt, das ausländische Preisniveau ist konstant geblieben.

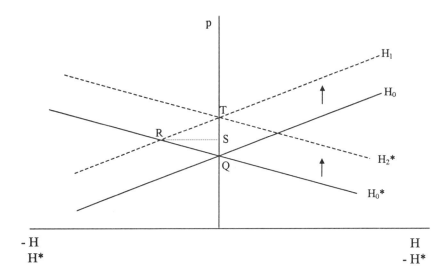

Abb. III.3: Wirkung einer Erhöhung des inländischen Geldangebots

Anstieg des inländischen Volkseinkommens: Geht man wieder von einer Gleichgewichtssituation aus und steigt nun das inländische Volkseinkommen, so verschiebt sich in Abbildung III.4 die inländische Hortungsfunktion nach unten. Die gestiegene reale Geldnachfrage würde auch einen Anstieg des realen Geldangebots erforderlich machen, was einen Preisrückgang impliziert. Das neue Weltgütermarktgleichgewicht liegt in Punkt R, das gestiegene Volkseinkommen im Inland hat zu einem Güterpreisrückgang geführt, der im Inland einen Leistungsbilanzüberschuss, im Ausland ein Leistungsbilanzdefizit, beides im Ausmaß RS, zur Folge hat. Auf dem Devisenmarkt entspricht diese Situation einem Überschussangebot an Währung des Landes 2, die Inlandswährung wird aufgewertet. Durch die Aufwertung verschiebt sich die ausländische Hortungsfunktion nach unten, neues Güter- und Geldmarktgleichgewicht wird in Punkt T erreicht. Das gestiegene Volkseinkommen im Inland hat bei konstantem Volkseinkommen im Ausland eine Aufwertung der Inlandswährung zur Folge.

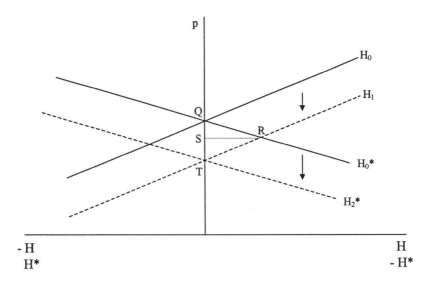

Abb. III.4: Wirkung eines Volkseinkommensanstiegs im Inland

Verallgemeinert folgt aus den hier diskutierten Zusammenhängen, dass die Währung des Landes aufwertet, das c.p. *einen geringeren Geldmengenanstieg* zu verzeichnen hat und das c.p. *eine stärkere Wachstumsrate des realen Volkseinkommens* aufweist.

Der hier vorgestellte Anpassungsprozess hat gezeigt, dass Leistungsbilanzsalden auch ohne Eingriffe von staatlichen Instanzen bei flexiblen Wechselkursen zu einem Ausgleich tendieren. Ursache sind die damit verbundenen Ungleichgewichte auf den Geldmärkten und die dadurch ausgelösten Nachfragereaktionen. Allerdings blieben auch hier Kapitalbewegungen und ihr Einfluss auf die Devisenmärkte unberücksichtigt.

3. Finanzmarktansatz

3.1 Portfoliotheoretische Zusammenhänge

Sowohl bei der Kaufkraftparitätentheorie als auch letztlich beim monetären Ansatz waren Reaktionen auf den Gütermärkten die entscheidenden Bestimmungsfaktoren für die Höhe und die Veränderung des Wechselkurses. Angebot und Nachfrage am Devisenmarkt resultieren aber auch aus internationalen Kapitaltransaktionen, die unabhängig von den Güterströmen durchgeführt werden. Außerdem ist offensichtlich, dass sich die internationalen Güterströme wesentlich langsamer an Veränderungen von Rahmenbedingungen anpassen als der internationale Kapitalverkehr. Den internationalen Kapitalströmen kommt daher vor allem in der kürzeren Frist eine entscheidende Rolle bei der Bestimmung des Wechselkurses und seiner Veränderungen zu.

Internationale Kapitalbewegungen wurden bisher lediglich in Kapitel II in Form einer kursgesicherten Zinsarbitrage diskutiert. Diese Überlegungen berücksichtigen jedoch nicht, dass internationale Kapitalanleger selbst bei Absicherung des Wechselkursrisikos eine Auslandsanlage in der Regel als ein im Vergleich zum Inland risikoreicheres Engagement ansehen. Das Ausmaß der damit einhergehenden Risikoprämie, die primär von der Bonität des jeweiligen Anlagelandes abhängt, ist sicher eine Erklärung dafür, dass die internationale Zinsdifferenz, vor allem was die nicht sehr kurzfristigen Anlagen angeht, von Null verschieden ist bzw. dass es sich bei in- und ausländischen Wertpapieren nicht um vollkommene Substitute handelt. Dennoch lösen auch in diesem Fall Veränderungen der internationalen Zinsdifferenz oder anderer relevanter Größen grenzüberschreitende Kapitalbewegungen aus. Zur Berücksichtigung solcher Zusammenhänge bietet sich ein *Portfolio-Ansatz* an (vgl. z.B. Black, 1973, Dornbusch, 1976, Branson, 1977, Rübel, 1982), in dem die Wirtschaftssubjekte ihr gegebenes Finanzvermögen nach Risiko- und Ertragsgesichtspunkten auf in- und ausländische Anlagemöglichkeiten aufteilen.

Es soll hier für ein kleines offenes Land die Anlage in Form von inländischem Geld, von inländischen verzinslichen Wertpapieren und von ausländischen verzinslichen Wertpapieren berücksichtigt werden. Der Kurs der Wertpapiere in der jeweiligen Währung wird dabei als konstant unterstellt, Renditeanpassungen erfolgen über einen variablen Zinssatz. Alle drei Anlageformen sind unvollkommene Substitute, es wird jedoch *Bruttosubstitutionalität* unterstellt. Diese Annahme impliziert, dass etwa bei einer Erhöhung des ausländischen Zinssatzes die Nachfrage nach ausländischen Wertpapieren aus Ertragsgesichtspunkten steigt, dass dies aber einen Rückgang aller anderen Anlageformen, also auch von Geld impliziert. Die Analyse ist insofern kurzfristig, als keine Anpassungsreaktionen über die Gütermärkte und keine Veränderung der Auslandsposition des betrachteten Landes berücksichtigt werden. Dies scheint aufgrund der gegenüber den güterwirtschaftlichen Zusammenhängen wesentlich schnelleren Anpassungsvorgänge auf den Finanz- und Devisenmärkten gerechtfertigt.

Das Finanzvermögen (V) der Wirtschaftssubjekte des Landes setzt sich aus dem wertmäßigen Bestand an inländischem Geld (G), an inländischen Wertpapieren (B) und an ausländischen Wertpapieren (F), die jedoch bei der Zusammenfassung des Vermögens in Inlandswährung umgerechnet werden müssen, zusammen.

(III.28) $\quad V = G + B + wF$

Die Wirtschaftssubjekte haben aufgrund von Portfolioüberlegungen eine bestimmte Vorstellung über die Aufteilung ihres Vermögens auf die drei Anlagemöglichkeiten. Diese Aufteilung ist von Risikoüberlegungen, vom Bedarf an Geld für Transaktionszwecke sowie von den im In- und Ausland erzielbaren Renditen abhängig. Bei der Anlage im Ausland wird auch die Wechselkurserwartung wegen eventueller Umtauschverluste oder -gewinne berücksichtigt. Steht das Superscript D für den gewünschten Bestand, so gilt:

(III.29) $\quad G^D = g\left(\overset{+\ -\ -\ -}{Y, i, i^*, w^e}\right) V$

(III.30) $\quad B^D = b\left(\overset{-\ +\ -\ -}{Y, i, i^*, w^e}\right) V$

(III.31) $\quad wF^D = f\left(\overset{-\ -\ +\ +}{Y, i, i^*, w^e}\right) V$

Die Vorzeichen über den einzelnen Einflussgrößen drücken die Richtung der jeweiligen Abhängigkeit aus. Wegen der vollständigen Aufteilung des Vermögens auf die drei Anlageformen addieren sich die drei Anteile g, b und f zu 1.

(III.32) $\qquad g + b + f = 1 \qquad$ bzw. $\qquad \dfrac{G}{V} + \dfrac{B}{V} + \dfrac{wF}{V} = 1$

Die partiellen Abhängigkeiten der drei Vermögensanteile addieren sich wegen der Annahme der Bruttosubstitutionalität jeweils zu Null. Die Subskripte kennzeichnen die sich verändernde Variable.

(III.33) $g_Y + b_Y + f_Y = g_i + b_i + f_i = g_{i^*} + b_{i^*} + f_{i^*} = g_{we} + b_{we} + f_{we} = 0$

Zur Erfüllung des Portfoliogleichgewichts sowie des Gleichgewichts auf den einzelnen Aktivamärkten muss der Bestand bzw. das jeweilige Angebot mit der gewünschten Haltung übereinstimmen.

(III.34) $\quad G = G^D; B = B^D; wF = wF^D;$ *und damit* $V = G^D + B^D + wF^D$

Die Angebote auf den einzelnen Märkten sind, ebenso wie das Volkseinkommen, der ausländische Zinssatz und die Wechselkurserwartung, exogen gegeben. Mit Hilfe des Modellzusammenhangs kann dann die gleichgewichtige Höhe des inländischen Zinssatzes und des Wechselkurses bestimmt werden.[1] Die Höhe des Wechselkurses bzw. seine Veränderung ergibt sich im hier unterstellten Zusammenhang ursächlich aus der Nachfrage der Wirtschaftssubjekte nach ausländischen Wertpapieren. Diese Nachfrage verändert sich immer dann, wenn der gewünschte Bestand an ausländischen Wertpapieren nicht mehr mit dem gehaltenen Bestand übereinstimmt. Renditeverschiebungen, erwartete Wechselkursänderungen, Volkseinkommensänderungen sowie Vermögensänderungen oder Vermögensstrukturverschiebungen können Gründe hierfür sein. Da die auftretenden Effekte wesentlich von wechselkursbedingten Vermögensänderungen beeinflusst werden, soll dieser Effekt zunächst isoliert diskutiert werden.

3.2 Der wechselkursinduzierte Vermögenseffekt

Ausgangspunkt ist ein Portfoliogleichgewicht. Steigt nun der Wechselkurs, so steigt bei unverändertem Bestand an ausländischen Wertpapieren deren Wert in Inlandswährung und damit auch das Nominalvermögen der Inländer. Bei gegebener Vermögensaufteilung ist der Bestand an ausländischen Wertpapieren, ausgedrückt in Inlandswährung, dann aber zu groß, da der gesamte Vermögensanstieg allein auf einen Wertzuwachs der gehaltenen Auslandspapiere zurückzuführen ist. Die Wirtschaftssubjekte werden deshalb versuchen, ihren Bestand an ausländischen Wertpapieren zu verringern und hierfür inländische Wertpapiere sowie inländisches Geld nachfragen. Portfoliogleichgewicht wäre wieder erreicht, wenn bei gestiegenem Nominalvermögen alle drei Aktivaanteile ihrem optimalen Anteil entsprechen.

Steigt etwa das Vermögen durch eine Höherbewertung der ausländischen Finanztitel um 1000 € und beträgt der optimale Anteil ausländischer Wertpapiere im Portfolio 40%, der inländischer Wertpapiere ebenfalls 40% und der von Geld 20%, so werden die Wirtschaftssubjekte ausländische Wertpapiere im Wert von 600 € verkaufen und hierfür inländische Wertpapiere im Wert von 400 € und Geld im Wert von 200 € nachfragen. Nach dieser Transaktion verteilt sich der Vermögenszuwachs von 1000 € optimal auf die drei Aktivaarten, da auch der Wert ausländischer Wertpapiere trotz des Verkaufs noch um 400 € höher ist als vor der Vermögensänderung.

Bei dem hier vorgestellten Beispiel wurde von Variabilität des Aktivaangebots ausgegangen, d.h. es wurde nicht berücksichtigt, dass sich wegen des gegebenen Aktivaangebots mit den beabsichtigten Transaktionen der Vermögensbe-

---

[1] Die Bestimmung einer weiteren endogenen Variablen ist nicht möglich, da wegen der Vermögensrestriktion nur zwei der drei berücksichtigten Finanzmärkte unabhängig voneinander sind. Einer der drei Märkte kann also bei der Bestimmung des Gleichgewichts aufgrund des Walras-Gesetzes vernachlässigt werden. Vgl. zu den Herleitungen der einzelnen Ergebnisse den Anhang zu diesem Kapitel.

sitzer auch die Renditen der Wertpapiere und der Wechselkurs an die veränderte Marktsituation anpassen. Dies hat aber eine Veränderung der gewünschten Vermögensanteile zur Folge, was bei der Darstellung exogener Einflussgrößen berücksichtigt werden muss.

3.3 Graphische Darstellung des Portfoliogleichgewichts

Die Darstellung der Wechselkursdeterminanten im Rahmen eines portfoliotheoretischen Ansatzes wird im Folgenden anhand eines Wechselkurs-Zinssatz-Diagramms erfolgen. Es ist daher zunächst die Gestalt der Gleichgewichtskurven der drei Aktivamärkte zu untersuchen. Die algebraische Fundierung der Steigungsgrößen ist im Anhang zu diesem Abschnitt dargestellt.

Geldmarktgleichgewicht: Ein Anstieg des Wechselkurses impliziert wegen des damit verbundenen positiven Vermögenseffekts auch eine Nachfrageerhöhung nach Geld. Bei konstantem Geldangebot muss daher der Zinssatz steigen, um die gewünschte Geldhaltung zu reduzieren. Die Geldmarktgleichgewichtskurve (GG) hat im Wechselkurs-Zinssatz-Diagramm der Abbildung III.5 also eine positive Steigung.

Gleichgewicht auf dem Markt für inländische Wertpapiere: Ein Anstieg des Wechselkurses führt auch bei inländischen Wertpapieren zu einem Nachfrageanstieg. Um bei gegebenem Angebot die Nachfrage wieder zu reduzieren, müsste der inländische Zinssatz sinken, um die Anlage in inländischen Wertpapieren unattraktiver zu machen. Es besteht also ein negativer Zusammenhang zwischen Wechselkurs und Zinssatz, die Gleichgewichtskurve für den inländischen Wertpapiermarkt (BB) hat eine negative Steigung.

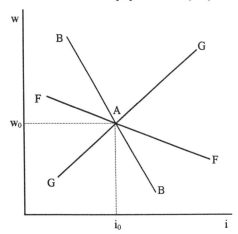

Abb. III.5: Portfoliogleichgewicht

Gleichgewicht auf dem Markt für ausländische Wertpapiere: Ein Wechselkursanstieg führt, wie oben beschrieben, zu einem Angebot an ausländischen Wertpapieren, da der von den Vermögensbesitzern gehaltene Bestand wegen der Höherbewertung zu groß geworden ist. Es wird nur dann auf einen Verkauf verzichtet, wenn sich die relative Rendite zugunsten von ausländischen Wertpapieren verschiebt, wenn also der inländische Zinssatz sinken würde. Auch auf dem Markt für ausländische Wertpapiere besteht damit ein negativer Zusammenhang zwischen dem Wechselkurs und dem inländischen Zinssatz, die Gleichgewichtskurve für den Markt ausländischer Wertpapiere (FF) weist ebenfalls eine negative Steigung auf.

Die FF-Kurve ist jedoch eindeutig flacher als die BB-Kurve. Ein gegebener Wechselkursanstieg hat, wie in obigem Beispiel zur Verdeutlichung des Vermögenseffektes beschrieben, auf dem Markt für ausländische Wertpapiere ein Überschussangebot zur Folge, das größer ist als die Überschussnachfrage nach inländischen Wertpapieren. Der Grund liegt in der ebenfalls steigenden Nachfrage nach inländischem Geld. Die Ungleichgewichte auf beiden Wertpapiermärkten können durch einen Rückgang des inländischen Zinssatzes abgebaut werden. Wegen der Bruttosubstitutionsbeziehungen wirkt jedoch eine Zinsänderung auf die Nachfrage nach inländischen Wertpapieren stärker als auf die Nachfrage nach ausländischen Wertpapieren. Dies ergibt sich auch aus (III.33). Da auf dem Markt für ausländische Wertpapiere also zum einen das durch den Zinsrückgang abzubauende Ungleichgewicht größer ist als auf dem Markt inländischer Wertpapiere und zum anderen eine Zinsänderung weniger stark wirkt als auf dem Markt inländischer Wertpapiere, muss der Zinssatz zur Wiederherstellung des Gleichgewichts auf dem Markt für ausländische Wertpapiere eindeutig stärker sinken als bei inländischen Wertpapieren. Dies bedeutet aber nichts anderes als eine im Wechselkurs-Zinssatz-Diagramm flachere Steigung[2].

Punkt A in Abbildung III.5 beschreibt das Ausgangsgleichgewicht. Zinssatz und Wechselkurs weisen die Werte i_0 und w_0 auf. Der Wechselkurs wird also auch in diesem Ansatz zumindest teilweise durch das Gleichgewicht auf dem Geldmarkt und damit vom Geldangebot und allen Determinanten der Geldnachfrage bestimmt. Daneben haben auch die internationale Zinsdifferenz, die erwartete Wechselkursentwicklung und alle Faktoren, die die Auf-

---

[2] Bei Differentiation der Gleichgewichtsbedingungen der beiden Wertpapiermärkte nach i und w ergibt sich:

$$\left.\frac{dw}{di}\right|_{BB} = -\frac{Vb_i}{bF} < 0 \; ; \; \left.\frac{dw}{di}\right|_{FF} = \frac{Vf_i}{(b+g)F} < 0$$

Da wegen (III.33) $b_i > |f_i|$, ist der Absolutwert der Steigung der BB-Kurve größer als der der FF-Kurve. Vgl. auch den Anhang zu diesem Abschnitt.

teilung des Vermögens auf die drei Bestandteile determinieren - wie etwa das Länderrisiko -, Einfluss auf die Höhe des Wechselkurses.

3.4 Determinanten des Wechselkursniveaus

Die Veränderung des Wechselkurses im Rahmen eines Portfoliomodells soll beispielhaft an einer Erhöhung der Geldmenge, einem Anstieg des ausländischen Zinssatzes sowie einem Anstieg des inländischen Volkseinkommens verdeutlicht werden. Die Ergebnisse sind im Anhang zu diesem Abschnitt abgeleitet.

3.4.1 Erhöhung des Geldangebots

Ein Anstieg des Geldangebots verschiebt die Geldmarktgleichgewichtskurve *GG* in Abbildung III.6 nach links, ceteris paribus müsste der Inlandszins sinken, um die Geldnachfrage dem gestiegenen Angebot anzupassen. Das gestiegene Geldangebot impliziert auch einen Anstieg des Nominalvermögens, das bei noch unveränderten Aktivaanteilen auf alle drei Anlagearten aufgeteilt werden soll. Daher verschiebt sich die Gleichgewichtskurve des Marktes inländischer Wertpapiere nach links, da der Inlandszins sinken müsste, um den Nachfragewunsch wieder abzubauen. Die Gleichgewichtskurve der ausländischen Wertpapiere verschiebt sich dagegen nach rechts, da hier zum Abbau des Nachfragewunsches ein Anstieg des Inlandszinses erforderlich wäre.

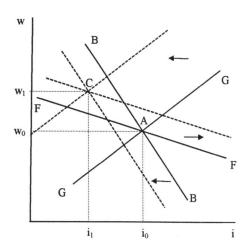

Abb. III.6: Erhöhung der inländischen Geldmenge

Die bisherige Argumentation bezog sich allein auf die Begründung der Kurvenverschiebungen. Im neuen Gleichgewicht der Abbildung III.6 werden sich aber auch der Inlandszins und der Wechselkurs verändert haben. Durch den

Geldmengenanstieg besteht auf dem Geldmarkt ein Überschussangebot, das eine steigende Nachfrage nach in- und ausländischen Wertpapieren induziert. Die Nachfragesteigerung auf dem Markt ausländischer Wertpapiere erhöht die Devisennachfrage, weshalb der Wechselkurs steigt. Der Anstieg des Wechselkurses impliziert aber einen nochmaligen Vermögensanstieg, der ebenfalls zu einem Nachfrageanstieg nach inländischen Wertpapieren führt. Die steigende Nachfrage nach inländischen Wertpapieren - nach Anlagemöglichkeiten auf dem inländischen Kapitalmarkt - hat bei konstantem Angebot einen Zinsrückgang zur Folge. Dieser Zinsrückgang muss so groß sein, dass die Wertpapiernachfrage sich wieder dem unveränderten Angebot anpasst.

Auf dem Markt ausländischer Wertpapiere führt der Rückgang des inländischen Zinses zwar zu einem erneuten Nachfrageanstieg, durch den höheren Wechselkurs ist jedoch auch der nominale Bestand ausländischer Wertpapiere gestiegen, so dass Gleichgewicht bei niedrigerem Inlandszins erreicht werden kann. Auf dem inländischen Geldmarkt ist das Angebot gestiegen. Hier sorgen sowohl der Rückgang des Inlandszinses als auch der Anstieg des Wechselkurses für eine Erhöhung der gewünschten Haltung, so dass auch auf diesem Markt Gleichgewicht erreicht werden kann. Die Tabelle III.2 gibt einen Überblick über die einzelnen Effekte. Es wird deutlich, dass der Anstieg des Wechselkurses und der Rückgang des Inlandszinses mit Gleichgewicht auf allen drei Märkten kompatibel ist, das neue Gleichgewicht liegt in Punkt C der Abbildung III. 6. Der Wechselkurs ist von w_0 auf w_1 gestiegen, der Inlandszins von i_0 auf i_1 gefallen.

Tabelle III.2: Effekte eines Geldmengenanstiegs

	Angebot	Nachfrage		
		$V\uparrow$	$i\downarrow$	$w\uparrow$
G	+	+	+	+
B	0	+	-	+
F	+*	+	+	-*

*wechselkursbedingter Vermögensanstieg

Die Abwertung der Inlandswährung als Folge des Geldmengenanstiegs resultiert auch in diesem Portfolio-Ansatz aus dem damit induzierten Überschussangebot auf dem Geldmarkt. Dieses Ungleichgewicht impliziert eine steigende Nachfrage, hier nicht nach Gütern, sondern nach Wertpapieren, unter anderem nach solchen aus dem Ausland. Dies hat eine steigende Devisennachfrage und damit eine Abwertung der Inlandswährung zur Folge.

3.4.2 Anstieg des ausländischen Zinssatzes

Ein hier exogen gegebener Anstieg des ausländischen Zinssatzes erhöht, ebenso wie ein Anstieg des erwarteten Wechselkurses, die Rendite einer Auslandsanlage. Dieser Anstieg verschiebt sowohl die Gleichgewichtskurve inländischer als auch die ausländischer Wertpapiere in Abbildung III.7 nach rechts. Auf dem Markt ausländischer Wertpapiere müsste ein Anstieg des Inlandszinses die Nachfrage wieder drosseln, auf dem Markt für inländische Wertpapiere muss der Anstieg des Inlandszinses die Verschlechterung der Renditerelation wieder ausgleichen. Da auf dem Geldmarkt wegen der Annahme der Bruttosubstitutionalität der Anstieg des Auslandszinses einen negativen Einfluss auf die Nachfrage hat, müsste zur Aufrechterhaltung der Nachfrage der Inlandszins sinken, die Geldmarktgleichgewichtskurve verschiebt sich nach links.

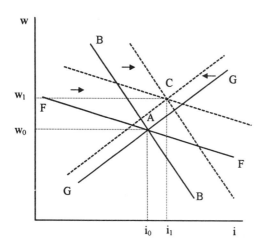

Abb. III.7: Anstieg des ausländischen Zinssatzes

Der Renditeanstieg im Ausland löst eine Nachfrageerhöhung nach ausländischen Wertpapieren aus, die Nachfrage nach inländischen Wertpapieren als auch nach inländischem Geld sinkt. Dadurch steigt die Devisennachfrage und mit ihr der Wechselkurs. Durch den wechselkursbedingten positiven Vermögenseffekt steigt die Nachfrage nach den beiden inländischen Aktivaarten wieder an, die nach ausländischen Wertpapieren sinkt. Bei geeigneten Parameterwerten und Zinsreagibilitäten könnte allein durch die Abwertung der Inlandswährung wieder Gleichgewicht auf allen Märkten hergestellt werden, einer Änderung des Inlandszinses bedürfte es dann nicht. Das neue Gleichgewicht C in Abbildung III.7 würde senkrecht über dem Ausgangsgleichgewicht A liegen. Ist jedoch der zinsinduzierte Rückgang der Nachfrage nach inländischen Wertpapieren größer als der vermögensbedingte Nachfrageanstieg, so verbliebe ein Überschussangebot, das einen

Zinsanstieg zur Folge hätte. Der Anstieg des Auslandszinses würde sich auf den Inlandszins übertragen. Dieser Fall ist u.a. umso wahrscheinlicher, je größer die Substitutionalität zwischen den beiden Wertpapieren ist, je stärker also die Nachfrage nach inländischen Wertpapieren als Folge des ausländischen Zinsanstiegs sinkt. Dieser Fall ist im neuen Gleichgewicht C der Abbildung III.7 unterstellt. Der Wechselkurs ist von w_0 auf w_1, der Inlandszinssatz von i_0 auf i_1 gestiegen. In Tabelle III.3 sind die einzelnen Effekte dargestellt, wobei ebenfalls von einem Anstieg des Inlandszinses ausgegangen wird.

Tabelle III.3: Effekte einer Zinssteigerung im Ausland

	Angebot	Nachfrage		
		$i^*\uparrow$	$w\uparrow$	$i\uparrow$
G	0	-	+	-
B	0	-	+	+
F	+*	+	-*	-

*wechselkursbedingter Vermögensanstieg

3.4.3 Anstieg des inländischen Volkseinkommens

Durch einen Volkseinkommensanstieg steigt die transaktionsbedingte Geldnachfrage. Bleibt das Geldangebot konstant, so muss der Inlandszins steigen, um den zinsabhängigen Teil der Geldnachfrage entsprechend zu reduzieren. Die Geldmarktgleichgewichtskurve GG verschiebt sich in Abbildung III.8 damit nach rechts. Wegen der Annahme der Bruttosubstitutionalität führt der steigende Transaktionskassenbedarf zu einem Rückgang der Nachfrage sowohl nach inländischen als auch nach ausländischen Wertpapieren. Zum Ausgleich dieses Effektes müsste der Inlandszins auf dem Markt inländischer Wertpapiere steigen, auf dem Markt ausländischer Wertpapiere dagegen sinken. Die Gleichgewichtskurve des inländischen Wertpapiermarkts, BB, verschiebt sich also nach rechts, die für ausländische Wertpapiere, FF, entsprechend nach links. Das neue Gleichgewicht liegt in Punkt C der Abbildung III.8.

Der steigende Transaktionskassenbedarf führt zu einem Nachfragerückgang nach ausländischen Wertpapieren, das Devisenangebot nimmt damit zu. Dies impliziert eine Aufwertung der Inlandswährung, was einen wechselkursbedingten Vermögensrückgang zur Folge hat. Auf dem Markt inländischer Wertpapiere wird dies einen nochmaligen Rückgang der Nachfrage auslösen.

Das Überschussangebot auf diesem Markt führt zu einem Anstieg des inländischen Zinsniveaus. Sowohl der Rückgang des Wechselkurses als auch der Anstieg des Inlandszinses reduziert die Geldnachfrage, was wegen des gestiegenen Transaktionskassenbedarfs erwünscht ist. Auf dem Markt ausländischer Wertpapiere sinkt aufgrund der Aufwertung der Inlandswährung das in Inlandswährung ausgedrückte wertmäßige Angebot. Die Nachfrage, die wegen des Volkseinkommensanstiegs gesunken war, wird wegen des Anstiegs des inländischen Zinssatzes weiter zurückgehen. Die Summe der einzelnen Effekte ist mit Gleichgewicht auf diesem Markt kompatibel. Tabelle III.4 gibt einen Überblick über die einzelnen Effekte. Im neuen Gleichgewichtspunkt der Abbildung III.8 ist der Wechselkurs von w_0 auf w_1 gefallen, während der Inlandszins von i_0 auf i_1 gestiegen ist.

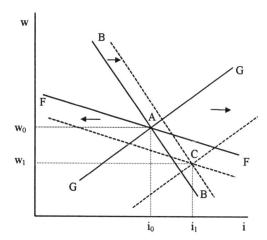

Abb. III.8: Anstieg des inländischen Volkseinkommens

Tabelle III.4 Effekte eines Volkseinkommensanstiegs

	Angebot	Nachfrage		
		$Y\uparrow$	$i\uparrow$	$w\downarrow$
G	0	+	-	-
B	0	-	+	-
F	-*	-	-	+*

*wechselkursbedingter Vermögensrückgang

Die Aufwertung der Inlandswährung resultiert in dem hier dargestellten Beispiel aus einer steigenden Geldnachfrage der inländischen Wirtschaftssubjekte, ausgelöst durch einen Anstieg des Volkseinkommens. Diese Überschussnachfrage nach Geld hat einen Nachfragerückgang nach Wertpapieren und damit einen Anstieg des Inlandszinses zur Folge. Die Verbesserung der internationalen Zinsdifferenz führt zu einem Rückgang der gewünschten Haltung ausländischer Wertpapiere, wodurch auf dem Devisenmarkt ein Überschussangebot und damit eine Abwertung der ausländischen Währung resultiert. Auch bei dieser Argumentationskette ergibt sich eine deutliche Parallelität zum oben diskutierten monetären Ansatz der Wechselkursbestimmung.

Im hier vorgestellten portfoliotheoretischen Ansatz wurde die Annahme gemacht, dass es sich bei den in- und ausländischen Wertpapieren nicht um vollkommene Substitute handelt. Je geringer aber das Länderrisiko eingeschätzt wird, was innerhalb der westlichen Industrienationen in Zeiten freier Märkte und nahezu vollständiger Kapitalverkehrsliberalisierung der Fall sein dürfte, und je kurzfristiger die beabsichtigte Wertpapieranlage ist, umso vollkommener wird die Substitutionsbeziehung zwischen in- und ausländischen Wertpapieren sein. Welche Implikationen sich aus der Annahme der vollkommenen Substitutionalität für die Frage der Wechselkursbestimmung ergeben, soll im nächsten Abschnitt dargestellt werden.

4. Zinsparitätentheorem

Unterstellt man im Gegensatz zu Abschnitt III.3 einen vollkommenen Kapitalmarkt mit *vollkommener Substituierbarkeit* zwischen in- und ausländischen Finanzaktiva, so wird wegen der Aktivität von Zinsarbitrageuren in der kurzen Frist stets die in Abschnitt II.3 diskutierte Zinsparität erfüllt sein. Es existiert praktisch kein Unterschied mehr zwischen in- und ausländischen Finanzaktiva.

(III.35) $\qquad i = i^* + \dfrac{w_T - w_K}{w_K}$

Löst man (III.35) nach w_K auf, so gilt:

(III.36) $\qquad w_K = \dfrac{w_T}{1 + \left(i - i^*\right)}$

Berücksichtigt man wieder das Verhalten der Terminspekulanten, das für eine Angleichung von Terminkurs und erwartetem Kassakurs sorgt, so gilt:

(III.37) $\qquad w_K = \dfrac{w^e}{1 + \left(i - i^*\right)}$

Der Kassawechselkurs wird also kurzfristig determiniert durch die in- und ausländischen Zinssätze sowie durch den Terminkurs bzw. den erwarteten Kassakurs. In Abbildung III.9 ist der Zusammenhang zwischen Kassakurs und inländischem Zinssatz durch die ZP-Kurve dargestellt. Dieser Zusammenhang ist negativ. Bei gegebenem Terminkurs (erwartetem Kassakurs) und gegebenem ausländischen Zinssatz muss bei einem Anstieg des inländischen Zinssatzes der Swapsatz steigen, was einen Rückgang des Kassakurses impliziert. Dieser Wechselkursrückgang kommt dadurch zustande, dass bei einem Anstieg des inländischen Zinssatzes die Kapitalanlage im Inland c.p. rentabler wird und auf den Devisenmärkten die Inlandswährung deshalb verstärkt nachgefragt wird. In Abbildung III.9 ist auch der exogen gegebene ausländische Zinssatz $\bar{i}_0^*$ und der erwartete Kassakurs w_0^e eingetragen. Punkt A stellt ein langfristiges Gleichgewicht dar, bei dem der Inlandszins i_0 dem Auslandszins und damit der aktuelle Kassakurs dem erwarteten Kassakurs entspricht. Der Swapsatz ist bei Identität von erwartetem Kassakurs und Terminkurs gleich Null.

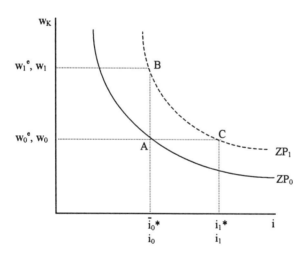

Abb. III.9: Zinsparität

Würde der ausländische Zinssatz auf i_1^* steigen, so verschiebt sich bei unveränderter Wechselkurserwartung die Zinsparitätenkurve nach oben. Bei unverändertem Inlandszins müsste der Wechselkurs auf w_1 steigen (Punkt B). Das Land kann sich also nur durch eine Abwertung seiner Währung von dem ausländischen Zinsanstieg abkoppeln, oder aber der Inlandszins muss dem Auslandszins nach oben folgen (Punkt C), wenn eine Abwertung der Inlandswährung verhindert werden soll.

Ein analoger Zusammenhang ergibt sich auch bei einem exogenen Anstieg des erwarteten Wechselkurses auf w_1^e bei unverändertem ausländischen Zinssatz. Auch hierdurch verschiebt sich die Zinsparitätenkurve wieder nach oben. Bei unveränderten Zinssätzen müsste mit dem erwarteten auch der tatsächliche Kassakurs auf w_1 steigen, um die Zinsparität zu gewährleisten. Das neue Gleichgewicht liegt in Punkt B.

Man sieht aus diesem Zusammenhang, dass für die Zentralbanken ein Zielkonflikt zwischen der Beeinflussung des Wechselkurses und des Zinssatzes besteht. Würde etwa die Zentralbank versuchen, eine Abwertung der eigenen Währung auf w_1 zu verhindern, so müsste sie den inländischen Zinssatz aufgrund der geänderten Wechselkurserwartung auf i_1 erhöhen, um Zinsparität sicherzustellen. Bleiben die Zinssätze jedoch unverändert, so führt das Verhalten von Zinsarbitrageuren und Spekulanten, die die Wechselkurserwartung auf den Terminmarkt übertragen, dazu, dass sich wechselkursbeeinflussende Ereignisse bereits im heutigen Kassakurs niederschlagen. Mit anderen Worten, der zukünftig erwartete Kassakurs determiniert den gegenwärtigen Kassakurs.

Einschränkungen für die Gültigkeit der Zinsparität ergeben sich durch die Berücksichtigung von Transaktionskosten sowie durch länderspezifische Risiken. Besteht ein solches Risiko, so wird der Ausgleichsmechanismus der Zinsarbitrage nicht vollständig greifen, und Abweichungen von der Zinsparität sind die Folge. Auf relativ homogenen Märkten wie etwa dem Euro-Markt, auf dem an einem Finanzplatz Anlagen in unterschiedlichen Währungen möglich sind, ist die Zinsparität dagegen nahezu erfüllt.

5. Überschießende Wechselkursreaktion

5.1 Kurz- und langfristig reagierende Variable

Bei der Bestimmung des Wechselkurses durch das Zinsparitätentheorem wurden der erwartete Wechselkurs und die Zinssätze als exogene Größen berücksichtigt. Dies soll nun durch die Einbeziehung von Geldmarktzusammenhängen modifiziert werden, so dass zwischen der *kurz- und der langfristigen Reaktion des Wechselkurses* unterschieden werden kann (vgl. Dornbusch, 1976).

Langfristiger Bestimmungsfaktor des Wechselkurses sei die Kaufkraftparität im Rahmen des in Abschnitt III.2 diskutierten monetären Ansatzes zur Wechselkursbestimmung. Bezeichnet w_ℓ den sich längerfristig einstellenden Kassakurs, so gilt gemäß (III.16):

(III.38) $$w_\ell = \frac{G}{\gamma p^\$ L^r(Y^r, i)}$$

Kurzfristig sei die Zinsparität erfüllt. Bezeichnet w_k den sich kurzfristig einstellenden Kassakurs, so gilt:

(III.39) $$w_k = \frac{w_T}{1+(i-i^*)} \quad bzw. \quad w_k = \frac{w^e}{1+(i-i^*)}$$

Bei der Erwartung über die zukünftige Wechselkurshöhe werden alle verfügbaren Informationen verarbeitet. Sind die Erwartungen korrekt, so wird der erwartete Wechselkurs genau dem sich langfristig tatsächlich einstellenden Wechselkurs entsprechen.

(III.40) $$w_\ell = w^e$$

Damit gilt für die Zinsparität:

(III.41) $$w_k = \frac{w_\ell}{1+(i-i^*)}$$

Auch der inländische Geldmarkt befindet sich stets im Gleichgewicht, wobei kurzfristig der inländische vom ausländischen Zinssatz abweichen kann.

(III.42) $$G = pL^r(Y^r, i)$$

Das reale Sozialprodukt entspricht dem Vollbeschäftigungseinkommen und ist konstant. Das Preisniveau reagiert auf eine Störung weniger schnell als der Wechselkurs und der Zinssatz. Geldmarktgleichgewicht wird also kurzfristig durch diese beiden Größen sichergestellt. Die Darstellung beschränkt sich auf ein kleines Land, so dass der ausländische Zinssatz als konstant unterstellt werden kann. Im langfristigen Gleichgewicht entspricht der Inlandszins dem gegebenen Auslandszins, der erwartete Kassakurs entspricht dem Terminkurs und dieser dem aktuellen Kassakurs.

Die Unterscheidung zwischen der kurzfristigen und der langfristigen Veränderung des Wechselkurses soll nun graphisch verdeutlicht werden. In Abbildung III.10.a ist das Geldmarktgleichgewicht (III.42) in einem Zinssatz-Güterpreis-Diagramm durch die Kurve GL dargestellt. Beim Anstieg des inländischen Zinssatzes sinkt die gewünschte Geldhaltung. Um bei Konstanz des nominellen Geldangebots die reale Geldmenge der gesunkenen Geldnachfrage anzugleichen, muss das Preisniveau steigen. Es besteht also ein positiver Zusammenhang zwischen Zinssatz und Güterpreisniveau. Ausgangspunkt ist A auf der Kurve GL_0, das Preisniveau beträgt p_0, der Inlandszins i_0 entspricht dem Auslandszins i_0^*. In Abbildung III.10.b ist die Zinsparität in einem Zinssatz-Wechselkurs-Diagramm dargestellt. Es besteht der bekannte negative Zusammenhang zwischen diesen beiden Größen. Im Ausgangsgleichgewicht stimmen bei exogen gegebenem ausländischen Zinssatz i_0^* der Kassakurs w_0 und der erwartete Wechselkurs w_0^e überein, es wird Punkt A auf der Kurve ZP_0 realisiert.

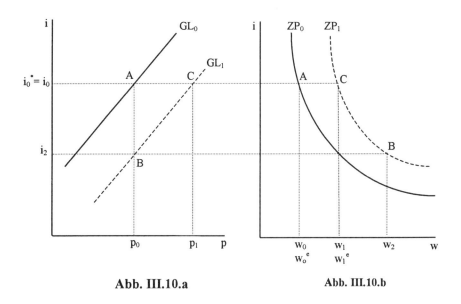

Abb. III.10.a   Abb. III.10.b

Abb. III.10: **Überschießende Wechselkursreaktion**

5.2 Kurz- und langfristige Veränderungen des Wechselkurses

Besteht aufgrund einer exogenen Störung eine unterschiedliche Anpassungsgeschwindigkeit der einzelnen ökonomischen Größen, so kann zwischen einer kurzfristigen und einer langfristigen Reaktion des Wechselkurses unterschieden werden. Dies soll am Beispiel einer autonomen Geldmengenerhöhung diskutiert werden. Steigt das nominelle Geldangebot, so verschiebt sich in Abbildung III.10.a die Geldmarktgleichgewichtskurve nach rechts zu GL_1.

Bei gegebenem Zinssatz muss das Güterpreisniveau auf p_1 steigen, um Gleichgewicht auf dem Geldmarkt wiederherzustellen. Dies wird durch eine als Folge des Überschussangebots an Geld steigende Güternachfrage erreicht. Bei einem steigenden Güterpreisniveau im Inland steigt aber zur Aufrechterhaltung der Kaufkraftparität auch der Wechselkurs auf w_1. Diese notwendige Veränderung der Güterpreise und die sich daraus ergebende Reaktion des Wechselkurses wird von den Spekulanten antizipiert, d.h. die Wechselkurserwartung richtet sich an dem langfristigen Gleichgewichtskurs w_1 aus. Damit steigt unmittelbar auch der Terminkurs. Der so induzierte Anstieg des Swapsatzes verschiebt die Zinsparitätenkurve nach rechts zu ZP_1. Bei einer Erhöhung des Terminkurses wird auch der Kassakurs steigen, damit keine Differenz zwischen in- und ausländischem Zinssatz bestehen bleibt. Langfristiges Gleichgewicht ist also in beiden Abbildungen in Punkt C erreicht, bei Konstanz des ausländischen Zinssatzes steigt der Wechselkurs von w_0 auf w_1, das Inlandspreisniveau von p_0 auf p_1.

Reagieren jedoch der inländische Zinssatz und der Wechselkurs schneller als das Güterpreisniveau, so wird in Abbildung III.10.a bei noch konstanten Güterpreisen der Inlandszins auf i_2 sinken, um Geldmarktgleichgewicht zu gewährleisten. Das kurzfristige Gleichgewicht liegt in Punkt B. Dennoch wird der später erfolgende Güterpreisanstieg von den Spekulanten antizipiert, d.h. die ZP-Kurve verschiebt sich sofort nach rechts, der Wechselkurs steigt. Der Rückgang des inländischen Zinssatzes führt aber zu Kapitalexporten, was ebenfalls eine Abwertung der Inlandswährung auslöst, so dass der Wechselkurs in Abbildung III.10.b über seinen langfristig erwarteten Wert hinaus auf w_2 steigt. Zinsparität besteht auf der nach rechts verschobenen ZP_1-Kurve in Punkt B. Wenn längerfristig die Güterpreise steigen, so erhöht sich damit die Transaktionskassennachfrage, was den Inlandszins wieder nach oben treibt. Damit gehen auch die zinsinduzierten Kapitalexporte zurück, der Wechselkurs sinkt. Sowohl auf der GL_1- als auch auf der ZP_1-Kurve bewegt man sich von Punkt B aus ins langfristige Gleichgewicht C.

Für den Wechselkurs ergibt sich bei diesem Anpassungsprozess also zunächst ein Anstieg, der über den langfristig erwarteten Wert hinausgeht. Es liegt eine *überschießende Wechselkursreaktion* vor. Diese überschießende Abwertung der Inlandswährung ist auf den Rückgang des Inlandszinssatzes zurückzuführen, der notwendig ist, um bei kurzfristiger Konstanz der Güterpreise das Geldmarktgleichgewicht zu garantieren. Für die in der Realität häufig zu beobachtenden starken Wechselkursschwankungen ist die hier dargestellte Erklärung sicher nicht hinreichend, insbesondere ist die Annahme, dass die Spekulanten zwar den langfristigen Gleichgewichtskurs, nicht aber die verzögerte Reaktion der Güterpreise und die dadurch ausgelöste Wechselkursreaktion in ihr Entscheidungskalkül einbeziehen, restriktiv. Dennoch stellt das Modell der überschießenden Wechselkurse einen weiteren Mosaikstein zur Erklärung von Wechselkursschwankungen dar.

6. Sonstige Bestimmungsfaktoren des Wechselkurses

6.1 Erwartungen und Risiko

Die Ursache für das Überschießen des Wechselkurses im vorhergehenden Abschnitt war die unmittelbare Berücksichtigung der exogenen Störung in den Wechselkurserwartungen der Spekulanten, während die Marktvariable Güterpreis erst zeitverzögert reagieren konnte. Die Erwartungsänderung führte also unmittelbar zu einer Veränderung des aktuellen Wechselkurses. Es wurde oben bereits diskutiert, dass das Verhalten der Spekulanten auf der Absicht beruht, aus der Differenz zwischen den aktuellen Größen von Kassa- und Terminkurs und dem von ihnen für die Zukunft erwarteten Kassakurs Gewinne zu realisieren. Wenn alle Erwartungen mit den tatsächlichen Größen übereinstimmen, wenn es also keinem Marktteilnehmer mehr möglich ist, aufgrund einer Differenz zwischen realisierten und erwarteten Kursen Gewinne zu erzielen, spricht man von einem *effizienten Markt*. Devisenmarkteffizienz liegt also dann vor, wenn in den aktuellen Kassa- und Terminkursen bereits alle verfügbaren relevanten Informationen Berücksichtigung finden. Unter dieser Bedingung wird, wie bereits diskutiert, der aktuelle Terminkurs für den zukünftigen Zeitpunkt t dem für den Zeitpunkt t erwarteten Kassakurs entsprechen.

(III.43) $\quad w_T^t = w^{et}$

Da jedoch ständig neue, zufallsbedingte Informationen auftreten, kann der im zukünftigen Zeitpunkt t tatsächlich realisierte Kassakurs trotz eines effizienten Marktes vom heutigen Terminkurs für diesen Zeitpunkt abweichen. Ursache sind im Zeitraum zwischen heute und dem Zeitpunkt t auftretende Neuigkeiten, sofern diese sich in ihrer Wirkung auf die Wechselkurshöhe nicht gegenseitig aufheben. Der Wechselkurs wird also durch einen Zufallspfad (random walk) bestimmt. Bezeichnet man die Nettowirkung der zufällig auftretenden neuen Informationen mit u, so gilt für den im zukünftigen Zeitpunkt t realisierten Wechselkurs:

(III.44) $\quad w_K^t = w_T^t + u$

Der zukünftig realisierte Kassakurs entspricht, bereinigt um zufallsbedingte Abweichungen, dem heutigen Terminkurs für diesen Zeitpunkt. Ein weiterer Grund für eine Divergenz zwischen dem zukünftigen Kassakurs und dem heutigen Terminkurs für diesen Zeitpunkt ist eine eventuell vorliegende *Risikoaversion* der Spekulanten. Besteht Risikoaversion, so werden die Spekulanten nur dann eine Devisentransaktion tätigen, wenn der erwartete Gewinn die individuelle Risikoprämie (RP) übersteigt. Bei zu geringen Differenzen zwischen erwartetem Kassakurs und aktuellem Terminkurs unterbleibt das Geschäft. Dies impliziert aber, dass der zukünftige Kassakurs vom heutigen Terminkurs für diesen Zeitpunkt bis zur Höhe der Risikoprämie nach oben und unten abweichen kann. Die Bestimmungsgleichung des zukünftigen Kassakurses erweitert sich damit zu:

(III.45) $\quad w_K^t = w_T^t + u \pm RP$

Man sieht aus (III.45), dass c.p. auch eine Änderung der individuellen Risikoprämie, die auf ökonomische aber auch auf nicht-ökonomische Einflüsse zurückzuführen ist, eine Ursache für Wechselkursschwankungen sein kann. So kommt es in Zeiten internationaler politischer oder militärischer Konflikte regelmäßig zu einem Anstieg des US-Dollars gegenüber den übrigen Währungen, weil die USA als politische und militärische Führungsmacht als „sicherer Hafen" angesehen wird.

6.2 Spekulative Blasen

Im obigen Beispiel des überschießenden Wechselkurses wurde unterstellt, dass die Spekulanten den für die Zukunft erwarteten Wechselkurs aus Fundamentaldaten (Geldmenge, Preisniveaus) ableiten und bei dieser Erwartung bleiben. Es ist aber nicht auszuschließen, dass sie auch das Überschießen des Wechselkurses in ihre Erwartungen einbeziehen und aus diesem Grund weitere Termindevisen kaufen. Dadurch könnte aber ein zusätzlicher Druck entstehen, der den Wechselkurs noch weiter über seinen langfristigen, durch Fundamentaldaten erklärten Wert hinaus steigen lässt.

Diese, sich u.U. selbst verstärkende Entwicklung kann zur Bildung einer *spekulativen Blase* führen. Wie stark eine solche Blase zum Tragen kommt bzw. wann sie platzt und der Wechselkurs zum langfristigen Gleichgewicht tendiert, hängt entscheidend von den Wahrscheinlichkeiten ab, die die Spekulanten für diese beiden Fälle zugrunde legen. Könnte mit Sicherheit gesagt werden, wann die Blase platzt, so würde jeder Marktteilnehmer versuchen, unmittelbar vor dem Platzen aus dem Markt zu gehen, um seinen Gewinn zu maximieren. Wenn aber jeder so handeln möchte und dabei das Verhalten der anderen Marktteilnehmer berücksichtigt, so würde der Zeitpunkt des Platzens immer weiter vorgezogen und letztendlich könnte es gar nicht zu einer Blase kommen. Die Existenz einer Blase setzt also Unsicherheit über ihr Ende voraus.

Jeder Marktteilnehmer hat das Risiko, dass die Blase platzt und er damit Verluste erzielt. Er wird also nur dann in dem Engagement bleiben, wenn das Risiko des Platzens der Blase durch erwartete weitere Kursgewinne überkompensiert wird. Je weiter also der Wechselkurs bereits von seinem Fundamentalkurs entfernt ist, um so stärker muss er steigen, um das Risiko des Platzens auszugleichen. Daraus folgt, dass die Abwertung der Inlandswährung umso stärker ausfällt, je weiter der Wechselkurs bereits über seinen Gleichgewichtswert hinaus gestiegen ist und je höher die Wahrscheinlichkeit für das Platzen der Blase eingeschätzt wird, da beides eine Erhöhung des Risikos bedeutet, das durch eine noch stärker werdende Abwertung kompensiert werden muss. Blasen müssen also nicht unbedingt auf irrationalem Verhalten der Marktteilnehmer beruhen. Unklar bleibt bei dieser Überlegung, was letztlich zum Platzen von spekulativen Blasen führt und welches Ausmaß sie erreichen können. Dennoch können durch diese Überlegungen sehr starke kurzfristige Abweichungen eines Wechselkurses von seinem Fundamentalniveau erklärt werden.

6.3 Technische Analyse, Noise Trade und Herdenverhalten

Neben fundamentalen Faktoren zur Bestimmung der Wechselkurshöhe spielt auch die Berücksichtigung vergangener Kursbewegungen im Rahmen der technischen Analyse durch den Einsatz elektronischer Medien eine immer bedeutendere Rolle. Dabei werden die vergangenen Aktionen und Reaktionen eines Marktes mit Hilfe sogenannter Charts beobachtet, um hieraus eine Prognose für die zukünftige Entwicklung zu stellen. Unerklärt bleibt dabei, auf welche Weise die Kursentwicklung der Vergangenheit zu Stande kam, die Chartformationen geben also keine Auskunft über die Ursachen für bestimmte Kursentwicklungen. Die Chartanalyse setzt vielmehr auf die Identifizierung sich wiederholender Muster und darauf folgend sich wiederholendes menschliches Verhalten. Dies führt dazu, dass eine Tendenz besteht, die unmittelbar zurückliegende Wechselkursbewegung in die Zukunft fortzuschreiben.

Das bekannteste Verfahren ist dabei die Methode der gleitenden Durchschnitte. Es wird ein langfristiger und ein kurzfristiger Verlauf der durchschnittlichen Kursentwicklung gebildet, die etwa den Kursverlauf des Dollars, ausgedrückt in Euro, widerspiegelt. Wenn der kurzfristige Trend den langfristigen Trend von unten nach oben durchbricht, so bedeutet dies ein Kaufsignal für den Dollar, da mit einer weiteren Aufwertung gerechnet wird. Ein Verkaufssignal tritt auf, wenn der kurzfristige Trend den langfristigen Trend von oben nach unten schneidet, da dann eine weitere Dollarabwertung als wahrscheinlich gilt. Neben der Methode des gleitenden Durchschnitts gibt es eine Fülle weiterer Verfahren, die u.a. mit Hilfe von aus den Kursverläufen gebildeten Figuren Höchst- und Mindestpreise vergleichen und daraus Kursprognosen ableiten.

Die Chartanalyse wird zwar auch kritisiert, u.a. von den Anhängern der Random-Walk-Theorie, die die Kursentwicklung als unabhängige Zufallsvariable verstehen. Für die Kursentwicklung ist die Chartanalyse dennoch bedeutend, da sie Erwartungen - ob fundamental begründet oder nicht - auslöst. Da praktisch alle am Devisenmarkt tätigen Wirtschaftssubjekte die trendorientierten Indikatoren kennen, werden in bestimmten Situationen Erwartungsschübe ausgelöst, die zumindest kurzfristig eine Tendenz zur überschießenden Abweichung vom Fundamentalkurs hervorrufen. Auch besteht die Gefahr, dass die von Chartisten ausgelöste Wechselkursentwicklung wieder zu Erwartungsverzerrungen bei anderen Marktteilnehmern führt.

Verstärkt wird diese Entwicklung zu stärkeren Ausschlägen auch immer mehr durch institutionelle Vereinbarungen, vor allem von Fonds-Managern, den eigenen Erfolg am Erfolg einer Vergleichsgruppe (benchmark) zu messen. Solange aber die Bewertung nur nach der relativen Wertentwicklung eines Fonds erfolgt, besteht wenig Anreiz, sich gegen den Wind zu lehnen. Durch ein solches *Herdenverhalten* entsteht zum einen ein Druck, Positionen prozyklisch aufzubauen, zum anderen aber auch die Gefahr, absehbare Risiken solange zu ignorieren, solange es auch die Vergleichsgruppe tut. Die Risikobereitschaft wird damit systematisch erhöht.

Dazu kommt, dass die Akteure an den Devisenmärkten in der heutigen vernetzten Welt einer permanenten Flut neuer Informationen gegenüberstehen. Sie versuchen zwar, daraus alle für die Wechselkursentwicklung relevanten Faktoren herauszufiltern und in ihr Entscheidungskalkül aufzunehmen. Da sie aber meist sehr schnelle Entscheidungen treffen müssen, können sie nicht immer die tatsächliche Relevanz der Informationen für die Wechselkursbildung hinreichend genau überprüfen. Es kommt daher zu ständigen Erwartungsrevisionen, die ebenfalls zu verstärkten Wechselkursschwankungen beitragen.

Eine weitere bzw. ergänzende Ursache für starke Abweichungen der Wechselkurse von ihren fundamentalen Faktoren versucht die Theorie des *noise trade* zu erklären. Danach wird das Verhalten der Devisenmarktakteure gemäß rationaler Erwartungen in Zweifel gezogen. Das Verhalten in der Praxis erfolge vielmehr aufgrund nicht vollständiger Informationen, entweder aufgrund gruppeninteraktiven oder individuell anormalen Verhaltens, das sich an Strömungen, Gefühlen, Vermutungen oder Ähnlichem ausrichtet. Dabei kann es sich etwa um Überbewertungen der jeweils aktuellsten Informationen oder um psychologische Barrieren in der Umgebung „runder" Kurse, die lediglich ein oder zwei Stellen hinter dem Komma aufweisen, handeln. Es wurde festgestellt, dass solche nicht-rationalen Verhaltensstrukturen keine singulären Erscheinungen darstellen, dass ihre Ursachen allerdings sehr komplexen Zusammenhängen unterliegen.

Unter Berücksichtigung aller hier angesprochener Einflussfaktoren wird deutlich, weshalb es der ökonomischen Theorie nicht möglich ist, verlässliche Wechselkursprognosen zu erstellen. Sie muss sich auf die Erklärung möglicher ökonomischer Wirkungszusammenhänge beschränken, wobei jedoch nie auszuschließen ist, dass diese Fundamentalfaktoren von kurzfristigen Schwankungen überlagert oder sogar überkompensiert werden.

7. Zusammenfassung von Kapitel III

1. Die Kaufkraftparitätentheorie in ihrer absoluten Form erklärt die Wechselkurshöhe durch das Verhältnis von Inlandspreisniveau zu Auslandspreisniveau, was der Kaufkraftidentität des Geldes entspricht. In ihrer relativen Form berücksichtigt die Kaufkraftparitätentheorie auch Marktinhomogenitäten. Solange diese Inhomogenitäten aber konstant sind, entspricht bei der absoluten wie bei der relativen Kaufkraftparitätentheorie die prozentuale Veränderung des Wechselkurses der Differenz der prozentualen Veränderungen von Inlandspreisniveau und Auslandspreisniveau.

2. Unterscheidet man handel- und nicht-handelbare Güter und unterstellt, dass handelbare Güter einen größeren Produktivitätszuwachs aufweisen als nicht-handelbare Güter, so ergibt sich die Aussage, dass das Land mit dem relativ größeren Produktivitätsfortschritt eine reale Aufwertung seiner Währung verzeichnen kann. Ein Land mit einer im internationalen Vergleich nur geringeren Produktivitätsentwicklung wird dagegen real abwerten.

3. Die monetäre Wechselkurstheorie erklärt die Wechselkursentwicklung durch die Situation auf den Geldmärkten. Jedes Ungleichgewicht am Geldmarkt hat Auswirkungen auf die Devisenmärkte und führt damit auch zu einer Veränderung des Wechselkurses. Dabei impliziert ein Geldangebotsüberschuss eine Abwertung, ein Geldnachfrageüberschuss eine Aufwertung der Inlandswährung.

4. Die Finanzmarkttheorie geht von unvollkommener Substituierbarkeit in- und ausländischer Aktivarten aus, deren Umschichtung in den Portefeuilles der Vermögensbesitzer Wechselkursänderungen

auslösen. Dabei hat jede Wechselkursänderung durch die damit verbundene Wertänderung der ausländischen Aktiva selbst wieder Portefeuilleumschichtungen zur Folge. Impulse, die zum Wunsch nach einer verringerten Haltung ausländischer Aktiva führen, haben tendenziell eine Aufwertung der Inlandswährung zur Folge, soll der Anteil ausländischer Aktiva ausgedehnt werden, so führt dies tendenziell zu einer Abwertung der Inlandswährung.

5. Bei vollkommener Substituierbarkeit zwischen in- und ausländischen Finanzaktiva und damit kurzfristiger Erfüllung der Zinsparität wird der Wechselkurs durch die Zinssätze und den Terminkurs bzw. den erwarteten Kassakurs determiniert. Eine erwartete Abwertung der Inlandswährung führt bei konstanten Zinssätzen sofort zu einem Anstieg des heutigen Kassakurses. Auch ein Anstieg des ausländischen Zinssatzes hat, solange der Inlandszins konstant bleibt, eine Abwertung der Inlandswährung zur Folge.

6. Ist die Zinsparität kurzfristig gegeben, während die Kaufkraftparität wegen verzögerten Reaktionsverhaltens der Güterpreise erst langfristig erfüllt ist, so kann es zu einer überschießenden Wechselkursreaktion kommen. Grund hierfür sind die Spekulanten, die das langfristige Gleichgewicht in ihrer Wechselkurserwartung sofort berücksichtigen. Bei einer Geldangebotserhöhung, konstantem realen Güterangebot und kurzfristig konstanten Güterpreisen muss der Inlandszins sinken, um Geldmarktgleichgewicht zu gewährleisten. Da der Terminkurs durch die Erwartungsbildung der Spekulanten aber sofort den Wert des langfristig erwarteten Kassakurses annimmt, muss der aktuelle Kassakurs zunächst über seinen langfristigen Wert hinaus steigen, um die Zinsparität aufrechtzuerhalten.

7. Auch wenn im aktuellen Kassakurs von allen Marktteilnehmern alle relevanten Einflußfaktoren vollständig berücksichtigt werden, es sich also um einen effizienten Markt handelt, kann der erwartete Kassakurs und damit der Terminkurs von dem in der Zukunft tatsächlich realisierten Kassakurs abweichen. Ursache können zufallsbedingte Neuigkeiten sein, die heute noch nicht absehbar sind, aber auch Risikoprämien der Marktteilnehmer.

8. Eine sich ständig vergrößernde Abweichung des Wechselkurses von seinem durch Fundamentaldaten erklärten Wert bezeichnet man als eine spekulative Blase. Eine solche Entwicklung ist mit rationalen Wechselkurserwartungen vereinbar, wenn der Zeitpunkt des Platzens

der Blase unsicher ist und dies zu einem immer größer werdenden Engagement in diese Währung führt, um das steigende Risiko auszugleichen.

9. Ein weiterer Einflußfaktor für die Wechselkursentwicklung und eventuell auftretende starke Schwankungen ist die technische Analyse, die aus der Aufzeichnung vergangener Kursbewegungen eine Prognose für die zukünftige Entwicklung stellt. Auch Herdenverhalten – die Orientierung institutioneller Devisenmarktakteure am Verhalten einer Vergleichsgruppe (benchmark) - und noise-trade - Devisenmarktaktivitäten bei unvollkommener Informationlage – tragen zu der zum Teil starken Abweichung der Wechselkursniveaus von ihren, durch fundamentale ökonomische Faktoren zu erklärenden Kursniveaus bei.

8. Anhang zu Kapitel III

Wechselkursbestimmung in einem Portfolio-Modell

Gleichgewicht auf den drei Aktivamärkten besteht bei:

$$G^S = G^D = g(Y, i, i^*, w^e)V$$

$$B^S = B^D = b(Y, i, i^*, w^e)V$$

$$wF^S = wF^D = f(Y, i, i^*, w^e)V$$

Bei totaler Differentiation und $F^S = F^D = F$ im Ausgangsgleichgewicht folgt:

$$dG^S = dG^D = Vg_Y dY + Vg_i di + Vg_{i^*} di^* + Vg_{we} dw^e + gdV$$

$$dB^S = dB^D = Vb_Y dY + Vb_i di + Vb_{i^*} di^* + Vb_{we} dw^e + bdV$$

$$wdF^S + Fdw = wdF^D = Vf_Y dY + Vf_i di + Vf_{i^*} di^* + Vf_{we} dw^e + fdV - Fdw$$

mit: $dV = dG^S + Fdw + dB^S + wdF^S$

Das Verhältnis von Wechselkurs- und Zinsänderungen bei unveränderten Lageparametern gibt die jeweilige Steigung der Gleichgewichtskurven in einem Wechselkurs-Zinssatz-Diagramm an. Dabei gilt für die einzelnen Märkte:

Geld: $$\frac{dw}{di} = -\frac{Vg_i}{gF} > 0$$

Inländische Wertpapiere: $$\frac{dw}{di} = -\frac{Vb_i}{bF} < 0$$

Ausländische Wertpapiere: $$\frac{dw}{di} = \frac{Vf_i}{F(1-f)} = \frac{Vf_i}{F(b+g)} < 0$$

Da nur 2 der 3 Gleichgewichtsbedingungen unabhängig sind, kann die Veränderung des inländischen Zinssatzes und des Wechselkurses endogen bestimmt werden. Vernachlässigt man Wechselkursänderungserwartungen und benutzt die beiden inländischen Aktivaarten zur Bestimmung der Gleichgewichte, so folgt:

$$\begin{vmatrix} Vg_i & gF \\ Vb_i & bF \end{vmatrix} \begin{vmatrix} di \\ dw \end{vmatrix} = \begin{vmatrix} -Vg_Y dY + (1-g)dG^S - Vg_{i*}di^* - gdB^S - gwdF^S \\ -Vb_Y dY - bdG^S - Vb_{i*}di^* + (1-b)dB^S - bwdF^S \end{vmatrix}$$

mit $D = (Vg_i b - Vb_i g)F < 0$

Erhöhung des Geldangebots $\left(dG^S > 0\right)$

$$\frac{di}{dG^S} = \frac{1}{D}\begin{vmatrix} (1-g) & gF \\ -b & bF \end{vmatrix} = \frac{1}{D}bF < 0$$

$$\frac{dw}{dG^S} = \frac{1}{D}\begin{vmatrix} Vg_i & (1-g) \\ Vb_i & -b \end{vmatrix} = \frac{1}{D}(-Vg_i b - Vb_i(1-g)) > 0, \text{ da } b_i > |g_i|$$

Erhöhung des ausländischen Zinsniveaus $\left(di^* > 0\right)$

$$\frac{di}{di^*} = \frac{1}{D}\begin{vmatrix} -Vg_{i*} & gF \\ -Vb_{i*} & bF \end{vmatrix} = \frac{1}{D}(-Vg_{i*}bF + Vb_{i*}gF) \gtreqless 0$$

$$\frac{dw}{di^*} = \frac{1}{D}\begin{vmatrix} Vg_i & -Vg_{i*} \\ Vb_i & -Vb_{i*} \end{vmatrix} = \frac{1}{D}\left(-V^2 g_i b_{i*} + V^2 b_i g_{i*}\right) > 0$$

Erhöhung des inländischen Volkseinkommens (dY > 0)

$$\frac{di}{dY} = \frac{1}{D}\begin{vmatrix} -Vg_Y & gF \\ -Vb_Y & bF \end{vmatrix} = \frac{1}{D}\left(-Vg_Y bF + Vb_Y gF\right) > 0$$

$$\frac{dw}{dY} = \frac{1}{D}\begin{vmatrix} Vg_i & -Vg_Y \\ Vb_i & -Vb_Y \end{vmatrix} = \frac{1}{D}\left(-Vg_i Vb_Y + Vb_i Vg_Y\right) < 0,$$

$$\text{da } b_i > |g_i|, g_Y > |b_Y|$$

Kauf ausländischer Wertpapiere durch die Notenbank $\left(dG^S > 0, \; wdF^S < 0, \; dG^S = |wdF^S|\right)$:

$$\frac{di}{dG^S} = \frac{1}{D}\begin{vmatrix} 1 & gF \\ 0 & bF \end{vmatrix} = \frac{1}{D}bF < 0$$

$$\frac{dw}{dG^S} = \frac{1}{D}\begin{vmatrix} Vg_i & 1 \\ Vb_i & 0 \end{vmatrix} = -\frac{1}{D}Vb_i > 0$$

Kauf ausländischer Wertpapiere und Verkauf inländischer Wertpapiere durch die Notenbank $\left(dB^S > 0, \; wdF^S < 0, \; dB^S = |wdF^S|\right)$:

$$\frac{di}{dB^S} = \frac{1}{D}\begin{vmatrix} 0 & gF \\ 1 & bF \end{vmatrix} = -\frac{1}{D}gF > 0$$

$$\frac{dw}{dB^S} = \frac{1}{D}\begin{vmatrix} Vg_i & 0 \\ Vb_i & 1 \end{vmatrix} = \frac{1}{D}Vg_i > 0$$

Kapitel IV

Währungssysteme und währungspolitische Institutionen

1. Merkmale von Währungssystemen

Als ein Währungssystem bezeichnet man die Summe aller institutioneller Regelungen über die Funktionsweise der Devisenmärkte sowie der Rahmenbedingungen des internationalen Güter- und Kapitalverkehrs, innerhalb derer die einzelnen Staaten dezentrale Entscheidungen treffen können. Dabei geht es auch um die Frage, auf welche Weise aufgetretene Devisenmarktungleichgewichte beseitigt werden. Gelten die im Rahmen eines Währungssystems vereinbarten Regelungen für alle oder für eine Vielzahl von Ländern, so spricht man von einer *Weltwährungsordnung*. Eine solche Weltwährungsordnung hat entscheidende Bedeutung für die gesamte weltwirtschaftliche Entwicklung und damit für die Wohlfahrt der beteiligten Länder. Da sie letztlich in fundamentaler Weise auch die gesamte Wirtschaftspolitik eines Landes mit determiniert, gehört die Wahl eines bestimmten Währungssystems zu den wichtigsten wirtschaftspolitischen Entscheidungen.

Die Ausgestaltung eines Währungssystems lässt eine Vielzahl von Möglichkeiten zu, welche eine wesentliche Bedeutung für das Verhalten der Teilnehmer und damit deren makroökonomische Entwicklung haben. Daher orientieren sich die Vereinbarungen meist an allgemeinen weltwirtschaftlichen Zielsetzungen wie der optimalen internationalen Allokation der Ressourcen sowie der globalen Vollbeschäftigung. Gleiches gilt für die Geldwertstabilität bzw. für die hierfür erforderliche Geldpolitik. Da es innerhalb eines Währungssystems in der Regel ein dominierendes Land oder eine dominierende Währung gibt, die die Geldpolitik im gesamten Vertragsraum determiniert, sollte sichergestellt sein, dass diese Geldpolitik im Interesse der Mehrheit der Mitgliedsländer liegt.

Die Regelungsobjekte eines Währungssystems kann man in drei große Bereiche gliedern:

1. Regeln für die Bestimmung der Wechselkurse und ihrer Beeinflussung
2. Mechanismen des Zahlungsbilanzausgleichs
3. Art und Umfang von Währungsreserven

2. Regeln für die Bestimmung der Wechselkurse und ihrer Beeinflussung

Die möglichen Vereinbarungen über die Art der Wechselkursbildung reichen von der freien Kursbildung bis zur vollkommen starren Fixierung der Austauschrelationen der beteiligten Währungen. Dazwischen gibt es eine Fülle von Abstufungen. Eine besondere Form stellt dabei die Aufgabe der eigenen Währung und ihr Ersatz durch eine Fremdwährung dar. Dies haben Ecuador und Panama realisiert, die durch einseitigen Beschluss ihre Währungen durch den US-Dollar ersetzt haben. Damit entfallen Spekulationen über eine Änderung der Kursparitäten, für die betroffenen Länder bedeutet es aber die völlige Aufgabe einer eigenständigen Geldpolitik. Die Geschäftsbanken können sich nicht mehr bei der Zentralbank refinanzieren, und die gesamte umlaufende Geldmenge hängt letztlich von der Entwicklung der Dollar-Reserven des Landes ab.

Feste Wechselkurse werden vor allem von Außenhändlern gefordert: Handelsströme, Produktspezialisierungen und Direktinvestitionen sind, wie bereits mehrfach diskutiert, auch von der jeweiligen Wechselkurshöhe abhängig, so dass jede Veränderung des Wechselkurses Anpassungsreaktionen auslöst, die in der Regel mit Kosten verbunden sind. Für Länder mit einer hohen Außenhandelsabhängigkeit bieten sich daher feste Wechselkurse gegenüber den wichtigsten Handelspartnern an. Dabei sollte das Land allerdings nicht zu sehr auf wenige Güter spezialisiert sein, da feste Wechselkurse bei Weltmarktpreisschwankungen die Anpassung erschweren. Feste Wechselkurse sind auch für Länder problematisch, die eine stärkere Präferenz für einen stabilen Geldwert haben als ihre Partner, da eine eigenständige Geldpolitik mit festen Wechselkursen in der Regel unvereinbar ist. Feste Wechselkurse können prinzipiell durch einzelne Länder oder durch internationale Vereinbarungen erreicht werden.

2.1 Feste Wechselkurse durch Entscheidung einzelner Länder

a) Bindung an eine Ankerwährung

Ein Land kann durch autonome Entscheidung auf eine eigenständige Geldpolitik verzichten und stattdessen sein geldpolitisches Instrumentarium zur Stabilisierung des Wechselkurses gegenüber einer Ankerwährung nutzen. Eine solche *wechselkursorientierte Geldpolitik* verfolgten in Europa zum Beispiel Österreich und die Niederlande, die bis zur Einführung des Euro aus eigener Entscheidung ihre Währung an die Deutsche Mark gekoppelt hatten, indem sie stets die geldpolitischen Entscheidungen der Deutschen Bundesbank nachvollzogen. Ein solches Vorgehen ist immer dann sinnvoll, wenn die Geldpolitik des Ankerwährungslandes als stabilitätsorientiert angesehen wird und man die Vorteile dieser Währungsstabilität für die eigene Währung nutzen will.

Probleme tauchen bei einer einseitigen Wechselkursbindung immer dann auf, wenn es zwischen den beiden Ländern zu einer unterschiedlichen wirtschaftlichen Entwicklung kommt, denn man verzichtet durch die Wechselkursbindung auf ein Sicherungsventil, durch das ein Land in einer schwierigen wirtschaftlichen Situation seine Konkurrenzfähigkeit erhalten kann.

Am Beispiel Mexikos und der USA wird diese Problematik besonders deutlich. Mexiko hatte in den 80er Jahren seine Währung, den Peso, einseitig an den US-Dollar gebunden. Nach der Ermordung eines Präsidentschaftskandidaten, im März 1994, setzten jedoch aus Risikoüberlegungen Kapitalexporte ein, die durch Zinserhöhungen und durch eine Abwertung gegenüber dem US-Dollar gestoppt werden sollten. Da die Zweifel am Fortbestand des Peso/Dollar-Wechselkursverbundes aber bestehen blieben und eine weitere Zinserhöhung nicht vorgenommen wurde, ging die Nachfrage nach langfristigen Staatspapieren deutlich zurück. Die staatlichen Instanzen gaben daher zunehmend kurzfristige, an den US-Dollar gebundene Wertpapiere, sog. Tesobonos, aus. Der Bestand solcher Tesobonos außerhalb des Bankensystems betrug Ende 1994 bereits 21 Milliarden US-Dollar. Nach erneuten politischen Unruhen setzte im Spätherbst 1994 eine Fluchtwelle aus dem Peso ein. Die Währungsbehörden verloren innerhalb kurzer Zeit einen erheblichen Teil ihrer Währungsreserven. Am 20. Dezember 1994 wurde der Peso um 13% gegenüber dem US-Dollar abgewertet, zwei Tage später wurde der Kurs ganz freigegeben. Durch umfangreiche ausländische Finanzhilfen, vor allem der USA, durch ein Stabilisierungsprogramm des IWF sowie eine deutliche Zinserhöhung entspannte sich die Situation im Frühjahr 1995.

b) Currency Board

Eine andere Möglichkeit der Wechselkursfixierung ist die Errichtung eines *Currency Board*. Dabei bindet sich das Land an eine stabile Fremdwährung. Nationales Geld in Form von Banknoten und Münzen wird allein durch Ankauf der Fremdwährung in Umlauf gebracht, es ist also durch die Fremdwährung gedeckt. Gleichzeitig geht die nationale Notenbank die Verpflichtung ein, jederzeit Banknoten und Münzen der eigenen Währung gegen die Reservewährung zu tauschen. Dies bedeutet, dass die heimische Geldmenge nur in dem Maße steigen kann, wie neue Reserven ins Land fließen. Das Currency Board System wurde bereits in der Kolonialzeit, vor allem in Verbindung mit dem britischen Pfund, praktiziert. Bedeutung erlangte dieses Instrument wieder durch die Verschuldungskrise und den Zusammenbruch des ehemaligen Ostblocks. So wurden Currency Boards z.B. 1991 in Argentinien, 1992 in Estland, 1994 in Litauen und 1997 in Bulgarien installiert.

Der Hauptvorteil eines Currency Board Systems liegt in der unmittelbaren Herstellung der Glaubwürdigkeit der Geldpolitik durch die völlige Anlehnung an eine Währung mit einem hohen Stabilitätsstandard. Verbunden mit dieser Glaubwürdigkeit ist der bessere Zugang zum internationalen Kapitalmarkt und dort zu besseren Konditionen, als dies ohne Aufgabe einer eigenständigen Geldpolitik möglich wäre. Wegen des fehlenden Abwertungsrisikos steigt auch die Attraktivität des Landes für Direktinvestitionen. Diesen Vorteilen steht der vollkommene Verzicht auf eine eigenständige Geldpolitik gegenüber. Exogene Störungen können damit nicht geldpolitisch abgefedert werden, was eine größere Flexibilität der nationalen Güter- und Faktormärkte notwendig macht. Außerdem müsste zwischen dem Currency Board-Land und seinem Reserveland eine annähernd gleiche Wirtschaftsentwicklung vorliegen, da sich ansonsten wegen der Konstanz des nominalen Wechselkurses der reale Wechselkurs ändern würde.

Das Funktionieren eines Currency Board Systems setzt also voraus, dass Güter- und Faktormärkte eine genügend große Flexibilität aufweisen, dass der Staat Budgetdisziplin bewahrt, um von dieser Seite inflationäre Effekte zu vermeiden, und dass die Geldschöpfungskapazität des Geschäftsbankensystems eng an die Entwicklung des Zentralbankgeldes gekoppelt bleibt, da sich ansonsten Geldmengenunterschiede zum Reservewährungsland ergäben, die mit dem absolut festen Wechselkurs letztlich unvereinbar wären. Sehen die Marktteilnehmer die feste Relation als langfristig nicht haltbar an und spekulieren gegen die vermeintliche Schwachwährung, so müssten u.U. die Zinsen erhöht werden, um die Bindung aufrechtzuerhalten. Die feste Bindung ist also nur dann dauerhaft stabil, wenn das Kursverhältnis die tatsächliche ökonomische Relation der beiden Volkswirtschaften widerspiegelt. Trotz dieser potenziellen Schwächen bietet ein solches System bei Erfüllung der notwendigen Voraussetzungen die Chance, den Grundstein für eine stabile eigene Entwicklung zu legen.

Dies gelang in Argentinien nicht. Vielmehr macht das Beispiel Argentinien deutlich, dass wirtschaftliche Stabilität nicht allein durch eine Wechselkursbindung erreicht werden kann. Im Rahmen eines Erneuerungsprogramms der Wirtschaft, das den Abbau protektionistischer Maßnahmen und die Verringerung der Staatsdefizite vorsah, ging Argentinien 1991 ein Currency Board mit dem US-Dollar ein. Dadurch stieg zunächst das Vertrauen der internationalen Anleger, und die ausländischen Investitionen expandierten. Nach starken Lohn- und Preissteigerungen in den Jahren 1992 und 1993 nahm jedoch die Wettbewerbsfähigkeit Argentiniens durch seine starre Bindung an den US-Dollar deutlich ab. Ein ähnliches Problem hatte auch Brasilien, das 1994 seine Währung ebenfalls an den US-Dollar gebunden hatte, so dass Argentinien seine brasilianischen Absatzmärkte erhalten konnte. Als jedoch Anfang 1999 Brasilien seine Währung gegenüber dem US-Dollar massiv abwertete, brach der Absatzmarkt Brasilien für Argentinien weg. Viele international tätige Unternehmen verlagerten ihre Produktionsstätten von Argentinien nach Brasilien, die Arbeitslosigkeit in Argentinien stieg drastisch an, und das Land geriet in eine Rezession. Kapitalanleger verließen das Land, die Risikoprämien für argentinische Kredite nahmen deutlich zu, da an der Aufrechterhaltung des Currency Board gezweifelt wurde.

2.2 Feste Wechselkurse durch institutionelle Vereinbarungen zwischen mehreren Ländern

Die beteiligten Länder einigen sich über die Bildung des Austauschverhältnisses ihrer Währungen, das entweder vollkommen fixiert ist oder bis zu bestimmten Grenzen über- und unterschritten werden kann. Diese Festlegung muss bei freiem Devisenhandel durch Markteingriffe der beteiligten Notenbanken am Devisenmarkt sichergestellt werden.

> Im früheren Europäischen Währungssystem etwa war zwischen der D-Mark und dem französischen Franc eine feste Parität vereinbart, von der der tatsächliche Kurs um jeweils 2,25% (bis 1993) nach oben und nach unten abweichen durfte. Entstand nun, aus welchen Gründen auch immer, eine starke D-Mark-Nachfrage, d.h. ein Franc-Angebot, und drohte der Franc-Kurs dadurch unter die untere Grenze zu fallen, so waren die Deutsche Bundesbank und die Banque de France verpflichtet, einzugreifen. Die Deutsche Bundesbank musste am Devisenmarkt Franc gegen eigene Währung aufkaufen, die französische Notenbank musste D-Mark gegen eigene Währung verkaufen. Damit stieg die Franc-Nachfrage und das DM-Angebot, der Kurs wurde stabilisiert. Auf die sonstigen Vereinbarungen im Rahmen des Europäischen Währungssystems wird im Kapitel VI näher eingegangen.

Eine andere Möglichkeit der Wechselkursfixierung ist die Errichtung einer staatlichen Devisenbehörde, über die sämtliche Devisentransaktionen laufen müssen. Dies ist in der Regel mit Einschränkungen der freien Währungskonvertibilität verbunden. Bei der institutionellen Festlegung der Wechselkursbeziehungen zwischen mehreren Ländern tauchen eine Reihe von Problemen auf:

2.2.1 Das (n-1)-Problem

Existieren in einer Volkswirtschaft n Güter, so gibt es nur n-1 voneinander unabhängige Tauschverhältnisse. Deshalb muss ein Gut als Numéraire dienen, wofür üblicherweise Geld benutzt wird. Das gleiche gilt in einem System verschiedener Währungen. Bei n Währungen gibt es nur n-1 voneinander unabhängige Wechselkurse, so dass nicht alle n Länder eine wechselkursorientierte Politik betreiben können. Eine Währung muss vielmehr als Anker für die anderen Währungen fungieren. Die Ankerwährung wird entweder institutionell bestimmt, oder es bildet sich an den Märkten eine Währung als Anker heraus. Hierbei wird es sich in der Regel um die stabilste Währung eines großen Landes handeln.

2.2.2 Bestimmung der Paritäten und der Bandbreiten

Aufgrund des (n-1)-Problems kann eine Währung durch institutionelle Vereinbarung zur Ankerwährung erklärt werden. Für alle anderen Währungen wird dann eine Parität zu dieser Leitwährung festgelegt. Da sich in der Regel auch die Bandbreiten auf die Leitwährungsparität beziehen, ergeben sich für die Nichtleitwährungsländer doppelt so große Bandbreiten.

Ist etwa der US-Dollar die Leitwährung und sind zwischen D-Mark und US-Dollar sowie zwischen französischem Franc und US-Dollar Bandbreiten von jeweils ± 1% festgelegt, so kann der französische Franc am unteren Ende seiner Bandbreite, die D-Mark am oberen Ende ihrer Bandbreite liegen. Kehrt sich dieses Verhältnis um, d.h. der Franc steigt auf das obere Ende, die D-Mark sinkt an das untere Ende, so impliziert dies eine prozentuale Kursänderung zwischen D-Mark und Franc von 4%, d.h. eine doppelt so große Veränderung wie die zulässige Veränderung gegenüber der Leitwährung.

Die Kurse und die Bandbreiten können auch gegenüber einem Gut oder einer künstlich geschaffenen Recheneinheit festgelegt werden. Handelt es sich dabei um eine *Korbwährung* der einzelnen Währungen, so sind die bilateralen Bandbreiten auch von den Anteilen der einzelnen Währungen an der Korbwährung abhängig. Schließlich können alle bilateralen Wechselkurse autonom festgelegt werden, es handelt sich dann um ein *Paritätengitter*.

Umfang der Bandbreiten: Je enger die Bandbreiten sind, umso öfter werden bei unterschiedlichen wirtschaftlichen Entwicklungen in den beteiligten Ländern Paritätsänderungen notwendig sein. Da sich abzeichnende Paritätsänderungen zu relativ risikolosen Spekulationen einladen, kann hierdurch die Stabilität des ganzen Systems gefährdet werden. Als Nachteil größerer Bandbreiten wird immer wieder auf die Unsicherheiten für die Außenhändler hingewiesen, obwohl es keinen empirischen Beleg für die Abhängigkeit des Außenhandelsvolumens von der Volatilität der Wechselkurse gibt.

2.2.3 Stabilisierung der Wechselkurse

Werden Wechselkursparitäten vereinbart, so muss im zugrunde liegenden Vertragswerk auch geregelt werden, wie und von wem die Paritäten stabilisiert werden sollen. Dabei kommen grundsätzlich eine *Ankaufsregelung*, eine *Verkaufsregelung* und eine *beiderseitige Intervention* infrage. Ist das Währungssystem auf einer Leitwährung aufgebaut, so ist zu berücksichtigen, dass nie die Leitwährungsnotenbank zu Interventionen verpflichtet sein kann, da ihre Parität ja definitionsgemäß immer gleich Eins ist.

Bei einer reinen Ankaufsverpflichtung ist es immer die Starkwährungsnotenbank, die intervenieren muss. Es tritt also stets ein positiver Geldmengeneffekt infolge des Devisenankaufs ein. Damit besteht in einem solchen System eine Tendenz zur Inflationierung. Außerdem wird ein stabilitätswidriges Verhalten einzelner Länder nicht bestraft, da diese Länder nicht verpflichtet werden, ihre schwächer werdende Währung durch Verkäufe von Devisenreserven zu stützen. Ja, es kann sogar sein, dass eine Minderheit besonders stabilitätsorientierter Länder durch eine solche Verpflichtung zu einer expansiven Geldpolitik gezwungen wird. Bei einer reinen Ankaufsverpflichtung muss auch geklärt werden, ob die Schwachwährungsländer Guthaben ihrer Währung, die sich bei der Starkwährungsnotenbank durch Interventionen angesammelt haben, umtauschen müssen in nicht selbst zu schaffende Aktiva (Saldenausgleich).

Bei einer reinen Verkaufsverpflichtung muss stets die Schwachwährungsnotenbank intervenieren. Sie muss Währungsreserven aus ihrem Bestand verkaufen, um den Wert der eigenen Währung zu stabilisieren, was mit einem negativen Geldmengeneffekt verbunden ist. Das inflationäre Verhalten eines einzelnen Landes wird also bestraft durch die Verpflichtung, die Geldmenge über das Vehikel der Devisenmarktintervention zu reduzieren.

Schließlich ist auch eine beidseitige Verpflichtung möglich, d.h. erreicht ein Wechselkurs seinen oberen oder seinen unteren Interventionspunkt, so sind beide beteiligten Notenbanken zu Interventionen verpflichtet. Auch hierbei ist es möglich, einen Saldenausgleichsmechanismus zu vereinbaren.

Bei Interventionsverpflichtungen ist auch zu klären, ob *intramarginale Interventionen*, d.h. Interventionen, die innerhalb der Bandbreiten durchgeführt werden, erlaubt sein sollen oder sogar eine Verpflichtung hierfür besteht. Der Vorteil liegt darin, dass die Wechselkurse dann nicht das Ende der Bandbreiten erreichen und somit spekulativen Attacken entgegengewirkt wird. Es besteht allerdings die Gefahr, dass dabei Zentralbanken entgegengesetzt intervenieren oder dass auch Drittländer betroffen werden.

2.2.4 Regeln für Paritätsänderungen

Wenn keine Vereinbarungen über das Prozedere einer Paritätsänderung getroffen wurden, finden in der Regel umfangreiche politische Verhandlungen über mögliche Kursänderungen statt (*adjustable peg*). Dies birgt die Gefahr von Kosten einer Fehlentwicklung durch unterlassene Kursanpassungen und auch von spekulativen Attacken. Es können aber auch automatische Leitkursanpassungen vereinbart werden (*crawling peg*). Der Gesamtumfang der Paritätsänderung innerhalb eines bestimmten Zeitraums ist dabei meist beschränkt. Die Kursänderung erfolgt in Abhängigkeit von bestimmten Indizes wie der Änderung des Kurses in der Vergangenheit, der Änderung der Währungsreserven, der Inflationsrate bzw. den Inflationsunterschieden oder der Abweichung von bestimmten Zielwerten. Hauptziele einer automatischen Anpassung sind 1. die Verhinderung von Spekulationswellen, die sehr häufig im Vorfeld diskretionärer Paritätsänderungen auftreten, 2. die Überwindung politischer Hindernisse für eine Paritätsänderung und 3. der Schutz von stabilitätsorientierteren Ländern. Ist bei einer automatischen Kursanpassung eine zusätzliche diskretionäre Änderung nicht mehr möglich, so muss sichergestellt sein, dass in der Änderungsformel alle möglichen Gründe einer Verzerrung berücksichtigt wurden. Da dies so gut wie unmöglich erscheint, sollte eine diskretionäre Änderung nie völlig ausgeschlossen werden.

Entscheidet man sich für diskretionäre Änderungen, so muss festgelegt werden, nach welchen Regeln diese erfolgen sollen. Drei Möglichkeiten sind denkbar:

Initiativregel: Jedes Land entscheidet selbst, ob es seine Wechselkursparität ändern will. Dabei besteht die Gefahr von Konflikten und von Auf- und Abwertungswettläufen.

Konsensregel: Alle Mitglieder müssen mit einer Paritätsänderung einverstanden sein (Einstimmigkeit). Dabei könnte sich ein einzelnes Inflationsland gegen die Abwertung seiner Währung sperren, was negative Folgen für die Gesamtheit hat. Auch dürften bei einer solch strengen Regel stets hohe Verhandlungskosten anfallen.

Mehrheitsregel: Dabei kann zwar ein einzelnes Land nicht seine Minderheitsmeinung durchsetzen, es ist auf der anderen Seite aber auch geschützt vor der Minderheitsmeinung anderer Teilnehmer. Ein Mehrheitssystem kann auch mit Ausnahmeregeln ergänzt werden wie etwa dem Anspruch auf eine Wechselkursänderung bei Vorliegen bestimmter Situationen, etwa die Inflationsraten betreffend.

2.2.5 Vertragliche Kooperationen zwischen den Notenbanken

Besteht in einem vertraglich vereinbarten Währungssystem Interventionsverpflichtung, so ist auch die Frage nach dem Aufbau von Währungsreserven zu klären. Sind keine eigenen Währungsreserven vorhanden, so können Vereinbarungen über Interventionskredite im Vertragswerk aufgenommen sein. Dabei ist zu berücksichtigen, von wem solche Kredite gewährt werden sollen. Infrage kommen andere Notenbanken, Geschäftsbanken oder internationale Organisationen. Geklärt werden muss auch, ob es Obergrenzen für solche Kredite geben und wie die Rückzahlung erfolgen soll.

Eng damit verbunden ist auch die Frage nach einer Koordinierung der Geldpolitik, da eine gleiche Zielsetzung in dieser Frage eine der Voraussetzungen für das Vermeiden von Wechselkursverzerrungen ist. Schließlich sind Regelungen für die Überwachung des gesamten Vertragswerks und eventuelle Sanktionsmöglichkeiten zu berücksichtigen.

2.3 Flexible Wechselkurse

Die einzelnen Länder einigen sich darauf, dass sich die Wechselkurse ohne Beeinträchtigungen frei durch privates Angebot und private Nachfrage bilden können. Seit dem Zusammenbruch des Währungssystem von Bretton Woods -

Kapitel V - besteht dieses Prinzip grundsätzlich zwischen den wichtigsten Währungen der Welt, dem US-Dollar, dem japanischen Yen und der D-Mark bzw. dem Euro. Dennoch wird immer wieder beobachtet, dass trotz grundsätzlicher Flexibilität die Notenbanken an den Devisenmärkten als Käufer oder Verkäufer von Währungen aktiv sind. Insbesondere war dies unmittelbar nach Ende des Bretton Woods-Systems der Fall. Auf die Motive dieses Verhaltens der Notenbanken soll in Abschnitt 5 näher eingegangen werden. Da bis heute Devisenmarktinterventionen nicht unterlassen werden, wird das derzeit herrschende Wechselkurssystem auch *„kontrolliertes Floaten"* genannt.

3. Mechanismen des Zahlungsbilanzausgleichs

Zahlungsbilanzungleichgewichte sind mit Ungleichgewichten auf den Devisenmärkten verbunden. Aus Kapitel I ist bekannt, dass der Leistungsbilanzsaldo der Differenz zwischen dem Bruttoinlandsprodukt und der inländischer Absorption entspricht.

(IV.1) $LB = Y - A$

Ebenfalls in Kapitel I wurde diskutiert, dass die Summe von Leistungsbilanzsaldo und Nettokapitalimporten (NKI) der Zunahme der Auslandsaktiva der Zentralbank (NAZ) entspricht.

(IV.2) $LB + NKI = NAZ$

Eine Überschussnachfrage am Devisenmarkt entspricht einer Situation, in der beide Seiten von (IV.2) negativ sind. Dies kann auf ein Leistungsbilanzdefizit zurückzuführen sein, das größer ist als die Nettokapitalimporte. Ebenso ist die Situation möglich, dass sich die Leistungsbilanz im Überschuss befindet, dass aber in noch größerem Umfang netto Kapital exportiert wird. Weitere Kombinationen sind denkbar. Im Folgenden wird von einem Leistungsbilanzdefizit ausgegangen, das durch Nettokapitalimporte nicht in vollem Umfang ausgeglichen werden kann. Setzt man (IV.1) in (IV.2) ein, so kann man diese Situation auch so interpretieren, dass die Nettokapitalimporte nicht ausreichen, um die über das Bruttoinlandsprodukt hinausgehende inländische Absorption zu finanzieren.

(IV.3) $Y - A + NKI = NAZ$

Im Devisenmarktdiagramm IV.1 ist eine solche Situation graphisch dargestellt. Beim herrschenden Wechselkurs w_0 besteht eine Überschussnachfrage nach Devisen im Umfang AB.

Mechanismen zur Beseitigung dieses Ungleichgewichts müssen an dem in Gleichung (IV.3) beschriebenen Zusammenhang ansetzen. Entweder müssen die Währungsreserven der Notenbank sinken, d.h. die rechte Seite von (IV.3) bleibt negativ. Eine solche Anpassung nennt man „*Zahlungsbilanzfinanzierung*". Steigen dagegen die Größen auf der linken Seite bis zum Wert von Null, so handelt es sich um eine *Zahlungsbilanzanpassung*, die Währungsreserven der Notenbank können dann unverändert bleiben. Welche der infrage kommenden Anpassungsmechanismen letztlich ergriffen werden, ist ebenfalls Teil der vertraglichen Regeln eines Festkurssystems.

3.1 Zahlungsbilanzanpassung

3.1.1 Anpassung durch Wechselkursänderung

Die Überschussnachfrage nach Devisen kann durch einen Anstieg des Wechselkurses, also durch eine Abwertung der Inlandswährung, abgebaut werden. Dies setzt die Möglichkeit einer Paritätsänderung voraus. Während sich bei flexiblen Wechselkursen der Kurs in Abbildung IV.1 auf w_1 erhöhen kann und damit Devisenmarktgleichgewicht in Punkt G erreicht wird, setzt Stufenflexibilität vertragsgemäßes politisches Handeln voraus. Dies impliziert die Schwierigkeit, das genaue Ausmaß der erforderlichen Abwertung zu prognostizieren, da nicht bekannt sein dürfte, in welchem Ausmaß sich Angebot und Nachfrage nach Devisen aufgrund einer Wechselkursänderung verändern, d.h. welche Gestalt die Devisenangebots- und die Devisennachfragekurve in Abbildung IV.1 haben.

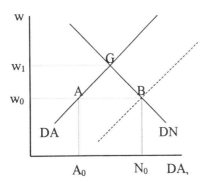

Abb.IV.1: Situation einer Überschußnachfrage am Devisenmarkt

Reagiert die Leistungsbilanz normal auf die Abwertung, so wird sie sich verbessern, und die bestehende Überschussnachfrage nach Devisen wird abgebaut. Vor einer Paritätsänderung sollte jedoch überprüft werden, ob der nachfragesteigernde Effekt der Abwertung mit der allgemeinen konjunkturellen Lage und der Kapazitätsauslastung der inländischen Industrie vereinbar ist und ob von dem mit der Abwertung verbundenen Anstieg der Importgüterpreise inflationäre Gefahren ausgehen. Letztere würden die preisliche Wettbewerbsfähigkeit der betrachteten Wirtschaft verschlechtern, was durch steigende Importe eine erneute Überschussnachfrage nach Devisen auslösen könnte. Da eine Abwertung der Inlandswährung für die anderen Länder eine Aufwertung ihrer Währungen impliziert, sind auch dort die Konsequenzen einer solchen Paritätsänderung zu überprüfen.

3.1.2 Anpassung bei unverändertem Wechselkurs

Soll der Wechselkurs trotz der Überschussnachfrage nach Devisen auf dem bisherigen Niveau gehalten werden, so kann dies durch Mechanismen geschehen, die Angebot und Nachfrage nach Devisen durch politisch induzierte Verhaltensänderungen der Marktteilnehmer wieder in Übereinstimmung bringen. Wie aus Gleichung (IV.3) ersichtlich, müsste dabei das inländische Volkseinkommen steigen, und/oder die inländische Absorption sinken und/ oder die Nettokapitalimporte zunehmen.

In Frage kommt eine expansive Angebotspolitik zur Steigerung des inländischen Volkseinkommens oder kontraktive geld- und fiskalpolitische Maßnahmen zur Dämpfung der inländischen Absorption und zur Ankurbelung der Nettokapitalimporte. Gelingt es, etwa durch eine kontraktive Geldpolitik, die Inflationsrate im Inland zu senken, so verbessert sich c.p. die Leistungsbilanz, die Devisennachfrage sinkt aufgrund sinkender Importe, das Devisenangebot nimmt wegen der infolge der verbesserten preislichen Wettbewerbsfähigkeit steigenden Exporte zu. Dies führt zu einem tendenziellen Abbau des Devisenmarktungleichgewichts, in Abbildung IV.1 verschiebt sich die Devisenangebotskurve nach rechts, die Devisennachfragekurve nach links.

Ist die kontraktive Geldpolitik mit einem Zinsanstieg im Inland verbunden, so würde dies c.p. Nettokapitalimporte und damit ein zusätzliches Devisenangebot induzieren. Auch hierdurch würde sich die Devisenangebotskurve nach rechts verschieben. Bei allen geld- und fiskalpolitischen Maßnahmen ist zu berücksichtigen, in welcher Weise das externe Ziel des Zahlungsbilanzausgleichs mit binnenwirtschaftlichen Zielen kompatibel ist.

Eine weitere Möglichkeit der Anpassung wären direkte staatliche Eingriffe auf den internationalen Güter- und Kapitalmärkten. Durch Importzölle oder andere protektionistische Maßnahmen könnte versucht werden, die Güterimporte zu beschränken, was die Devisennachfrage senken würde. Gleichzeitig könnte durch Eingriffe in den freien Kapitalverkehr der Kapitalexport behindert werden, was ebenfalls einen Rückgang der Devisennachfrage zur Folge hätte. Eine solche Politik ist jedoch problematisch. Zum einen lösen protektionistische Handlungen Gegenmaßnahmen des betroffenen Auslands aus, was nicht nur die erhoffte Wirkung auf die Devisenmärkte gefährden würde, sondern auch die wohlfahrtssteigernde Wirkung des internationalen Handels infrage stellt. Außerdem besteht die Gefahr eines steigenden Preisniveaus im Inland, da, etwa durch die Einführung eines Importzolls, die Inlandspreise der Importgüter zunehmen. Dies könnte, wenn sich die Preissteigerung auf andere Sektoren überträgt, die internationale Wettbewerbsfähigkeit des betrachteten Landes negativ beeinflussen. Ein Eingriff in die freie Bewegungsmöglichkeit von Kapital fördert die Gefahr einer internationalen Fehlallokation dieses Faktors. Außerdem setzen Mechanismen zur Umgehung der Eingriffe ein, was einen aufwendigen Kontrollapparat erforderlich machen würde.

3.2 Zahlungsbilanzfinanzierung

Soll der Wechselkurs bei w_0 in Abbildung IV.1 konstant gehalten werden und ist eine Anpassung – zumindest kurzfristig – nicht möglich, so müssen die Notenbanken die Überschussnachfrage nach Devisen in Höhe von *AB* durch Interventionen beseitigen. Die Notenbank des Landes, dessen Währung nachgefragt wird, muss fremde Währung gegen eigene Währung ankaufen und/oder die Notenbank des Landes, dessen Währung angeboten wird, muss die Fremdwährung gegen eigene Währung verkaufen. Da die Notenbank des Landes, dessen Leistungsbilanz ein Defizit aufweist, d.h. dessen Währung angeboten wird, Devisen verkaufen muss - die Währungsreserven nehmen ab -, spricht man von einer *„Finanzierung"* des Leistungsbilanzdefizits. In Abbildung IV.1 impliziert eine solche Finanzierung eine Rechtsverschiebung der Devisenangebotskurve, bis ein Gleichgewicht bei unverändertem Wechselkurs w_0 in Punkt B erreicht wird.

Devisenmarktoperationen von Notenbanken sind stets mit Geldmengenänderungen verbunden. Die Geldmenge des Landes, dessen Notenbank Devisen ankauft, steigt, werden Devisenreserven verkauft, so sinkt die Geldmenge. Die Geldmengenänderungen haben ihrerseits wieder Zahlungsbilanzanpassungen zur Folge, die über Zins- und Einkommensänderungen zum Tragen kommen. Diese Effekte werden an späterer Stelle ausführlich analysiert. Um solche geldmengeninduzierten Änderungen ökonomischer Inlandsgrößen zu vermeiden, können die Notenbanken die Geldmengeneffekte der Devisenmarktinterventionen auch *neutralisieren* bzw. *sterilisieren*. Der Ankauf von Devisen müsste dabei mit einem gleich großen Verkauf inländischer Wertpapiere verbunden werden, der Verkauf von Devisen mit einem Ankauf inländischer Wertpapiere. In diesem Fall bliebe die umlaufende Geldmenge unverändert, in der Notenbankbilanz ergäbe sich lediglich ein Aktivtausch. Auch Änderungen der Leitzinsen sind als gegengerichtete Maßnahme denkbar.

Eine Zahlungsbilanzfinanzierung durch Devisenmarktinterventionen ändert jedoch nichts an der Ursache eines Leistungsbilanzdefizits, solange mögliche Anpassungseffekte durch Geldmengenänderungen aufgrund von Neutralisierungsoperationen verhindert werden. Beide Seiten von (IV.3) blieben negativ. Die Notenbank müsste in diesem Falle permanent am Devisenmarkt intervenieren, um die Nachfrage nach Devisen zu befriedigen. Dies setzt das Vorhandensein von Währungsreserven in genügendem Umfang voraus.

Einzige Ausnahme ist dabei ein Land, dessen Währung als Devisenreserve für andere Länder dient, wie etwa der US-Dollar. Existiert ein Leistungsbilanzdefizit der USA und soll dieses durch Devisenmarktinterventionen finanziert werden, so können sich die USA Fremdwährungskredite durch Verschuldung in eigener Währung beschaffen, da der US-Dollar von anderen Ländern als Währungsreserve gehalten wird. Im Zuge der dann folgenden Devisenmarktintervention der USA - Verkauf der Devisen - würde die US-Geldmenge sinken. Da die den Überschussländern zugeflossenen US-Dollar in der Regel verzinslich in den USA - außerhalb des Zentralbankensystems - angelegt werden, bleibt die Dollargeldmenge trotz der Zahlungsbilanzfinanzierung aber letztlich konstant. Da eine solche Möglichkeit für Nicht-Reservewährungsländer nicht offen steht, besteht hier eine *Asymmetrie des Währungssystems*.

Die Neutralisation des Geldmengeneffekts einer Devisenmarktintervention ist nur dann zu rechtfertigen, wenn das Devisenmarktungleichgewicht als eine kurzfristige Störung angesehen wird, denn aus der oben diskutierten Systematik der Zahlungsbilanz ist bekannt, dass durch die ständige Finanzierung eines Leistungsbilanzdefizits, ohne dieses selbst zu beseitigen, eine externe Schuldnerposition des betrachteten Landes aufgebaut wird, die den Anpassungsbedarf lediglich in die Zukunft verlagert. Ist das Ungleichgewicht dagegen nur von kurzer Dauer, so brauchen die infrage kommenden Korrekturmaßnahmen nicht schockartig in Kraft gesetzt zu werden, der erforderliche Korrekturbedarf kann vielmehr kontinuierlich, über die Zeit gestreckt, vorgenommen werden. Um aber eine solche Strategie durchführen zu können, werden Devisenreserven in genügendem Umfang benötigt. Zu den Wesensmerkmalen eines Währungssystems gehört daher auch, in welchem Ausmaß und auf welche Weise einem Land Währungsreserven zur Verfügung gestellt werden. Dies kann durch die Schaffung eigener Reserven, durch bilaterale Kreditvergabe, aber auch durch Rückgriff auf den internationalen Währungsfonds erfolgen.

4. Art und Umfang von Währungsreserven

4.1 Die wichtigsten Arten von Währungsreserven

Will ein Land bei Vorliegen einer Überschussnachfrage am Devisenmarkt eine Wechselkursänderung verhindern und stattdessen das Ungleichgewicht finanzieren, so werden Währungsreserven bzw. internationale Liquidität benötigt. Hierzu zählen alle konvertiblen Währungen, mit denen direkt an den Devisenmärkten interveniert werden kann, sowie alle Aktiva, die ohne Probleme in konvertible Währungen umtauschbar sind. Um eine Aussage über den Umfang der Interventionsmöglichkeiten der Notenbanken zu treffen, bietet es sich an, auch das Ausmaß der internationalen Kreditmöglichkeiten zu berücksichtigen, da sich ein Land auch auf diesem Weg Währungsreserven beschaffen kann. Da dies jedoch kaum genau quantifiziert werden kann, bleiben solche potenziellen Reserven in der Regel unberücksichtigt.

Vor dem Ersten Weltkrieg war *Gold* das bedeutendste Reservemedium, da nur Gold international in größerem Umfang als Zahlungsmittel akzeptiert wurde. Sein Anteil machte etwa 90% der Weltwährungsreserven aus. Der nach dem Zweiten Weltkrieg errichtete Gold-Devisen-Standard räumte Gold zwar immer noch eine dominierende Stellung ein, daneben wurde dem *US-Dollar* aber die Funktion einer Weltreservewährung zugestanden. Der US-Dollar war jedoch durch eine feste Parität und eine Umtauschzusage der amerikanischen Notenbank fest an das Gold gebunden. Seit dem Ende des Gold-Devisen-Standards, im Jahr 1973, hat Gold keine offizielle Funktion im Rahmen eines Weltwährungssystems mehr und verliert seitdem immer mehr an Bedeutung. Stattdessen konnte der US-Dollar seine dominierende Stellung als internationale Reservewährung bis heute behaupten, lediglich die Währungen Deutschlands und Japans als wirtschafts- und handelsstarke Länder haben nennenswerte Anteile am Bestand der Weltwährungsreserven.

Im Jahr 1969 wurde vom Internationalen Währungsfonds eine künstliche Währung, die *Sonderziehungsrechte*, in der Absicht geschaffen, als Weltwährungsreserve den US-Dollar zu entlasten. Der Wert eines Sonderziehungsrechts wurde mit einem US-Dollar gleichgesetzt. Mit dem Ende des Gold-Devisen-Standards begannen der US-Dollar und mit ihm die Sonderziehungsrechte gegenüber den anderen Währungen frei zu schwanken, d.h. bei einer Abwertung des US-Dollars verloren auch die Sonderziehungsrechte an Wert. Deshalb berechnete man den Wert der Sonderziehungsrechte ab 1974 auf der Basis eines Währungskorbs, in dem zunächst 16 Währungen enthalten waren. Um die Berechnung zu erleichtern, beschränkt man sich seit 1981 auf die Währungen der 5 größten Handelsnationen.

Die Schaffung bzw. Zuteilung von Sonderziehungsrechten erfolgt durch Beschluss des Gouverneursrats des IWF mit 85% aller Stimmen. Die Zuteilung an die einzelnen Mitglieder richtet sich nach ihrer IWF-Quote. Sonderziehungsrechte sollen nur zugeteilt werden, wenn ein nicht inflationär wirkender, langfristiger, weltweiter Bedarf besteht. Da diese Formel auslegungsfähig ist, kam es in den letzten 30 Jahren des öfteren zu Forderungen nach einer Ausweitung der Sonderziehungsrechte. Unter anderem wurden Stimmen laut, die nach 1980 eskalierende internationale Verschuldungskrise durch die Zuteilung von Sonderziehungsrechten zu entschärfen, was aber wegen der befürchteten inflationären Wirkung nicht realisiert wurde.

Nach dem IWF-Beitritt der Staaten des ehemaligen Ostblocks, Anfang der 90er Jahre, gab es 38 Mitgliedsländer, die noch keine Sonderziehungsrechte erhalten hatten. Obwohl ein globaler Mangel an Währungsreserven nicht erkennbar war, einigte sich das Exekutivdirektorium des IWF 1997 nach mehrjähriger kontroverser Diskussion auf eine Neuzuteilung an alle Mitglieder. Die Summe aller bis dahin zugeteilten Sonderziehungsrechte in Höhe von 21,4 Milliarden wurde verdoppelt und so auf die einzelnen Länder verteilt, dass jedes Land 29,32% seiner IWF-Quote erreicht. Die Bundesrepublik Deutschland erhielt bei dieser *„Gerechtigkeitszuteilung"* 1205 Millionen Sonderziehungsrechte und verdoppelte damit in etwa ihren bisherigen Bestand auf 2416 Millionen Sonderziehungsrechte.

Mit Hilfe von Sonderziehungsrechten kann ein Land in den Besitz von konvertierbarer Währung gelangen. Ein Defizitland wendet sich an den IWF mit dem Wunsch nach Umtausch seiner Sonderziehungsrechte gegen eine bestimmte Währung. Der IWF benennt dann ein Land, das dem Defizitland die gewünschten Devisen im Tausch gegen Sonderziehungsrechte zur Verfügung stellt. Allerdings ist jedes Land nur verpflichtet, Sonderziehungsrechte bis zum dreifachen des ihm vom IWF zugeteilten Betrages zu übernehmen. Da die Länder ihre Währungsreserven in der Regel verzinslich anlegen, würde dem Land, das zur Annahme von Sonderziehungsrechten verpflichtet wird, ein Zinsverlust entstehen. Dies wird wie folgt ausgeglichen: Jedes Land hat dem IWF für die ihm zugeteilten Sonderziehungsrechte eine Verzinsung („Gebühr") zu zahlen und erhält im Gegenzug vom IWF Zinsen auf die gehaltenen Sonderziehungsrechte. Da der Zinssatz identisch ist, ergäbe sich eine Nettoverzinsung von Null. Dies ändert sich jedoch bei Inanspruchnahme der Sonderziehungsrechte. Ein Defizitland, das Sonderziehungsrechte gegen konvertierbare Währung getauscht hat, muss nach wie vor die zugeteilten Sonderziehungsrechte, deren Betrag sich durch die Inanspruchnahme ja nicht verändert hat, verzinsen. Es erhält aber einen geringeren Zinsbetrag zurück, da sich die Menge der gehaltenen Sonderziehungsrechte verringert hat. Umgekehrt erhält das Überschussland mehr Zinsen, als es selbst zahlen muss, da der von ihm gehaltene Bestand größer ist als die ihm zugeteilten Sonderziehungsrechte. Dies entspricht im Prinzip einer Verzinsung des dem anderen Land zur Verfügung gestellten Währungsbetrags. Abbildung IV.2 verdeutlicht diese Zusammenhänge für einen Fall, in dem Land A seine Sonderziehungsrechte in Anspruch nimmt, um von Land B Devisenreserven zu erhalten. SZR^Z bezeichnet die zugeteilten Sonderziehungsrechte, SZR^H die gehaltenen Sonderziehungsrechte. Die Pfeile über den Balken geben die Richtung der Zinszahlungen an. Es wird deutlich, dass Land A nach der Inanspruchnahme Nettozinszahler, Land B Nettozinsempfänger ist.

Zinsströme

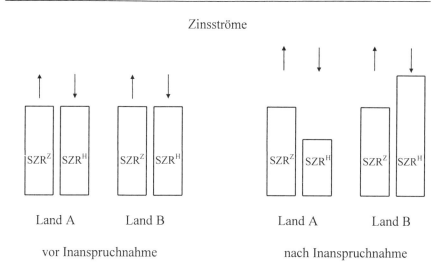

Abb.IV.2: Finanzierung eines Leistungsbilanzdefizits durch die Verwendung von Sonderziehungsrechten

4.2 Bedarf und Entstehung von Währungsreserven

Bedarf an Währungsreserven besteht zur Finanzierung eines Zahlungsbilanzdefizits entweder durch vertragliche Vereinbarung, wenn zur Aufrechterhaltung der Währungsparität Devisen verkauft werden müssen oder wenn in einem System des kontrollierten Floatens sich durch die Marktkräfte ein Wechselkurs ergeben würde, der den eigenen Zielvorstellungen widerspricht. Es ist auch eine Situation vorstellbar, in der ein Zahlungsbilanzdefizit grundsätzlich durch Anpassungsmaßnahmen abgebaut werden soll, diese Anpassung aber zeitlich gestreckt oder in ihrer Wirkung abgeschwächt werden soll. Der Bedarf an Währungsreserven ist dabei umso größer, je größer die eventuell auftretenden Defizite sind, was wiederum vom Ausmaß der Außenhandelsabhängigkeit des betreffenden Landes abhängig ist.[1]

---

[1] Das Konzept des optimalen Bestandes an Währungsreserven baut auf der Tatsache auf, dass Währungsreserven nur durch Leistungsbilanzüberschüsse erwirtschaftet werden können, dass also Ersparnisse gebildet, aber nicht im Inland investiv verwendet wurden. Alternativkosten der Reservehaltung sind die entgangenen Erträge dieser nicht getätigten inländischen Investitionen. Dem stehen Erträge aus der Haltung von Währungsreserven gegenüber, nach deren Abzug man zu den Nettoalternativkosten der Reservehaltung gelangt. Der Nutzen der Haltung von Währungsreserven besteht in der Verhinderung von Kosten der Anpassung bei auftretenden Leistungsbilanzdefiziten, da zumindest kurzfristig die Anpassung durch eine Zahlungsbilanzfinanzierung vermieden werden kann. Das Auftreten von Leistungsbilanzdefiziten wiederum ist umso wahrscheinlicher, je außenhandelsabhängiger das Land ist. Aus diesen Überlegungen kann man unter der Annahme eines c.p. abnehmenden Grenznutzens der Reservehaltung einen optimalen Bestand an Währungsreserven ableiten, der dann erreicht ist, wenn Grenznutzen und Grenznettoalternativkosten der Reservehaltung übereinstimmen.

Grundsätzlich bestehen drei Möglichkeiten, wie ein Land in den Besitz von Währungsreserven gelangen kann.

a) Durch Leistungsbilanzüberschüsse. Werden c.p. mehr Güter ex- als importiert, so entsteht am Devisenmarkt ein Überschussangebot an Devisen, das die Notenbank bei konstantem Wechselkurs aufkaufen kann. In diesem Fall sind Währungsreserven durch Exportüberschüsse selbst verdient worden. Auf die Zahlungsbilanzzusammenhänge eines solchen Falles wurde oben ausführlich eingegangen. Durch Leistungsbilanzüberschüsse kann sukzessive ein Bestand an Währungsreserven aufgebaut werden. Dies setzt jedoch ein Leistungsbilanzdefizit des Landes voraus, dessen Währung als Reservewährung fungiert. Permanente Leistungsbilanzdefizite lassen jedoch eine internationale Verschuldungsposition entstehen, die letztlich das Vertrauen in diese Währung gefährdet. So ist die USA, deren Währung noch immer die Hauptreservewährung der Welt darstellt, durch permanente Leistungsbilanzdefizite mittlerweile zum höchstverschuldeten Land der Welt geworden. Etwas gemildert wird dieser Zusammenhang durch die Existenz der Eurogeldmärkte. Eurodollar sind kurzfristige, auf US-Dollar lautende Einlagen bei Banken außerhalb der USA. Werden diese zur multiplen Geldschöpfung genutzt, so können die Dollar-Währungsreserven außerhalb der USA steigen, ohne dass dem ein entsprechendes Defizit der US-Leistungsbilanz entsprechen muss.

b) Durch Kredite. Defizitländer können sich die zur Zahlungsbilanzfinanzierung benötigten Devisen leihen. Dies kann am internationalen Kapitalmarkt oder bei Notenbanken anderer Länder erfolgen. In der Regel setzt diese Art der Kreditaufnahme eine gewisse Bonität des kreditsuchenden Landes voraus. Allerdings sind es gerade chronische Defizitländer, deren internationale Schuldnerposition durch permanente Leistungsbilanzdefizite bereits ein großes Ausmaß erreicht hat, die auf diesem Weg in den Besitz von Währungsreserven zu gelangen versuchen. Währungskredite können auch beim IWF aufgenommen werden. Hier haben die einzelnen Länder im Rahmen ihrer Ziehungsrechte sogar das Recht, in bestimmter Höhe einen Währungskredit zu erhalten.

c) Durch Zuteilung von Reserven bzw. durch Eigenproduktion. Internationale Währungsreserven können auch durch Zuteilung des IWF entstehen, wie es bei den Sonderziehungsrechten der Fall ist. Daneben besteht die Möglichkeit der Eigenproduktion. Zum einen ist es Ländern, deren Währung als internationale Reservewährung akzeptiert wird, wie derzeit dem US-Dollar, möglich, durch Geldschöpfung die eigenen Zahlungsbilanzdefizite zu finanzieren. Allerdings besteht hierbei die Gefahr, dass bei zunehmender Verschuldung dieses Landes auch das Vertrauen in die Währung leidet und die Akzeptanz der Weltmärkte dadurch gefährdet wird. Zum anderen ist es Ländern, die über Goldvorräte verfügen, möglich, Zahlungsbilanzdefizite zu finanzieren. Zwar hat Gold heute nur noch eine untergeordnete Bedeutung als internationales Reservemedium, Gold wird aber immer noch international akzeptiert. Bei der Finanzierung des Zahlungsbilanzdefizits durch Gold handelt es sich allerdings um den gleichen Vorgang wie bei der Finanzierung von Währungsreserven durch Exportüberschüsse. Auch Gold muss, wie ein Gut, exportiert werden, um mit den dafür erhaltenen Erlösen am Devisenmarkt intervenieren zu können.

5. Währungspolitische Akteure

5.1 Die nationalen Notenbanken

Liegt ein Wechselkurssystem vor, in dem feste Paritäten vereinbart sind, so ist es Aufgabe der beteiligten Notenbanken, den Kurs durch Interventionen am Devisenmarkt zu stabilisieren. Da, wie oben diskutiert, jeder Kauf oder Verkauf von Devisen mit einer Änderung der umlaufenden Geldmenge im Inland verbunden ist, kann es zwischen dem Ziel, ein bestimmtes Wechselkursniveau zu verteidigen, und dem Ziel der Preisniveaustabilität einen Konflikt geben.

Ist eine Notenbank besonders stabilitätsorientiert, so wird das Preisniveau dieses Landes geringere Zuwachsraten aufweisen als das anderer Länder. Dies impliziert zum einen Wettbewerbsvorteile des Landes auf den Gütermärkten, zum anderen macht die mit der größeren Stabilität verbundene Aufwertungserwartung eine Kapitalanlage im betrachteten Land c.p. rentabler. Es kommt also zu steigenden Güterexporten sowie Nettokapitalimporten. Beides führt auf den Devisenmärkten zu einer steigenden Nachfrage nach der Währung dieses Landes, d.h. es entsteht ein Überschussangebot an Devisen. Ist der Wechselkurs vertraglich auf ein bestimmtes Niveau festgelegt, so muss die Notenbank das Überschussangebot vom Markt nehmen, sie muss also Devisen gegen eigene Währung aufkaufen. Der damit verbundene Anstieg der Inlandsgeldmenge gefährdet jedoch die strikte Stabilitätsorientierung der Notenbank. Sie kann zwar versuchen, den expansiven Geldmengeneffekt des Devisenankaufs durch gegengerichtete Offenmarktpolitik, also etwa dem Verkauf inländischer Wertpapiere, zu neutralisieren. In diesem Fall geht von der Geldmenge aber kein Effekt aus, der den Devisenmarkt ins Gleichgewicht brächte. Die Notenbank muss also entweder ihre im Vergleich zu den anderen Teilnehmern des Währungssystems stabilitätsorientiertere Geldpolitik aufgeben, oder die vereinbarten Währungsparitäten müssen verändert werden.

An diesem Beispiel wird deutlich, dass Vereinbarungen über Wechselkursparitäten direkten Einfluss auf den geldpolitischen Handlungsspielraum der Notenbanken haben. Entscheidungen über die Einführung eines Festkurssystems, über Zielzonen für die Wechselkurse oder über Kursvereinbarungen im Rahmen des Europäischen Währungssystems lagen aber auch in den Zeiten der D-Mark nicht bei der Deutschen Bundesbank - trotz ihrer formalen Unabhängigkeit -, sondern beim Bundesfinanzministerium. Eine analoge Regelung wurde auch für die Europäische Zentralbank übernommen. Zwar wird bei der Frage der Zielkonkurrenz zwischen Geld- und Wechselkurspolitik im Vertrag zur Gründung der Europäischen Gemeinschaft festgelegt, dass das vorrangige Ziel auch der Wechselkurspolitik die Gewährleistung der Preisstabilität ist. Andererseits wird der Europäischen Notenbank die „grundlegende" Aufgabe zugewiesen, Devisengeschäfte im Einklang mit Artikel 109 des Vertrages zur Gründung der Europäischen Gemeinschaft durchzuführen. Artikel 109 aber sieht vor, dass nicht die Europäische Notenbank, sondern der Ministerrat - in der Zusammensetzung der Finanzminister - „förmliche Vereinbarungen über ein Wechselkurssystem für den Euro gegenüber Drittlandswährungen" treffen kann. Ein solcher Beschluss bedarf der Einstimmigkeit. Mit qualifizierter Mehrheit kann der Ministerrat „allgemeine Orientierungen" für die Wechselkurspolitik der Europäischen Notenbank beschließen. Sollte eine Wechselkursvereinbarung oder eine Wechselkursorientierung vom Ministerrat beschlossen werden, so würde dies die vertragliche Aufgabe der Europäischen Zentralbank, ihre Geldpolitik auf die Gewährleistung von Preisstabilität in den beteiligten Ländern auszurichten, erheblich erschweren.

5.2. Motive von Devisenmarktinterventionen nationaler Notenbanken

a) Glättung sehr kurzfristiger Wechselkursschwankungen

Aufgrund der täglichen Vielfalt von wechselkursrelevanten Informationen kann es zu kurzfristigen erratischen Kursschwankungen kommen. Diese sollen durch gegengerichtete Devisenmarktinterventionen vermieden werden, um die Volatilität zu begrenzen und die damit verbundenen Kurssicherungskosten zu reduzieren. Dabei handelt es sich in der Regel um die Vermeidung einer über ein bestimmtes Maß hinausgehenden Kursänderung innerhalb einer kurzen Periode.

b) Leaning-Against-the-Wind-Strategie

Zentralbanken intervenieren, um eine vom Markt ausgehende Kursänderung zu reduzieren, indem sie ausländische Währung immer dann kaufen, wenn diese abwertet, und immer dann verkaufen, wenn sie aufwertet. Die Idee ist, dass es bei freiem Spiel der Marktkräfte zu starken Wechselkursschwankungen kommen kann, die den Kurs von seinem durch Fundamentalfaktoren bestimmten Wert abbringen. Solche Verschiebungen sollen durch die Leaning-Against-the-Wind-Strategie verhindert werden. Die langfristigen Trends bleiben dabei aber durch den Markt bestimmt. Problematisch ist diese Strategie, weil bei einer Veränderung des Wechselkurses nicht von vornherein klar sein kann, ob es sich um einen kurzfristigen Ausschlag oder aber um eine langfristig angelegte Wechselkurskorrektur handelt, denn dies würde die exakte Kenntnis des „richtigen" Fundamentalkurses seitens der Notenbanken voraussetzen. Damit besteht die Gefahr, dass sich die Notenbank bei einer Leaning-Against-the-Wind-Strategie dauerhaft gegen den Markt stellt, die Wechselkurskorrektur behindert und den Markt damit destabilisiert.

c) Verhinderung einer Wechselkursänderung

Notenbanken könnten trotz einer ökonomisch notwendig erscheinenden Wechselkursänderung versuchen, diese zu verhindern oder zumindest zeitlich zu verschieben. So könnte gegen eine Aufwertung interveniert werden, um die Wettbewerbsfähigkeit der inländischen Industrie zu erhalten. Eine Abwertung zu verhindern, kann durch die steigenden Importpreise und die damit verbundene Inflationsgefahr im Inland begründet werden, was die preisliche Wettbewerbsfähigkeit des Landes schwächen und damit erneute Abwertungen notwendig machen könnte (Abwertungs-Inflations-Spirale).

d) Wechselkursziele oder –zielzonen

Die Notenbanken versuchen, die Wechselkurse auf bestimmten, vorher festgelegten Zielwerten oder innerhalb festgelegter Zielzonen zu halten oder sie dorthin zu bringen. Eine solche Strategie wurde in einer koordinierten Aktion mehrerer Zentralbanken im September 1985 vereinbart (Plaza-Abkommen), um den Dollar gegenüber den anderen Währungen abzuwerten. Im Februar 1987 vereinbarten die sieben wichtigsten Industrienationen bei einem Treffen im Louvre in Paris (Louvre-Akkord), ihre makroökonomischen Politiken zu koordinieren und Zielzonen für die Wechselkurse durch geeignete Maßnahmen zu erreichen. Auch eine derartige Strategie setzt jedoch voraus, dass die intervenierenden Zentralbanken den langfristigen Gleichgewichtskurs kennen, sie müssten also über mehr und bessere Informationen verfügen als die privaten Marktteilnehmer. Dies erscheint jedoch fragwürdig, da es, wie in Kapitel III diskutiert, praktisch kein Kriterium gibt, das einen Gleichgewichtskurs eindeutig und zweifelsfrei determinieren würde.

e) Interventionen bei Vorliegen bestimmter Indikatoren

Die Notenbanken sollen gemäß dieser Strategie automatisch intervenieren, wenn bestimmte Indikatoren vorliegen. Solche Indikatoren können beispielsweise ein Leistungsbilanzdefizit in bestimmter Höhe oder eine Wechselkursänderung in bestimmtem Ausmaß innerhalb eines bestimmten Zeitraums sein. Ebenso könnte eine Notenbank gezwungen werden, Interventionen zu unterlassen, wenn das Ausmaß ihrer bereits realisierten kumulierten Interventionen

150 Währungssysteme

in einer bestimmten Zeit ein gewisses Ausmaß übersteigt. Solche Indikatorinterventionen wurden auf internationaler Ebene bisher nicht vereinbart, nicht zuletzt deshalb, weil auch hierdurch wieder ein Anreiz für relativ risikolose private Spekulationen entstehen würde.

f) Referenzraten

Im Gegensatz zu Zielwerten oder -zonen sollen Referenzwerte bestimmte Wechselkursniveaus kennzeichnen, die mit der nationalen Wirtschaftspolitik und ihren Zielsetzungen vereinbar sind. Hat der Wechselkurs den Referenzwert erreicht, so soll es den Zentralbanken verboten sein, zu intervenieren, um den Wechselkurs von diesem Niveau zu entfernen. Umgekehrt soll aber auch keine Zentralbank verpflichtet sein, durch Interventionen den Wechselkurs so zu beeinflussen, dass er sich in Richtung auf den Referenzwert bewegt. Ziel dieses Vorschlags ist lediglich, aus nationalem Egoismus durchgeführte Interventionen zu verhindern. Auch hier besteht die Gefahr, dass durch die Bekanntgabe der Referenzwerte Erwartungen der Marktteilnehmer geweckt werden könnten, die die Stabilität negativ beeinflussen.

5.3. Die Bedeutung der Geldmengensterilisation einer Devisenmarktintervention

Die Wirkung einer Devisenmarktintervention der inländischen Notenbank kann man mit Hilfe des portfoliotheoretischen Ansatzes zur Wechselkursbestimmung, der in Kapitel III.3 ausführlich dargestellt wurde, verdeutlichen.

Interveniert die inländische Notenbank am Devisenmarkt, indem sie von den Vermögensbesitzern ausländische Wertpapiere kauft, so steigen die Währungsreserven der Notenbank und in gleichem Umfang nimmt die inländische Geldmenge zu. In dem aus Kapitel III.3 bekannten Wechselkurs-Zinssatz-Diagramm verschiebt sich die Geldmarktgleichgewichtskurve GG nach links, da der inländische Zins sinken müsste, um die Geldnachfrage dem gestiegenen Angebot anzupassen. Die Gleichgewichtskurve auf dem Markt ausländischer Wertpapiere, FF, verschiebt sich dagegen nach rechts, da der inländische Zins steigen müsste, um die Nachfrage nach ausländischen Wertpapieren dem gesunkenen Angebot anzupassen. Diese Verschiebungen sind in Abbildung IV.3 dargestellt.

Durch den Anstieg der inländischen Geldmenge sinkt der inländische Zinssatz, was sowohl die Geldnachfrage als auch die Nachfrage nach ausländischen Wertpapieren erhöht, die Nachfrage nach inländischen Wertpapieren dagegen wird sinken. Die gestiegene Nachfrage nach ausländischen Wertpapieren verstärkt die Überschussnachfrage nach dieser Aktivart, die Auslandswährung wertet auf, was mit dem bekannten positiven wechselkursbedingten Vermögenseffekt im Inland verbunden ist. Auf dem Geldmarkt steigt auch hierdurch die

Nachfrage, so dass das gestiegene Angebot insgesamt auch nachgefragt wird. Auf dem Markt für inländische Wertpapiere erhöht der Wechselkursanstieg die Nachfrage und gleicht damit den zinsbedingten Nachfragerückgang wieder aus, so dass auf diesem Markt sowohl Angebot als auch Nachfrage konstant bleiben. Auf dem Markt ausländischer Wertpapiere wird das durch die Devisenmarktintervention gesunkene Angebot durch eine wechselkursbedingte Höherbewertung des Restbestandes ausgeglichen.

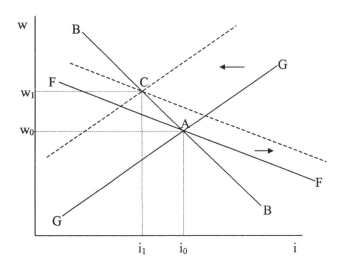

Abb. IV.3: Nicht sterilisierte Devisenmarktintervention

Insgesamt ist durch die Devisenmarktintervention der inländischen Notenbank der Wechselkurs gestiegen, diese Abwertung ist verbunden mit einem Rückgang des inländischen Zinssatzes, da sich das Geldangebot durch die Devisenmarktintervention erhöht hat. Man erreicht in Abbildung IV.3 den neuen Gleichgewichtspunkt C.[2]

Eine Modifikation der Resultate ergibt sich, wenn die inländische Notenbank den Geldmengeneffekt der Devisenmarktintervention durch einen Verkauf inländischer Wertpapiere neutralisiert. Für die Vermögensbesitzer hat sich dadurch bei konstanter Geldmenge lediglich die Struktur des Wertpapierangebots verschoben, das Angebot inländischer Wertpapiere ist gestiegen, das zur Verfügung stehende Angebot an ausländischen Wertpapieren dagegen gesunken. Der Effekt dieser sterilisierten Devisenmarktintervention ist in Abbildung IV.4 dargestellt.[3]

---

[2] Eine algebraische Ableitung dieser Ergebnisse ist im Anhang zu Kapitel III dargestellt.
[3] Auch hier sind die Resultate im Anhang zu Kapitel III abgeleitet.

Die FF-Kurve verschiebt sich wieder nach rechts, da das Angebot gesunken ist. Durch die Neutralisation des Geldmengeneffektes bleibt die Geldmarktgleichgewichtskurve jetzt unverändert, dafür verschiebt sich die Gleichgewichtskurve auf dem Markt inländischer Wertpapiere nach rechts, denn der inländische Zinssatz müsste steigen, um eine Wertpapierhaltung attraktiver zu machen und sie dadurch dem gestiegenen Angebot anzupassen.

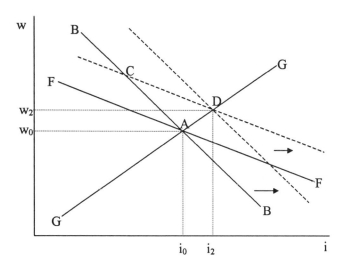

Abb. IV.4: Sterilisierte Devisenmarktintervention

Der Angebotsanstieg inländischer Wertpapiere führt zu einem Anstieg des Zinssatzes, die Nachfrage nach inländischen Wertpapieren wird damit steigen. Gleichzeitig sinkt hierdurch die Nachfrage nach ausländischen Wertpapieren und baut damit die bestehende Überschussnachfrage teilweise ab. Dennoch führt die Nachfrage der Notenbank nach ausländischen Wertpapieren zu einem Wechselkursanstieg und damit verbunden zu einem positiven wechselkursbedingten Vermögenseffekt. Diese Abwertung der Inlandswährung ist jedoch geringer als ohne Neutralisation des Geldmengeneffekts der Devisenmarktintervention, weil die Nachfrage nach ausländischen Wertpapieren bereits wegen des Anstiegs des inländischen Zinssatzes gesunken ist. Auf dem inländischen Geldmarkt bleibt sowohl das Angebot als auch die Nachfrage unverändert, der zinsbedingte Nachfragerückgang wird durch den wechselkursbedingten Nachfrageanstieg wieder ausgeglichen. In Abbildung IV.4 erreicht man das neue Gleichgewicht D, in dem sowohl der inländische Zinssatz als auch der Wechselkurs gestiegen sind. Man sieht, dass Punkt D unterhalb von C - dem Gleichgewichtspunkt der Abbildung

IV.3 - liegt, d.h. die Abwertung der Inlandswährung ist bei einer Sterilisation des Geldmengeneffektes geringer.

Was im portfoliotheoretischen Modellzusammenhang nicht berücksichtigt wurde, sind interventionsbedingte Erwartungsänderungen der Marktteilnehmer. Im Idealfall könnte eine Devisenmarktintervention ein Signal für eine bestimmte Kursentwicklung auslösen, dem sich der Markt anschließt, so dass unter Umständen sogar die bloße Ankündigung der Intervention genügen könnte, um den Wechselkurs in die gewünschte Richtung zu verändern. Wenn dagegen die Marktlage als unvereinbar mit der Interventionsrichtung angesehen wird, so kann eine Devisenmarktintervention keinen dauerhaften Erfolg haben.

Insgesamt sind Devisenmarktinterventionen von Notenbanken eher kritisch zu bewerten. Verpflichtende Interventionen im Rahmen eines Festkurssystems laden Spekulanten zu risikolosen Engagements ein, wenn klar zu sein scheint, dass die herrschenden Paritäten nicht mehr den Marktbedingungen entsprechen. Hier sind rechtzeitige Paritätsänderungen notwendig. Bei flexiblen Wechselkursen werden fallweise Devisenmarktinterventionen in der Regel nur bei bereits aufgetretenen Wechselkursänderungen stattfinden. Neben der Vielzahl von ökonomischen und nicht-ökonomischen Einflussfaktoren kommen dann noch die fallweisen Eingriffe der Notenbanken hinzu, die meist unangekündigt stattfinden. Wurde aber einmal interveniert, so kann dies unsichere Erwartungen der Marktteilnehmer bezüglich weiterer Interventionen auslösen, so dass ein solches Verhalten eher als ein weiterer Störfaktor des Marktes, denn als Stabilisierungsinstrument anzusehen ist.

5.4 Der internationale Währungsfonds (IWF)

Auf einer internationalen Konferenz in Bretton Woods (USA) wurde am 22. Juli 1944 ein Abkommen über die Statuten des *Internationalen Währungsfonds* und die Errichtung der *Internationalen Bank für Wiederaufbau und Entwicklung (Weltbank)* ratifiziert. Die Unterzeichnung des Abkommens erfolgte am 27.12.1945 durch 29 Mitgliedsstaaten. Nach Artikel I des IWF-Abkommens ist das übergeordnete Ziel des IWF darin zu sehen, „die Ausweitung und ein ausgewogenes Wachstum des Welthandels zu erleichtern und dadurch zur Förderung und Aufrechterhaltung eines hohen Beschäftigungsstandes und Realeinkommens sowie zur Entwicklung des Produktionspotentials aller Mitglieder ... beizutragen". Weitere Ziele sind die Wiederherstellung der Konvertibilität der Währungen, die nach dem Zweiten Weltkrieg nicht mehr gegeben war, die Errichtung eines multilateralen Zahlungssystems, eines stabilen Wechselkurssystems sowie eines finanziellen Beistandssystems für Länder mit Zahlungsbilanzdefiziten. Auf die Einzelheiten dieses Währungssystems wird im nächsten Kapitel eingegangen.

An der Spitze des IWF steht der „*Gouverneursrat*", in den jedes Mitgliedsland einen Gouverneur sowie einen Stellvertreter entsendet. In der Regel sind dies der Finanzminister und der Notenbankchef. Die laufenden Geschäfte liegen beim Exekutivdirektorium. Jedes Land hat beim Beitritt einen Beitrag, die sog. „*Quote*", zu zahlen. Die Quote richtet sich nach volkswirtschaftlichen Merkmalen wie dem Bruttoinlandsprodukt und den Währungsreserven, sie kann je nach Finanzbedarf des IWF erhöht werden. Das Mitspracherecht im IWF bestimmt sich nach der Höhe der Quote.

Die Mitgliedsländer haben bei Zahlungsbilanzschwierigkeiten „*Ziehungsrechte*" gegenüber dem IWF: Mitgliedsländer „kaufen" gegen Zahlung eines entsprechenden Betrags in eigener Währung die Währungen anderer Mitglieder. Es handelt sich dabei um eine Kreditbeziehung. Eine Begrenzung der Ziehungsrechte erfolgt durch die Regelung, dass der Bestand an Währung des ziehenden Landes beim IWF 200% seiner eingezahlten Quote nicht übersteigen darf. Je nach Kredittranche (100% bis 125% der Quote: 1. Kredittranche, über 125% bis 200%: 3 weitere Kredittranchen) kann der IWF mit der Kreditgewährung Auflagen verbinden, etwa mit der Forderung nach Einleitung von Maßnahmen zur Zahlungsbilanzkorrektur. Neben den Ziehungsrechten gibt es weitere Kreditmöglichkeiten, die sogenannten *Kreditfazilitäten*.

Der IWF begann seine Tätigkeit am 1. März 1947, nachdem die Quoten gezeichnet waren. Die Gesamteinlagesumme betrug 9 Milliarden US-Dollar. Als erstes Land nahm Frankreich am 8. Mai 1947 seine Ziehungsrechte in Höhe von 25 Millionen US-Dollar wahr. 1952 führt der IWF das Instrument der Beistandsabkommen (stand-by-arrangements) ein. Danach kann ein Mitgliedsland mit dem IWF vereinbaren, dass es innerhalb einer festgelegten Frist, meist ein Jahr, Ziehungen bis zu einem festgelegten Betrag vornehmen kann. Die Vereinbarung kann verlängert werden. Als erstes Land schloss Belgien ein solches Abkommen ab. In der Folge wurde ein Großteil der Ziehungen im Rahmen solcher Abkommen vorgenommen.

1959 erfolgte die erste Quotenerhöhung, bei den meisten Mitgliedsländern im Umfang von etwa 50%. Die Quote der Bundesrepublik Deutschland stieg von 330 auf 787,5 Millionen US-Dollar und war damit ebenso hoch wie die neue Quote Frankreichs. Gleichzeitig rückte die Bundesrepublik in die Gruppe der 5 Länder mit den höchsten Quoten auf, die einen ständigen Exekutivdirektor stellen (ab 1961). Die Zahl der Mitglieder lag 1959 bei 68, sie stieg bis 1970 auf 117. Im Jahr 2000 hatte der IWF 182 Mitglieder, die Gesamtsumme der Quote lag bei 290 Milliarden US-Dollar. Die größte Quote haben die USA mit 17,7%, gefolgt von Japan mit 6,3%, der Bundesrepublik Deutschland mit 6,2% sowie Großbritannien und Frankreich mit je 5,1%.

Hauptaufgabe des Internationalen Währungsfonds war in den ersten Jahrzehnten seines Bestehens die Überwachung und aktive Gestaltung des ebenfalls in Bretton Woods vereinbarten Währungssystems eines Gold-Devisen-Standards. Daneben war die Sicherung der Konvertibilität der einzelnen Währungen und der Freiheit des internationalen Kapitalverkehrs Aufgabe des IWF, zu der auch die Sicherstellung geordneter Verhältnisse auf den Devisenmärkten durch Koordinierung der Wechselkursziele der einzelnen Länder und die Vermeidung gezielter Abwertungen gehört, durch die die Belange anderer Mitglieder tangiert würden. Hierzu benützt der IWF eine aufeinander aufbauende Strategie. Mit jedem Mitgliedsland berät sich der IWF in regelmäßigen Abständen über die wirtschaftliche Lage des Landes (surveillance), um so möglicherweise auftretende Probleme bereits im Vorfeld erkennen und durch geeignete Maßnahmen unterbinden zu können. Unterstützt wird diese Aktivität durch regelmäßige Analysen über die weltwirtschaftliche Entwicklung.

Mit dem Zusammenbruch des Festkurssystems von Bretton Woods im Jahr 1973 entfiel eine der Hauptaufgaben des IWF, die Überwachung dieses Systems und die Versorgung der Mitgliedsländer mit Interventionswährung. Die Aufgaben verlagerten sich auf die Überwachung der Wechselkurspolitik seiner Mitglieder, die gegenüber der Zeit des Festkurssystems zunächst noch stärker an den Märkten intervenierten. Außerdem wird das wechselkurspolitische Verhalten eines Landes durch einen ganzen Katalog von Indikatoren überwacht, zu denen neben dem Ausmaß seiner Interventionstätigkeit u.a. auch der Umfang von Auslandskrediten gehört. Formal trug man dem Wegfall des Festkurssystems - allerdings erst im Jahr 1978 - durch eine Änderung des IWF-Abkommens Rechnung. Danach haben die Mitgliedsländer das in der Praxis bereits realisierte Recht, ihr Währungsregime selbst zu bestimmen. Sie sind jedoch verpflichtet, ihre Wechselkurspolitik vom IWF überwachen zu lassen ("firm surveillance").

Allerdings war der IWF auch nach 1973 nicht von seiner Finanzierungsaufgabe entbunden, denn obwohl mit dem Übergang zu prinzipiell flexiblen Wechselkursen keine Interventionspflicht seitens der nationalen Notenbanken mehr bestand, nahmen die Zahlungsbilanzungleichgewichte und die Devisenmarktinterventionen sogar zu. Ursache waren vor allem die Ölpreisschocks der 70er Jahre. In der Folge stiegen auch die Ziehungen der Mitgliedsländer beim IWF an.

Nach den relativ ruhigen 80er Jahren entstand durch den Zusammenbruch des ehemaligen Ostblocks zu Beginn der 90er Jahre eine neue Situation. Diese Länder, die relativ schnell Mitglieder des IWF wurden, hatten nicht primär mit kurzfristigen Zahlungsbilanzproblemen, sondern mit allgemeinen wirtschaftlichen Problemen im Zusammenhang mit der Transformation zu marktwirtschaftlichen Ordnungen zu kämpfen. Der IWF ging deshalb dazu über, zunehmend Strukturanpassungsprogramme zu finanzieren. Die Mittel hierfür kamen aus der bereits 1974 eingerichteten erweiterten Fondsfazilität (extended fund facility), die für langfristige Kredite zur Überwindung struktureller Probleme vorgesehen war. Daneben gibt es seit 1986 eine Strukturanpassungsfazilität (structural adjustment facility) und seit 1987 eine erweiterte Strukturanpassungsfazilität (enhanced structural adjustment facility), die 1993 zusammengefasst wurden und 1999 um das Ziel der Armutsbekämpfung erweitert wurden. Die Fazilität heißt heute Armutsreduzierungs- und Wachstumsfazilität (poverty reduction and growth facility). 1995 bis 1999 kamen weitere Finanzierungsinstrumente hinzu, so dass der IWF bei der Zahlungsbilanzfinanzierung seiner Mitglieder in neue Größenordnungen vorstieß.

Die Möglichkeiten dieser Fazilitäten, die sprunghafte Zunahme der internationalen Kapitalströme, die Problematik der Transformationsländer und das Auftreten diverser Währungskrisen ließen die Mittelvergabe des IWF in der zweiten Hälfte der 90er Jahre explosionsartig steigen. In Tabelle IV.1 sind die größten Kreditzusagen des IWF im Zeitraum von 1995 bis 2000 zusammengefasst. Problematisch bei diesen Kreditgewährungen war die immer öfter zu beobachtende Abkehr des IWF vom strengen Prinzip der katalytischen Finanzierung, d.h. einer ergänzenden öffentlichen Finanzierung zu ebenfalls fließenden privaten Mitteln. Denn durch die krisenhafte Zuspitzung in einigen Ländern wurden die IWF-Kredite des öfteren faktisch zu nichts anderem als einem Ausgleich abgezogener Privatmittel. Wenn aufgrund eines solchen Verhaltens private Investoren darauf vertrauen, im Krisenfall ihre Mittel ohne Verlustrisiko abziehen zu können, werden die Lenkungsmechanismen privater

Tabelle IV.1 Die 11 größten Kreditzusagen des IWF im Zeitraum von 1995 bis 2000

Kreditnehmer	Datum der Zusage	Betrag in Mrd. SZR
Südkorea	12/1997	15,5
Russland	3/1996	13,2
Mexiko	2/1995	12,1
Brasilien	12/1998	10,4
Indonesien	11/1997	8,3
Argentinien	3/2000	5,4
Russland	4/1995	4,3
Russland	7/1999	3,3
Mexiko	7/1999	3,1
Thailand	8/1997	2,9
Türkei	12/1999	2,9

Quelle: Deutsche Bundesbank, Monatsbericht September 2000

Kapitalmärkte verzerrt und das Moral-Hazard-Problem verstärkt. Die Gesamtsumme ausstehender Kredite des IWF erreichte auf diese Weise Ende 1999 mit über 90 Milliarden US-Dollar einen vorläufigen Höhepunkt, größter Einzelschuldner war Russland mit etwa 15 Milliarden Dollar, gefolgt von Indonesien, Brasilien und Südkorea.

Diese verstärkten Finanzierungsaktivitäten, die oft nicht klar von den Aufgaben der Weltbank abzugrenzen waren, haben immer wieder zu Diskussionen über die Aufgaben des IWF geführt, wobei sich die Kritik durch die Rolle, die der IWF bei verschiedenen Finanzkrisen zwischen 1985 und 2000 spielte, zunehmend verstärkt hat und in der Forderung nach Abschaffung des Fonds gipfelte. Die Notwendigkeit einer neuen Aufgabenausrichtung wurde inzwischen allgemein akzeptiert. Wie eine solche Reform aussehen könnte, wird in Kapitel IX diskutiert.

6. Zusammenfassung von Kapitel IV

1. Ein Währungssystem ist die Summe aller institutioneller Regelungen über die Funktionsweise der Devisenmärkte sowie der Rahmenbedingungen des internationalen Güter- und Kapitalverkehrs. Insbesondere geht es dabei um Regeln für die Bestimmung der Wechselkurse und ihrer Beeinflussung, um Mechanismen des Zahlungsbilanzausgleichs und um Art und Umfang von Währungsreserven.

2. Die Regelungen über die Art der Wechselkursbildung reichen von der freien Kursbildung über ein System fallweiser Interventionen (kontrolliertes Floaten), Wechselkurszielzonen oder -referenzwerte, Festkurse mit Schwankungsbreiten bis zu einer starren Fixierung.

3. Wechselkursregelungen können auf einer einseitigen Bindung beruhen, wobei die strengste Form das currency board darstellt, sie können aber auch Vereinbarungen zwischen mehreren teilnehmenden Ländern darstellen. In einem Festkurssystem mit mehreren beteiligten Ländern muss neben der Bestimmung des Kursniveaus und des Umfangs möglicher Schwankungsbreiten auch festgelegt werden, welche der beteiligten Notenbanken zur Kursstabilisierung verpflichtet ist, wie Paritätsänderungen vorgenommen werden sollen und ob eine der beteiligten Währungen eine Leitfunktion übernehmen soll.

4. Zahlungsbilanzungleichgewichte sind immer gekoppelt mit Devisenmarktungleichgewichten, deren Beseitigung grundsätzlich durch eine Anpassung oder eine Finanzierung erfolgen kann. Eine Anpas-

sung kann zum einen in einer Wechselkursänderung bestehen, die bei Normalreaktion zu einem Ausgleich der Leistungsbilanz und damit zu einer Beseitigung des Devisenmarktungleichgewichts führt. Eine andere Form der Anpassung sind wirtschaftspolitische Maßnahmen zur Beeinflussung von Volkseinkommen und Absorption. Solche Maßnahmen können auf Anreizen, wie etwa Zins- oder Steueränderungen, beruhen, sie können aber auch Eingriffe in den freien Güter- und Kapitalverkehr, wie Importzölle oder Kapitalverkehrskontrollen, darstellen.

5. Eine Zahlungsbilanzfinanzierung ist ein Eingriff von Notenbanken auf den Devisenmärkten, um das bestehende Ungleichgewicht bei unveränderten Werten von Wechselkurs, Volkseinkommen und Absorption auszugleichen. Ein solcher Eingriff ist nur bei als vorübergehend angesehenen Ungleichgewichten zu rechtfertigen, da nicht an deren Ursachen angesetzt wird.

6. Ein typischer Fall einer Zahlungsbilanzfinanzierung ist ein Leistungsbilanzdefizit, dem kein Nettokapitalimport in genügendem Umfang gegenübersteht. Dies impliziert eine Überschussnachfrage nach Devisen, die die Notenbank aus eigenen Beständen „finanziert", was allerdings die Existenz von Währungsreserven oder die Möglichkeit, kurzfristig in den Besitz von konvertierbarer Währung zu gelangen, voraussetzt. Währungsreserven müssen durch Leistungsbilanzüberschüsse in der Vergangenheit erwirtschaftet worden sein. Daneben gibt es Ziehungsrechte genannte Währungskredite der einzelnen Notenbanken beim IWF oder die Möglichkeit, Sonderziehungsrechte gegen konvertierbare Währung zu tauschen.

7. Zu den Währungsreserven gehören nach wie vor Gold - obwohl es seit 1973 praktisch keine offizielle Funktion im Weltwährungssystem mehr hat -, Sonderziehungsrechte und Fremdwährung, vor allem US-Dollar. Sonderziehungsrechte wurden 1969 vom IWF geschaffen, um den Dollar als Reservewährung zu entlasten. Sie sind als Währungskorb definiert und werden den einzelnen Ländern vom IWF im Verhältnis ihrer Quote zugeteilt. Sie können im Bedarfsfall mit anderen Ländern gegen konvertierbare Währung getauscht werden.

8. Neben dem Ziel der Zahlungsbilanzfinanzierung werden Devisenmarktinterventionen von Notenbanken auch mit der Motivation durchgeführt, kurzfristige Wechselkursschwankungen zu glätten, eine bestimmte Kursentwicklung zu verhindern oder bestimmte Zielwerte zu erreichen. Devisenmarktinterventionen von Notenbanken sind insge-

samt kritisch zu bewerten. Zum einen ist jede Devisenmarktintervention mit einer Geldmengenänderung verbunden, was u.U. zu einem Konflikt mit binnenwirtschaftlichen Zielen führt. Daneben laden verpflichtende Interventionen im Rahmen eines Festkurssystems Spekulanten zu risikoarmen Engagements ein. Bei flexiblen Wechselkursen werden fallweise Devisenmarktinterventionen in der Regel nur bei bereits aufgetretenen Wechselkursänderungen durchgeführt, denen entgegengewirkt werden soll. Sie können damit aber einen weiteren Störfaktor darstellen, der den Markt nicht beruhigt, sondern weiter destabilisiert.

9. Der IWF wurde am 22.7.1944 in Bretton Woods gegründet. Seine Hauptaufgabe war bis 1973 die Überwachung und aktive Gestaltung des Festkurssystems von Bretton Woods. Daneben gehörte die Schaffung und Sicherung von Währungskonvertibilität und der Freiheit des internationalen Kapitalverkehrs zu seinen Aufgaben. Seit dem Zusammenbruch des Währungssystems von Bretton Woods beschränkt sich der Währungsfonds auf die Überwachung der Wechselkurspolitik seiner Mitglieder und ist daneben in die Finanzierung von Strukturanpassungsprogrammen eingestiegen, was ihm auch Kritik eintrug.

Kapitel V

Weltwährungssysteme in der Praxis

1. Der klassische Goldstandard

1.1 Institutionelle Regelungen des Goldstandards

In der zweiten Hälfte des 19. Jahrhunderts führten die meisten damaligen Industriestaaten den *Goldstandard* als nationales Währungssystem ein. Er ersetzte den bis dahin verbreiteten Bimetallismus, ein System umlaufender Gold- und Silbermünzen. Bei einer Goldwährung kann man grundsätzlich die *Goldumlaufwährung* und die *Goldkernwährung* unterscheiden. Während bei der Goldumlaufwährung vollwertige Goldmünzen (Kurantmünzen) als Zahlungsmittel dienen, ist bei der Goldkernwährung Papiergeld im Umlauf, das durch Gold im Besitz der nationalen Währungsbehörden in einem bestimmten Verhältnis gedeckt sein muss. Man unterscheidet dabei das Proportionalsystem, bei dem ein bestimmter Anteil des umlaufenden Geldes gedeckt sein muss und das Fiduziärsystem, bei dem ein bestimmter Betrag des umlaufenden Geldes, das Vertrauenskontingent, deckungsfrei bleibt, während bei der darüber hinausgehenden Geldmenge eine 100%ige Deckung vorgeschrieben ist. Im Deutschen Reich galt seit 1875 das Proportionalsystem mit einer Dritteldeckung, die umlaufende Geldmenge durfte also maximal den dreifachen Wert des Goldbestandes der Notenbank betragen. Die Notenbanken verpflichteten sich dabei, zu einem festen Umtauschverhältnis Gold in unbeschränktem Umfang gegen eigene Währung anzukaufen und zu verkaufen.

Wenn in mehreren Ländern eine Goldkernwährung existiert und Gold zwischen diesen Ländern frei bewegt werden darf, so ist durch die Goldannahme- und Goldabgabeverpflichtung der Notenbanken zu einem fixierten Preis auch der Wechselkurs zwischen den Währungen der Länder determiniert. Dies war von 1871 an in fast allen europäischen Industriestaaten und damit in allen weltwirtschaftlich bedeutenden Ländern der Fall. Auch die USA gingen 1861 (de jure erst 1879) zum Goldstandard über, der damit ab 1879 als erstes internationales Währungssystem bezeichnet werden kann, obwohl ihm keine internationale Vereinbarung zugrunde lag. Er hatte sich vielmehr als Konsequenz der einzelnen nationalen Entscheidungen zugunsten der Goldwährung als nationale Währungsverfassung ergeben, Gold war somit der reale Anker dieses Systems. Ebenso waren keine Verfahren vereinbart, wie Paritätsänderungen vorgenommen werden sollten, und es gab keinen gegenseitigen Kreditbeistandsmechanismus.

Der Goldstandard war de facto ein Festkurssystem mit uneingeschränkten internationalen Kapitalbewegungen, Gold fungierte als internationales Reservemedium. Die Regeln, die diese Eigenschaften des Goldstandards gewährleisteten, waren sehr einfach:

1. Gold ist das einzige offizielle Reservemedium der Länder.
2. Jede der beteiligten Währungsinstanzen legt eine Parität zu einer Gewichtseinheit Gold fest (Goldparität).
3. Jedes Land verpflichtet sich, zu der festgelegten Parität in beliebiger Höhe Gold gegen eigene Währung zu kaufen oder zu verkaufen.
4. Jedes Land verpflichtet sich, die umlaufende Geldmenge in Höhe einer festgelegten Quote durch Goldreserven zu decken.
5. Zwischen den einzelnen Ländern ist die freie Ein- und Ausfuhr von Gold gewährleistet; auch sonst gibt es keine Beschränkungen des internationalen Handels von Gütern und Dienstleistungen sowie des internationalen Kapitalverkehrs.

Durch die Bindung jeder Mitgliedswährung zum Gold bestehen auch zwischen den einzelnen Währungen feste Paritäten.

So wurde etwa der Wert der Deutschen Reichsmark (RM) mit 86,58 RM pro Feinunze Gold (31,1 Gramm) festgelegt, der Wert des US-Dollar mit 20,67 $ pro Feinunze. Damit existierte ein Dollarkurs in Höhe von 4,19 Mark. Solange Gold frei ex- und importiert werden darf und die Goldbewegungen keine Kosten verursachen, sorgt *Goldarbitrage* dafür, dass der Wechselkurs zwischen Mark und Dollar bei 4,19 Mark fixiert bleibt. Steigt der Dollarkurs durch eine außenhandelsbedingte Nachfragesteigerung nach Dollar über 4,19, etwa auf 4,39 Mark, so lohnt sich ein Goldexport. Die Arbitrageure kaufen bei der Deutschen Notenbank Gold zu einem Preis von 86,58 Mark pro Feinunze, exportieren das Gold in die USA und verkaufen es dort der amerikanischen Notenbank zu 20,67 $ pro Feinunze. Durch dieses Geschäft haben sie praktisch Mark in Dollar zu einem Kurs von 4,19 Mark pro Dollar getauscht. Die Dollar können sie dann am Devisenmarkt zu dem höheren Kurs von 4,39 Mark pro Dollar wieder in Mark zurücktauschen und haben damit an jedem Dollar 0,2 Mark Gewinn erzielt. Das durch das Arbitragegeschäft induzierte Dollarangebot am Devisenmarkt sorgt dann dafür, dass der Dollarkurs wieder auf die Goldparität fällt, da erst dann kein Anreiz mehr für ein Goldarbitragegeschäft besteht. Die analogen Aussagen gelten auch im umgekehrten Fall. Sinkt der Dollarkurs unter 4,19 Mark, so findet aus Sicht Deutschlands ein Goldimport statt, die damit verbundene Dollarnachfrage stabilisiert den Kurs in Höhe der Goldparität von 4,19 Mark.

Die bisherigen Ausführungen gingen von dem unrealistischen Fall aus, Goldarbitrage verursache keine Kosten. In der Realität existieren jedoch zum einen die Goldtransportkosten, da das Gold physisch von Land A nach Land B bewegt werden muss. Weiterhin sind Versicherungskosten des Goldtransports, aber auch Opportunitätskosten in Form eines Zinsentgangs des für die Goldarbitrage eingesetzten Kapitals zu berücksichtigen. Zieht man solche Kosten in das Entscheidungskalkül ein, so wird Goldarbitrage nicht bereits bei einer minimalen Differenz zwischen dem sich am Devisenmarkt einstellenden

Wechselkurs und dem Goldparitätskurs einsetzen. Erst wenn der Wechselkurs so weit vom Goldparitätskurs abweicht, dass die durch die Goldarbitrage anfallenden Kosten gedeckt sind, werden Goldexporte und Goldimporte beginnen. Der Goldstandard ist also ein Festkurssystem mit Schwankungsbereichen nach oben und unten.

Der Wechselkurs oberhalb des Goldparitätskurses, bei dem die Kosten der Goldarbitrage gerade gedeckt sind, wird als *Goldexportkurs* (w^{ex}), der entsprechende Wert unterhalb des Goldparitätskurses *Goldimportkurs* (w^{im}) genannt. Ab dem Goldexportkurs wird das Dollarangebot praktisch vollkommen elastisch, da die Goldexporte ein Dollarangebot am Markt implizieren und damit den Kurs stabilisieren. Entsprechend wird ab dem Goldimportkurs die Dollarnachfrage unendlich elastisch, da die mit einem Goldimport verbundene Dollarnachfrage ein weiteres Absinken des Kurses verhindert. Die Größe der Spanne zwischen dem Goldexport- bzw. dem Goldimportkurs und der Goldparität ist also von der Höhe der Goldarbitragekosten (k) abhängig. Abbildung V.1 verdeutlicht diese Zusammenhänge.

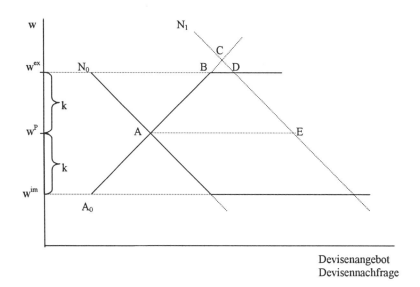

Abb. V.1: Wechselkursbildung im Goldstandard

In Punkt *A* besteht ein Devisenmarktgleichgewicht beim Goldparitätskurs w^P. Nun steigt die Devisennachfrage exogen von N_0 auf N_1. Damit würde sich in Punkt C ein Gleichgewichtskurs ergeben, der aber über dem Goldexportkurs liegt. Sobald der Wechselkurs aber w^{ex} übersteigt, setzt ein Goldexport ein, das Devisenangebot steigt damit um BD, und der Wechselkurs wird in Höhe von w^{ex} fixiert.

Das Ausmaß der Bandbreiten, d.h. die Differenz zwischen dem Goldparitätskurs und dem Goldexport- bzw. dem Goldimportkurs, ist von dem jeweiligen Länderpaar abhängig, da die Kosten der Goldarbitrage zwischen verschiedenen Ländern unterschiedlich sein werden. Zum einen sind die Goldtransportkosten von der Entfernung der beiden Länder abhängig, zum anderen können aber auch die Staaten durch eine Besteuerung oder eine Subventionierung der Goldtransporte - was im Goldstandard allerdings nicht erlaubt war - die Spanne beeinflussen.

1.2 Ökonomische Wirkungen des Goldstandards

1.2.1 Preisniveaustabilisierung

Das Güterpreisniveau ist im Goldstandard immer auch von der Goldproduktion abhängig. Steigt etwa in einem Land die Goldproduktion, verkaufen die Wirtschaftssubjekte einen Teil des zusätzlichen Goldes an die Notenbank und lässt diese den damit verbundenen Geldmengenanstieg zu, obwohl dem kein entsprechender Anstieg der Güterproduktion entspricht, so steigen in diesem Land die Güterpreise. Damit sinkt jedoch die internationale Konkurrenzfähigkeit des Landes, seine Leistungsbilanz verschlechtert sich, und am Devisenmarkt entsteht eine Überschussnachfrage nach ausländischer Währung. Der Wechselkurs wird damit steigen. Sobald der Goldexportkurs erreicht wird, setzt Goldarbitrage ein, die Wirtschaftssubjekte kaufen von der inländischen Notenbank Gold und exportieren dieses. Damit sinkt aber die inländische Geldmenge, was preisniveaustabilisierend wirkt. Da bei einem Goldverkauf die Deckungsvorschrift beachtet werden muss, wird die inländische Notenbank durch diesen Mechanismus zu einer stabilitätsorientierten Geldpolitik gezwungen.

Auch ein durch einen allgemeinen Nachfrageanstieg ausgelöster Preissteigerungseffekt wird gedämpft. Steigen die Preise aller Güter (außer Gold) und Faktoren, so wird, falls das Land ein Goldproduzent ist, die Goldproduktion sinken, da die Produktionsfaktoren jetzt rentabler bei der Herstellung anderer Güter eingesetzt werden können. Andererseits wird die Nachfrage nach dem jetzt - relativ - billigeren Gut Gold steigen, um es für nicht-monetäre Zwecke (z.B. Schmuck) zu verwenden. Beide Effekte führen zu einer verstärkten Goldnachfrage bei der Notenbank, deren Goldreserven damit abnehmen. Wegen der Golddeckungsvorschrift muss dann aber auch die inländische Geldmenge sinken, was der allgemeinen Preissteigerungstendenz entgegenwirkt.

1.2.2 Zahlungsbilanzausgleich

a) Geldmengen-Preis-Mechanismus

Durch den Geldmengen-Preis-Mechanismus besteht im Goldstandard ein *Automatismus des Zahlungsbilanzausgleichs*. Es sei angenommen, im Ausgangszustand sei die Zahlungsbilanz ausgeglichen und der Wechselkurs entspreche der Goldparität. Nun steige, etwa weil im Inland die Güterpreise gestiegen sind, die Importnachfrage und damit auch die Nachfrage nach Devisen, wie in Abbildung V.1 dargestellt, die Überschussnachfrage beträgt beim Goldparitätskurs AE. Der Dollarkurs steigt.

Liegt der neue Gleichgewichtskurs oberhalb des Goldexportkurses, wie in Punkt C der Abbildung V.1, so setzt ein Goldarbitragegeschäft ein, bei dem die ausländische Geldmenge steigt, da die ausländische Notenbank Gold ankaufen muss, während die inländische Geldmenge sinkt, da die inländische Notenbank den Goldarbitrageuren Gold zum Zwecke des Exports verkaufen muss. Wegen der Golddeckungsvorschriften kann die inländische Notenbank den Geldmengenrückgang nicht verhindern, im Gegenteil, waren vor dem Goldarbitragegeschäft die umlaufenden Banknoten durch Gold gerade im Umfang der erforderlichen Quote gedeckt, so muss die inländische Notenbank die Geldmenge noch stärker als im Ausmaß des Goldverkaufs reduzieren, im Beispiel der Dritteldeckung um das Dreifache. Diese Geldmengenverknappung im Inland führt bei normalen Zusammenhängen zwischen Geldmenge und Gütersektor auch zu einer Verknappung der Güternachfrage und damit zu einem Rückgang der Güterpreise. Im Ausland dagegen steigt mit dem Ankauf von Gold die Geldmenge. Hier hat die Notenbank allerdings die Freiheit, den Geldmengenanstieg zu neutralisieren oder aber die Geldmenge unter Beachtung der Deckungsquote zu erhöhen. Steigt die Geldmenge, so hat dies einen expansiven Nachfrageeffekt und damit einen tendenziellen Preisanstieg im Ausland zur Folge. Die Güterpreisniveaus zwischen In- und Ausland gleichen sich damit wieder an.

Da die Goldarbitrage entgegengesetzte Preiseffekte in den beiden Ländern auslöst, wird das Inland im Vergleich zum Ausland wieder konkurrenzfähiger, die inländischen Exporte werden steigen, die inländischen Importe sinken. Der Devisenmarkt und die Leistungsbilanz tendieren damit wieder zum Gleichgewicht. Tabelle V.1 gibt einen Überblick über die einzelnen Effekte. Der hier beschriebene Geldmengen-Preis-Mechanismus des Leistungsbilanzausgleichs setzt allerdings voraus, dass sowohl die Güterpreisniveaus der beteiligten Länder flexibel auf Geldmengenänderungen als auch die Leistungsbilanz normal auf eine Veränderung der Güterpreisniveaus reagieren.

Die im Geldmengen-Preis-Mechanismus zum Ausdruck kommende monetäre Disziplinierung der Notenbanken versagt, wenn alle Länder gleichzeitig eine zu expansive Geldpolitik betreiben, indem sie etwa gleichzeitig ihre Deckungsquote reduzieren. Dann würden die Güterpreise in allen Ländern steigen, es ergäbe sich keine Verschiebung der internationalen Konkurrenzfähigkeit und damit auch kein Wechselkurs- und Goldarbitrageeffekt.

Tabelle V.1: Automatischer Zahlungsbilanzausgleich im Goldstandard

Land A	Land B
Anstieg des Preisniveaus ↓ Verschlechterung der Leistungsbilanz ↓ Überschussnachfrage nach B-Währung ↓ Abwertung der A-Währung ↓ Goldabfluss ↓ Rückgang der Geldmenge ↓ Rückgang des Preisniveaus ↓ Verbesserung der Leistungsbilanz	Verbesserung der Leistungsbilanz ↓ Überschussangebot an A-Währung ↓ Aufwertung der B-Währung ↓ Goldzufluss ↓ Anstieg der Geldmenge ↓ Anstieg des Preisniveaus ↓ Verschlechterung der Leistungsbilanz
Ausgleich der Leistungsbilanz	

b) Einkommensmechanismus und Kapitalbewegungen

Sind die Güterpreisniveaus - zumindest nach unten - unflexibel und reagieren damit auch nicht auf Geldmengenänderungen, so treten andere Anpassungseffekte auf. Ausgangspunkt sei wieder ein autonomer Anstieg der Importnachfrage, verbunden mit einem Leistungsbilanzdefizit sowie einer Überschussnachfrage am Devisenmarkt. Die inländische Geldmenge sinkt aufgrund des Goldexports. Der Rückgang der Geldmenge hat, unabhängig von der Reaktion der Güterpreise, einen Anstieg des inländischen Zinsniveaus zur Folge. Der Zinsanstieg wirkt zum einen negativ auf die inländische Investitionstätigkeit, zum anderen verteuert er die private Konsumfinanzierung. Die gesamtwirtschaftliche Güternachfrage und damit das gesamtwirtschaftliche Einkommen geht zurück. Nimmt man realistischerweise Einkommensabhängigkeit der Güterimporte an, so werden auch diese sinken. Reagiert das Ausland wegen der dort steigenden Geldmenge mit einer Zunahme seiner Güterimporte, so impliziert dies für das Inland steigende Güterexporte. Der Rückgang der Güterimporte bzw. der Anstieg der Güterexporte findet so lange statt, bis die Leistungsbilanz sich wieder im Gleichgewicht befindet, da erst dann kein goldarbitragebedingter Geldmengeneffekt mehr auftritt. Aus Sicht des Inlands ergibt sich damit *ein einkommensinduzierter Ausgleich* der Zahlungsbilanz.

Ein weiterer Ausgleichsmechanismus sind die internationalen Kapitalbewegungen. Ist die Geldmengenverknappung im Inland mit einem Zinsanstieg und die Geldmengenexpansion im Ausland mit einem Zinsrückgang verbunden, so induziert diese Verschiebung der Renditen c.p. einen Nettokapitalimport für das Inland, dessen Ausmaß von der Zinselastizität der internationalen Kapitalbewegungen abhängig ist. Der Nettokapitalimport führt am Devisenmarkt zu einem Angebotsanstieg an Auslandswährung, der die importnachfragebedingte Nachfragesteigerung tendenziell ausgleicht und die Zahlungsbilanz bzw. den Devisenmarkt ins Gleichgewicht bringt. Der Ausgleich der Zahlungsbilanz auf diese Weise erfolgt umso eher, je mobiler und zinsreagibler die internationalen Kapitalbewegungen sind.

1.2.3 Internationaler Konjunkturzusammenhang

Das mit dem Goldstandard verbundene System fester Wechselkurse impliziert letztlich auch eine *gleichgerichtete Konjunkturentwicklung* in den beteiligten Ländern. Steigen etwa die autonomen Investitionen und erhöht sich damit das Volkseinkommen im Inland, so löst dies eine einkommensinduzierte Erhöhung der Güterimporte aus. Da die inländischen Importe den ausländischen Exporten entsprechen, wird auch im Ausland ein positiver Impuls auf das Volkseinkommen ausgehen. Verstärkt wird diese Konjunkturübertragung durch die Goldarbitrage. Die steigenden Güterimporte des Inlands führen zu einer steigenden Devisennachfrage und in der Folge zu dem oben diskutierten Goldexport. Das Ausland importiert Gold, was eine Erhöhung der Geldmenge und damit einen weiteren positiven Impuls auf das Sozialprodukt impliziert. Analoge Zusammenhänge gelten auch für eine negative Volkseinkommensentwicklung, etwa ausgelöst durch sinkende autonome Investitionen. Der damit verbundene Volkseinkommensrückgang lässt die inländischen Importe und damit die ausländischen Exporte schrumpfen, was im Ausland einen negativen Volkseinkommenseffekt auslöst. Verstärkt wird dieser Effekt durch die sinkende ausländische Geldmenge im Zuge des zahlungsbilanzinduzierten Goldexports.

1.3 Beurteilung des Goldstandards

- *System stabiler Wechselkurse*: Die Wechselkurse schwankten nur im Ausmaß der Goldarbitragekosten, was in der damaligen Zeit für die internationale

Arbeitsteilung eine sichere Kalkulationsgrundlage darstellte und den Handel positiv beeinflusste. So nahm der Güteraustausch der beteiligten Länder in der Zeit des Goldstandards von 1880 bis 1914 um mehr als das Dreifache zu. Begünstigt wurde diese Entwicklung durch den fast vollkommenen Verzicht auf protektionistische Maßnahmen und Kapitalverkehrskontrollen. Damit konnten die wohlfahrtssteigernden Wirkungen der internationalen Arbeitsteilung genutzt werden.

- *Preisniveaustabilisierung*: Die Spielregeln des Goldstandards zwangen den Notenbanken eine monetäre Disziplin auf, da eine zu starke Geldmengenausweitung zu einem Schrumpfen der Goldvorräte führte und die Geldmenge damit automatisch reduziert werden musste. Die Geldpolitik war somit allein auf außenwirtschaftliche Stabilität, auf die Konstanz der Wechselkurse ausgerichtet und nicht auf binnenwirtschaftliche Ziele.

Der damalige Erfolg dieser Politik zeigt sich, wenn man die durchschnittliche jährliche Inflationsrate über den gesamten Zeitraum von 1880 bis 1913 betrachtet. In diesem Zeitraum existierte praktisch keine Inflation. In Deutschland z.B. betrug die durchschnittliche jährliche Inflationsrate 0,3%, in den USA 0,1% und im Vereinigten Königreich sanken die Preise im jährlichen Durchschnitt von 0,7%. Begünstigt wurde dieses Ergebnis allerdings durch deutliche Produktivitätssteigerungen, infolge der kostensenkenden Effekte der beginnenden Massenproduktion und durch einen tendenziellen Rückgang der Transportkosten. Auch sanken in dieser Zeit die Nahrungsmittelpreise durch eine Vergrößerung der Anbauflächen in Nordamerika.

Die äußerst geringen durchschnittlichen Inflationsraten verdecken jedoch die über kürzere Zeitintervalle durchaus aufgetretenen deutlichen Preisschwankungen. Damit verbunden waren auch kurzfristige Schwankungen des Sozialprodukts und der Beschäftigung. Ursache für diese Gegensätze sind time lags. Zwar existierte im Goldstandard prinzipiell die Tendenz zur Preisniveaustabilisierung, der hierfür erforderliche Anpassungsprozess war jedoch mit zum Teil deutlichen zeitlichen Verzögerungen verbunden.

- *Zahlungsbilanzausgleich*: Der Goldstandard stellte ein stabiles Währungssystem mit automatischem Zahlungsbilanzausgleich dar, in dem keine Notwendigkeit internationaler wirtschaftspolitischer Kooperation bestand. Da die „Spielregeln" bis zum ersten Weltkrieg weitgehend eingehalten wurden, kam es zu keinen nennenswerten Ungleichgewichten in den Zahlungsbilanzen. Allerdings ist der reibungslose Zahlungsbilanzausgleichsmechanismus allein durch den oben dargestellten Geldmengen-Preis-Mechanismus kaum zu erklären, da die dabei infolge eines Leistungsbilanzungleichgewichts wirkenden Effekte erst mittel- bis langfristig zu einem Ausgleich führen. Es ist deshalb zu vermuten, dass in nicht unerheblichem Umfang auch die Einkommenseffekte und vor allem die zinsinduzierten Kapitalbewegungen zu einem reibungslosen Ausgleich beigetragen haben.

Eine weitere Erklärung liefert der in dieser Zeit praktizierte Freihandel. Durch die weitgehend freie Weltmarktpreisbildung waren die Preise der handelbaren Güter zwischen den beteiligten Ländern sehr eng verzahnt, so dass sich auftretende asymmetrische Störungen auch direkt über den internationalen Preiszusammenhang ausgleichen konnten. Diese Mechanismen sorgten auch für eine deutliche Parallelität der Konjunkturentwicklung, vor allem in den europäischen Ländern.

- *Abhängigkeit von der Goldproduktion*: Das System eines Goldstandards ist auf längere Sicht davon abhängig, dass genügend Gold zufließt. Wenn zur Stabilisierung der Güterpreise die Geldmenge in gleichem Ausmaß wie die Güterproduktion steigen soll, muss, bei Aufrechterhaltung der Deckungsvorschrift, auch die gehaltene Goldmenge entsprechend zunehmen. Da das Reservemedium Gold bei der Produktion einen hohen Ressourceneinsatz erfordert und da die einzelnen Länder sehr unterschiedlich mit Goldvorkommen ausgestattet sind, waren die Notenbanken vieler Länder auf den Import von Gold angewiesen, der aber durch Leistungsbilanzüberschüsse erwirtschaftet werden musste. Die Realisierung dieses Erfordernisses wurde jedoch durch die Mechanismen des automatischen Zahlungsbilanzausgleichs erschwert. Umgekehrt genossen Länder mit großen Goldvorkommen Privilegien, etwa dem, eher eine autonome Geldmengenpolitik durchführen zu können.

- *Aktive Notenbankpolitik*: Auch im Goldstandard waren Devisenmarktinterventionen zur Vermeidung eines Kursausschlags über die Bandbreiten hinaus üblich, hierzu hielten die Notenbanken Devisenreserven in nicht unerheblichem Umfang. Aus diesem Grund, zur Mehrung des eigenen Reichtums und um sich geldpolitische Spielräume zu verschaffen, strebten die meisten Länder einen möglichst hohen Goldbestand an. Daher war es das Ziel der Notenbanken, Goldexporte möglichst zu vermeiden und Goldimporte zu fördern. Zu diesem Zweck wurde versucht, sowohl den Goldexportkurs als auch den Goldimportkurs bei gegebener Goldparität zu erhöhen, um möglichst frühzeitig Goldimporte und möglichst spät Goldexporte lohnend zu machen. Dies konnte durch eine Manipulation der Goldan- und -verkaufskurse geschehen, da zwischen der offiziellen Goldparität einer Währung und den An- bzw. Verkaufskursen der Notenbanken eine Spanne bestand. Der Goldankaufskurs lag etwas unter, der Goldverkaufskurs etwas über dem Paritätskurs. So betrug die Spanne, bezogen auf den Paritätskurs beim Mark-Dollar-Verhältnis, etwas über 1,2%. Durch eine Erhöhung des offiziellen Goldverkaufskurses bei Konstanz der Goldparität wurde die „Bandbreite" für eine flexible Wechselkursbildung nach oben erhöht, da der Goldexportkurs stieg. Erhöht man gleichzeitig auch den offiziellen Ankaufskurs, so erhöhte sich damit auch der Goldimportkurs, die „Bandbreite" für eine flexible Wechselkursbildung nach unten wurde dadurch kleiner. Eine Förderung des Goldimports, d.h. eine Anhebung des Goldimportkurses, wurde auch dadurch erreicht, dass man den

Goldimporteuren zinslose Darlehen zur Finanzierung des Goldarbitragegeschäftes einräumte, was dieses verbilligte. Auch die Transportkosten konnten beeinflusst werden, indem für Goldverkäufe grenzferne Filialen der Notenbank zuständig waren, für Goldankäufe dagegen grenznahe Filialen.

Der klassische Goldstandard stellte von 1880 bis 1914 mit relativ einfachen Spielregeln ein System fester Wechselkurse sicher, das eine sehr positive Wirkung auf den internationalen Güteraustausch hatte. Das Preisniveau war zwar über die gesamte Zeit von 1880 bis 1914 gesehen relativ stabil, es traten aber kurzfristig erhebliche Preis-, Einkommens- und Beschäftigungseffekte auf. Die Konjunkturentwicklung verlief vor allem in den europäischen Ländern weitgehend synchron. Trotz dieser Schwierigkeiten traten keine größeren Zahlungsbilanzsalden auf, wofür nicht nur der Geldmengen-Preis-Mechanismus, sondern auch der direkte internationale Preiszusammenhang, der Einkommenseffekt und die zinsinduzierten kurzfristigen Kapitalbewegungen sorgten. Probleme ergaben sich allenfalls durch die in geeignetem Umfang notwendige Goldversorgung aller beteiligten Länder.

1.4 Die Zwischenkriegszeit

Nach dem ersten Weltkrieg wurden mehrere Versuche unternommen, den erfolgreichen Goldstandard wieder einzuführen. Die währungspolitischen Bedingungen waren jedoch durch die Kriegsfolgen gekennzeichnet, so dass eine sofortige Rückkehr nicht möglich war. Die am Ersten Weltkrieg beteiligten europäischen Länder hatten durch kriegsbedingten Importbedarf in hohem Maße Gold verloren, Goldzuflüsse infolge von Handelsbilanzüberschüssen wiesen dagegen die Vereinigten Staaten, Japan und die neutral gebliebenen europäischen Länder auf. Der hohe Importbedarf und die damit verbundenen Folgen blieben auch in der Aufbauphase nach dem Krieg bestehen. Durch die Kriegsfinanzierung waren weltweit die Inflationsraten gestiegen, allerdings in deutlich unterschiedlichem Maße, so dass die Rückkehr zu den Vorkriegsparitäten zunächst unmöglich schien. Deutschland hatte hohe, damals im genauen Ausmaß noch nicht exakt zu beziffernde Reparationszahlungen zu leisten, auch die Alliierten waren hoch verschuldet, vor allem gegenüber den Vereinigten Staaten. Da auch das Ausmaß des Importbedarfs nicht abzuschätzen war, war es kaum möglich, die „richtigen" neuen Paritäten zu finden. Deshalb ging man zunächst zu flexiblen Wechselkursen über.

Nach einer erfolgreichen Deflationierungspolitik zur Stärkung der Wettbewerbsfähigkeit, die allerdings mit hoher Arbeitslosigkeit verbunden war, kehrte das Vereinigte Königreich 1925 zur Vorkriegsparität zurück, da man eine Abwertung des Pfundes gegenüber dem Gold und damit gegenüber dem Dollar vor allem aus Prestigegründen vermeiden wollte. Das Pfund war mit dieser Paritätssetzung jedoch überbewertet. In Frankreich kam es durch die flexiblen Wechselkurse zu einer deutlichen Abwertung des Francs. Im Deutschen Reich wurde nach einer Hyperinflation 1923 mit der Rentenmark eine neue Währung eingeführt, mit der ein Kursverhältnis gegenüber dem Dollar auf Vorkriegsniveau möglich wurde. Dieser Kurs konnte, unterstützt durch eine stabilitätsorientierte Politik der Notenbank und eine Begrenzung der Staatsverschuldung gehalten werden. Damit waren die Grundlagen für eine Neuauflage des Goldstandards gelegt.

Im Verlaufe der 20er Jahre kehrten praktisch alle wirtschaftlich bedeutenden Länder zu Goldparitäten zurück. Diese *Restaurierung des Goldstandards* erfolgte aber allein durch nationale Beschlüsse ohne internationale Absprachen und war teilweise mit ökonomisch nicht haltbaren Über- und Unterbewertungen der einzelnen Währungen verbunden, so dass Zahlungsbilanzungleichgewichte vorhersehbar waren.

Ein weiteres Problem bestand in der Verknappung der Goldreserven und der damit verbundenen Deflationsgefahr, da die Weltgoldproduktion in der Nachkriegszeit wegen der gegenüber anderen Gütern relativen Verbilligung von Gold stark gesunken war. Deshalb wurden zur Deckung der umlaufenden Geldmenge neben Gold auch Devisenreserven zugelassen. Im Deutschen Reich etwa bestand nach 1923 eine Deckungsvorschrift von 40% durch Gold und Devisen, wobei Gold mindestens 75% ausmachen musste. Dies war aber letztlich eine Destabilisierung des Systems. Auch waren die beteiligten Länder zunehmend weniger bereit, ihre Geldpolitik allein an der außenwirtschaftlichen Stabilität zu orientieren, wie dies in der Vorkriegszeit der Fall war. Binnenwirtschaftliche Zielsetzungen erlangten - auch angesichts der Nachkriegssituation - ein immer stärkeres Gewicht.

Schwierigkeiten lösten auch die zum Teil erheblichen Reparationszahlungen aus, wovon vor allem das Deutsche Reich betroffen war. Denn diesen Transferzahlungen standen kaum reale Ströme gegenüber. Finanziert wurden die deutschen Reparationszahlungen primär durch private Kapitalimporte, die von dem relativ höheren deutschen Zinsniveau angelockt wurden. Da sich hierdurch die deutsche Auslandsverschuldung weiter erhöhte, kam es 1929 zu Zweifeln an der Erfüllung der deutschen Zahlungsverpflichtungen. Dies löste massive Nettokapitalexporte aus, deren negative Folgen die deutsche Regierung mit Devisenbewirtschaftungsmaßnahmen sowie einem befristeten Aussetzen der Schuldentilgung, letzteres in Abstimmung mit den ausländischen Gläubigern, begrenzen wollte.

Auch das Vereinigte Königreich war von dieser Entscheidung betroffen. Die u.a. wegen der Überbewertung des britischen Pfundes über lange Jahre hinweg hohen Leistungsbilanzdefizite hatten auch die Auslandsverschuldung dieses Landes steigen lassen. 1931 war die kurzfristige Verschuldung deutlich höher als die Goldreserven. Hinzu kamen Vertrauensverluste in die staatliche

Budgetpolitik. Die damit einsetzenden Gold- und Devisenverluste veranlassten die Bank von England, die Goldeinlöseverpflichtung zu suspendieren. In der Folge dieser Entscheidung des damals wirtschaftlich dominierenden Landes sagten sich auch die meisten anderen Staaten von der Goldeinlöseverpflichtung los, so dass die Wiedereinführung des Goldstandards als gescheitert gelten konnte.

Nach der faktischen Freigabe des Wechselkurses wertete das Pfund gegenüber Gold und Dollar - und damit gegenüber allen anderen Währungen, solange deren Goldparität noch existierte - stark ab. Obwohl hierzu keine ökonomische Notwendigkeit bestand, folgten diesem Schritt auch Japan und die Vereinigten Staaten. Weitere Länder schlossen sich an. Nach Abschluss dieser *Abwertungsrunde*, im Jahre 1936, lagen die Dollarkurse der meisten Währungen in etwa wieder auf dem Niveau von 1930, letztlich hatten die Abwertungen den Ländern also keine Wettbewerbsvorteile gebracht. Daher kam es zunehmend zu protektionistischen Tendenzen wie dem Aufbau von Zöllen, Importkontingenten oder Zollpräferenzen in praktisch allen Ländern. Da auch die Wechselkurse keine sichere Kalkulationsgrundlage mehr boten, nahm der Welthandel in der Folge spürbar ab und dies, obwohl die Weltproduktion im gleichen Zeitraum zunahm.

Die Gründe des Scheiterns einer Wiedereinführung des Goldstandards lagen letztlich in einer mangelnden internationalen Koordinierung und Kontrolle der Festsetzung und Änderung der Paritäten, im zeitweise auftretenden Mangel an internationalen Reserven sowie in der Einführung von Devisenkontrollen und Handelsbeschränkungen. Diese Defizite wollte man in einer neuen Weltwährungsordnung vermeiden.

2. Gold-Devisenstandard - Der Vertrag von Bretton Woods

2.1 Die unterschiedlichen Ausgangspunkte

Ein Neuanfang gegen Ende des Zweiten Weltkriegs wurde 1944 in der amerikanischen Kleinstadt Bretton Woods gemacht, wo die Grundzüge einer neuen Weltwährungsordnung von 44 eingeladenen Ländern verabschiedet wurden. Die heute führenden Industrienationen Deutschland und Japan nahmen als Kriegsgegner der Alliierten an der Konferenz nicht teil. Von Anfang an bestand unter allen Beteiligten Einigkeit darüber, möglichst bald zu einem neuen Weltwährungssystem zu kommen, bei dem die Schwierigkeiten, die nach dem 1. Weltkrieg aufgetreten waren, vermieden werden sollten.

Diese Vorgaben führten zur Formulierung gemeinsamer Zielvorstellungen der USA und Großbritanniens. Wechselkursänderungen sollten in Zukunft nur noch unter internationaler Kontrolle erfolgen, der Aufbau von Währungsreserven sollte durch internationale Hilfen unterstützt, und eine multilaterale Überwachungsinstanz für die Zahlungsbilanzpolitik der einzelnen Länder sollte geschaffen werden. Allerdings gab es erhebliche Meinungsunterschiede, wie diese gemeinsamen Ziele verwirklicht werden sollten. Dies dokumentierte sich in den Planvorlagen von. J.M. Keynes, dem damaligen Berater des britischen Schatzamtes, und von H.D. White, dem Mitglied des amerikanischen Schatzamtes.

Keynes schlug eine vertragliche Verknüpfung aller teilnehmenden Länder vor, in der sich diese verpflichten sollten, bei ihren wirtschaftspolitischen Maßnahmen auch die Interessen der anderen Mitglieder angemessen zu berücksichtigen. Er sah offenbar die Gefahr, dass ein Leitwährungsland eine nicht genügend expansive Geldpolitik betreiben könnte und damit auch die anderen Mitgliedsländer in ihrer wirtschaftlichen Entwicklung einengen würde. Eine neu zu schaffende *Clearing-Union* sollte die Abrechnung des internationalen Zahlungsverkehrs zwischen den Zentralbanken übernehmen. Hierzu war ein künstliches, von den Zentralbanken als Reservemedium gehaltenes Buchgeld, der *„bancor"*, vorgesehen. Die durch Mitgliedsbeiträge aller beteiligter Länder finanzierte Clearing-Union sollte auch Währungskredite an die einzelnen Zentralbanken vergeben dürfen. Die einzelnen Währungen sollten fest an den bancor gekoppelt werden, lediglich Abweichungen bis zu 5% sollten erlaubt sein.

White dagegen legte stärkeres Gewicht auf die internationale Geldwertstabilität. Er schlug die Bildung eines *Stabilisierungsfonds* vor, der den Defizitländern Währungen aus seinem Bestand überlassen, aber kein eigenes Kreditvergaberecht besitzen sollte. Dies impliziert eine eigene, von den Mitgliedsstaaten aufzubringende Kapitalausstattung. Änderungen der Wechselkursparitäten sollten nur bei fundamentalen Zahlungsbilanzungleichgewichten und nur mit Erlaubnis des Fonds bei einer 75% Zustimmung der Mitglieder möglich sein. Auch wollte White früher und umfassender Devisenkontrollen abschaffen als Keynes. In beiden Vorschlägen fehlte die Forderung, die Geldpolitik der beteiligten Länder direkt zu koordinieren.

2.2 Das Vertragswerk von Bretton Woods

Das im amerikanischen Bretton Woods, New Hampshire, 1944 verabschiedete Währungssystem war zwar ein Kompromiss zwischen den beiden Vorschlägen von Keynes und White, trug jedoch in stärkerem Maße den Vorstellungen White's Rechnung. Als internationales Kontrollorgan wurde der *Internationale Währungsfonds* gegründet, dessen Struktur und Aufgaben bereits in Kapitel IV dargestellt wurden. Der US-Dollar wurde fest an das Gold gekoppelt, die Parität lautete 1 US-Dollar = 0,888671 Gramm Feingold bzw. 1 Unze Feingold = 35 US-Dollar. Diese Parität konnte nur mit 85% der

Stimmen des IWF bei einem 10%igen Vetorecht geändert werden. Die übrigen Mitglieder des Währungssystems sollten mit dem Internationalen Währungsfonds Paritäten ihrer Währungen gegenüber dem Gold vereinbaren. Nur die amerikanische Notenbank war verpflichtet, Gold gegen Dollar in beliebiger Höhe zum festen Kurs zu kaufen und zu verkaufen. Durch die Bindung der einzelnen Währungen an Gold war damit auch ein fester Kurs der einzelnen Währungen gegenüber dem US-Dollar und damit letztlich auch zwischen den einzelnen Währungen festgelegt. Die Wechselkurse durften von der Parität gegenüber dem Dollar nach oben und unten jeweils um maximal 1% abweichen. Dies impliziert, dass zwischen den Nicht-Dollar-Währungen eine Schwankungsbreite von ± 2% bestand. Zur Sicherstellung dieser Grenzen waren die Zentralbanken der Mitgliedsländer - mit Ausnahme der USA - verpflichtet, an den Devisenmärkten zu intervenieren. Der Dollar fungierte dabei als Interventionswährung, d.h. die Interventionen erfolgten in aller Regel über den US-Dollar. Der US-Dollar nahm in diesem System also gleichzeitig die Rolle der Leitwährung, der Reservewährung und der Interventionswährung wahr.

Abbildung V.2 zeigt den vereinbarten Wechselkursmechanismus. w^p kennzeichnet den vereinbarten Paritätskurs zwischen der nationalen Währung und dem Dollar. w^o und w^u sind die oberen und unteren Grenzen der Bandbreiten. Nimmt die Nachfrage nach Dollar zu, so würde dies eine Abwertung der inländischen Währung implizieren, w steigt. In Abbildung V.2 würde durch die Nachfragesteigerung der obere Interventionspunkt überschritten, neues Gleichgewicht läge in Punkt B. Nun waren die nationalen Notenbanken verpflichtet, bei Erreichen eines Interventionspunktes am Markt einzugreifen, im Falle einer Überschussnachfrage nach Dollar - was einem Leistungsbilanzdefizit des betrachteten Landes entspricht - mussten Dollar aus eigenen Beständen verkauft werden. Das Angebot an Dollar am Devisenmarkt nimmt damit zu, in Abbildung V.2 verschiebt sich die Dollarangebotskurve nach rechts, etwa zu A_2. Der Anstieg des Dollarangebots stabilisiert den Wechselkurs innerhalb der Bandbreiten. Auf die sonstigen Möglichkeiten zum Abbau eines Leistungsbilanzdefizits wurde oben ausführlich eingegangen.

Änderungen der Paritäten durften nur nach Beratungen mit dem IWF erfolgen. Als Grund musste ein *fundamentales Zahlungsbilanzungleichgewicht* vorliegen, zu dessen Beseitigung eine Paritätsänderung als notwendig erachtet wurde. Es sollte damit vermieden werden, dass kurzfristige Schwankungen der Wechselkurse zu Paritätsänderungen genutzt werden. Allerdings durfte der IWF einer von einem Mitgliedsland beantragten Paritätsänderung nicht widersprechen, wenn die vorgeschlagene und alle bisherigen Änderungen zusammen nicht mehr als 10% von der ursprünglichen Parität abwichen. Bei einer darüber hinausgehenden Änderung musste der Fonds zustimmen, wenn die Voraussetzung eines fundamentalen Zahlungsbilanzungleichgewichts vorlag und wenn die Wechselkursänderung geeignet erschien, dieses Ungleichgewicht zu beseitigen.

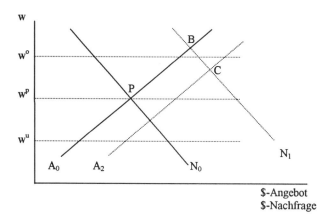

Abb.V.2: Interventionsmechanismus im Bretton Woods System

Hinsichtlich der freien Konvertibilität von Währungen wurde vereinbart, Devisenbeschränkungen zu vermeiden, wenn die Zahlungen laufende Transaktionen betreffen. Solche Beschränkungen waren ohne Zustimmung des Währungsfonds verboten. Im Umkehrschluss heißt dies aber, dass Kapitalverkehrskontrollen zulässig waren, sofern sie die Finanzierung von Leistungstransaktionen nicht behinderten. Ebenso waren Praktiken der multiplen Wechselkursgestaltung ohne Zustimmung des Fonds untersagt. Hierbei handelt es sich um die Festlegung unterschiedlicher Kurse je nach Verwendungsart der Devisen, wobei oft noch nach Güterarten differenziert wurde. Außerdem wurde sofortige Ausländerkonvertibilität eingeführt, d.h. Währungsbestände im Besitz eines anderen Mitglieds durften frei gehandelt werden. Neben Übergangsregeln waren Ausnahmen von diesen Vereinbarungen vorgesehen für den Fall, dass es sich um eine „knappe" Währung handelt, bei der der Währungsfonds die Bereitstellung im Bedarfsfall als gefährdet ansieht. Es dauerte schließlich bis 1959, bis die meisten Industrienationen die Konvertibilität für Leistungstransaktionen wieder in vollem Umfang hergestellt hatten.

Zur Sicherstellung des Bedarfs an Währungsreserven wurden jedem Mitglied die in Kapitel IV diskutierten „Ziehungsrechte" zugestanden. Grundsätzliche Voraussetzung der Inanspruchnahme der Ziehungsrechte ist das Vorliegen eines Ungleichgewichts in der Zahlungsbilanz, das den Einsatz von Währungsreserven notwendig macht.

Die folgende Übersicht fasst die wichtigsten Regelungen des Gold-Devisenstandards noch einmal kurz zusammen:
1. Feste Parität US-Dollar - Gold
2. Jederzeitiger Umtausch US-Dollar - Gold durch die USA
3. Feste Parität jeder Währung zum US-Dollar
4. Bandbreiten gegenüber dem US-Dollar von ± 1%
5. Interventionsverpflichtung zur Stützung der Bandbreiten
6. Eingeschränkte Möglichkeit der Paritätsänderung
7. Zahlungsbilanzfinanzierung über den IWF möglich
8. Kapitalverkehrsbeschränkungen nicht ausgeschlossen

2.3 Erfahrungen mit dem System und das Triffin-Dilemma

Das Bretton Woods-System war in den ersten 10 Jahren seines Bestehens sehr erfolgreich, der internationale Handel nahm sprunghaft zu. Mit dem steigenden Handelsvolumen stieg aber auch das Ausmaß des Bedarfs an Währungsreserven wegen der damit steigenden Gefahr eines Leistungsbilanzdefizits. Reservewährung war im System von Bretton Woods aber vor allem der US-Dollar. Wie in Kapitel I ausführlich dargestellt, kann ein Land nur dadurch in den Besitz von US-Dollar kommen, indem es einen Leistungsbilanzüberschuss aufweist, die USA mussten entsprechende Leistungsbilanzdefizite realisieren. In diesem Zusammenhang liegt ein eingebauter Widerspruch des Systems von Bretton Woods, das als *Triffin-Dilemma* in die Literatur einging: Eine angemessene Versorgung der Welt mit Währungsreserven setzte US-Leistungsbilanzdefizite voraus, die aber notwendigerweise die amerikanische Auslandsverschuldung erhöhen und damit das Vertrauen in den Dollar untergraben mussten.

Dem Erfordernis von permanenten US-Leistungsbilanzdefiziten entsprach die Realität der 50er und 60er Jahre. Mit ein Grund für diese Situation war auch die oben diskutierte Tatsache, dass ein Reservewährungsland nicht dem Anpassungszwang seiner Zahlungsbilanz unterliegt, wie dies bei anderen Ländern der Fall ist. Vielmehr steht ein Reservewährungsland ständig in der Versuchung, eine defizitäre Haushaltspolitik zu betreiben, die dann durch eine Verschuldung in eigener Währung vom Ausland finanziert wird. Dieser Zusammenhang traf auf die USA zu, wo durch den Vietnam-Krieg und durch umfangreiche Sozialprogramme erhebliche Defizite im Staatshaushalt entstanden waren. Für die anderen Länder bedeutete der Ankauf von US-Dollar zwar eine erwünschte Erhöhung ihres Bestandes an Währungsreserven, gleichzeitig war der Ankauf aber mit einer Erhöhung der Inlandsgeldmenge verbunden, so dass damals auch die Inflationsraten in den Mitgliedsländern des Festkurssystems stiegen.

Eine weitere Ursache für diese Entwicklung lag sicher auch in den unterschiedlichen Ausgangssituationen der einzelnen Länder nach dem Zweiten Weltkrieg. Während Staaten wie Deutschland oder Japan durch den Krieg nahezu völlig zerstört waren, war die USA die unangefochten führende Wirtschaftsnation und das größte Gläubigerland der Welt. Da die Produktivität in den kriegszerstörten Ländern im Laufe der Jahre aber durch die unterschiedlichen Ausgangsniveaus erheblich schneller zunahm als die der USA, war der US-Dollar gegenüber den Währungen dieser Länder bald überbewertet, was zu Wettbewerbsvorteilen und Leistungsbilanzüberschüssen außerhalb der USA führte.

Ein permanentes Leistungsbilanzdefizit der USA heißt aber, dass auch die Auslandsverbindlichkeiten der USA ständig zunahmen. Hinzu kam, dass seit Mitte der 60er Jahre die private Goldpräferenz stieg, so dass das Neuangebot aus der Goldproduktion fast restlos von Privaten erworben wurde. Aus diesen Gründen hatten sich bereits 1961 die Notenbanken der am Bretton Woods-System beteiligten Länder zu einem sogenannten *Goldpool* zusammengeschlossen, um den Goldpreis durch Intervention zu stabilisieren. 1966 etwa waren hierfür umfangreiche Goldverkäufe notwendig.

Nach einer Abwertung des britischen Pfundes und der weiteren Verschlechterung der US-Leistungsbilanz im Herbst 1967 wuchs an den Märkten die Überzeugung, die USA könnten die Einlöseverpflichtung gegenüber Gold nicht auf Dauer aufrechterhalten, und der US-Dollar müsse ebenfalls abgewertet werden. Die permanent steigende Auslandsverschuldung der USA hatte dazu geführt, dass die Bestände an Dollar im Besitz der Notenbanken außerhalb der USA mit der Zeit größer waren als die Goldreserven der USA. Dieser Fall war erstmals 1964 aufgetreten. Die Folge der Abwertungserwartung gegenüber dem Dollar war eine steigende Nachfrage nach Gold, so dass von Ende November 1967 bis Mitte März 1968 die Mitglieder des Goldpools Gold für rund 3 Milliarden US-Dollar aus ihren Reserven abgaben, um den freien Goldpreis am Londoner Markt nicht über 35 Dollar je Unze steigen zu lassen. Dies entsprach etwa einem Achtel ihrer gesamten Goldreserven. Da der gewünschte Erfolg ausblieb, wurde am 17. März der Goldpool aufgelöst, der Goldpreis damit nicht mehr gestützt. Der offizielle Goldpreis von 35 Dollar je Unze galt ab diesem Zeitpunkt nur noch für den Handel der Zentralbanken untereinander.

Eine fundamental unterschiedliche wirtschaftspolitische Strategie verschärfte die Ungleichgewichtssituation. Anfang 1970 wechselte das amerikanische Federal Reserve System seine Zinspolitik: Zur Abwehr einer Rezession und zur Verringerung der Arbeitslosigkeit wurden die Zinssätze deutlich gesenkt. Die europäischen Länder dagegen hielten an ihrer strikten Stabilitätsorientierung und der damit verbundenen Hochzinspolitik fest. In der Bundesrepublik Deutschland etwa stieg der Satz für Dreimonatsgeld von 5,5% im Juni 1969 auf 7,5% im März 1971, in den USA fiel dieser Satz von 8% im Januar 1970 auf 3% im März 1971. Die Kapitalmärkte reagierten mit zunehmenden Kapitalflüssen nach Europa. Die Währungsreserven der Deutschen Bundesbank nahmen als Folge von erforderlichen Devisenmarktinterventionen allein im Jahr 1970 um 22,7 Milliarden Mark (d.h. um 86%) zu. Die gesamten Weltwährungsreserven verdoppelten sich aus den gleichen Gründen von Ende 1969 bis März 1973. Wie in Kapitel IV diskutiert, führten die Devisenmarktinterventionen aber zu einer Ausweitung der Geldmenge in Europa und machte die dort verfolgte kontraktive Geldpolitik praktisch unmöglich. Es zeigte sich deutlich, dass eine eigenständige Geldmengenpolitik nur durch die Aufgabe der wechselkursstützenden Interventionen möglich war.

Weitere Ursachen der aufgetretenen Ungleichgewichte waren neben der unterschiedlichen Geldpolitik das stark gestiegene Volumen zinsinduzierter internationaler Kapitalbewegungen, ein ausgeprägter Mangel an Koordination der Wirtschaftspolitik der einzelnen Länder angesichts einer divergierenden Konjunkturentwicklung und die unterschiedliche Rangordnung wirtschaftspolitischer Ziele. Im April 1971 geriet auch die Handelsbilanz der Vereinigten Staaten erstmals ins Defizit und eine Abwertung des US-Dollars wurde damit immer wahrscheinlicher. Als dies bekannt wurde, nahmen die Dollarabflüsse aus den USA extrem zu. Die Verbindlichkeiten der Vereinigten Staaten gegenüber dem Ausland betrugen Mitte August 1971 bereits 56 Milliarden Dollar, ihre Währungsreserven dagegen nur noch 12 Milliarden Dollar. Nachdem die Verpflichtung der Vereinigten Staaten, Dollarguthaben ausländischer Zentralbanken in Gold umzutauschen, seit Jahren nur noch auf dem Papier bestanden hatte, wurde sie von Präsident Nixon am 15. August 1971 auch formell suspendiert. Damit war aber ein, wenn auch in der Praxis nahezu untaugliches, Ventil des Vertrags ausgesetzt, das eine zu expansive Geldpolitik des Leitwährungslandes USA verhindern sollte. Parallel hierzu verabschiedeten die USA ein Programm zur Bekämpfung der Inflation und zur Senkung der Arbeitslosigkeit, in dem auch eine 10%ige Sondersteuer auf die meisten Importgüter enthalten war. Dennoch erreichte das Defizit der amerikanischen Devisenbilanz 1971 28 Milliarden Dollar.

2.4 Das Scheitern des Gold-Devisen-Standards

Vor diesem Hintergrund und angesichts des seit Anfang der 50er Jahre zu beobachtenden Rückgangs der Relation des Währungsreservenbestands zum Weltimportvolumen - diese Relation verringerte sich von 1952 bis 1968 um mehr als die Hälfte - sowie der Goldreserven machte man sich seit Mitte der 60er Jahre Gedanken, wie man die dem Währungssystem von Bretton Woods anhaftende Devisenknappheit beseitigen könnte. Einige Länder, allen voran Frankreich, plädierten für eine Rückkehr zum Goldstandard. Man entschloss sich jedoch zu versuchen, unter Beibehaltung des Gold-Devisenstandards, die Reservenknappheit durch die Schaffung einer neuen, künstlichen Währungsreserve, den Sonderziehungsrechten, zu beheben. Eine Anlehnung an den Goldstandard bestand durch die Rekonstitutionspflicht, nach der im Durchschnitt eines Fünfjahreszeitraums 30% der zugeteilten Sonderziehungsrechte auch gehalten werden mussten, notfalls durch einen Rückkauf bereits verausgabter Sonderziehungsrechte. Diese Verpflichtung wurde jedoch später aufgegeben.

Trotz der Schaffung der Sonderziehungsrechte konnte die Suspendierung der Goldeinlöseverpflichtung der USA nicht verhindert werden. Außerdem mehrten sich 1971 die Stimmen, die Wirtschaftspolitik der einzelnen Länder solle ausschließlich zur Lösung binnenwirtschaftlicher Probleme eingesetzt werden und gegenüber Zahlungsbilanzproblemen eine Haltung „wohlwollender Vernachlässigung" (*benign neglect*) einnehmen.

Im Dezember des gleichen Jahres traten Vertreter der 10 wichtigsten Industrienationen mit dem IWF am Smithonian Institute in Washington zu einer Konferenz zusammen. Ergebnis dieses Treffens (*Smithonian Agreement*): Der US-Dollar wurde (erstmals seit 1934) um durchschnittlich 10% abgewertet. Teilweise erfolgte dies durch eine Abwertung des Dollars gegenüber dem Gold von 35 auf 38 Dollar je Feinunze, zum anderen Teil durch Aufwertungen anderer Währungen gegenüber dem Dollar. 8 Länder werteten noch stärker ab, 39 behielten ihre Goldparität bei und 18 Länder werteten auf. (Die stärksten Aufwertungen betrafen die Deutsche Mark, den japanischen Yen und den Schweizer Franken.) Die meisten Länder machten von einer Bandbreitenerweiterung auf ± 2,25% gegenüber dem US-Dollar Gebrauch. Damit ergab sich eine Bandbreite unter den Nicht-Dollar-Währungen von etwa dem Doppelten, nämlich ± 4,5 %.

Doch auch dieser Versuch, das System von Bretton Woods zu retten, scheiterte. Neben den nach wie vor bestehenden Engpässen in der Reserveversorgung lösten auch immer wieder verzögerte Zahlungsbilanzanpassungen Turbulenzen aus. Ursache waren häufig auftretende unterschiedliche reale wirtschaftliche Entwicklungen und Inflationsdifferenzen in den Mitgliedsländern, u.a. wegen einer unterschiedlich akzentuierten Wirtschaftspolitik. Während die Überschussländer keinen Zwang zur Zahlungsbilanzanpassung hatten, konnten die Defizitländer aufgrund von Ziehungs- und Sonderziehungsrechten sehr lange ein Zahlungsbilanzdefizit finanzieren und eine Anpassung, die eine kontraktive Wirtschaftspolitik impliziert hätte, umgehen. Dadurch verfestigten sich Ungleichgewichte, eine korrigierende Wirtschaftspolitik wurde immer schwieriger.

Andererseits wurden bei Spekulanten dadurch aber Erwartungen hinsichtlich einer unumgänglichen Korrektur der Wechselkursparitäten geweckt. Da die Richtung der erwarteten Kurskorrekturen eindeutig war, handelte es sich um relativ risikolose Spekulationen mit entsprechenden Volumina, was den Druck auf eine Paritätsänderung noch verstärkte. Dazu kamen das zur damaligen Zeit sprunghaft steigende Volumen und die zunehmende Mobilität der internationalen Kapitalbewegungen. Neben der immer stärkeren Deregulierung der Devisen- und Kapitalmärkte waren auch die ständig zunehmenden Dollarbestände außerhalb der USA ein Grund hierfür. So entstanden in der damaligen Zeit die sog. Euro-Märkte. So nennt man Finanzgeschäfte in einer Währung außerhalb des Geltungsbereichs dieser Währung. Primär handelte es sich damals also um den Euro-Dollar-Markt. Begünstigt wurde diese Entwicklung durch das in den USA bestehende Verbot einer Verzinsung von Sichteinlagen und die Höchstgrenzen der Verzinsung für Termin- und Spareinlagen.

Die Bildung der OPEC und die steigenden Ölpreise waren dann der letzte Auslöser für den endgültigen Zusammenbruch des Bretton Woods-Systems. Durch die Leistungsbilanzüberschüsse der ölexportierenden Länder und der Fakturierung von Rohöl auf den Weltmärkten in Dollar erlangten zum ersten Mal Länder nennenswerte Dollarbestände, deren Loyalität gegenüber den USA anders gelagert war als die Deutschlands oder Japans. Es war nicht davon auszugehen, dass die OPEC-Staaten Rücksicht auf die Devisenmarktprobleme der USA nahmen (Einlöseverpflichtung in Gold bei zu geringen Goldreserven), so dass eine allgemeine Umtauschwelle von Dollar in Gold einsetzte und die Erwartung verstärkt wurde, der US-Dollar müsse erneut abgewertet werden. Parallel dazu gerieten andere Währungen, allen voran die Deutsche Mark, in Aufwertungsspekulationen. Im Verlaufe dieser Entwicklung stiegen die Währungsreserven der Deutschen Bundesbank im Februar/März 1973 um 24 Milliarden DM. Allein am 1. März musste sie beim unteren Interventionspunkt von 2,835 DM pro Dollar 2,7 Milliarden Dollar für über 7,5 Milliarden DM kaufen (dies war bis zum damaligen Zeitpunkt der größte Betrag, den eine Zentralbank an einem Tag aus dem Markt zu nehmen hatte). Daraufhin wurden die Devisenmärkte geschlossen. Am 19. März wurde der D-Mark-Kurs gegenüber dem US-Dollar freigegeben.

Andere Länder folgten, so etwa Großbritannien, Italien, Japan und Kanada. Während die meisten lateinamerikanischen Staaten den Wert ihrer Währung weiterhin am US-Dollar ausrichteten, banden ihn andere Staaten an das Pfund Sterling oder den französischen Franc (viele afrikanische Staaten). Es entstand damit eine Welt mit Währungsblöcken, in der die Währungen der wichtigsten Industrieländer gegenüber dem Dollar schwankten. In Europa blieb ein System fester Wechselkurse mit Bandbreiten von ± 2,25% zwischen der Bundesrepublik Deutschland, Belgien, Luxemburg, Dänemark, Frankreich, Niederlande, Norwegen und Schweden bestehen. Mit dem Übergang zum *Gruppenfloating* gegenüber dem Dollar wurden drei Hoffnungen verbunden: 1. die

Vermeidung ständiger Währungskrisen, 2. die bessere Abschirmung gegen ausländische Einflüsse und damit die Möglichkeit einer autonomen Geldpolitik, 3. die Voraussetzung zum weiteren Abbau von Beschränkungen des Güter- und Kapitalverkehrs. Auf die Situation in Europa und deren weitere Entwicklung wird im nächsten Kapitel eingegangen.

3. Flexible Wechselkurse

3.1 Erfahrungen mit flexiblen Wechselkursen

Der Zusammenbruch des Währungssystems von Bretton Woods und die Freigabe der Wechselkurse der wichtigsten Währungen wurde zunächst lediglich als Übergangsphase angesehen, zumal flexible Wechselkurse in den Statuten des IWF nicht vorgesehen waren. Man wollte so schnell wie möglich zu festen Kursen und damit zu einem verlässlichen System zurückkehren. Als dies jedoch immer mehr als eine Illusion erschien, wurden im April 1978 durch eine Änderung der IWF-Statuten flexible Wechselkurse nachträglich sanktioniert. Damit wurde jedoch nicht das grundsätzliche Ziel, ein System weltweit fester Wechselkurse, aufgegeben. Ein neues Weltwährungssystem kann jederzeit mit der Mehrheit von 85% aller Stimmen im IWF beschlossen werden, „wenn die internationale Wirtschaftslage die Einführung eines weitverbreiteten Systems von Wechselkursregelungen auf der Grundlage stabiler, aber anpassungsfähiger Paritäten zulässt" (Art.IV,4 IWF). Daneben wurden die Mitglieder verpflichtet, eine Einflussnahme auf den Wechselkurs zu unterlassen, wenn damit eine Zahlungsbilanzanpassung erschwert oder ein Wettbewerbsvorteil gegenüber anderen Mitgliedern erlangt würde. Allerdings sollen auch bei flexiblen Kursen Interventionen am Devisenmarkt erlaubt sein, um ungeordnete Verhältnisse zu verhindern, wobei stets die Interessen der anderen Mitglieder berücksichtigt werden sollen. Eine Überwachung dieser Regeln erfolgt durch den IWF. Die Stellung des Goldes wurde bei der Satzungsänderung 1978 weiter geschwächt und seine Rolle weitgehend durch Sonderziehungsrechte ersetzt.

Die Rückkehr zu einem System fester Wechselkurse scheiterte nicht zuletzt auch an den drastischen Verschiebungen der Leistungsbilanzsalden in der Folge der beiden Ölpreisschocks 1973/74 und 1979-81. Da die ölexportierenden Länder der OPEC zunächst eine relativ geringe Absorptionskapazität aufwiesen, flossen die Deviseneinnahmen zum großen Teil wieder in die Industriestaaten als Finanzanlagen zurück. Damit stand in diesen Staaten eine Überschussnachfrage nach Devisen aufgrund der Handelsbilanzdefizite einem Devisenangebot aus privaten Kapitalimporten gegenüber, so dass Gleichgewicht auf den Devisenmärkten mit Leistungsbilanzdefiziten vereinbar war.

Mit anderen Worten, die flexiblen Wechselkurse sorgten in vielen Ländern nicht für eine automatisch ausgeglichene Leistungsbilanz.

Infolge der Freigabe traten außerdem zum Teil erhebliche kurzfristige Schwankungen der Wechselkurse auf, die, wie in Kapitel III diskutiert, vor allem durch den Einfluss von Erwartungen auf die Wechselkursbildung erklärt werden können. Wenn alle rational handelnden Marktteilnehmer versuchen, die tägliche Flut neuer Informationen zu berücksichtigen, so kann es zu kurzfristigen Kursausschlägen kommen, da sich einige Informationen in ihrer Wirkung auf die Wechselkurse widersprechen, andere sich in der zeitlichen Distanz oft als nicht kursrelevant erweisen. Folge dieser Schwankungen war, dass die nationalen Notenbanken, die in einem System flexibler Wechselkurse nicht verpflichtet sind, am Devisenmarkt Währungen zu kaufen oder zu verkaufen, zunächst sogar stärker intervenierten als im System fester Wechselkurse mit seinen Interventionsverpflichtungen. Begründet wurden diese Interventionen in Übereinstimmung mit den IWF-Statuten damit, man wolle ungeordneten Devisenmarktbedingungen entgegenwirken und kurzfristige Wechselkursschwankungen glätten.

3.2 Politische Versuche der Devisenmarktbeeinflussung - Weltwirtschaftsgipfel, Plaza-Abkommen und Louvre Akkord

Mit als Folge der gestiegenen Volatilität der Wechselkurse nahm Mitte der 70er Jahre auch die weltwirtschaftliche Desorientierung weiter zu. Neben den starken Wechselkursschwankungen waren Rezessionstendenzen bei steigenden Inflationsraten zu verzeichnen. So betrug 1975 die Wachstumsrate der US-amerikanischen Industrieproduktion -8,8%, die Inflationsrate 9,1 %. Ähnliche Tendenzen traten auch in Japan -10,9%/11,9% und in den EG-Staaten -6,7%/13,1% auf.

Aus den Erfahrungen der Probleme, die im Bretton Woods-System durch mangelnde Politikkoordination entstanden waren, regten angesichts dieser Situation der deutsche Bundeskanzler Helmut Schmidt und der französische Präsident Giscard d'Estaing an, dass die Regierungschefs der wichtigsten Industrienationen zu einem Gipfeltreffen zusammenkommen sollten, um Wirtschafts- und Währungsfragen zu erörtern. Diese Konferenz, die vom 15. bis 17.11.1975 im Schloss Rambouillet in Frankreich stattfand, war der erste sogenannte „*Weltwirtschaftsgipfel*", der in der Folge institutionalisiert und jährlich durchgeführt wurde. Die Veranstaltung in Rambouillet war gleichzeitig das erste multilaterale Treffen der beteiligten Staats- und Regierungschefs seit dem Zweiten Weltkrieg. Teilnehmerländer waren die Bundesrepublik Deutschland, die USA, Frankreich, Großbritannien, Italien und Japan.

Man kam überein, flexible Wechselkurse als legitimes Wechselkurssystem anzuerkennen und es unter IWF-Überwachung zu stellen. Es sollten „Eingriffe" in die Devisenmärkte erfolgen dürfen, um „unberechenbaren" Wechselkursschwankungen entgegenzuwirken. Dieses Ergebnis war ein Kompromiss zwischen den unterschiedlichen Vorstellungen Europas und den USA. Einige europäische Länder, allen voran Frankreich, wollten die Bedeutung von Gold wieder stärken und forderten deshalb vorbereitende Maßnahmen, um zur Stufenflexibilität zurückzukehren. Die USA auf der anderen Seite wollten Interventionsverpflichtungen möglichst vermeiden und waren auch gegen eine Renaissance des Goldes als internationales Reservemedium.

Ein herausragendes Zeichen des damaligen Glaubens an die Machbarkeit und den Erfolg einer international abgestimmten Makropolitik war der Weltwirtschaftsgipfel 1978 in Bonn. Es wurde ein detailliertes Programm verabschiedet, wonach die Bundesrepublik Deutschland, Japan, Italien und Kanada primär Wachstumspolitik betreiben sollten, während den USA als Primärziel die Inflationsbekämpfung sowie Energiesparmaßnahmen angetragen wurden. Frankreich schließlich wurde verpflichtet, sein Staatsbudgetdefizits um 0,5% zu erhöhen. Die erhofften Erfolge dieser Politikkoordination blieben jedoch weitgehend aus, wohl auch deshalb, weil am 17.12. des gleichen Jahres die OPEC eine erneute Erhöhung des Rohölpreises beschloss, worauf der Rohölpreis um 150% stieg und sich auch die Inflationsraten in den Industrienationen drastisch erhöhten.

1982 machte man einen erneuten Versuch, die unkoordinierten Verhältnisse an den Devisenmärkten mit stark schwankenden Wechselkursen in den Griff zu bekommen. Hintergrund war die Wechselkursentwicklung des US-Dollars gegenüber der D-Mark. Von 1973 bis 1980 war der Wert des US-Dollars gegenüber der D-Mark von 2,75 DM/$ auf etwa 1,70 DM/$ gefallen. Ursache war zum einen eine Inflationswelle in den USA aufgrund der Finanzierung des Vietnamkriegs, zum anderen wollten die OPEC-Staaten nach dem 1. Ölpreisschock ihre Devisenerlöse auch aus politischen Gründen nicht nur in den USA anlegen. Viele dieser Anleger entdeckten die D-Mark als Anlagewährung, was den Wert der D-Mark weit über das fundamental gerechtfertigte Maß hinaus in die Höhe trieb. Durch diese Entwicklung nahm der Anteil der D-Mark an den Weltdevisenreserven von 1973 bis 1980 von 8% auf knapp 15% zu (vgl. Deutsche Bundesbank, Monatsbericht 11 1993).

Eine abrupte Umkehr dieser Entwicklung folgte von 1980 bis 1985. Die USA schwenkten auf eine strikte Antiinflationspolitik ein, während die Bundesrepublik Deutschland nach dem 2. Ölpreisschock erstmals Leistungsbilanzdefizite aufwies, was als Beginn einer wirtschaftlichen Schwächeperiode interpretiert wurde. So fiel der Wert der D-Mark allein von Mitte 1980 bis Mitte 1981 um über 40% gegenüber dem US-Dollar, der Kursverfall konnte erst bei etwa 2,50 DM/$ gestoppt werden.

Angesichts dieser Entwicklung legten die Staats- und Regierungschefs 1982 auf dem Weltwirtschaftsgipfel in Versailles ein Bekenntnis zur gemeinsamen Verantwortung für eine größere Stabilität der Währungen ab. Sie beschlossen eine engere Zusammenarbeit mit dem IWF und die Bereitschaft zu Interventionen auf den Devisenmärkten, um „ungeordneten Marktverhältnissen" zu begegnen. Aber auch diese Absichtserklärung war von wenig Erfolg gekrönt. Der Höhenflug des US-Dollars gegenüber der D-Mark und dem gesamten EWS-Block setzte sich weiter fort. Von vielen Beobachtern wurde diese Kursentwicklung sogar als eine spekulative Blase ohne fundamentalen wirtschaftlichen Hintergrund angesehen. Die Europäischen Notenbanken fuhren damals eine im Hinblick auf die wirtschaftliche Situation recht restriktive Geldpolitik, um durch höhere Zinsen die Aufwertung des Dollars zumindest zu bremsen. Die von dieser Politik ausgehenden negativen Einflüsse auf die europäische Wirtschaft wurde oft als "Eurosklerose" bezeichnet. Auch die USA, die nach dem Zusammenbruch des Bretton Woods-Systems Interventionen an den Devisenmärkten stets abgelehnt hatten, waren angesichts der Verschlechterung ihrer Konkurrenzfähigkeit aufgrund des hohen Dollarkurses - er erzielte 1985 einen Nachkriegsrekord von 3,47 DM - bereit, sich nicht länger gegen Devisenmarktinterventionen zu sträuben.

Die Finanzminister und Notenbankchefs der fünf größten OECD-Länder (USA, Japan, Großbritannien, Bundesrepublik und Frankreich) beschlossen deshalb am 22.9.1985 bei ihrem Treffen im Plaza Hotel in New York Maßnahmen zur Stabilisierung der Devisenmärkte, mit anderen Worten, man hatte sich auf *Zielzonen für die Wechselkursniveaus* verständigt. Als Grund wurde genannt, dass die gestiegene Wechselkursinstabilität eine Gefahr für die Entwicklung der internationalen Arbeitsteilung sei. Insbesondere der Wert des US-Dollars wurde angesichts der andauernden US-Leistungsbilanzdefizite und der hohen Staatsverschuldung als zu hoch angesehen. Deshalb wurden koordinierte Interventionsmaßnahmen vereinbart, um den US-Dollar auf ein intern festgelegtes Kursziel zu drücken. Obwohl ein solches Konzept gerade in der damals instabilen Zeit recht riskant war, da weder die Entwicklung der nationalen Inflationsraten und damit der Kaufkraft bekannt war noch wie oft und in welchem Umfang interveniert werden musste und ob wirklich alle Vertragspartner sich an die Vereinbarung halten würden, schenkten die Märkte der *Plaza-Erklärung* Vertrauen, und der Dollar begann an Wert zu verlieren. Er sank bis Februar 1987 auf 1,83 DM.

Ermuntert von diesem Erfolg, vereinbaren die Finanzminister und Notenbankchefs der führenden westlichen Industrienationen im Februar 1987 im Louvre in Paris eine intensivere Abstimmung auch in der Wirtschaftspolitik u.a. mit dem Ziel, den weltwirtschaftlichen Ungleichgewichten zu begegnen. Außerdem wurde vereinbart, die Wechselkurse in etwa auf dem erreichten Niveau zu stabilisieren, da sie den Fundamentaldaten entsprächen. Starke

Wechselkursverschiebungen sollten grundsätzlich nicht mehr hingenommen, sondern durch eine enge währungspolitische Zusammenarbeit verhindert werden. Solche Zielzonen für nominelle Wechselkurse müssen allerdings regelmäßig überprüft werden, um entstandene Inflationsdifferenzen auszugleichen. Hierzu wurde im *Louvre-Abkommen* nichts gesagt, man versuchte vielmehr durch politische Stellungnahmen, durch Koordinierungen bei den mehrmals jährlich stattfindenden Treffen der Finanzminister und der Notenbankchefs und durch fallweise Devisenmarktinterventionen, bei denen auch die USA beteiligt waren, die Devisenmärkte zu stabilisieren. Dies war zunächst auch erfolgreich.

Angesichts deutlich unterschiedlicher Inflationsraten traten dann aber immer stärker Spekulationen auf, die Inflationsraten in Ländern mit noch relativ niedriger Inflation müssten steigen. Die Zentralbanken dieser Länder versuchten ihrerseits, dies durch eine äußerst kontraktive Geldpolitik zu verhindern, was aber internationale Konflikte auslöste. So wurde die Deutsche Bundesbank im Herbst 1987 von den USA offen kritisiert, sie schädige durch ihre Hochzinspolitik die Weltwirtschaft. Die Vereinbarungen des Louvre-Akkord waren gescheitert.

Die bisherigen praktischen Erfahrungen mit Festkurssystemen und Wechselkurszielzonen bestätigen, dass immer wieder Konflikte zwischen binnenwirtschaftlichen Zielen und der außenwirtschaftlichen Stabilität auftreten. Auch angesichts der immer größer werdenden Volumina internationaler Finanzströme ist es den nationalen Notenbanken auch bei koordiniertem Verhalten heute kaum mehr möglich, bestimmte Wechselkursniveaus gegen die Märkte durchzusetzen. Sie haben allenfalls dann Erfolg, wenn sich am Markt noch keine einheitliche Erwartung durchgesetzt hat. Dies ist sicher auch ein Grund dafür, dass es trotz des Fehlens verbindlicher Interventionsregeln nach dem Zusammenbruch des Bretton Woods-Systems noch nicht zu interventionsbedingten Abwertungswettläufen zwischen den einzelnen Ländern gekommen ist.

4. Zusammenfassung von Kapitel V

1. Der Goldstandard war von 1879 bis zum 1. Weltkrieg das erste Weltwährungssystem. Es beruhte auf sehr einfachen Regeln.
- Gold ist das einzige offizielle Reservemedium der Länder.
- Jede der beteiligten Währungsinstanzen legt eine Parität zu einer Gewichtseinheit Gold fest (Goldparität).
- Jedes Land verpflichtet sich, zu der festgelegten Parität in beliebiger Höhe Gold gegen eigene Währung zu kaufen oder zu verkaufen.
- Jedes Land verpflichtet sich, die umlaufende Geldmenge in Höhe

einer festgelegten Quote durch Goldreserven zu decken. Zwischen den einzelnen Ländern ist die freie Ein- und Ausfuhr von Gold gewährleistet; auch sonst gibt es keine Beschränkungen des internationalen Handels von Gütern und Dienstleistungen sowie des internationalen Kapitalverkehrs.

2. Der Goldstandard ist letztlich nichts anderes als ein System fester Wechselkurse mit Bandbreiten. Durch die Goldparitäten sind auch die Wechselkurse zwischen den einzelnen Währungen festgelegt. Goldarbitrage sorgt dafür, dass diese Kurse eingehalten werden. Allerdings findet Goldarbitrage erst dann statt, wenn der erwartete Gewinn größer ist als die dabei entstehenden Kosten, so dass die Wechselkurse im Ausmaß der Goldarbitragekosten um den Fixkurs schwanken konnten.

3. Der Goldstandard führt in der Theorie zu weltweiter Stabilität. Durch Gold als Anker des Systems kommt es längerfristig in allen Ländern zu Preisniveaustabilität, da die Notenbanken im Konfliktfall durch die Deckungsvorschriften zu einer kontraktiven Geldpolitik gezwungen werden. Bei Normalreaktion der Leistungsbilanz auf Preisänderungen sorgt der Geldmengen-Preis-Mechanismus für einen automatischen Zahlungsbilanzausgleich, und auch die Konjunkturentwicklung zwischen den einzelnen Ländern verläuft weitgehend parallel.

4. Durch das Fehlen von Devisenkontrollen und Handelshemmnissen konnte sich die Weltwirtschaft in der Zeit des Goldstandards sehr positiv entwickeln. Auch die erwartete langfristige Preisniveaustabilität, der Zahlungsbilanzausgleich und die parallele Konjunkturentwicklung konnten in der Realität bestätigt werden. Allerdings waren hierfür auch andere Anpassungsmechanismen, wie internationale Kapitalbewegungen, verantwortlich.

5. Der Versuch, nach dem 1. Weltkrieg den Goldstandard wieder einzuführen, scheiterte letztlich an den kriegsbedingt zu großen wirtschaftlichen Divergenzen zwischen den einzelnen Ländern und an der stärkeren binnenwirtschaftlichen Ausrichtung der Wirtschaftspolitik. Nachdem sich zunächst Großbritannien von der Goldeinlöseverpflichtung losgesagt und das Pfund stark abgewertet hatte, folgten diesem Schritt auch andere Länder, es kam zu einer Abwertungsrunde. Da aber praktisch alle Länder abwerteten, profitierte letztlich kein Land von der Neufestsetzung der Kurse. Folge war die Einführung protektionistischer Maßnahmen mit einem Rückgang des Welthandels.

6. 1944 wurden in Bretton Woods die Grundzüge einer neuen Weltwährungsordnung verabschiedet. Neben Gold übernahm der US-Dollar dabei eine dominierende Stellung. Sein Wert war fest an das Gold gekoppelt (1 Feinunze Gold = 35 Dollar), und die amerikanische Notenbank verpflichtete sich, jederzeit Gold zu diesem Kurs anzukaufen und abzugeben. Gegenüber dem Dollar (und damit gegenüber Gold) waren die anderen Währungen mit einer festen Parität verbunden. Die Wechselkurse durften um diese Parität ±1% schwanken, bevor die Notenbanken durch Interventionen eingreifen mussten. Änderungen der Paritäten waren nur bei Vorliegen fundamentaler Zahlungsbilanzungleichgewichte erlaubt.

7. Devisenbeschränkungen sollten für laufende Transaktionen vermieden werden, ebenso waren Praktiken der multiplen Wechselkusgestaltung untersagt. Zur Finanzierung des Bedarfs an Währungsreserven hatte jedes Mitglied Ziehungsrechte beim IWF, d.h. Kreditmöglichkeiten, deren Ausmaß insgesamt begrenzt war und die mit steigendem Volumen konditioniert wurden.

8. Das System von Bretton Woods war zunächst sehr erfolgreich, es zeigte sich jedoch im Laufe der Zeit ein eingebauter Widerspruch, das sog. Triffin-Dilemma: Ein mit steigendem Welthandel steigender Bedarf an Währungsreserven bedeutete eine Nachfrage der nationalen Notenbanken nach Dollar, was aber ein Leistungsbilanzdefizit und damit eine steigende Auslandsverschuldung der USA voraussetzt. Dies musste das Vertrauen in die jederzeitige Goldeinlöseverpflichtung der USA zu einer festen Parität untergraben, denn bereits 1964 überstiegen die Auslandsschulden der USA ihre Goldreserven. Auch die Einführung von Sonderziehungsrechten zur Entlastung des Dollars konnte die Situation nicht nachhaltig verbessern. 1971 betrug die Auslandsverschuldung der USA 56 Mrd. $, denen lediglich Goldreserven im Wert von etwa 12 Mrd. $ gegenüberstanden. Am 15.8.1971 wurde nach mehreren Jahren der Unsicherheit und zum Teil massiven Interventionen die Goldeinlöseverpflichtung aufgehoben.

9. Ende 1971 machte man im Smithonian Agreement einen Versuch, die Grundzüge des Bretton Woods-Systems zu retten. Die Wechselkursparitäten wurden neu festgelegt, die Bandbreiten erhöht. Doch auch dieser Versuch scheiterte, zum einen, weil es nach wie vor zu Versorgungsengpässen bei Währungsreserven kam, zum anderen, weil durch den 1. Ölpreisschock die Zahlungsbilanzungleichgewichte zwischen den Mitgliedsstaaten zunahmen. Im März 1973 gingen des-

halb die wichtigsten Währungen der Welt zu frei schwankenden Wechselkursen über.

10. Erst 1978 wurden durch eine Änderung der IWF-Statuten flexible Wechselkurse nachträglich sanktioniert. Auch bei flexiblen Wechselkursen sind Interventionen der Notenbanken erlaubt, allerdings unter Auflagen und nur, um ungeordnete Verhältnisse an den Devisenmärkten zu verhindern. Angesichts sehr starker Kursschwankungen beschlossen die 5 größten OECD-Länder 1985 Zielzonen für Wechselkurse, die durch koordinierte Interventionsmaßnahmen erreicht werden sollten. Da dieses Vorhaben zunächst Erfolg hatte, wurde im Louvre-Abkommen 1987 versucht, die Wechselkurse auf den damals erreichten Niveaus zu stabilisieren. Dem war aber kein längerfristiger Erfolg beschieden, da in den einzelnen Ländern immer wieder Konflikte zwischen binnen- und außenwirtschaftlicher Stabilität auftraten, die von den Märkten genutzt wurden, um die Eingreifbereitschaft der Notenbanken zugunsten eines bestimmten Kursniveaus zu testen. Dazu kommen die immer größeren Volumina an den internationalen Finanzmärkten, die es nationalen Notenbanken selbst bei koordiniertem Verhalten heute kaum mehr möglich macht, Kursniveaus gegen die Märkte durchzusetzen.

Kapitel VI

Währungspolitik in Europa

1. Der Europäische Wechselkursverbund

Nachdem 1971 durch die Aussetzung der Goldeinlöseverpflichtung der USA das Ende des Bretton Woods-Systems absehbar und durch das Smithonian Agreement die Bandbreite des US-Dollars gegenüber allen anderen Währungen auf ± 2,25% erhöht worden war - was Bandbreiten zwischen den anderen Währungen von ± 4,5% implizierte -, entschieden sich 1972 6 europäische Länder, die Bandbreiten zwischen ihren Währungen auf ± 2,25% zu halbieren. Damit war der *Europäische Wechselkursverbund entstanden*. Im Gegensatz zur bis dahin im Bretton Woods-System üblichen Regel, Devisenmarktinterventionen in US-Dollar durchzuführen, waren in Europa auch Interventionen in Mitgliedswährung zugelassen. Parallel hierzu wurden Ausgleichs- und Finanzierungsregeln bei eventuell durch Interventionen entstandenen Salden zwischen den beteiligten Ländern vereinbart. Da die Bandbreiten zwischen den europäischen Währungen nur halb so groß waren wie gegenüber anderen Währungen, hatte man das Bild der *„Schlange im Tunnel"* geprägt. Mit dem endgültigen Zusammenbruch des Währungssystems von Bretton Woods und dem Übergang zu frei schwankenden Wechselkursen gegenüber dem US-Dollar und anderen Währungen kroch die Schlange aus dem Tunnel, die Teilnehmer am Europäischen Wechselkursverbund praktizierten ein *„Gruppenfloaten"*.

Der Wechselkursverbund konnte jedoch keine dauerhafte währungspolitische Stabilität in Europa gewährleisten. Bereits vor Ausbruch der ersten Ölkrise schieden Großbritannien, Italien und Irland aus, weil sich ihre wirtschaftliche Entwicklung zu weit von der der anderen Teilnehmerländer entfernt hatte. Unter anderem bedingt durch die Ölpreisschocks der 70er Jahre kam es dann auch zu deutlichen Ungleichgewichten in der Zahlungsbilanzentwicklung der übrigen europäischen Staaten, die die dauerhafte Aufrechterhaltung der vereinbarten Paritäten unmöglich machte. 1974 verließ deshalb auch Frankreich den Wechselkursverbund. Verschärft wurde die Situation zudem durch unterschiedliche Ausrichtungen der nationalen Wirtschaftspolitik. Nach mehreren Paritätsänderungen sowie Ein- und Austritten waren Ende 1978 noch 5 Länder am Europäischen Wechselkursverbund beteiligt. Traditionsreiche europäische Länder wie Frankreich, Großbritannien oder Italien fehlten. Europa hatte sich in einen Hartwährungsblock, bestehend aus Belgien, Luxemburg, Dänemark, Niederlande und Deutschland und in die Gruppe der frei schwankenden Währungen gespalten.

2. Das Europäische Währungssystem

2.1 Die vertraglichen Regelungen des Europäischen Währungssystems

Um eine weitere Desintegration Europas zu verhindern, wurde, vor allem auf Initiative des damaligen deutschen Bundeskanzlers Helmut Schmidt und des französischen Staatspräsidenten Valerie Giscard d'Estaing, im März 1979 mit dem Europäischen Währungssystem (EWS) ein neuer Versuch unternommen, ein System fester Wechselkurse zu installieren. Beim Start nahmen alle neun damaligen Mitgliedsstaaten der EG an diesem System teil. Das Europäische Währungssystem wollte drei Ziele erreichen: ein höheres Maß an Währungsstabilität innerhalb Europas schaffen, den Prozess wirtschaftlicher Konvergenz erleichtern sowie neue Impulse für den europäischen Integrationsprozess setzen. Das EWS umfasste im Wesentlichen drei Konstruktionsmerkmale:

1. den Wechselkurs- und Interventionsmechanismus,
2. das wechselseitige Beistandssystem,
3. die europäische Währungseinheit ECU.

2.1.1 Der Wechselkurs- und Interventionsmechanismus

Eine Leit- oder Ankerwährung wurde vertraglich nicht bestimmt. Vielmehr wurde zwischen der Währung jedes Mitgliedslandes des EWS und der neu geschaffenen europäischen Währungseinheit ECU eine feste Parität vereinbart, die ECU-Leitkurse. Damit ergaben sich auch feste Wechselkurse zwischen den einzelnen Währungen, das sogenannte Paritätengitter. Diese bilateralen Leitkurse durften in Bandbreiten von 2,25% nach oben und 2,25% nach unten variieren. Die dann erreichten Kurse sind die *Interventionspunkte*. Solange sich die Wechselkurse innerhalb der Bandbreiten bewegten, waren freiwillige Interventionen der Notenbanken, sog. *intramarginale Interventionen*, möglich. Um dabei eventuelle Konflikte zu vermeiden, mussten solche Interventionen bei Überschreiten bestimmter Beträge zwischen den beteiligten Notenbanken abgesprochen werden.

In bestimmten Situationen waren intramarginale Interventionen sogar erwünscht. Hierfür wurde ein „*Abweichungsindikator*" definiert, um die Entfernung eines Kurses von seinem Leitkurs zu erfassen und zu quantifizieren. Dieser Indikator ist der Quotient zwischen der tatsächlichen prozentualen Differenz zwischen dem aktuellen ECU-Kurs einer Währung und ihrem ECU-Leitkurs und der maximal möglichen Differenz zwischen ihrem ECU-Kurs und dem ECU-Leitkurs. Wenn die tatsächliche Abweichung 75% der maximal zulässigen Abweichung erreichte, so war das betroffene Land aufgefordert, Maßnahmen zu ergreifen, um den Wechselkurs wieder in Richtung Leitkurs zu bewegen. Dabei konnte es sich um Devisenmarktinterventionen, aber auch um andere wirtschafts- oder geldpolitische Aktionen handeln, wobei allerdings stets beachtet werden musste, dass es zu keinen Belastungen der anderen EWS-Länder kam. Da zur Berechnung des Abweichungsindikators nicht die bilateralen Kurse, sondern die ECU-Leitkurse verwendet wurden, war die maximale prozentuale Abweichung nicht konstant, sondern hing vom Anteil der einzelnen Währungen am ECU-Korb ab. Je höher der Korbanteil einer Währung war, umso niedriger war die maximale prozentuale Abweichung, da die eigene Währung nicht gegen sich selbst auf- oder abwerten konnte.

Hatte der Wechselkurs die Grenze der Bandbreiten erreicht, so waren beide beteiligten Notenbanken verpflichtet, in unbegrenzter Höhe zu intervenieren *(obligatorische bzw. marginalen Interventionen)*. Alle Interventionsbeträge wurden in ECU umgerechnet und beim Europäischen Fonds für währungspolitische Zusammenarbeit verbucht.

Um die zur Verrechnung von Interventionen notwendigen ECU bereitzustellen, hatten alle am Wechselkursmechanismus teilnehmenden Notenbanken 20% ihrer Gold- und Dollarreserven beim Europäischen Fonds für währungspolitische Zusammenarbeit hinterlegt und dafür ECU-Guthaben erhalten. Dies entsprach 1979 einem Gesamtvolumen von 23,3 Milliarden ECU. Mit der Einführung des Euro zum 1.1.1999 löste das Eurosystem seine Bestände an offiziellen ECU, die mittlerweile 60,9 Milliarden ECU betrugen, auf. Sie wurden rücktransferiert und in Gold und US-Dollar umgewandelt.

Leitkursänderungen waren grundsätzlich möglich, und zwar immer dann, wenn trotz umfangreicher marginaler Interventionen der Wechselkurs nicht innerhalb der Bandbreiten gehalten werden konnte. Da die am EWS beteiligten Währungen auch in der Korbwährung ECU enthalten waren, implizierte jede Leitkursänderung gegenüber der ECU auch eine Veränderung aller anderen Leitkurse. Deshalb durften solche „Realignments" nur in gegenseitigem Einvernehmen in einem förmlichen Verfahren durchgeführt werden, in das alle am Wechselkursmechanismus beteiligten Länder sowie die Europäische Kommission einbezogen waren.

Am Wechselkursmechanismus des EWS nahmen zunächst alle EG-Staaten mit Ausnahme von Portugal und Griechenland teil. Spanien und Großbritannien wurde allerdings eine erweiterte Bandbreite von ± 6% zugestanden. Sanktionen gegen einzelne Teilnehmerstaaten bei Nichterfüllung der vertraglichen Vereinbarungen waren nicht vorgesehen, man muss das Europäische Währungssystem allerdings im Gesamtrahmen des EG-Vertragswerks sehen, wo weitergehende Verpflichtungen verankert sind.

2.1.2 Das wechselseitige Beistandssystem

Um dem Problem der Versorgung mit Währungsreserven, an dem letztlich das Bretton Woods-System gescheitert war, zu entgehen, wurde vereinbart, dass die am EWS teilnehmenden Notenbanken grundsätzlich keine Devisenreserven in einer Gemeinschaftswährung halten sollen. Stattdessen wurde ein *finanzielles Beistandssystem* geschaffen, durch das sich die einzelnen Länder zu gegenseitigen Kreditgewährungen verpflichteten, um die erforderlichen marginalen Devisenmarktinterventionen durchführen zu können.

Der Beistandsmechanismus bestand zunächst aus der Vereinbarung, bei Interventionsbedarf kurzfristige Kredite in eigener Währung in unbegrenzter Höhe bereitzustellen. Auch diese Kredite wurden, umgerechnet in ECU, über den Europäischen Fonds für währungspolitische Zusammenarbeit verrechnet und mit einem Durchschnittssatz verzinst. Grundsätzlich mussten die für Interventionen gewährten Kredite bis 45 Tage nach Ende des Interventionsmonats zurückgezahlt werden, eine Verlängerung um drei Monate war auf Wunsch der Schuldnernotenbank möglich, eine nochmalige Verlängerung um drei Monate konnte mit Zustimmung der Gläubigernotenbank gewährt werden. Ab 1987 konnte dieser Kreditmechanismus auch für intramarginale Interventionen verwendet werden.

Daneben gab es den *kurzfristigen Währungsbeistand* zwischen den EG-Ländern. Hierbei verpflichteten sich die europäischen Länder, untereinander Kredite mit einer Laufzeit von 3 Monaten mit Verlängerungsmöglichkeit zu gewähren, um vorübergehende Zahlungsbilanzdefizite finanzieren zu können. Die Kreditvergabe erfolgte ohne Auflagen, wobei für jedes Land die Verpflichtung zur Gewährung eines solchen Kredits begrenzt war. Schließlich gab es einen *mittelfristigen finanziellen Beistand*, der vom EG-Ministerrat auf Vorschlag der Kommission bei Zahlungsbilanzschwierigkeiten gewährt werden konnte. Diese Kredite hatten eine Laufzeit zwischen zwei und fünf Jahren, ihre Vergabe war an wirtschaftspolitische Auflagen, etwa die Vorlage eines Sanierungsprogramms, gebunden.

2.1.3 Die europäische Währungseinheit ECU

Die ECU (European Currency Unit) war ein künstlich geschaffenes Medium, das sich aus einem Korb der europäischen Währungen zusammensetzte. Jeder der damals 12 Mitgliedsstaaten war mit einem festen Betrag in der jeweiligen Landeswährung enthalten. Ganz neu war die Einführung einer Korbwährung allerdings nicht. Bereits 1975 hatte man eine *europäische Rechnungseinheit (ERE)* auf der Basis eines Währungskorbes geschaffen, um in möglichst allen Bereichen der EG eine einheitliche Verrechnungsmöglichkeit zu besitzen. Die Anteile der einzelnen Währungen am Währungskorb der ERE waren entsprechend der wirtschaftlichen Bedeutung jedes Mitgliedstaates festgelegt worden und wurden für die ECU zunächst übernommen. Kriterien waren das Handelsvolumen, das Bruttoinlandsprodukt und die Quoten im Währungsbeistand. Es war vorgesehen, die Anteile alle 5 Jahre zu überprüfen, was auch zwei Mal, 1984 und 1989, geschah. Beide Male kam es zu Veränderungen der Gewichte, zum Teil aufgrund von Verschiebungen der wirtschaftlichen Leistungsfähigkeit der einzelnen Länder, zum Teil wegen der Aufnahme neuer Währungen. Mit dem 1992 in Kraft getretenen Maastrichter Vertrag wurde die 1989 beschlossene Gewichtsverteilung festgeschrieben, so dass die Währungen der 1995 der EU beigetretenen Länder Österreich, Finnland und Schweden nicht mehr in den ECU-Korb aufgenommen wurden. Die folgende Tabelle gibt einen Überblick über die Gewichte der einzelnen Währungen.

Tabelle VI.1: Anteile der einzelnen Währungen am ECU-Korb

Korbanteil in Landeswährung am 21.09.1989		Ursprünglicher Anteil bei Definition der ERE	Anteil zu Beginn des EWS (13.03.1979)	Anteil ab 17.04.1984	Anteil ab 21.09.1989
0,6242	DM	27,3%	33,0%	32,07%	30,1%
0,08784	£	17,5%	13,3%	14,98%	13,0%
1,332	FF	19,5%	19,8%	19,06%	19,0%
151,8	Lit	14,0%	9,5%	9,98%	10,15%
0,2198	hfl	9,0%	10,5%	10,13%	9,4%
3,301	bfrs	7,9%	9,3%	8,27%	7,6%
0,130	Lfrs	0,3%	0,3%	0,3%	0,3%
0,1976	dkr	3,0%	3,1%	2,69%	2,45%
0,008552	Ir£	1,5%	1,2%	1,2%	1,1%
1,440	Dr	-	-	1,31%	0,8%
6,885	Pta	-	-	-	5,3%
1,393	Esc	-	-	-	0,8%

Quelle: Deutsche Bundesbank, Devisenmarktstatistik, verschiedene Ausgaben

Den ECU-Wert in einer nationalen Währung erhält man, indem man die einzelnen Währungsbeträge im ECU-Korb zum aktuellen Wechselkurs in die betreffende Währung umrechnet und dann summiert. Bei Einführung des EWS hatte eine ECU einen Wert von etwa 2,51 DM, Ende 1983 2,25 DM, Ende 1989 2,02 DM und bei Einführung des Euro 1,95583 DM. Da man, um die ECU-Kurse der einzelnen Währungen festzustellen, dieses Verfahren für alle am EWS beteiligten Länder durchführen müsste, benutzte man in der Praxis als Umrechnungswährung den US-Dollar. Man rechnete also die Korbanteile der einzelnen Währungen in US-Dollar um, addierte diese und erhielt den Dollar-ECU-Kurs. Durch Multiplikation mit dem Dollar-Kurs der einzelnen Währungen erhielt man dann direkt den ECU-Wert dieser Währungen.

Auf ähnliche Weise hat man am 31.12.1998 auch die Euro-Kurse der einzelnen Währungen bestimmt.

Die ECU diente in allen Bereichen der Gemeinschaft als Recheneinheit, daneben wurde sie als Instrument für den Saldenausgleich zwischen den Währungsbehörden der EG sowie als Bezugsgröße für den Wechselkursmechanismus und den Abweichungsindikator verwendet. Zum Teil diente die ECU auch als Grundlage für private Geschäfte, etwa im internationalen Inter-Bankenbereich und bei Außenhandelsgeschäften. Vor allem in Ländern mit stark volatilen Wechselkursen war die Verwendung von ECU interessant, da das Wechselkursrisiko durch ihre Eigenschaft als Korbwährung deutlich reduziert war. Am 1.1.1999 ging die ECU im Euro auf.

2.2 Entwicklung und Krisen des EWS

2.2.1 Die Rolle der D-Mark als Ankerwährung

Die ersten 8 Jahre des EWS waren geprägt durch etwa ein Dutzend Neufestsetzungen der Leitkurse, was wegen der asymmetrischen wirtschaftlichen Entwicklung der Länder auch notwendig erschien. Nur rechtzeitige Leitkursänderungen verhindern das Auftreten spekulativer Attacken, die immer dann zu befürchten sind, wenn die existierenden Leitkurse als nicht mehr vereinbar mit der tatsächlichen wirtschaftlichen Entwicklung angesehen werden. Auf- oder Abwertungsspekulationen in einem Festkurssystem sind außerdem relativ risikolos. Ist die Erwartung richtig und der Leitkurs wird verändert, so werden Gewinne erzielt. Werden die Leitkurse entgegen den Erwartungen durch andere wirtschaftspolitische Maßnahmen konstant gehalten, so beschränkt sich das Risiko auf eventuell mit dem Devisenmarktengagement aufgetretene Kosten. Aus diesem Grund erreichen Währungsspekulationen in Festkurssystemen schnell ein sehr großes Ausmaß (vgl. zur Wirkung von Währungsspekulation auch Kapitel VII).

Ab Mitte der 80er Jahre veränderte sich jedoch die Situation. Die D-Mark wurde praktisch für alle am EWS beteiligten Länder zur *Ankerwährung*. Dies war im Vertrag nicht vorgesehen, die Funktion ergab sich in der Praxis aus einem Stabilitätswettbewerb der einzelnen Währungen. Die Niederlande und Österreich (das erst 1995 Mitglied des EWS wurde) hatten ihre Währung bereits früher fest an die D-Mark gebunden. Nur einmal, im März 1983, erfolgte eine geringe Leitkursanpassung zwischen dem holländischen Gulden und der D-Mark. Dies bedeutete in der Praxis, dass die Notenbanken Österreichs und der Niederlande keine eigenständige Geldpolitik mehr betrieben, sondern das alleinige Ziel der Aufrechterhaltung der Wechselkursparität verfolgten. Die geldpolitischen Maßnahmen der Deutschen Bundesbank wurden also unmittelbar mitvollzogen.

Einer solchen Politik schlossen sich ab Mitte der 80er Jahre fast alle am EWS beteiligten Länder an, die Deutsche Bundesbank wurde damit zur *Leitnotenbank des Systems*. Sie verfolgte ihre geldpolitischen Ziele autonom, während die Notenbanken der anderen Länder durch geeignete Maßnahmen den Wechselkurs ihrer Währungen gegenüber dem monetären Anker, der D-Mark, stabilisierten. Hierfür waren zum Teil auch intramarginale Devisenmarktinterventionen notwendig, deren Kosten allein das Interventionsland trug. Solche intramarginalen Interventionen machten im EWS fast 90% der gesamten Interventionstätigkeit aus, um frühzeitig spekulative Wechselkursänderungserwartungen zu verhindern. Anders war allerdings die Situation, wenn es eine marginale Interventionsnotwendigkeit gab. In diesem Fall intervenierte, wie es in den EWS-Vereinbarungen vorgesehen war, auch die Deutsche Bundesbank. Allerdings war es nur der Deutschen Bundesbank wegen ihrer Leitfunktion möglich, - und wurde von ihr auch praktiziert - die Geldmengeneffekte der Devisenmarktinterventionen zu sterilisieren, d.h. durch gegengerichtete inländische Offenmarktgeschäfte auszugleichen.

Einige Länder, wie etwa Frankreich, wollten zwar ihre Währung an die D-Mark koppeln, ohne jedoch die im Durchschnitt stärker stabilitätsorientierte Geldpolitik der Deutschen Bundesbank voll übernehmen zu müssen. Man nutzte deshalb bis 1990 des öfteren das Instrument der Kapitalverkehrskontrollen, um die durch niedrigere französische Zinsen induzierten Kapitalexporte aus Frankreich zu verhindern. Da im Vorfeld der Realisierung des gemeinsamen Marktes und des Beginns der ersten Stufe der Wirtschafts- und Währungsunion auch in Frankreich seit 1990 das Instrument der Kapitalverkehrskontrollen nicht mehr existiert, konnte darauf in der Folge nicht mehr zurückgegriffen werden.

2.2.2 Die Krisen von 1992/93

In den Jahren 1992/93 kam es zu erheblichen Spannungen im EWS, die auf verschiedene Ursachen zurückgeführt werden. So waren seit der letzten Paritätsänderung bereits fünf Jahre vergangen, so dass sich zwischen den einzelnen Ländern deutliche Inflationsdifferenzen aufgebaut hatten. Vor allem Italien, Großbritannien, Spanien und Portugal hatten deutlich höhere Inflationsraten, ihre Währungen waren also real überbewertet. Zum Zweiten war das Vertrauen der Märkte in die Stabilitätspolitik der Notenbanken unterschiedlich ausgeprägt. Obwohl fast alle Länder seit Ende der 80er Jahre die Deutsche Bundesbank als Leitwährungsnotenbank akzeptiert hatten, wurde am Fortbestand dieser Konstellation angesichts sich abzeichnender Unterschiede in der realen Wirtschaftsentwicklung gezweifelt. Insbesondere den Notenbanken Frankreichs, Belgiens und Dänemarks traute man den Versuch zu, zur Überwindung ihrer wirtschaftlichen Schwierigkeiten auf eine expansivere Geldpolitik umzuschwenken. Die

Märkte verlangten deshalb trotz kaum höherer Inflationsraten eine Risikoprämie bei Anlagen in diesen Währungen.

Der Hauptgrund für die Turbulenzen ist jedoch im Zusammenbruch des ehemaligen Ostblocks und der daraus hervorgegangenen Deutschen Wiedervereinigung zu sehen. Durch diese Ereignisse war Anfang der 90er Jahre eine deutliche Asymmetrie in der wirtschaftlichen Entwicklung der europäischen Länder aufgetreten. Während in Deutschland durch den Nachfrageschub der Vereinigung die Wirtschaft noch florierte, waren in zahlreichen anderen Ländern bereits deutliche Indizien einer Stagnation mit sinkenden Wachstumsraten des Sozialprodukts und steigenden Arbeitslosenzahlen zu beobachten. Außerdem waren deutliche Inflationsdifferenzen zwischen einigen EWS-Ländern aufgetreten. Viele Regierungen und Notenbanken der europäischen Partnerländer, allen voran Frankreich, appellierten an die Deutsche Bundesbank, ihre gesamteuropäische Verantwortung zu berücksichtigen. Zum einen berief man sich dabei auf die Rolle der Deutschen Bundesbank als Leitwährungsnotenbank. Zum anderen war der Vertrag von Maastricht zur Realisierung einer Wirtschafts- und Währungsunion bereits verabschiedet, der auch den Übergang zu einer einheitlichen europäischen Geldpolitik vorsah. Im Hinblick darauf sollte die Deutsche Bundesbank, so die Forderung, als Leitwährungsnotenbank ihre geldpolitischen Entscheidungen bereits im Vorfeld der Währungsunion auch an der gesamteuropäischen Situation ausrichten.

Die Deutsche Bundesbank wies Forderungen dieser Art stets strikt zurück und betonte immer wieder, sie sei dem Deutschen Bundesbankgesetz verpflichtet und trage daher allein für die Stabilität der D-Mark Verantwortung. Prüfstein der Auseinandersetzung wurde die Zentralbankratssitzung am 17. Juli 1992, von der sich die wirtschaftlich weniger florierenden Länder ein Einlenken der Bundesbank versprachen und auf eine expansivere Geldpolitik hofften. Stattdessen erhöhte die Deutsche Bundesbank den Diskontsatz von dem bereits hohen Niveau von 8% auf 8 3/4%. Mit dieser Entscheidung sahen viele Marktteilnehmer eine Aufrechterhaltung der Paritäten im europäischen Währungssystem als ausgeschlossen an, es begann eine massive Spekulationswelle, vor allem gegen die italienische Lira, das britische Pfund und den französischen Franc. Verschärft wurde die Situation zusätzlich durch einen sehr schwachen US-Dollar, der am 26. 8. 1992 mit nur noch 1,404 DM notierte, sowie durch aufkommende Zweifel an dem Projekt der Währungsunion nach einem ablehnenden Votum der dänischen Bevölkerung.

Die Kursparitäten im europäischen Währungssystem konnten in dieser Zeit nur durch massive Stützungskäufe und durch Zinserhöhungen einiger europäischer Notenbanken verteidigt werden. Dennoch bekräftigten die EG-Finanzminister noch am 5. September 1992, an den Wechselkursparitäten festhalten zu wollen. Dies löste erneut Spekulationswellen aus. Am 14. September einigte man sich auf eine Abwertung der italienischen Lira, gleichzeitig senkte die Deutsche Bundesbank den erst wenige Wochen zuvor erhöhten Diskontsatz auf 8 1/3%, um damit etwas Druck aus den Spekulationen zu nehmen. Die Maßnahmen waren jedoch erfolglos. Drei Tage später, am 17. September, schieden die italienische Lira und das britische Pfund, das erst 1990 dem Wechselkursmechanismus beigetreten war, aus. Gleichzeitig erfolgte eine Abwertung der spanischen Peseta um 5%.

Da die französische Regierung in zahlreichen Stellungnahmen eine Abwertung des Franc kategorisch abgelehnt hatte und auch mehrere Versuche, den französischen Zinssatz im Alleingang zu senken, fehlschlugen, versuchte man durch gemeinsame Erklärungen der Regierungen und Notenbanken Deutschlands und Frankreichs (u.a. am 23. 9. 1992 und am 5. 1. 1993), die Märkte von der Stabilität des Europäischen Währungssystems zu überzeugen. Man betonte, der geltende Leitkurs zwischen französischem Franc und deutscher Mark entspreche den volkswirtschaftlichen Daten der beiden Länder und sei deshalb gerechtfertigt.

Trotz dieser Erklärungen kehrte keine Ruhe ein. Es kam zur Neufestsetzung einiger Leitkurse, u.a. bei den Währungen Spaniens, Portugals und Irlands. Schweden und Norwegen gaben die einseitig praktizierte Bindung ihrer Währungen an das Europäische Währungssystem auf. Die Lage spitzte sich Ende Juli 1993 weiter zu, als nur durch massive Stützungskäufe die Währungen Frankreichs, Belgiens, Spaniens, Portugals und Dänemarks innerhalb der Bandbreiten gehalten werden konnten. Auslöser war nach weiter zunehmenden Ungleichgewichten der wirtschaftlichen Entwicklung in den europäischen Ländern erneut eine Zentralbankratssitzung der Deutschen Bundesbank am 29.7.1993. Trotz massiver Forderungen, eine expansivere Geldpolitik im Interesse Gesamteuropas zu betreiben, verzichtete die Bundesbank auf die allgemein erwartete Diskontsatzsenkung. Allein am darauffolgenden Tag musste die Deutsche Bundesbank Devisen im Wert von etwa 30 Milliarden D-Mark ankaufen, um das Währungssystem zu halten. Sie hatte 1992/93 aber stets und meist mit Erfolg versucht, die von den Devisenmarktinterventionen ausgehenden Geldmengeneffekte zu neutralisieren, was ihr als Leitwährungsnotenbank auch möglich war.

Die europäischen Notenbanken hatten in jenen Tagen zu konstatieren, dass sie durch ihre Interventionen das Festkurssystem nicht länger gegen die Marktkräfte verteidigen konnten, da die geltenden Paritäten, vor allem die des französischen Franc gegenüber der Deutschen Mark, als unvereinbar mit den tatsächlichen Gegebenheiten angesehen wurden. Man suchte deshalb nach einer Lösung, die es allen Seiten ermöglichen sollte, ihr Gesicht zu wahren. Denn die französische Regierung hatte mittlerweile ihr Verbleiben im Amt von der Vermeidung einer Franc-Abwertung abhängig gemacht, die Deutsche

Bundesbank pochte vehement auf ihre Unabhängigkeit und auf ihre alleinige Verantwortung für die Stabilität der deutschen Währung. Um das Europäische Währungssystem wenigstens auf dem Papier als Festkurssystem zu erhalten, beschloss man am 2.8.1993, die Kursparitäten unverändert zu belassen, die Bandbreiten jedoch von ± 2,25% auf ± 15% zu erweitern. Damit hatte die französische Regierung ihr Versprechen, eine Paritätsänderung des Francs nicht zuzulassen, gehalten, aus dem Europäischen Währungssystem wurde bei einer zulässigen Schwankungsbreite von 30% damit jedoch *de facto ein System flexibler Wechselkurse.* Lediglich die Niederlande und Deutschland vereinbarten, ihre Währungen weiterhin mit nur ± 2,25% schwanken zu lassen. Abbildung VI.1 zeigt diese Bandbreiten am Beispiel des Franc-Kurses.

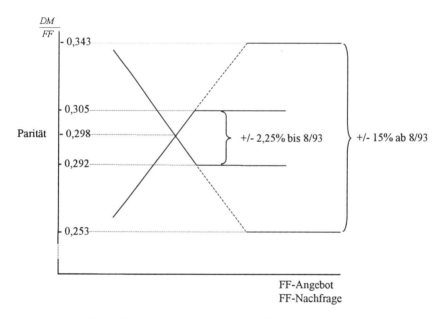

Abb. VI.1: Schwankungsbreiten des FF-Kurses im EWS

2.2.3 Die Turbulenzen im EWS aus theoretischer Sicht

Bei einem Festkurssystem mit einer Ankerwährung besteht für Nicht-Ankerwährungsländer ein Dilemma. Einerseits profitieren sie vom Ankerwährungsland durch eine gestiegene Stabilität, ihre Inflationsrate sinkt. Andererseits bedeutet es für sie den Verzicht auf eine eigenständige Geldpolitik. Solange die wirtschaftliche Situation symmetrisch verläuft, ist dies kein Problem. Erst wenn eine Asymmetrie auftritt, kommt es zu Konflikten. Hat das Nicht-Ankerwährungsland wirtschaftliche Probleme, etwa dokumentiert durch steigende Arbeitslosenzahlen, so wirkt eine strikt stabilitätsorientierte

Politik des Ankerwährungslandes mit hohen Zinssätzen noch verschärfend auf diese wirtschaftlichen Schwierigkeiten. Das betroffene Land hätte nun die Möglichkeit, seine Währung gegenüber dem Ankerwährungsland abzuwerten, sich damit wettbewerbliche Vorteile zu verschaffen und einen niedrigeren Zinssatz zu realisieren. Damit wäre das durch die Bindung an die Ankerwährung gewonnene Vertrauen der Märkte aber erschüttert. Soll eine Abwertung der eigenen Währung deshalb ausgeschlossen bleiben, so ist es auf die Politik des Ankerwährungslandes angewiesen. Im Folgenden soll das Dilemma des Nicht-Ankerwährungslandes anhand der ungesicherten Zinsparität aus Kapitel III.4 verdeutlicht werden. Es gilt:

(6.1) $$i = i^* + \frac{w^e - w_K}{w_K}$$

Diese Parität ist im Wechselkurs-Zinssatz-Diagramm der Abbildung VI.2 als ZP_1-Kurve dargestellt. Es besteht der bekannte negative Zusammenhang zwischen Zinssatz und Wechselkurs. Ausgangspunkt ist A, bei dem der tatsächliche Wechselkurs dem Paritätskurs w_1^P und dieser auch dem erwarteten Wechselkurs w_1^e entspricht. Damit sind auch der inländische (i_1) und der

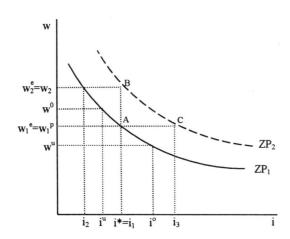

Abb. VI.2: Möglichkeiten eines Nicht-Leitwährungslandes

vom Ankerwährungsland vorgegebene Zins i^* identisch. w^o und w^u bezeichnen den oberen und den unteren Interventionspunkt im betrachteten Währungssystem, d.h. der zulässige Zinsspielraum für das betrachtete Land liegt zwischen i^o und i^u. Würde das Land versuchen, seinen Zins etwa auf i_2 $(i_2 < i^u)$ zu senken, so würde dies Kapitalexporte auslösen, die den Wechselkurs auf w_2 ansteigen lassen. Eine solche Abwertung ist aber nicht zulässig, da dieser Kurs den oberen Interventionspunkt übersteigt. Bei w^o müssen die Notenbanken am Devisenmarkt intervenieren, um den Kurs zu stützen. Die Notenbank des hier betrachteten Nicht-Ankerwährungslandes muss die nachgefragten Devisen aus eigenen Beständen verkaufen, die Notenbank des Ankerwährungslandes muss die Devisen des betrachteten Landes aufkaufen.

Nur wenn die Notenbank des Ankerwährungslandes die damit in ihrem Land resultierende Geldmengenerhöhung zuließe und i* damit sinken würde, wäre auch eine Zinssenkung für das betrachtete Nicht-Ankerwährungsland möglich. Die Zinsparitätenkurve würde sich in diesem Fall nach links verschieben. Ein niedrigerer Zins wäre mit unveränderten Wechselkursparitäten vereinbar.

Verhält sich die Notenbank des Ankerwährungslandes - wie die Deutsche Bundesbank in den Krisenjahren 1992/93 - aber stabilitätsbewusst und hält ihre Geldmenge konstant, indem sie den Geldmengeneffekt der Devisenmarktintervention neutralisiert, so muss das Nicht-Ankerwährungsland so lange Devisen verkaufen, bis durch die damit induzierte Verknappung der eigenen Geldmenge der Zins wieder mindestens bis auf i^u gestiegen ist. Das Land wird also durch den Verkauf von Währungsreserven zu einer restriktiven Geldpolitik gezwungen.

Lösen die Devisenmarktinterventionen nun aber Zweifel der Marktteilnehmer über die Richtigkeit der Wechselkursparitäten aus und setzt sich die Erwartung durch, das betrachtete Nicht-Ankerwährungsland müsse im Festkurssystem aufgrund seiner wirtschaftlichen Situation abwerten, so steigt der erwartete Wechselkurs. In Abbildung VI.2 ist angenommen, der erwartete Wechselkurs betrage jetzt w_2^e. Mit einem Anstieg des erwarteten Wechselkurses verschiebt sich aber die Zinsparitätenkurve nach oben zu ZP_2, bei der der unveränderte Zinssatz des Ankerwährungslandes und der gestiegene erwartete Wechselkurs in Punkt B der Zinsparität entspricht. Damit hat sich die Situation für das Nicht-Ankerwährungsland aber noch verschärft. Selbst bei Identität der beiden Zinssätze (i = i*) kann der herrschende Paritätskurs nicht aufrechterhalten werden, da sich wegen des Anstiegs des erwarteten Wechselkurses auch der Swapsatz erhöht hat und damit Kapitalexporte ausgelöst werden. Dadurch entsteht ein Überschussangebot an eigener Währung. Das Land müsste also den eigenen Zins sogar auf i_3 erhöhen, um den Wechselkurs in Höhe der herrschenden Parität zu halten (Punkt C in Abbildung VI.2). Es bezahlt letztlich seinen Versuch, den Zinssatz gegenüber dem Ankerwährungsland zu senken, mit dem Zwang, diesen sogar erhöhen zu müssen.

Natürlich bestünde nach wie vor die Möglichkeit, den Erwartungen der Spekulanten zu entsprechen und den Paritätskurs zu erhöhen oder aber die Interventionspunkte zu beseitigen und ein System flexibler Wechselkurse einzuführen. In diesem Fall wäre eine eigenständige Zinssenkung möglich, die interventionsbedingten Geldmengenänderungen entfielen, allerdings auf Kosten des Vertrauens der Märkte in die Stabilitätspolitik des Nicht-Ankerwährungslandes.

3. Die europäische Währungsunion

3.1 Der Weg zur europäischen Währungsunion und der Maastrichter Vertrag

Auf ihrem Gipfeltreffen im Dezember 1991 im niederländischen Maastricht beschlossen die Staats- und Regierungschefs der Europäischen Union einen konkreten Zeitplan zur Realisierung einer *Wirtschafts- und Währungsunion* in Europa. Damit vereinbarten souveräne Staaten, ihre nationalen Währungen zugunsten einer Gemeinschaftswährung aufzugeben.

Der Vertrag von Maastricht ist allerdings nicht der erste Versuch zur Schaffung einer Europäischen Währungsunion. Schon 1970 sollte durch den Werner-Bericht eine Wirtschafts- und Währungsunion in Europa eingeführt werden. Pierre Werner, der damalige Premierminister Luxemburgs, war von den Staats- und Regierungschefs der EG zur Vorlage einer solchen Planstudie beauftragt worden. Der Vorschlag Werners sah die unwiderrufliche Fixierung der Wechselkurse, volle Konvertibilität der Währungen, die Schaffung einer zentralen Währungsbehörde als alleinige geldpolitische Instanz sowie die Vereinheitlichung der Kapitalmärkte vor. Daneben sollte die Fiskalpolitik einschließlich der Besteuerung auf die Gemeinschaftsebene verlagert werden. Die Realisierung des gesamten Vorhabens war in zwei Stufen innerhalb von etwa 10 Jahren geplant.

Schon damals gab es eine kontroverse Diskussion zwischen Monetaristen und Ökonomisten über die geeignete Reihenfolge der einzelnen Schritte. Die Monetaristen waren der Meinung, man solle zuerst die Wechselkurse unwiderruflich fixieren, was dann automatisch zur Koordinierung der Stabilitätspolitik führen werde. Die Ökonomisten vertraten die Auffassung, man solle zunächst durch Koordinierung der Wirtschaftspolitik der einzelnen Staaten die Grundlagen schaffen, um im Endzustand zu unveränderten Wechselkursen überzugehen. Man einigte sich schließlich darauf, in der ersten Stufe die Bandbreiten der Wechselkurse auf ± 1,2% zu verringern und gleichzeitig die Geld- und Fiskalpolitik stärker zu koordinieren, was einem Kompromiss zwischen den beiden Auffassungen entsprach.

Der Werner-Plan scheiterte jedoch relativ schnell, zum einen wegen des Zusammenbruchs des Festkurssystems von Bretton Woods und den damit einhergehenden Turbulenzen auf den Devisenmärkten, zum Zweiten wegen der Ölpreisschocks und den damit verbundenen Ungleichgewichten auch innerhalb der EG, und zum Dritten waren damals wohl auch die einzelnen Länder letztlich nicht bereit, ihre Geld- und Fiskalpolitik aus der Hand zu geben und einer zentralen Behörde zu übertragen. Zum einen bestanden erhebliche Meinungsunterschiede über die wirtschaftspolitischen Zielvorstellungen und zum anderen über die geeigneten wirtschaftspolitischen Reaktionen auf die erste Ölkrise.

Erst 1987, als in der *Einheitlichen Europäischen Akte* die Schaffung des Binnenmarkts mit einer vollständigen Liberalisierung des Geld- und Kapitalverkehrs bis Ende 1992 festgelegt wurde, war wieder von dem Ziel einer schrittweisen Verwirklichung der Wirtschafts- und Währungsunion die Rede, da nur hierdurch die Vorteile des gemeinsamen Marktes voll genutzt werden könnten. Unter der Präsidentschaft der Bundesrepublik Deutschland wurde beim Treffen der Staats- und Regierungschefs in Hannover im Juni 1988 ein Ausschuß unter dem Vorsitz des damaligen Präsidenten der Europäischen Kommission, Jacques Delors, einberufen, der Vorschläge zur Verwirklichung einer Wirtschafts- und Währungsunion unterbreiten sollte. Es war also nicht Aufgabe des Delors-Ausschusses, dem auch die Notenbankpräsidenten der Mitgliedsstaaten angehörten, die Vor- und Nachteile einer gemeinsamen europäischen Währung zu analysieren, sondern lediglich deren Realisierung vorzubereiten. Ebenso wurde nicht das Prinzip infrage gestellt, eine Gemeinschaftswährung durch einen politischen Prozess zu schaffen. Eine Alternative wäre ein Parallelwährungskonzept gewesen, bei dem bereits existierende Währungen nebeneinander als Zahlungsmittel dienen und die Marktakzeptanz über die Gemeinschaftswährung entscheidet (Währungswettbewerb).

Bereits im April 1989 legte der Delors-Ausschuss seinen Bericht vor, der, ähnlich wie der Werner-Plan, die Realisierung der Währungsunion in Stufen vorsah. Zunächst sollte der Kapitalverkehr liberalisiert und die Geld- und Wirtschaftspolitik der Mitgliedsstaaten harmonisiert werden. In Stufe zwei sollte ein von der Politik unabhängiges Europäischen Systems der Zentralbanken (ESZB) geschaffen werden, außerdem war eine weitere Vertiefung der Integration sowie die Förderung der wirtschaftlichen und fiskalischen Konvergenz zwischen den einzelnen europäischen Ländern vorgesehen. Die dritte Stufe schließlich sah die unwiderrufliche Fixierung der Wechselkurse, den Übergang der Verantwortlichkeit für die Geldpolitik auf die Europäische Zentralbank und schließlich den Ersatz der einzelnen nationalen Währungen durch eine Einheitswährung vor. Zwar sprach der Delors-Ausschuss auch von der Notwendigkeit einer intensiven Koordinierung der europäischen Makropolitik und von Obergrenzen für Budgetdefizite, eine Zentralisierung der Fiskalpolitik wie beim Werner-Plan war jedoch nicht vorgesehen. Der Übergang zur jeweils nächsten Stufe war nicht zeitlich fixiert, er sollte vielmehr bei Vorliegen der dafür erforderlichen ökonomischen Bedingungen erfolgen. Entgegen diesem Vorschlag, die Stufenschritte an ökonomische Voraussetzungen zu koppeln, beschlossen die Staats- und Regierungschefs auf ihrem Gipfeltreffen in Maastricht jedoch einen konkreten Zeitplan, um damit die einzelnen Länder unter Druck zu setzen, die notwendigen Konvergenzschritte zu unternehmen.

Als Alternative zum Delors-Vorschlag, der die Realisierung der Währungsunion durch die hoheitliche Schaffung einer neuen Währung vorsah, die zu einem bestimmten Zeitpunkt an die Stelle der bisherigen Einzelwährungen treten sollte, setzte Großbritannien auf eine „*Hard-ECU*". Die Verbreitung der neuen Währung sollte nach diesem Vorschlag nicht aus einer politischen Entscheidung heraus erfolgen, sie hätte sich vielmehr am Markt in Form eines Währungswettbewerbs durchzusetzen. Zu diesem Zweck sollte die Hard-ECU als Parallelwährung in Europa zirkulieren und ihr die Funktion eines gesetzlichen Zahlungsmittels zuerkannt werden. Um ihren Wert zu sichern, sollte sie gegenüber keiner anderen Mitgliedswährung abwerten dürfen. Emittent der Hard-ECU sollte der ebenfalls neu zu schaffende *Europäische Währungsfonds* werden, dem hierfür von den einzelnen Ländern in gleichem Umfang nationale Währungseinheiten zu übertragen wären. Die hinter diesem Konzept stehende Vorstellung war, dass eine einheitliche europäische Parallelwährung die nationalen währungspolitischen Instanzen zu einer größeren geldpolitischen Disziplin und einer stärkeren Kooperation zwingen würde. Die Einführung der gemeinsamen Währung hätte schrittweise erfolgen können, der Gewöhnungsprozess in der Bevölkerung wäre sichergestellt gewesen.

Dieser 1991 gemachte Vorschlag hatte jedoch nie eine Realisierungschance. Die Staats- und Regierungschefs der Europäischen Union hatten bereits auf ihrem Gipfeltreffen in Madrid im Juni 1989 den Beginn der ersten Stufe der Währungsunion im Sinne des Delors-Vorschlags auf den 1.7.1990 terminiert, obwohl zu diesem Zeitpunkt noch gar nicht über die Realisierung der Währungsunion entschieden war.

In dieser ersten Stufe war im Wesentlichen die Konsolidierung der Staatshaushalte, die Aufhebung sämtlicher noch bestehender Kapitalverkehrskontrollen, die Einbeziehung aller Mitgliedsländer in den Wechselkursmechanismus des EWS und die Harmonisierung der Geld- und Währungspolitik sowie der Bankenaufsicht vorgesehen. Außerdem sollte die Unabhängigkeit der Zentralbanken von politischer Einflussnahme, soweit dies in Europa noch gegeben war, gewährleistet werden.

Der Beginn der zweiten Stufe der Europäischen Wirtschaft- und Währungsunion wurde auf den 1. Januar 1994 festgelegt. In dieser Stufe wurde das Europäische Währungsinstitut, die spätere Europäische Zentralbank, in Frankfurt/Main errichtet. Hauptaufgabe während dieser zweiten Stufe war die noch engere Koordinierung der Geldpolitik der Mitgliedsländer mit dem Ziel, die für den Übergang zur Endstufe notwendige Konvergenz auf dem Gebiet der Preisniveaustabilität zu schaffen sowie die rechtlichen, institutionellen und organisatorischen Grundlagen für eine einheitliche europäische Geldpolitik in der Endstufe herzustellen. Außerdem trat zur Sicherstellung der Unabhängigkeit der europäischen Notenbanken das Verbot der Kreditvergabe an staatliche Instanzen in Kraft.

Die dritte Stufe und damit die eigentliche Währungsunion sollte 1997, spätestens aber am 1.1.1999, beginnen. Dieser Übergang in die dritte Stufe wurde allerdings an bestimmte Voraussetzungen (*Konvergenzkriterien*) geknüpft. Da in einer Währungsunion die Europäische Zentralbank nur noch eine Geldpolitik für alle beteiligten Länder durchführen kann, unabhängig von eventuell bestehenden wirtschaftlichen Unterschieden, wurde eine Angleichung der Inflationsraten vor Beginn der Währungsunion als sinnvoll erachtet. Deshalb sollte ein Land nur dann Mitglied der Währungsunion werden können, wenn *seine Inflationsrate um höchstens 1,5% über dem durchschnittlichen Wert der drei stabilsten EU-Mitgliedsländer liegt*. Da sich Inflationserwartungen über die Kapitalmärkte in den langfristigen Zinssätzen der einzelnen Länder widerspiegeln, wurde zusätzlich verlangt, dass *das nationale Zinsniveau um nicht mehr als 2 Prozentpunkte über dem Durchschnitt der drei stabilsten Länder* liegen darf.

Daneben gab es Begrenzungen der Staatsbudgets. Man sah durch die Realisierung einer Gemeinschaftswährung einen potenziellen Konflikt zwischen einer stabilitätsorientierten Geldpolitik der Europäischen Zentralbank und den budgetpolitischen Interessen der einzelnen Länder. Da in der Währungsunion nur noch ein Zinssatz existiert und damit kein Land mehr einen Zinsaufschlag für ein zu hohes Defizit zahlen muss, wird die bisher existierende länderspezifische Risikoprämie auf die Gemeinschaft verteilt. Man sah darin eine Einladung für zu hohe Budgetdefizite und verlangte deshalb, dass *die Nettoneuverschuldung des Staates den Wert von 3% des Bruttoinlandsprodukts nicht übersteigen* und *die Gesamtstaatsschuld nicht mehr als 60% des Bruttoinlandsproduktes betragen* dürfe. Außerdem wurde eine No-bail-out-Klausel vereinbart, d.h. die Gemeinschaft haftet nicht für Schulden der einzelnen Mitglieder. Allerdings bleibt fraglich, ob dieser Ausschluss von den Märkten als glaubhaft angesehen wird und ob er mit anderen Vereinbarungen der Europäischen Verträge, die ausdrücklich eine gegenseitige Unterstützung vorsehen, vereinbar ist. Schließlich sollte *der Wechselkurs der Währung eines potenziellen Mitgliedslandes im Europäischen Währungssystem mindestens zwei Jahre nicht verändert worden sein*, ein Kriterium, das mit der Bandbreitenerweiterung von 1993 praktisch bedeutungslos geworden war.

Konvergenzkriterien zur Aufnahme in die Europäische Währungsunion

- Inflationsrate nicht höher als 1,5% über dem durchschnittlichen Wert der drei stabilsten EU-Mitgliedsländer
- Langfristiger Zins nicht höher als 2 Prozentpunkte über dem Durchschnitt der drei stabilsten Länder
- Mindestens zwei Jahre keine Paritätsänderung der eigenen Währung im EWS
- Staatliche Nettoneuverschuldung nicht höher als 3% des Bruttoinlandsprodukts
- Gesamtstaatsverschuldung nicht höher als 60% des Bruttoinlandsprodukts

Diese fünf Kriterien wurden jedoch von Anfang an als nicht absolut bindend angesehen, sie sollten lediglich bei der letztlich politischen Entscheidung über eine Teilnahme „angemessen berücksichtigt" werden. Eine erste Prüfung der Kriterien war für 1996 vorgesehen. Wenn zu diesem Zeitpunkt die Mehrheit der EU-Mitgliedsländer die Kriterien erfüllt, sollten deren Währungen 1997 unwiderruflich aneinander gekoppelt werden (Wechselkursunion) und schließlich in einer gemeinsamen Währung aufgehen.

Der Rat der Wirtschafts- und Finanzminister der EU (ECOFIN-Rat) verzichtete jedoch 1996 auf eine Prüfung, da fast alle Länder die Kriterien mehr oder weniger deutlich verfehlten. Dies war insofern bedauerlich, als man sich von der Prüfung Aufschluss darüber erhofft hatte, wie streng der ECOFIN-Rat die Konvergenzkriterien auslegen würde. Für diesen Fall war im Maastrichter Vertrag vorgesehen, dass die Währungsunion am 1.1.1999 beginnen sollte, und zwar auch dann, wenn nur eine Minderheit der europäischen Länder die Konvergenzkriterien erfüllt. Die übrigen Länder sollten nach Erfüllung der Voraussetzungen der Währungsunion zu einem späteren Zeitpunkt beitreten können.

Ergänzt wurden die Vereinbarungen von Maastricht 1997 durch den Vertrag von Amsterdam, bei dem ein "Stabilitäts- und Wachstumspakt" verabschiedet wurde. Die Beschäftigungssituation in Europa wird dabei als Angelegenheit von gemeinsamem Interesse definiert und die Mitgliedsstaaten verpflichteten sich, eine gemeinsame Beschäftigungsstrategie zu entwickeln. Hierfür sollen in regelmäßigen Treffen der Wirtschafts- und Finanzminister der an der Währungsunion beteiligten Länder deren wirtschaftspolitische Positionen abgeklärt werden. Außerdem wurde vereinbart, dass die Verpflichtung auf Obergrenzen für Budgetdefizite auch in der bestehenden Währungsunion erhalten bleiben soll. Falls der Ministerrat bei den regelmäßigen Überprüfungen zu dem Ergebnis kommt, dass ein übermäßiges Defizit im Sinne der fiskalischen Konvergenzkriterien vorliegt, so kann er Empfehlungen aussprechen, aber auch Sanktionen wie die Hinterlegung einer unverzinslichen Einlage verhängen.

Die Auswahl der Teilnehmer für den Start der Währungsunion erfolgte 1998 auf der Grundlage der Wirtschaftsdaten von 1997. Obwohl zahlreiche Staaten das Defizitkriterium von 60% des Bruttoinlandsprodukts deutlich verfehlten - Italien und Belgien lagen weit über 100% -, beschlossen die Staats- und Regierungschefs der EU am 2.5.1998 auf Empfehlung des ECOFIN-Rats, dass außer Griechenland alle Länder der Europäischen Union an der Währungsunion teilnehmen können, sofern sie hierzu bereit sind. Da neben Großbritannien auch Dänemark und Schweden auf eine sofortige Teilnahme verzichtet hatten, begann die Europäische Währungsunion am 1.1.1999 mit 11 Teilnehmerstaaten. Bereits ein Jahr später, noch vor der Einführung des Euro als alleiniges Zahlungsmittel, wurde auch Griechenland in den Kreis der Teilnehmerländer aufgenommen. Die Wechselkurse dieser 12 Länder sind seitdem unwiderruflich fixiert, am 1.1.2002 wurden sie durch den Euro ersetzt.

3.2 Die Europäische Zentralbank

Mit Beginn der 3. Stufe zur Realisierung einer Wirtschafts- und Währungsunion in Europa ist die Europäische Zentralbank für die Geldpolitik der an der Währungsunion teilnehmenden Staaten zuständig. Vorrangiges Ziel der europäischen Geldpolitik ist dabei die Gewährleistung der Preisstabilität, nur „soweit dies ohne Beeinträchtigung des Ziels der Preisniveaustabilität möglich ist" (Art 105(1) EG-Vertrag), soll die Europäische Zentralbank auch die allgemeine Wirtschaftspolitik der Gemeinschaft unterstützen.

Eine solch strikte Ausrichtung auf die innere Stabilität der Währung setzt Unabhängigkeit sowohl institutionell als auch finanziell, personell und funktionell voraus. Zur Sicherstellung der finanziellen Unabhängigkeit übertrugen alle Mitgliedsstaaten einen Teil ihrer Währungsreserven an die EZB. Der Anteil der einzelnen Länder setzte sich je zur Hälfte aus dem Gewicht seines Bruttoinlandsprodukts und aus dem Gewicht seiner Bevölkerungszahl zusammen. Institutionelle und personelle Unabhängigkeit sind durch den EG-Vertrag gewährleistet. Allerdings wurde des öfteren diskutiert, ob die Begrenzung der Amtszeit der Direktoriumsmitglieder auf 8 Jahre ohne Möglichkeit einer Wiederwahl tatsächlich den Erfordernissen der strikten personellen Unabhängigkeit genügt, da man im Hinblick auf eine möglicherweise angestrebte Tätigkeit nach Ausscheiden aus der EZB „wohlwollendes" Verhalten gegenüber den Regierungen der Herkunftsländer befürchtete. Dabei handelt es sich allerdings um eine rein spekulative Argumentation. Stärker wiegt der Einwand, dass die Notenbankpräsidenten der einzelnen Länder von den nationalen Regierungen bestimmt werden und dass sie im EZB-Rat gegenüber dem sechsköpfigen Direktorium die Mehrheit stellen.

Funktionelle Unabhängigkeit muss gewährleisten, daß die EZB durch nationale Regierungen oder EU-Behörden nicht in der Ausführung der ihr sinnvoll erscheinenden Geldpolitik behindert werden darf. Um dies sicherzustellen, ist es bereits seit Beginn der 2. Stufe zur Verwirklichung der Europäischen Währungsunion, also seit dem 1.1.1994, den Europäischen Zentralbanken verboten, Kredite an öffentliche Stellen zu gewähren, Gleiches gilt für die EZB. Problematisch ist allerdings die Kompetenzverteilung zur Vereinbarung von Interventionsverpflichtungen. Für Wechselkursregelungen, wie etwa der Teilnahme an einem Festkurssystem gegenüber dem US-Dollar und dem Yen, aber auch für die Festlegung von Leitlinien für die Wechselkurse sind die EU-Finanzminister zuständig. Solche Regelungen können aber Interventionsverpflichtungen beinhalten, die notwendigerweise Auswirkungen auf die Geldpolitik haben, wie die EWS-Krise von 1992 und 1993 gezeigt hatte. Insofern ist eine vollständige funktionelle Unabhängigkeit der Europäischen Zentralbank nicht gegeben.

Abb. VI.3: Der Aufbau der Europäischen Zentralbank

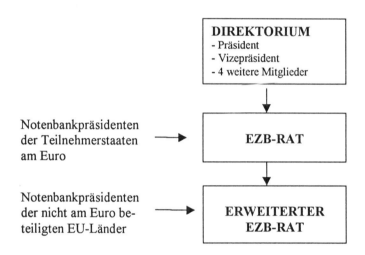

An der Spitze der EZB steht das Direktorium, das als zentrales Exekutivorgan für die Umsetzung der europäischen Geldpolitik verantwortlich ist. Das Direktorium besteht aus einem Präsidenten, einem Vizepräsidenten und vier weiteren Mitgliedern. Das Direktorium bildet zusammen mit den Notenbankpräsidenten der an der Währungsunion beteiligten Länder den EZB-Rat, der vor allem für geldpolitische Entscheidungen verantwortlich ist. Im EZB-Rat, in dem jedes Mitglied eine Stimme hat, wird grundsätzlich mit einfacher Mehrheit entschieden, bei Stimmengleichheit hat die Stimme des EZB-Präsidenten ein doppeltes Gewicht.

Neben dem EZB-Rat gibt es den erweiterten Rat der EZB, dem auch alle Notenbankpräsidenten angehören, deren Länder zwar Mitglied der EU sind, deren nationale Währung aber nicht der Währungsunion angehört. Bei Beginn der Währungsunion am 1.1.1999 waren dies Griechenland, das bei der Prüfung 1998 die Konvergenzkriterien noch nicht erfüllte, sowie die aus eigenem Entschluß zunächst nicht teilnehmenden Länder Großbritannien, Dänemark und Schweden. Für diese Länder wurde ein dem Europäischen Währungssystem ähnelndes EWS II mit festen Wechselkursen und Bandbreiten geschaffen. Da die dabei erforderlichen obligatorischen Interventionen beidseitig sind, d.h. auch von der EZB durchgeführt werden müssen, besteht hier eine weitere Quelle mangelnder funktioneller Unabhängigkeit der EZB.

Bereits am 2.5.1998 wurden neben der Festlegung der Teilnehmerstaaten auch die endgültigen bilateralen Wechselkursparitäten vereinbart, so entspricht etwa eine D-Mark 3,35386 französischen Franc. Außerdem kam man überein, dass die ECU 1:1 durch den Euro ersetzt werden solle. Zum Jahreswechsel 1998/99 war dann die Geburtsstunde des Euro.

Die Festlegung der Euro-Kurse der einzelnen europäischen Währungen erfolgte dabei über den US-Dollar. Zunächst wurde die Parität der D-Mark gegenüber dem US-Dollar zum 31.12.1998 mit 1,6763 DM/Dollar festgestellt. Über diesen Kurs wurden dann mit Hilfe der im Mai 1998 bestimmten bilateralen Kurse auch die Dollar-Kurse der übrigen Währungen errechnet. Den Wert einer ECU, ausgedrückt in Dollar, bestimmte man, indem man die nationalen Währungsbeträge im ECU-Korb durch den Dollarkurs dividierte. Für die D-Mark, die im ECU-Korb mit 0,6242 DM enthalten war, ergab sich damit: 0,6242 DM/ECU : 1,6763 DM/$ = 0,3723677 $/ECU. Nachdem man dies für alle an der ECU beteiligten Währungen durchgeführt hatte, addierte man die einzelnen Beträge und erhielt so den Wert eines ECU, ausgedrückt in US-Dollar mit 1,1667521 $/ECU. Da man zuvor einen Euro mit einer ECU gleichgesetzt hatte, entsprach dieser Kurs auch dem Anfangswert eines Euro, ausgedrückt in US-Dollar. Die Euro-Kurse der einzelnen Währungen erhielt man dann, indem man den Euro-Kurs in Dollar mit dem Dollar-Kurs der einzelnen Währungen multiplizierte. Dies ergab bei der D-Mark: 1,1667521 $/Euro x 1,6763 DM/$ = 1,95583 DM/Euro. Tabelle VI.2 gibt einen Überblick über die Berechnung der Eurokurse der einzelnen Währungen.

3.3 Ökonomische Konsequenzen der Europäischen Währungsunion

3.3.1 Die Optimalität Europas als einheitlicher Währungsraum

Bei der Diskussion über die Einführung der Währungsunion standen sich von Anfang an zwei Meinungen gegenüber. Auf der einen Seite gab es die Anhänger der Krönungstheorie, die eine politische Harmonisierung und eine weitgehende wirtschaftliche Konvergenz als Voraussetzung für eine erfolgreiche Währungsunion ansahen. Im Gegensatz dazu argumentierten die Monetaristen, dass gerade von einer monetären Integration Impulse für eine stärkere realwirtschaftliche Konvergenz und eine weitgehende politische Integration ausgingen, sie also eine Vorreiterfunktion spielen sollte. Diese Unterschiede waren Ausgangspunkt einer umfassenden Diskussion über die grund-

Tabelle VI.2. Bestimmung der Euro-Kurse der einzelnen Währungen

	A Nationaler Währungsbetrag im ECU-Korb	B Dollar-Kurs der einzelnen Währungen am 31.12.98	C Nationaler Währungsbetrag im ECU-Korb in Dollar (A : B)	D Euro-Kurs der einzelnen Währungen (B x E)
Deutsche Mark	0,6242	1,6763	0,3723677	1,95583
Französischer Franc	1,332	5,6220755	0,2369232	6,55957
Englisches Pfund	0,08784	0,6046315	0,1452786	0,705455
Italienische Lira	151,8	1659,5404	0,0914711	1936,27
Niederländischer Gulden	0,2198	1,888754	0,1163730	2,20371
Belgischer Franc	3,301	34,574526	0,0954749	40,3399
Luxemburgischer Franc	0,130	34,574526	0,0037600	40,3399
Dänische Krone	0,1976	6,3842	0,0309514	7,44878
Spanische Peseta	6,885	142,606529	0,0482797	166,386
Portugiesischer Escudo	1,393	171,829132	0,0081069	200,482
Griechische Drachme	1,440	282,57	0,0050961	329,689
Irisches Pfund	0,008552	0,6750058	0,0126695	0,787564

E: Wert eines ECU in US-Dollar (= ΣC): 1,1667521 $\left[\dfrac{\$}{\text{Euro}}\right]$

Quelle: Deutsche Bundesbank, Europäische Zentralbank

sätzliche Geeignetheit Europas als optimaler Währungsraum. Die Frage nach der *Optimalität von Währungsräumen* geht auf Robert Mundell (Mundell, 1961) zurück und wurde in den 60er und 70er Jahren vor dem Hintergrund der Diskussion um feste und flexible Wechselkurse weiterentwickelt. Nach den Maastrichter Beschlüssen zur Verwirklichung einer Europäischen Wirtschafts- und Währungsunion wurde dieses Thema erneut Gegenstand zahlreicher wissenschaftlicher Untersuchungen. Die grundlegende Frage der ökonomischen Geeignetheit eines Währungszusammenschlusses basiert dabei auf zwei entgegengerichteten Effekten, dem *Transaktionskassenargument auf der einen und der Problematik der Überwindung asymmetrischer Schocks auf der anderen Seite*.

Güteraustausch zwischen Ländern setzt in der Regel den Tausch von Währungen voraus, wobei sich das Tauschverhältnis in der Zeit ändern kann. Hierdurch entstehen Kosten des Geldumtauschs, der Informationsbeschaffung über die zukünftige Wechselkursentwicklung und von Kurssicherungsgeschäften. Bei einer einheitlichen Währung fallen diese Kosten weg. Weitere Vorteile werden durch eine Erhöhung der Handelsintensität innerhalb eines Währungsraums und durch die Vermeidung einer Fehlallokation von Kapital, hervorgerufen durch erratische Wechselkursschwankungen, erwartet, was zu mehr Wachstum und damit auch zu höherer Beschäftigung führen könne.

Die Europäische Kommission hat in einer Studie aus dem Jahre 1990 die durch eine Europäische Währungsunion induzierte Kostenersparnis auf jährlich zwischen 13 und 19 Milliarden ECU, das entspricht ca. 0,3 - 0,5% des damaligen europäischen Bruttoinlandsprodukts, geschätzt (Europäische Kommission, 1990). Die Verteilung auf die einzelnen EU-Länder ist jedoch sehr unterschiedlich. Kleine, offene Volkswirtschaften profitieren stärker als größere, weniger offene Länder. So wurden für die Bundesrepublik Deutschland nur relativ geringe Vorteile von 0,1% des BIP erwartet, während etwa für Belgien 0,9% des BIP prognostiziert wurden. Der weitaus größte Teil der erwarteten Ersparnis resultiert aus dem Wegfall von Geldwechsel- und Überweisungskosten (8,2 - 13,1 Milliarden ECU), wovon vor allem private Wirtschaftssubjekte profitieren dürften. Dieser Kostenersparnis müssen allerdings die sehr hohen Umstellungskosten, vom Druck und Ausgabe der Geldscheine bis zur Umrüstung aller Automaten, gegenübergestellt werden.

Auch die Vermeidung von Kosten der Wechselkursvolatilität durch eine Währungsunion ist nicht unumstritten. Zum einen können die Risiken von Wechselkursschwankungen durch Kurssicherungsmaßnahmen aufgefangen werden, zum anderen gibt es keinen empirischen Beleg für die Behauptung, das Handelsvolumen und das Wirtschaftswachstum werde von der Volatilität der Wechselkurse negativ beeinflusst. Verschiedene Untersuchungen über das Ausmaß der Auswirkungen von Wechselkursschwankungen auf die Handelsintensität in Europa kommen zu dem Ergebnis, dass ein solcher Zusammenhang nicht besteht oder vernachlässigbar ist, auch hat sich gezeigt, dass innerhalb des EWS in den 80er Jahren das Investitionsvolumen sogar niedriger war als in Ländern mit hoher Wechselkursvolatilität (vgl. DeGrauwe,1989).

3.3.2 Die Problematik asymmetrischer Schocks in einer Währungsunion

Durch exogene Schocks, d.h. durch eine internationale Konjunkturübertragung, durch einen internationalen Zinsanstieg, durch Weltmarktpreissteigerungen, durch internationale Nachfrageverschiebungen u.a.m., sind verschiedene Länder in unterschiedlicher Weise betroffen. Die Europäische Kommission (Europäische Kommission, 1990) vertritt dabei die These, das Auftreten asymmetrischer Schocks in einer bestehenden europäischen Währungsunion sei unwahrscheinlich, da ja nur solche Länder Mitglied der Währungsunion seien, deren Kerndaten sich angeglichen hätten. Der bisherige Integrationsprozess in Europa habe den Unternehmen Möglichkeiten eröffnet, Skalenerträge der Produktion in erheblichem Umfang zu nutzen. Dies habe zu einer umfangreichen Produktdiversifikation und damit zu einem Anstieg des intra-industriellen Handels geführt. Die Wirtschaftsstrukturen der an der europäischen Währungsunion beteiligten Länder seien also mittlerweile so ähnlich, dass die Gefahr asymmetrischer Schocks vernachlässigt werden könne. Bereits Kenen (Kenen, 1969) habe ein hohes Maß an Produktdiversifikation als Kriterium eines optimalen Währungsraums charakterisiert.

Der Behauptung, die Wirtschaftsstrukturen der europäischen Länder hätten sich im Verlauf des bisherigen Integrationsprozesses weitgehend angeglichen und asymmetrische Schocks seien deshalb zu vernachlässigen, wird jedoch auch widersprochen. So hat Tichy (Tichy, 1992) anhand verschiedener Kriterien wie den politischen Zielvorstellungen, den Inflationsraten oder den realen Wechselkursen festgestellt, daß die Heterogenität zwischen den EU-Mitgliedern trotz jahrelanger Mitgliedschaft in einer Zollunion bzw. einer Freihandelszone erheblich ist. Dies haben auch die EWS-Krisen von 1992/93 gezeigt. Die Länder der Europäischen Union haben einen unterschiedlichen Produktmix, sie sind unterschiedlich von Rohstoffimporten abhängig, sie haben unterschiedliche Produktions- und Exportstrukturen sowie unvollkommene Güter- und Faktormärkte (Berthold 1992). Es ist also mit großer Wahrscheinlichkeit zu erwarten, dass auch in Zukunft in einem Gebiet, das so groß, kulturell so stark diversifiziert und geographisch so unterschiedlich ist wie die Europäische Union, mit beträchtlichen asymmetrischen realen Schocks zu rechnen ist.

Frankel und Rose (Frankel/Rose, 1998) untersuchen die Auswirkungen einer zunehmenden Handelsintensivierung auf die Wahrscheinlichkeit für das Auftreten asymmetrischer Schocks. Sie kommen zu dem Ergebnis, dass die Wahrscheinlichkeit sinke, da eine Handelsausweitung zwischen Industriestaaten primär intra-industrieller Art sei und die Wirtschaftsstrukturen sich damit anglichen. Eine im Verlauf des europäischen Integrationsprozesses steigende Handelsintensität erhöhe also die Geeignetheit der beteiligten Länder zur Bildung einer Währungsunion. Diese Schlussfolgerung versuchen Frankel und Rose empirisch zu belegen, wobei sie allerdings primär Daten aus den 60er und 70er Jahren benutzen. Wie aber Greenaway und Hine (Greenaway und Hine, 1991) zeigen, hat der intra-industrielle Handel in Europa in dieser Zeit tatsächlich stark zugenommen. Seit Ende der 70er Jahre stagniert er jedoch auf hohem Niveau, so dass eine Zunahme der Handelsintensität nicht mehr mit einer Steigerung der intra-industriellen Verflechtung begründet werden kann. Damit dürfte aber auch nicht die Wahrscheinlichkeit für das Auftreten asymmetrischer Schocks mit zunehmendem Außenhandel der an einer Währungsunion beteiligten Länder sinken.

In einer vergleichenden Schockanalyse der EU-Staaten mit den US-Regionen wurde gezeigt, dass die Stärke und Asymmetrie von Störungen sowohl auf der Angebots- als auch auf der Nachfrageseite in Europa wesentlich größer ist als in den USA (Bayoumi/Eichengreen, 1993). Schließlich wurde nachgewiesen, dass in Europa asymmetrische Schocks auf regionalem Niveau, d.h. innerhalb eines bereits heute bestehenden Währungsgebietes, häufiger vorkommen als zwischen Ländern mit verschiedenen Währungen (DeGrauwe/Vanhaverbeke, 1993). Dies kann auf den stärkeren Integrationsgrad innerhalb eines Währungsgebietes zurückgeführt werden. Überträgt man diese Tatsache auf eine europäische Währungsunion, so folgt daraus, dass durch die Integrationseffekte der gemeinsamen Währung die Häufigkeit asymmetrischer Schocks nicht ab-, sondern zunimmt.

Daneben gibt es auch interne Gründe einer ungleichgewichtigen realen Entwicklung. Durch die Liberalisierung der Güter- und Finanzmärkte wurde die Wettbewerbsintensität innerhalb Europas verschärft und ein Strukturwandel ausgelöst. Je mehr die Ausnutzung von Economy-of-Scale-Gewinnen - ein Hauptargument für den Binnenmarkt - möglich ist und je besser die Infrastruktur innerhalb der Europäischen Union ausgebaut ist, umso attraktiver wird es für die Unternehmen, den gesamten europäischen Markt von wenigen Produktionszentren aus zu bedienen.

Diese Entwicklung kann man an der Veränderung der industriellen Agglomeration in Europa ablesen (vgl. Klüver/Rübel, 2001). Um dies zu zeigen, wurde die räumliche Konzentration der europäischen Industrie im Zeitraum von 1972 bis 1992 in Anlehnung an eine Untersuchung der USA von Paul Krugman (vgl. Krugman 1991) mit Hilfe von Ginikoeffizienten für 52 Industriesektoren gemessen. Die Untersuchung ergab, dass die industrielle Agglomeration in Europa im betrachteten Zeitraum kontinuierlich zunahm, von 1972 bis 1992 betrug der durchschnittliche Zuwachs 23,53%. Diese Zunahme ist jedoch sektoral sehr unterschiedlich verteilt. Das prozentuale Agglomerationswachstum arbeitsintensiver Industriesektoren, in denen vor allem einfache Arbeit eingesetzt wird, ist mit 73,81 über dreimal so hoch wie der Durchschnitt. Ebenso legte die Agglomeration forschungsintensiver Sektoren, die auf den Einsatz hochqualifizierter Arbeit angewiesen sind, mit 51,83% überdurchschnittlich zu. Tendenziell sind die nördlichen Länder Europas eher reichlich mit dem Faktor „gelernte Arbeit" ausgestattet, die südlichen Länder Europas eher mit dem Produktionsfaktor „ungelernte bzw. billige Arbeit", auch dies kann man zeigen. Aufgrund des fortschreitenden europäischen Integrationsprozesses kam es seit 1972 zu einer Verminderung der Handelsbarrieren, zu einer Offenlegung der komparativen Vorteile und damit zu einer Verstärkung der Handelsbeziehungen zwischen den einzelnen Ländern. Relative Produktionsvorteile aufgrund unterschiedlicher Faktorausstattung konnten so ausgenützt werden, d.h. die südlichen Länder haben sich tendenziell auf die Produktion arbeitskostensensibler Produkte, die nördlichen Länder auf die Produktion forschungsintensiver Produkte spezialisiert. Aufgrund der weiter fortschreitenden Integration Europas, d.h. gemeinsamer Binnenmarkt, Wirtschafts- und Währungsunion, sind weitere Agglomerationsbewegungen dieser Industriesektoren zu erwarten.

Abb. VI.3: Prozentuale Veränderung der industriellen Agglomeration in Europa im Zeitraum von 1972 bis 1992

Alle Industriesektoren	23,53 %
Arbeitsintensive Sektoren	73,81 %
Forschungsintensive Sektoren	51,83 %
Skalenintensive Sektoren	9,84 %
Rohstoffintensive Sektoren	3,34 %

Quelle: Klüver/Rübel, 2001

Skalenintensiv produzierende Sektoren wie z.b. die Eisen- und Stahlindustrie weisen dagegen ein Wachstum ihrer Agglomeration von nur 9,8% auf. Skalenerträge sind also bei der weiteren Integration Europas in der Regel kein Grund mehr für einen besonders starken Anstieg der Agglomeration. Dies bestätigt im übrigen auch die Aussage, dass der prozentuale Anteil des intra-industriellen Handels seit den siebziger Jahren auf hohem Niveau stagniert.

Die Gruppe der rohstoffintensiv produzierenden Industriesektoren hat mit 3,34% das geringste prozentuale Wachstum aller hier verglichenen Gruppen. Die ungleiche Verteilung der Bodenschätze hat bereits in der Vergangenheit zur Agglomeration der rohstoffintensiven Industriesektoren geführt.

Dieses Ergebnis führt zu der Schlußfolgerung, dass die Ausnutzung von Skalenerträgen und der Ausbau von Produktdiversifikationen und damit des intra-industriellen Handels im Wesentlichen bereits vor 1972 stattfand. Seit dieser Zeit ist der Grad der industriellen Agglomeration und parallel dazu auch die Inhomogenität der Industriestrukturen der einzelnen europäischen Länder ständig weiter gestiegen und wird im Zuge der Ausnutzung des Binnenmarktprogramms sowie der Wirtschafts- und Währungsunion noch weiter zunehmen. Dieser Prozess wird jedoch primär nicht auf eine weitere Ausnutzung von Skalenerträgen zurückzuführen sein, sondern kann durch eine klassische Heckscher-Ohlin-Argumentation erklärt werden. Durch den Abbau von

Hemmnissen jeder Art werden die relativen Vorteile der einzelnen Länder in stärkerem Maße sichtbar. Dies führt zu einer zunehmenden Spezialisierung gemäß der relativen Faktorausstattung. Da Kapital als mobil angesehen werden kann, sind vor allem ungelernte billige sowie gut ausgebildete Arbeit die entscheidenden Faktoren für den weiteren Agglomerationsprozess. Die stärkere sektorale Spezialisierung impliziert aber eine zunehmende Inhomogenität der einzelnen Länder sowie einen Anstieg des intersektoralen Handels. Damit nimmt auch die Wahrscheinlichkeit für das Auftreten asymmetrischer Schocks zu. *Die fortlaufende Vertiefung der Integration hat also die Geeignetheit Europas als optimalen Währungsraum nicht erhöht, sondern, im Gegenteil, vermindert.*

Mit der größeren Wahrscheinlichkeit für das Auftreten asymmetrischer Schocks wird aber auch die Existenz von Instrumenten zur Überwindung dieser Asymmetrien notwendiger.

Wenn Länder von asymmetrischen Schocks getroffen werden, so entsteht eine Anpassungsnotwendigkeit, für die verschiedene Instrumente zur Verfügung stehen. Eines dieser Instrumente ist der nominale Wechselkurs. Das wirtschaftlich schwächere Land muss zur Verbesserung der Wettbewerbssituation seine Währung gegenüber dem wirtschaftlich stärkeren Land abwerten.[1] Da neben dem Wegfall des nominalen Wechselkurses auch eine unterschiedliche Geldpolitik in einer Währungsunion nicht mehr möglich ist, verbleiben im Wesentlichen folgende Anpassungsmechanismen:

1. **Güterpreisflexibilität:** Ungleiche reale Entwicklungen erfordern eine Veränderung des realen Wechselkurses. Wenn der nominale Wechselkurs als Anpassungsinstrument nicht mehr zur Verfügung steht, ist eine Veränderung des realen Wechselkurses nur durch eine Veränderung der Relation der Güterpreisniveaus zwischen den beiden Ländern möglich. Da aber durch den gemeinsamen Markt die Handelsintensität innerhalb der Europäischen Union gestiegen ist - ein erwünschtes Ergebnis des Binnenmarktprogramms -, hat sich auch der Anteil handelbarer Güter an den Bruttoinlandsprodukten der einzelnen Länder erhöht. Dies und die bessere Vergleichbarkeit der Güterpreise, die zu einer verstärkten Arbitragetätigkeit führt, schränkt die Flexibilität der Güterpreisrelation zweier Länder innerhalb einer Währungsunion erheblich ein.

2. **Fiskalpolitik:** Eine divergierende Fiskalpolitik zum Ausgleich einer unterschiedlichen realen Entwicklung ist, neben dem generellen Zweifel an

---

[1] Dies wird allerdings relativiert für sehr offene Länder. Zwar erhöht eine Abwertung die Nachfrage, das Güterangebot kann davon aber negativ beeinflusst werden – vgl. die Analyse in Kapitel VIII – und dies um so eher/mehr, je offener das Land ist. Insofern gibt es die These, für sehr offene Länder bedeute der Wegfall des Wechselkurses im Prinzip keinen Verzicht auf ein Anpassungsinstrument bei ungleicher wirtschaftlicher Entwicklung (vgl. McKinnon, 1963).

der Tauglichkeit dieses Instrumentes zur Konjunktursteuerung[2], auch aufgrund der angestrebten Staatsschuldenplafondierung nach Realisierung einer Währungsunion kaum mehr möglich.

3. **Transfers:** Eine reale Ungleichgewichtsituation ist auch durch einen umfassenden Finanzausgleich im Rahmen eines Systems interregionaler Transfers abzubauen. In der Währungsunion USA, die aber auch eine politische Union darstellt, wie sie es in Europa in absehbarer Zeit nicht geben wird, existiert ein solcher Finanzausgleich. Ein Rückgang des Volkseinkommens in einem Bundesstaat der USA wird zu mehr als 40% vom Zentralstaat durch sinkende Steuerabführungsverpflichtungen und gleichzeitig steigende Transferleistungen getragen (vgl. Eichengreen, 1990). Ein solch umfassendes Finanzausgleichssystem in einer Währungsunion politisch selbständiger Staaten gefährdet jedoch aufgrund dann fehlender Anreize nicht nur die Anpassungsmöglichkeiten über die Märkte, es macht auch eine glaubhafte Gelddisziplin der Europäischen Notenbank schwieriger.

4. **Faktormobilität:** Ist durch eine reale Ungleichentwicklung die Arbeitslosenquote im wirtschaftlich schwächeren Land gestiegen, so könnte diese durch eine Zuwanderung von Kapital und/oder durch eine Abwanderung des Faktors Arbeit gesenkt werden. Der Faktor Arbeit ist jedoch in Europa deutlich weniger mobil als etwa in den USA. Ein Vergleich der regionalen Netto-Wanderungsbewegungen in 64 Regionen der EG mit den 50 Staaten der sprachlich und kulturell integrierten USA in den 80er Jahren zeigt, dass die innergemeinschaftliche Arbeitsmobilität nur etwa ein Drittel des US-Niveaus erreicht (vgl. Eichengreen, 1990). Unterschiedliche Sprachen, aber auch ein ausgeprägteres Nationalbewusstsein sind Gründe hierfür. Die Mobilität des Produktionsfaktors Kapital ist zwar gegeben, seine Wanderung in wirtschaftlich schwächere Regionen setzt jedoch Anreize voraus.

5. **Faktorpreisflexibilität:** Der Zins wird sich innerhalb einer Währungsunion zwischen den einzelnen Ländern nicht mehr unterscheiden. Damit ist als Voraussetzung einer Wanderung des Faktors Kapital in wirtschaftlich schwächere Regionen eine ausgeprägtere Lohndifferenzierung erforderlich. Damit werden es letztlich die Arbeitsmärkte sein, die durch eine entsprechende Flexibilität den erforderlichen Anpassungsprozess zu übernehmen haben. Inwieweit sie hierzu in der Lage sein werden, ist umstritten.

3.3.3 Implikationen der Währungsunion für die europäischen Arbeitsmärkte

Zur Frage, ob die Arbeitsmärkte der Europäischen Union in der Lage sein werden, ihrer gestiegenen Bedeutung in einer Währungsunion gerecht werden

---

[2] Vgl. hierzu Kap. VIII.

zu können, gibt es eine intensive und kontrovers geführte Diskussion über das zu erwartende lohnpolitische Verhalten von Arbeitnehmern und Gewerkschaften innerhalb der Währungsunion (vgl. einen Überblick in Belke, 1996).

Die optimistische Seite baut auf eine gestiegene Einsicht von Arbeitnehmern und ihren Vertretern und sagt eine verantwortungsbewusstere Lohnpolitik voraus. Den Gewerkschaften sei bewusst, dass überhöhte Lohnabschlüsse nicht mehr durch Abwertungen kompensiert werden können, sie bräuchten auf der anderen Seite aber auch nicht zu befürchten, dass lohnpolitische Zurückhaltung durch Aufwertungen bestraft würde (vgl. Pohl, 1992, Matthes, 1992). Damit steige die Bereitschaft der Arbeitnehmer in Ländern mit hoher Arbeitslosigkeit oder negativer wirtschaftlicher Entwicklung, auch Lohneinbußen zu akzeptieren. Dies stärke die Wettbewerbsfähigkeit des Landes und schaffe damit die Voraussetzung der wirtschaftlichen Erholung und des Rückgangs der Arbeitslosigkeit. Eine Währungsunion erhöhe also auf diesem Wege die zumindest in den ersten Jahren noch nicht in ausreichendem Maße gegebene Flexibilität der Arbeitsmärkte und gewährleiste so einen Ausgleich unterschiedlicher wirtschaftlicher Entwicklungen.

Dieser Erwartung einer höheren lohnpolitischen Disziplin in einer Währungsunion stehen jedoch auch gegenteilige Prognosen gegenüber. Vor allem die Vorstellung, die Gewerkschaften würden einer größeren Lohnflexibilität zustimmen, um Produktivitätsunterschiede auszugleichen, wird bezweifelt. Das werde auch deshalb nicht der Fall sein, weil es im Gegensatz zu oben dargestellter Erwartung auch innerhalb einer Währungsunion Möglichkeiten zur Abwälzung überhöhter Lohnabschlüsse gebe. Eine strikt stabilitätsorientierte Politik der Europäischen Notenbank sei nicht sicher. Damit würden die Tarifpartner aber zunächst ihr Verhalten nicht ändern, sondern den Druck auf die Europäische Notenbank erhöhen, sich stärker an den Beschäftigungsproblemen zu orientieren. Die Zweifel an der strikten Stabilitätsorientierung der Europäischen Notenbank würden von den Tarifpartnern antizipiert und führten zu höheren Lohnabschlüssen. Außerdem werde durch die infolge der Einheitswährung gestiegene Transparenz der Löhne der Anreiz zu lohnnivellierenden europaweiten Lohnverhandlungen erhöht und führe in den „ärmeren" Ländern zu dem Wunsch nach rascher Angleichung der Löhne mit dem Argument der gleichen Entlohnung für gleiche Arbeit. Auch die Gewerkschaften selbst hätten keinen Anreiz zur Lohndifferenzierung. Sie würden stets höher entlohnte Referenzgruppen als Basis für eigene Lohnforderung heranziehen, um in den Augen ihrer Mitglieder als erfolgreich zu gelten So ist selbst bei betriebsspezifischen Lohnverhandlungen, wie etwa in den USA, zu beobachten, dass sehr schnell Interdependenzen zwischen den Abschlüssen in verschiedenen Unternehmen entstehen (vgl. Molitor, 1995). Die grundsätzlich erforderliche Lohndifferenzierung wird damit als unwahrscheinlich angesehen, eher sei mit einer Änderung des wirtschaftspolitischen Verhaltens von Regierungen für den Fall zu rechnen, dass Tarifparteien zu hohe Löhne ausgehandelt hätten und die Arbeitslosigkeit damit über ein gesellschaftlich zu tolerierendes Maß hinaus gestiegen sei. Es werde dann - ungeachtet aller fiskalischen Vereinbarungen - zu einer verstärkten Verschuldung der betroffenen Länder kommen, um damit Beschäftigungsprogramme zu finanzieren.

Die hier im Überblick dargestellte Diskussion über das mögliche Verhalten von Gewerkschaften in einer Währungsunion kann Zweifel an einer stärkeren Flexibilität von Löhnen und damit an der Fähigkeit der Arbeitsmärkte, einen Beitrag zur Überwindung asymmetrischer Schocks in einer Währungsunion zu leisten, nicht ausräumen. Da auch eine deutliche Erhöhung der Arbeitsmobilität nicht zu erwarten ist, muss mit verstärkten Forderungen nach Ausgleichszahlungen gerechnet werden. Neben der mangelnden Akzeptanz eines umfangreichen europäischen Finanzausgleichssystems in der Bevölkerung würde ein solches System die Anreize für Lohnverhandlungsparteien, notwendige reale Anpassungen durchzuführen, senken, gleichzeitig würde die Orientierung der Arbeitnehmer an den Löhnen vergleichbare Tätigkeiten in anderen Ländern gestärkt.

Ein innereuropäisches Transfersystem wäre damit nicht nur der Tausch marktkonformer Anpassungsmechanismen wie Wechselkursflexibilität oder divergierende Geldpolitik gegen einen staatlichen Umverteilungsinterventionismus, auch der Zusammenhang zwischen Löhnen und Beschäftigung würde verzerrt. Auch sollten die bisherigen Erfahrungen mit Regionalpolitik in Europa zu denken geben. In Italien ist es seit der Währungsunion von 1861 nicht gelungen, den Süden des Landes durch Transferzahlungen wirtschaftlich an den Norden heranzuführen (vgl. Altvater/Mahnkopf, 1993). Ähnliche, wenn auch noch nicht abschließend zu beurteilende Erfahrungen macht Deutschland mit den neuen Bundesländern. Der Hauptgrund hierfür liegt in der Tatsache, dass durch Fördermaßnahmen vor allem einzelne Unternehmen in weniger entwickelten Regionen finanziert werden, um sie an den Weltstandard heranzuführen. Damit entstehen jedoch keine „vernetzten Industriestrukturen" in den betreffenden Regionen.

Wenn aber keine marktmäßigen Mechanismen zum Abbau regionaler Unterschiede innerhalb einer Währungsunion existieren, so lässt sich nicht ausschließen, dass es doch zu steigenden Transferzahlungen im Sinne eines europäischen Länderfinanzausgleichs kommt. Auch sind protektionistische Tendenzen innerhalb Europas, etwa in regionalistischem Gewand verpackt, nicht auszuschließen, die von den betroffenen Regierungen als eine „Notbremse" gegen die sozialen und ökonomischen „Zumutungen" der deregulierten Güter- und Finanzmärkte begründet werden könnten.

Asymmetrische reale Entwicklungen und ihre hier aufgezeigten möglichen Folgen müssen nicht kurzfristig auftreten, sie sind von zahlreichen, nicht vorhersehbaren Faktoren abhängig. Wenn es aber zu den beschriebenen Problemen kommt und bis zu diesem Zeitpunkt die notwendige Flexibilität der Arbeitsmärkte nicht gewährleistet ist, so besteht durchaus die Gefahr, dass der gesamte europäische Integrationsprozess darunter leidet.

4. Zusammenfassung von Kapitel VI

1. 1972 wurde der europäische Wechselkursverbund gegründet, um in Europa durch eine Halbierung der Bandbreiten stabilere Wechselkursverhältnisse zu schaffen als dies in der Endphase des Bretton Woods-Systems gegeben war. Durch unterschiedliche wirtschaftliche Entwicklungen sowie den Folgen der Ölpreisschocks der 70er Jahre stand der Wechselkursverbund Ende 1978 jedoch vor der Auflösung.

2. Um eine weitere Desintegration Europas zu verhindern, wurde 1979 das Europäische Währungssystem (EWS) gegründet. Der Wechselkurs und Interventionsmechanismus sah feste Paritäten mit Bandbreiten von ±2,25% vor. Bei Erreichen der Interventionspunkte waren beide beteiligten Notenbanken zu Interventionen verpflichtet. Leitkursänderungen waren nur in gegenseitigem Einvernehmen in einem förmlichen Verfahren möglich.

3. Durch einen Beistandmechanismus hatten sich die Teilnehmerländer des EWS verpflichtet, den anderen Ländern kurzfristige Kredite in unbegrenzter Höhe zu gewähren, um notwendige Interventionen durchführen zu können. Daneben gab es zur Finanzierung von Zahlungsbilanzdefiziten den kurzfristigen Währungsbeistand sowie einen mittelfristigen finanziellen Beistand.

4. Mit dem EWS wurde auch eine Korbwährung, die ECU, geschaffen, in der die Währungen der Mitgliedsstaaten enthalten waren. Die Anteile der einzelnen Währungen errechneten sich aus dem Handelsvolumen, dem Bruttoinlandsprodukt sowie der Quote im Währungsbeistand der einzelnen Länder. Die ECU diente vor allem als Recheneinheit und als Instrument des Saldenausgleichs. Am 1.1.1999 ging die ECU im Euro auf.

5. Das EWS geriet in den Jahren 1992/93 in eine existenzielle Krise. Ursache war vor allem eine divergierende wirtschaftliche Entwicklung in den Teilnehmerländern im Gefolge der Deutsch-Deutschen Wiedervereinigung. Nach massiven Spekulationswellen wurde am 2.8.1993 die zulässige Bandbreite auf ± 15% erhöht. Damit wurde zwar eine politisch nicht durchsetzbare Neufestsetzung der Leitkurse vermieden, aus dem EWS war aber de facto ein System flexibler Wechselkurse geworden.

6. 1992 wurde im Maastrichter Vertrag die Schaffung einer Wirtschafts- und Währungsunion in Europa beschlossen. Die Einführung einer Einheitswährung sollte in drei Stufen erfolgen, in denen vor allem die wirtschaftliche Konvergenz der teilnehmenden Länder vertieft werden sollte. Hierfür wurden fünf Konvergenzkriterien verabschiedet, deren Erfüllung Voraussetzung für die Teilnahme an der Währungsunion sein sollte.

- Inflationsrate nicht höher als 1,5% über dem durchschnittlichen Wert der drei stabilsten EU-Mitgliedsländer
- Langfristiger Zins nicht höher als 2%-Punkte über dem Durchschnitt der drei stabilsten Länder
- Mindestens zwei Jahre keine Paritätsänderung der eigenen Währung im EWS
- Staatliche Nettoneuverschuldung nicht höher als 3% des Bruttoinlandsprodukts
- Gesamtstaatsverschuldung nicht höher als 60% des Bruttoinlandsprodukts

Die Währungsunion begann am 1.1.1999 mit zunächst elf Teilnehmerländern.

7. Bei der Diskussion über die ökonomische Geeignetheit der Europäischen Währungsunion stehen sich Vor- und Nachteile gegenüber. Auf der einen Seite steht die Kostenersparnis beim Geldumtausch, bei der Informationsbeschaffung über die zukünftige Wechselkursentwicklung und bei Kurssicherungsgeschäften. Daneben werden auch Vorteile durch eine Erhöhung der Handelsintensität und durch die Vermeidung einer Fehlallokation von Kapital erwartet.

8. Dem steht die Problematik der Überwindung asymmetrischer Schocks gegenüber, deren Auftreten als wahrscheinlich angesehen werden muss. Kommt es zu einer asymmetrischen wirtschaftlichen Entwicklung so sind Anpassungsinstrumente erforderlich. Eine Änderung des nominalen Wechselkurses und eine unterschiedliche Geldpolitik scheiden in einer Währungsunion aus. Auch eine unterschiedliche Entwicklung der Güterpreise, eine divergierende Fiskalpolitik und eine Mobilität des Faktors Arbeit sind aus unterschiedlichen Gründen auszuschließen. Ein umfangreiches Finanzausgleichssystem ist ökonomisch zweifelhaft und in der Bevölkerung unerwünscht. Es ist daher vor allem die Flexibilität der Arbeitskosten, die einen Beitrag zu Überwindung einer ungleichen Entwicklung leisten muss.

Kapitel VII

Außenwirtschaftliche Abhängigkeiten einer Volkswirtschaft bei unterschiedlichen Währungssystemen

1. Die Bedeutung der terms of trade und ihre Abhängigkeit vom Wechselkurs

1.1 Terms of trade und Güterhandel

Die terms of trade eines Landes wurden in Kapitel I definiert als das Preisverhältnis zwischen Exportgütern und Importgütern, beide ausgedrückt in Inlandswährung. Die terms of trade entsprechen damit dem Verhältnis von Importmenge zur Exportmenge, sie sind also ein reales Tauschverhältnis. Ein Anstieg dieses Tauschverhältnisses bedeutet, dass ein Land für eine Mengeneinheit seines Exportgutes mehr Mengeneinheiten des Importgutes erhält, man spricht in diesem Fall auch von einer Verbesserung der terms of trade.

Wenn die deutsche Familie Müller ihren vierwöchigen Urlaub in den USA verbringt und dort für Mietwagen, Hotelübernachtungen, Restaurantbesuche u.a. 3000 $ ausgibt, so ist dies aus deutscher Sicht ein Dienstleistungsimport, der bei einem Dollar-Euro-Kurs von 1:1 mit 3000 € in die deutsche Zahlungsbilanz eingeht. Im Gegenzug müssen deutsche Unternehmen 6 Maschinen, jede im Wert von 500 €, in die USA exportieren, um den Urlaub der Familie Müller zu „finanzieren". Das Austauschverhältnis beträgt also vier Wochen Urlaub für 6 Maschinen. Steigt nun der Weltmarktpreis der Maschinen auf 600 €, so ist zum Ausgleich des vierwöchigen Urlaubs nur noch der Export von 5 Maschinen notwendig, der Auslandsurlaub hat sich bei gleichem Nominalpreis also um 1 Maschine „verbilligt", das Austauschverhältnis für die Bundesrepublik Deutschland ist gestiegen. Würde sich auf der anderen Seite aufgrund von Lohnsteigerungen in den USA der vierwöchige Urlaub bei gleicher Leistung auf 3500 $ bzw. wegen des Wechselkurses von 1 auf 3500 € verteuern, so wäre zur Finanzierung eine zusätzliche Maschine im Wert von 500 € in die USA zu liefern, die terms of trade der Bundesrepublik Deutschland hätten sich verschlechtert.

In diesem Beispiel ist die Veränderung der terms of trade der beiden Länder immer entgegengesetzt, d.h. eine Verschlechterung der terms of trade für die Bundesrepublik impliziert eine Verbesserung für die USA. Vergleicht man dagegen die Situation der Autarkie mit der von Freihandel, so gilt ein anderer Zusammenhang, der bereits aus Abbildung I.1 ersichtlich wurde. Im bekannten Zwei-Länder-Zwei-Güter-Beispiel hat Land 1 einen absoluten Preisvorteil für Gut 1, d.h. der Autarkiepreis in Land 1 liegt unter dem von Land 2. Land 2 hat im Gegenzug einen absoluten Preisvorteil für Gut 2, der Autarkiepreis dieses Gutes liegt in Land 2 unter dem in Land 1. Werden nun die Grenzen geöffnet, so gleichen sich, wie in den mittleren Graphiken der Abbildung I.1 dargestellt, auf den Weltmärkten die Preise der beiden Güter an. Für Land 1 bedeutet dies, dass der Preis des Gutes 1, also seines Exportgutes, wegen der hinzukommenden ausländischen Überschussnachfrage steigt, während der Preis des Gutes 2, also des Importgutes, wegen des am Weltmarkt existierenden Überschussangebots des Landes 2 sinkt. Die terms of trade des Landes 1 verbessern sich also. Gleiches gilt auch für Land 2. Da der Autarkiepreis des Gutes 1 in Land 2 höher war, bedeutet der neue Weltmarktpreis einen Preisrückgang für Land 2. Bei Gut 2 ist es dagegen umgekehrt, hier liegt der neue Weltmarktpreis über dem Autarkiepreis des Landes 2. Da Gut 2 das Exportgut und Gut 1 das Importgut des Landes 2 darstellt, sind also auch die terms of trade des Landes 2 gestiegen. Beide Länder können durch die Aufnahme von Handel ihre terms of trade gegenüber der Autarkiesituation verbessern. Diese Verbesserung ist die entscheidende Voraussetzung dafür, dass sich ein Land durch die Teilnahme an der internationalen Arbeitsteilung besser stellt. Durch den Tausch von Gütern zu verbesserten Tauschbedingungen steigen die Konsummöglichkeiten aller beteiligten Länder, obwohl die Faktorausstattung und die Produktionstechnologie unverändert geblieben sind.

Die terms of trade stellen damit eine wesentliche Bestimmungsgröße für die Wohlfahrt eines offenen Landes dar. Abbildung VII.1 verdeutlicht dies für den Zwei-Güter-Fall. Die Transformationskurve TT' stellt die mit gegebener Faktorausstattung und gegebener Produktionstechnologie maximal erreichbare Gütermengenkombination des Landes dar. Unterhält die Volkswirtschaft keine Beziehungen zum Ausland, so können die Konsumenten nur einen Punkt auf dieser Transformationskurve wählen. Sie maximieren ihren Nutzen in Punkt C, dem Tangentialpunkt zwischen der Transformationskurve und der maximal erreichbaren gesamtwirtschaftlichen Indifferenzkurve. Punkt C stimmt damit in der geschlossenen Volkswirtschaft mit dem optimalen Produktionspunkt P überein. Das Land kann nur die Güter konsumieren, die es auch selbst produziert. Der Absolutwert der Steigung der Transformationskurve - und der der Indifferenzkurve in Punkt P - entspricht im Zwei-Güter-Zwei-Faktoren-Zusammenhang dem Güterpreisverhältnis p_2/p_1.[1]

Findet nun Handel statt, so wird die Produktion des Exportgutes 1 steigen, die Produktion des Importgutes 2 sinken, das Preisverhältnis p_2/p_1 sinkt. Da dieses Preisverhältnis dem Kehrwert der terms of trade entspricht, heißt dies, dass sich die terms of trade des betrachteten Landes mit der Aufnahme von Handel verbessern. Damit verlagert sich der Produktionspunkt des Landes auf seiner Transformationskurve nach links oben zu P', die Produktionsstruktur

---

[1] Vgl. den Anhang zu diesem Kapitel.

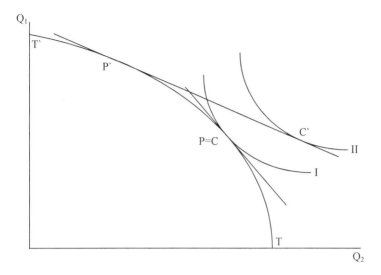

Abb. VII.1: **Wohlfahrtseffekt der internationalen Arbeitsteilung**

verändert sich zugunsten des Gutes 1. Von P' aus kann dann mit dem Ausland Gütertausch stattfinden, und zwar zum neuen Weltmarktpreisverhältnis. Da dies aber kleiner ist als das Autarkiepreisverhältnis, können die Konsumenten auf eine höhere Indifferenzkurve gelangen, sie erreichen in Abbildung VII.1 das Nutzenniveau II. Der Export des Landes entspricht in diesem Beispiel der waagerechten Differenz zwischen dem Produktionspunkt P' und dem Konsumpunkt C', der Import der senkrechten Differenz zwischen diesen beiden Punkten. Es ist aus Abbildung VII.1 ersichtlich, dass die Wohlfahrtssteigerung umso größer ist, je größer die Differenz zwischen dem Autarkie- und dem Weltmarktpreisverhältnis ist, d.h. je mehr sich die terms of trade des betrachteten Landes durch die Aufnahme von Handel verbessern.

1.2 Terms of trade und Wechselkurs

Die Handelsströme zwischen Volkswirtschaften und damit auch deren terms of trade sind auch vom Wechselkurs abhängig.

Würde in obigem Beispiel des USA-Urlaubs der Wert des US-Dollars von 1 Euro auf 1,5 Euro steigen, so müssten die deutschen Urlauber für die 3000 $, die sie in Amerika ausgeben, 4500 € aufwenden. Bei einem unveränderten Preis von 500 € für eine deutsche Maschine, müsste Deutschland dann 9 und damit 3 Maschinen mehr exportieren, um den Urlaub zu „finanzieren". Das Tauschverhältnis hat sich also für Deutschland verschlechtert, seine terms of trade wären wegen des schlechteren Umtauschkurses gesunken.

Aus diesem Beispiel könnte man nun ableiten, eine Abwertung des Euro gegenüber dem Dollar verschlechtere die terms of trade des Euro-Gebietes gegenüber den USA. Diese Schlussfolgerung ist jedoch nur partiell richtig, denn eine Abwertung des Euro macht ja, wie in Kapitel I dargestellt, die deutschen Produkte für die Amerikaner, in Dollar-Preisen ausgedrückt, billiger, so dass diese eventuell mehr bei uns kaufen. Der Anstieg der Nachfrage lässt dann aber auch den Euro-Preis unserer Exporte steigen, was für sich genommen eine Verbesserung der deutschen terms of trade impliziert. Außerdem wird sich die deutsche Familie sicher überlegen, ob sie bei einer Verteuerung um 50% ihren Urlaub um eine Woche verkürzt. Der Rückgang der Nachfrage nach amerikanischen Gütern und Dienstleistungen könnte dann dort zu einem Rückgang der Dollar-Preise führen, was ebenfalls eine Verbesserung der deutschen terms of trade impliziert.

Eine generelle Aussage über den Einfluss einer Wechselkursänderung auf die terms of trade der beteiligten Länder ist also nicht möglich, es kommt darauf an, wie die Anbieter und die Nachfrager auf den Weltmärkten auf die Wechselkursänderung reagieren. Um dennoch Tendenzaussagen zu erhalten, werden im Folgenden einige spezielle Annahmen bezüglich der Werte der Angebots- und der Nachfrageelastizitäten auf den Weltmärkten diskutiert.

Die Analyse greift dabei auf die in Abschnitt 4.1.1.2 des Kapitel I dargestellten Zusammenhänge zwischen einer Wechselkursänderung und der Leistungsbilanz im Rahmen eines Zwei-Länder-Zwei-Güter-Zusammenhangs zurück. Es wurde in Abbildung I.2. dargestellt, dass sich die Leistungsbilanz als Folge einer Abwertung der Inlandswährung im Normalfall verbessert. Dabei zeigte sich, dass, unabhängig von der Reaktion der Leistungsbilanz, die Preise sowohl der Export- als auch der Importgüter, ausgedrückt in Inlandswährung, eindeutig steigen. Der in Inlandswährung ausgedrückte Preis der Importgüter steigt zunächst aufgrund der Abwertung der Inlandswährung und geht wegen der sinkenden Nachfrage des Inlandes dann wieder zurück. Er verbleibt jedoch, in Inlandswährung ausgedrückt, im Normalfall auf einem höheren Niveau. Je stärker aber die Nachfrage aufgrund der wechselkursbedingten Verteuerung sinkt, umso geringer ist letztlich auch die Verteuerung der Importgüter und umso eher kommt es nicht zu einer Verschlechterung der terms of trade. Der in Inlandswährung ausgedrückte Preis der Exportgüter bleibt aufgrund der Abwertung der Inlandswährung zunächst konstant. Erst aufgrund der verstärkten Nachfrage aus dem Ausland, wo das Exportgut, in Auslandswährung ausgedrückt, billiger geworden ist, steigt der Inlandspreis. Je stärker also die Ausländer auf eine Verbilligung reagieren, umso mehr steigt der in

Inlandswährung ausgedrückte Preis der Exportgüter und umso eher kommt es zu einer Verbesserung der terms of trade des Inlands.

Es sollen nun 4 Extremfälle für den Fall einer Abwertung der Inlandswährung diskutiert werden, die in Abbildung VII.2 dargestellt sind.

a) Vollkommen preiselastische Nachfragefunktionen. Aufgrund der Abwertung der Inlandswährung verschieben sich aus den aus Kapitel I bekannten Gründen die ausländischen Kurven nach oben. Auf dem inländischen Importmarkt verteuert sich Gut 2 in Inlandswährung. Da die inländische Importnachfrage jedoch vollkommen preiselastisch ist, muss der Importpreis in Inlandswährung wieder sinken, bis er sein ursprüngliches Niveau erreicht hat. Für die ausländischen Anbieter bedeutet dies einen Rückgang des Dollar-Preises, sie werden deshalb ihr Angebot reduzieren, die Importmenge sinkt. Auf dem inländischen Exportmarkt steht eine normal verlaufende inländische Angebotsfunktion einer vollkommen preiselastischen ausländischen Nachfrage gegenüber. Da dem nachfragedeterminierten Dollarpreis jetzt ein höherer Euro-Preis entspricht, können die inländischen Exporteure mehr Güter zu einem höheren Preis verkaufen. *Die terms of trade des Inlandes sind in diesem Fall eindeutig gestiegen.*

b) Vollkommen preisunelastische Nachfragefunktionen. Die inländische Importnachfrage ist vollkommen preisunelastisch. Der durch die Abwertung bedingte höhere Inlandspreis für die importierten Güter wird ohne Nachfragerückgang akzeptiert, die Importmenge bleibt unverändert. Wenn die ausländische Nachfrage nach unseren Exportgütern vollkommen preisunelastisch verläuft, so reagieren die Ausländer nicht auf eine Verbilligung. Damit entsteht auch kein nachfragebedingter Preisanstieg in Inlandswährung, der Exportgüterpreis bleibt konstant. *Die terms of trade des Inlandes verschlechtern sich in diesem Fall.*

Von der Nachfrageseite her tritt eine Verbesserung der inländischen terms of trade als Folge einer Abwertung der Inlandswährung also umso eher ein, je größer die absoluten Werte der Nachfrageelastizitäten auf den beiden Märkten sind.

c) Vollkommen preiselastische Angebotsfunktionen. Bei einer vollkommenen Preiselastizität des ausländischen Angebots unserer Importgüter wird jede beliebige Menge bei dem jetzt durch die Wechselkursänderung gestiegenen Inlandspreis angeboten. Die inländische Importmenge wird aufgrund der wechselkursbedingten Verteuerung sinken, es bleibt aber bei dem höheren Preis in Inlandswährung. Bei einem vollkommen preiselastischen inländischen Exportangebot kann die durch den Rückgang des Dollar-Preises gestiegene ausländische Nachfrage bei unverändertem Inlandspreis befriedigt werden. *Die terms of trade des Inlandes sind bei dieser Konstellation also wieder eindeutig gesunken.*

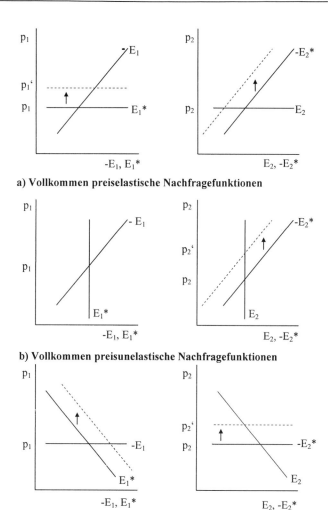

a) Vollkommen preiselastische Nachfragefunktionen

b) Vollkommen preisunelastische Nachfragefunktionen

c) Vollkommen preiselastische Angebotsfunktionen

d) Vollkommen preisunelastische Angebotsfunktionen

Abb. VII.2: Folgen einer Abwertung auf den Weltmärkten von Export- und Importgütern bei alternativen Elastizitätswerten

d) Vollkommen preisunelastische Angebotsfunktionen. Ist das Auslandsangebot für unsere Importgüter vollkommen preisunelastisch, so hat die Abwertung der Inlandswährung keinen Einfluss auf diesen Markt. Die ausländischen Anbieter sind bereit, einen Rückgang des Dollar-Preises zu akzeptieren und bieten die unveränderte Menge an. Der Inlandspreis bleibt also ebenfalls konstant. Auf dem Markt unseres Exportgutes stößt die steigende Auslandsnachfrage auf ein konstantes Exportangebot des Inlands, so dass sich ein eindeutiger Preisanstieg in Inlandswährung ergibt. *Die terms of trade des Inlandes sind bei dieser Konstellation eindeutig gestiegen.*

Von der Angebotsseite her tritt eine Verbesserung der terms of trade als Folge einer Abwertung der Inlandswährung also umso eher ein, je geringer die Angebotselastizitäten auf den Weltmärkten sind.

Insgesamt gilt, dass eine Abwertung der Inlandswährung umso eher mit einer Verbesserung der terms of trade dieses Landes verbunden ist, je größer die absoluten Werte der Nachfrageelastizitäten und je kleiner die der Angebotselastizitäten auf den Weltmärkten sind.

Bei dieser Aussage, die sich auf die Darstellung in Abbildung VII.2 bezieht, ist jedoch generell der Fall des exchange rate pass-through unterstellt. Eine Modifikation könnte sich bei einer pricing to market-Strategie ergeben, wie sie in Kapitel I diskutiert wurde. Je eher inländische Exporteure aufgrund absatzpolitischer Überlegungen bereit sind, Preisrückgänge in Inlandswährung zu akzeptieren, umso eher werden sich die terms of trade des Inlands verschlechtern. Damit wäre eine generelle Aussage über die Veränderung der terms of trade eines Landes als Folge einer Wechselkursänderung aber noch weniger möglich.

Spezialfall eines kleinen Landes: Aus Sicht eines kleinen Landes sind die Ex- und Importgüterpreise vom Weltmarkt in Auslandswährung gegeben, die Inlandspreise passen sich den Weltmarktpreisen an. Beim Übergang von Autarkie zu Freihandel haben sich die terms of trade des kleinen Landes also verbessert, da der Exportpreis von p_1^A auf p_1^W gestiegen, während der Importpreis von p_2^A auf p_2^W gesunken ist. Ein kleines Land kann durch die Öffnung seiner Grenzen gegenüber den Weltmärkten seine Wohlfahrt eindeutig steigern. Eine Wechselkursänderung hat in diesem Fall aber keine Veränderung der Weltmarktpreise und damit des ausländischen Überschussangebots bzw. der ausländischen Überschussnachfrage zur Folge. Graphisch bedeutet dies, dass sowohl die Weltüberschussangebotskurve an Gut 2 als auch die Weltüberschussnachfragekurve nach Gut 1 völlig preiselastisch bezüglich der Preise in Inlandswährung verlaufen. Eine Abwertung der Inlandswährung entspricht also der Kombination der Fälle a) links und c) rechts in Abbildung VII.2. Die beiden Weltmarktkurven verschieben sich im Ausmaß der Wechselkurserhöhung nach oben, so dass die Preise in Inlandswährung um den gleichen Prozentsatz wie der Wechselkurs steigen. Dadurch bleibt aber das Preisverhältnis und damit auch die terms of trade des kleinen Landes konstant. Der Fall einer Aufwertung ist in Abbildung VII.3 dargestellt.

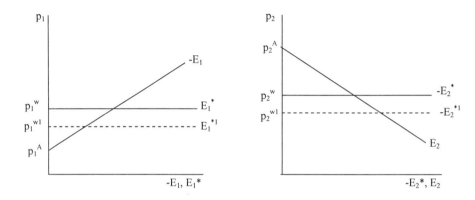

Abb. VII.3: Folgen einer Aufwertung auf die Export- und Importmärkte eines kleinen Landes

1.3 Die preisliche Wettbewerbsfähigkeit eines Landes

Ausschlaggebend für die internationale Wettbewerbfähigkeit eines Landes ist der in Kapitel II definierte reale Wechselkurs, der im Falle einer reinen Zwei-Sektoren-Volkswirtschaft dem Kehrwert der terms of trade entspricht.

(VII.1) $\quad w_R = \dfrac{p^* w}{p}$

Ein Anstieg des realen Wechselkurses bedeutet eine reale Abwertung für das Inland, seine preisliche Wettbewerbsfähigkeit nimmt zu, und im Normalfall verbessert sich seine Leistungsbilanz. Eine reale Aufwertung, also ein Rückgang des realen Wechselkurses, verteuert die Inlandsgüter relativ zum Ausland, die Wettbewerbsfähigkeit sinkt, und die Leistungsbilanz verschlechtert sich.

Der reale Wechselkurs ist immer wieder Gegenstand wirtschaftspolitischer Diskussionen. So wurde in der Bundesrepublik Deutschland in konjunkturell schlechten Zeiten von den Arbeitgebern des öfteren Lohnzurückhaltung seitens der Arbeitnehmer gefordert, um angesichts der internationalen Konkurrenzsituation die Lohnstückkosten in Grenzen zu halten und die preisliche Wettbewerbsfähigkeit zu verbessern. Gelingt dies und steigen die Inlandspreise in geringerem Umfang als die Auslandspreise, so erhöht sich der reale Wechselkurs, das Inland wertet real ab. Damit verbessert sich im Normalfall die inländische Leistungsbilanz, am Devisenmarkt entsteht ein Überschussangebot, und die Inlandswährung wertet bei flexiblen Wechselkursen nominal auf. Damit sinkt aber wieder der reale Wechselkurs und mit ihm die preisliche Wettbewerbsfähigkeit des Inlands.

Dieser Zusammenhang war - neben der Kritik an der strikt stabilitätsorientierten Geldpolitik der Deutschen Bundesbank - auch der Grund dafür, dass sich die Gewerkschaften in der Bundesrepublik Deutschland für die Einführung des Euro eingesetzt haben, da sie beklagten, in der Vergangenheit sei jede lohnpolitische Zurückhaltung ihrerseits durch Aufwertungen der D-Mark im System flexibler Wechselkurse bestraft worden. Dies könne bei unverändert festen Wechselkursen bzw. bei einer Einheitswährung nicht mehr der Fall sein. Diese Argumentation übersieht - neben der Tatsache, dass die wichtigsten Fakturierungswährungen der Welt nicht am Euro teilnehmen -, dass auch die Arbeitnehmer von einer Aufwertung der Inlandswährung profitieren, denn der Inlandspreis der Importgüter wird dadurch sinken. Da ein Teil des Haushaltskonsums aber aus Importgütern besteht, sinkt damit das Konsumentenpreisniveau, und ihr Reallohn wird bei unverändertem Nominallohn steigen.

Der umgekehrte Zusammenhang ergibt sich für eine zu expansive Lohnpolitik. Werden die steigenden Löhne auf die Preise überwälzt, so sinkt der reale Wechselkurs, und die Inlandswährung wertet real auf. Die inländischen Güter verlieren ihre preisliche Wettbewerbsfähigkeit an den Weltmärkten, und die inländische Leistungsbilanz verschlechtert sich. Hierdurch entsteht am Devisenmarkt eine Überschussnachfrage, was bei flexiblen Wechselkursen zu einem Anstieg des nominalen Wechselkurses führt, also zu einer nominellen Abwertung der Inlandswährung. Dadurch verbessert sich zwar im Normalfall wieder die Leistungsbilanz, es steigen aber auch die Preise der Importgüter, was sich zu einer generellen Inflationssteigerung im Inland ausweiten könnte. Dies hätte zum einen wieder einen Rückgang des realen Wechselkurses zur Folge und würde anderseits zu steigenden Lohnforderungen führen. Es besteht die Gefahr, dass sich dieser Prozess zu *einer Abwertungs-Inflations-Spirale* aufschaukelt.

Mit dieser Problematik verbunden ist auch die Frage, wie eng der Preiszusammenhang zwischen verschiedenen Ländern ist und ob sich ein Land, etwa durch die Wahl eines bestimmten Wechselkurssystems, von ausländischen Einflüssen abschirmen kann. Dies soll im nächsten Abschnitt diskutiert werden.

2. Internationale Preisübertragungen und Leistungsbilanzsaldo

2.1. Güterpreisänderungen und Leistungsbilanzsaldo

Bevor die Frage einer internationalen Inflationsübertragung bei alternativen Währungssystemen analysiert wird, soll zunächst systematisch die Wirkung allgemeiner Preisniveausteigerungen auf den Leistungsbilanzsaldo dargestellt werden. Hierzu wird wieder das bekannte Zwei-Länder-Zwei-Güter-Beispiel benutzt.

a) Preissteigerungen im Inland

Kommt es im Inland zu einer allgemeinen Nachfrageexpansion, so werden die Güterpreise in beiden betrachteten Inlandssektoren steigen. Dies kann man aus Abbildung I.1 herleiten, wo sich in den beiden linken Graphiken die Nachfragekurven nach rechts verschieben würden. Handelt es sich um eine große offene Volkswirtschaft, so haben diese Preissteigerungen auch Auswirkungen auf die Weltmärkte. Durch den wegen der Nachfrageerhöhung steigenden Inlandspreis im Exportsektor resultiert bei jedem Weltmarktpreis ein geringeres Überschussangebot des Inlands, seine Überschussangebotskurve verschiebt sich nach links bzw. nach oben. Diese, aus Abbildung I.1 abzuleitende Verschiebung ist im linken Bild der Abbildung VII.4 dargestellt. Analoge Zusammenhänge gelten für den Importmarkt. Wegen der gestiegenen Inlandsnachfrage steigt bei jedem Weltmarktpreis die Überschussnachfrage des Inlands. Hierdurch verschiebt sich seine Überschussnachfragekurve auf dem Weltmarkt des Gutes 2 nach rechts bzw. nach oben, was im rechten Bild der Abbildung VII.4 dargestellt ist.

Die Veränderung des Importwerts des Inlands ist dabei eindeutig. Wegen der gestiegenen Inlandsnachfrage ergibt sich beim bisherigen Weltmarktpreis eine Überschussnachfrage in Höhe von DG, der Preis in Inlandswährung wird deshalb steigen. Das neue Gleichgewicht auf dem Weltmarkt des Gutes 2 liegt in F. Bei gestiegenem Preis in Inlandswährung und gestiegener Importmenge hat auch der Importwert in Inlandswährung eindeutig zugenommen.

Auf dem Exportmarkt sinkt das inländische Angebot, so dass sich bei noch konstantem Preis eine Überschussnachfrage in Höhe von BA einstellt. Hierdurch wird der Preis in Inlandswährung steigen. Man erreicht den neuen Gleichgewichtspunkt C. Der gesunkenen Exportmenge steht also ein gestiegener Exportpreis gegenüber, so dass über die Veränderung des Exportwerts keine eindeutige Aussage gemacht werden kann. Die Veränderung ist letztlich von der Preiselastizität der ausländischen Importnachfrage abhängig. Ist diese absolut größer als Eins, so dominiert der Mengeneffekt, und der Exportwert des Inlands sinkt. Ist sie absolut kleiner als Eins, so überwiegt der Preiseffekt, und der Exportwert steigt.

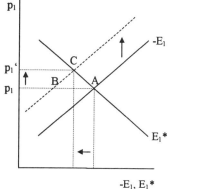 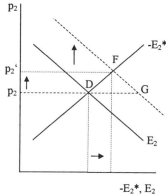

Abb. VII.4: Reaktion von Export- und Importwert auf einen allgemeinen Preisanstieg im Inland

Als Normalreaktion der inländischen Leistungsbilanz als Folge eines allgemeinen Preisanstiegs im Inland wird eine Verschlechterung definiert. Nur wenn der Exportwert steigt und dieser Anstieg größer ist als der des Importwerts, resultiert eine anormale Verbesserung der inländischen Leistungsbilanz aufgrund eines allgemeinen Preisanstiegs in diesem Land.

b) Preissteigerungen im Ausland

Analog zur Reaktion der inländischen Leistungsbilanz auf eine Preisniveausteigerung im Inland verbessert sich im Normalfall die inländische Leistungsbilanz aufgrund einer Preissteigerung im Ausland. Wenn im Ausland aufgrund einer allgemeinen Nachfragesteigerung die Autarkiepreise steigen, so verschiebt sich an den Weltmärkten, mit der gleichen Begründung wie beim Inland, die ausländische Überschussangebotskurve auf dem Markt des Gutes 2 nach links bzw. oben und die ausländische Überschussnachfragekurve auf dem Markt des Gutes 1 nach rechts bzw. oben. Die Verschiebungen sind in Abbildung VII.5 dargestellt.

Auf dem Weltmarkt des Gutes 1 ergibt sich beim bisherigen Gleichgewichtspreis eine Überschussnachfrage in Höhe von AB, da die Importnachfrage des Auslands zunimmt. Der Preis in Inlandswährung wird daher steigen, und der Exportwert des Inlands weist eindeutig eine Verbesserung auf. Auf dem Weltmarkt des Gutes 2 schrumpft das ausländische Überschussangebot, so dass auch hier wegen der entstehenden Überschussnachfrage in Höhe von GD der Preis in Inlandswährung steigt. Der gesunkenen Importnachfrage steht also ein gestiegener Importpreis gegenüber, so dass die Reaktion des Importwerts in Inlandswährung nicht eindeutig gegeben ist. Seine Veränderrung ist wieder von der Preiselastizität der inländischen Importnachfrage abhängig. Ist diese absolut größer als Eins, so dominiert der Mengeneffekt, und der Importwert sinkt. Ist sie dagegen absolut kleiner als Eins, so dominiert der Preiseffekt, und der Importwert steigt.

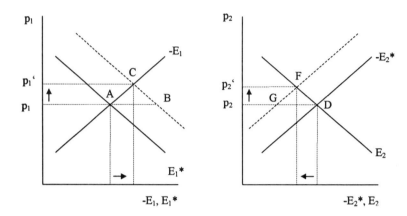

Abb. VII.5: Reaktion von Export- und Importwert auf einen allgemeinen Preisanstieg im Ausland

Die Leistungsbilanz des Inlands wird sich als Folge der ausländischen Preissteigerungen im Normalfall also verbessern. Nur wenn der Rückgang der inländischen Importmenge sehr gering ist und damit der Importwert steigt und wenn dieser Anstieg des Importwerts größer ist als der Anstieg des Exportwerts, wird sich die inländische Leistungsbilanz verschlechtern. Dies ist vor allem dann nicht auszuschließen, wenn es sich bei den importierten Gütern um nicht oder nur in geringem Umfang substituierbare Güter handelt.

2.2. Inflationsimport bei festen Wechselkursen

a) Direkter internationaler Preiszusammenhang

Ein allgemeiner Preisanstieg im Ausland hat, wie in Abbildung VII.5 dargestellt, im Normalfall eine Verbesserung der inländischen Leistungsbilanz zur Folge. Unabhängig von der Wirkung auf die inländische Leistungsbilanz führen die ausländischen Preissteigerungen auf den Weltmärkten beider Güter zu einem Anstieg der Preise in Inlandswährung, zum einen wegen des sinkenden ausländischen Angebots (Gut 2), zum anderen wegen der vermehrten ausländischen Nachfrage (Gut 1). Auch dies ist aus Abbildung VII.5 ersichtlich. Handelt es sich bei den Importen um Vorprodukte, so steigen die inländischen Produktionskosten und verteuern damit auch andere, im Inland produzierte

Güter. Sind die Importe Konsumgüter, so verlagert sich die Nachfrage auf inländische Importsubstitute und erhöht auch dort die Preise. Die inländischen Preissteigerungen führen außerdem zu steigenden Lohnforderungen, die ebenfalls die Produktion verteuern und gegebenenfalls auf die Preise überwälzt werden. Es existieren also verschiedene Kanäle, durch die sich die ausländischen Preissteigerungen auf die Inlandspreise übertragen, man spricht hier vom direkten internationalen Preiszusammenhang.

b) Einkommenseffekt

Wie aus den volkswirtschaftlichen Kreislaufzusammenhängen des Kapitel I bekannt, entspricht der Leistungsbilanzsaldo eines Landes der Differenz zwischen dem inländischen Volkseinkommen und der inländischen Absorption. Die inländische Absorption setzt sich aus dem Konsum der privaten Haushalte, den Investitionen und dem Staatsverbrauch zusammen. Sie besteht aus einem autonomen Teil und ist darüber hinaus vom inländischen Volkseinkommen positiv abhängig Da die inländische Absorption auch importierte Güter enthält, sind diese ebenfalls vom Volkseinkommen positiv abhängig. Berücksichtigt man diese Zusammenhänge, vernachlässigt Übertragungen und die sonstigen Einflussfaktoren auf Absorption und Leistungsbilanzsaldo, so gilt:

(VII.2) $\quad Y - A^a - A(Y) = X^a - M(Y)$

Klammert man auf der linken Seite von (VII.2) das inländische Volkseinkommen aus, so folgt:

(VII.3) $\quad -A^a + Y(1-a) = X^a - M(Y)$

a bezeichnet dabei die marginale Absorptionsquote, also die Abhängigkeit des inländischen Verbrauchs vom inländischen Volkseinkommen. Diese ist im Normalfall kleiner als 1 $(0 < a < 1)$.

In Abbildung VII.6 sind die Differenz zwischen Volkseinkommen und Absorption sowie der Leistungsbilanzsaldo, beide in Abhängigkeit vom inländischen Volkseinkommen, dargestellt. Mit zunehmendem Volkseinkommen nimmt wegen den dann steigenden Importen der Leistungsbilanzsaldo ab, während die Differenz zwischen Volkseinkommen und Absorption zunimmt. Aus Gleichung (VII.2) sieht man, dass eine ausgeglichene Leistungsbilanz auch Identität zwischen inländischem Volkseinkommen und inländischer Absorption erfordert, die beiden Geraden schneiden sich in diesem Fall auf der Abszisse. Dies ist im Ausgangszustand der Abbildung VII.6 in Y_0 unterstellt.

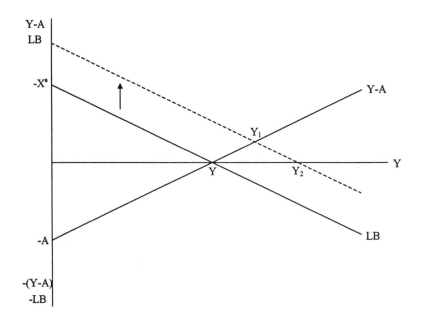

Abb. VII.6: Einkommenseffekt einer Leistungsbilanzverbesserung

Verbessert sich nun aufgrund der ausländischen Preissteigerung die inländische Leistungsbilanz, hier dargestellt durch einen Anstieg der autonomen Exporte, so verschiebt sich die Leistungsbilanzgerade nach oben. Damit erhöht sich das inländische Volkseinkommen. Zwar steigen durch den Volkseinkommensanstieg auch die Importe, was zu einem Nachfrageausfall für das Inland führt, und damit verschlechtert sich die Leistungsbilanz wieder. Im neuen Gleichgewicht Y_1 hat sich das Volkseinkommen jedoch eindeutig erhöht, und auch die Leistungsbilanz weist einen Überschuss auf. Durch die ausländischen Preissteigerungen hat also das inländische Sozialprodukt von der Nachfrageseite her zugenommen.

In Abbildung VII.6 ist jedoch der nominelle Volkseinkommensanstieg abgetragen, der sich aus einem realen Anstieg bei konstantem Preisniveau oder aus einem Preisniveauanstieg bei unveränderter realer Produktion ergeben kann. Je ausgelasteter die inländischen Kapazitäten sind, umso eher führt der durch die ausländische Preiserhöhung ausgelöste Nachfrageanstieg im Inland zu einem Preisniveauanstieg und nicht zu einem realen Effekt. Dadurch hätten sich die ausländischen Preiserhöhungen über einen Einkommenseffekt auf das inländische Preisniveau übertragen.

c) Geldmengen-Preis-Mechanismus

Der Leistungsbilanzüberschuss im Inland, der sich aufgrund der ausländischen Preissteigerungen im Normalfall ergibt, impliziert am Devisenmarkt ein Überschussangebot. Wenn die Wechselkurse konstant sind, muss die inländische Notenbank die ausländische Währung ankaufen, die Inlandsgeldmenge wird durch diese Interventionen steigen. Ist das betrachtete Land kein Leitwährungsland, so ist eine Sterilisation dieses Geldmengeneffekts zumindest längerfristig nicht möglich. Die Geldmengenexpansion im Inland bleibt auf Dauer bestehen und bewirkt hier eine monetär induzierte Preissteigerungstendenz.

2.3. Inflationsimport bei flexiblen Wechselkursen

Die hier vorgestellten Effekte eines Inflationsimports bei festen Wechselkursen bestätigten sich im Bretton Woods-System. Insbesondere bei den weltweit hohen Inflationsraten, Anfang der 70er Jahre, konnten sich stabilitätsbewusste Länder nicht vor einem Inflationsimport schützen. Es entstand damals eine intensive Diskussion darüber, ob sich diese Situation durch die Einführung flexibler Wechselkurse ändern würde, ob also flexible Wechselkurse ein Land vor einem Inflationsimport abschirmen könnten. Zur Beantwortung dieser Frage sollen die einzelnen Übertragungsmechanismen überprüft werden.

zu c): Geldmengen-Preis-Mechanismus

Die Notenbanken sind bei flexiblen Wechselkursen zu keinen Interventionen verpflichtet, insofern tritt auch der Geldmengen-Preis-Mechanismus nicht mehr auf. Allerdings hat es sich in der Praxis gezeigt, dass die Notenbanken auch nach dem Übergang zu flexiblen Wechselkursen weiterhin am Devisenmarkt interveniert haben. Will eine Notenbank die aufgrund der ausländischen Preissteigerungen resultierenden Wechselkursänderungen nicht hinnehmen und greift deshalb zum Instrument von Devisenmarktinterventionen, so ist ein Geldmengeneffekt auch bei flexiblen Wechselkursen nicht ausgeschlossen.

zu b): Einkommenseffekt

Flexible Wechselkurse sorgen in der Theorie für einen Ausgleich der Leistungsbilanzen: Bei einem Leistungsbilanzüberschuss und dem damit verbundenen Überschussangebot auf dem Devisenmarkt wertet die inländische Währung auf, der Wechselkurs sinkt. Bei Normalreaktion verschlechtert sich dadurch die Leistungsbilanz, der Saldo verschwindet. Es kann aber auch sein, dass parallel zu einem Leistungsbilanzüberschuss private Nettokapitalexporte realisiert werden. Der Leistungsbilanzüberschuss impliziert ein Überschussangebot, die Nettokapitalexporte eine Überschussnachfrage am Devisenmarkt, so dass sich hier kein Ungleichgewicht einstellen muss. Damit kann der Leistungsbilanzüberschuss auch bei flexiblen Wechselkursen bestehen bleiben, und der Einkommenseffekt einer Inflationsübertragung bleibt in diesem Fall auch bei flexiblen Wechselkursen wirksam.

zu a): Direkter internationaler Preiszusammenhang

Der als Normalfall resultierende Leistungsbilanzüberschuss hat bei flexiblen Wechselkursen eine Aufwertung der Inlandswährung zur Folge. Die Aufwertung verschiebt aber, wie in Kapitel I ausführlich diskutiert, die ausländische Überschussangebots- und die ausländische Überschussnachfragekurve an den Weltmärkten nach unten und wirkt somit der inflationsbedingten Verschiebung nach oben entgegen. Flexible Wechselkurse verhindern insofern den direkten internationalen Preiszusammenhang.

Reagiert die Leistungsbilanz jedoch anormal auf die ausländischen Preissteigerungen, was umso wahrscheinlicher ist, je preisunelastischer die inländische Importnachfrage ist, so ergibt sich im Inland ein Leistungsbilanzdefizit. In diesem Fall kommt es zu einer Abwertung der Inlandswährung, durch die die ausländischen Kurven an den Weltmärkten erneut nach oben verschoben werden. Diese Reaktion ist in Kapitel I ausführlich diskutiert worden. Bei einer anormal reagierenden Leistungsbilanz schirmen flexible Wechselkurse das Inland also nicht von der Übertragung der ausländischen Preissteigerungen ab, sondern verstärken sogar die Preissteigerungstendenz.

Die Frage, ob flexible Wechselkurse einen Schutz vor dem Import einer Auslandsinflation bieten, wurde intensiv und kontrovers diskutiert. Berücksichtigt man lediglich Gütermarktzusammenhänge, unterstellt Normalreaktion der Leistungsbilanz auf eine ausländische Preissteigerung und geht davon aus, dass die Notenbanken bei flexiblen Wechselkursen Devisenmarktinterventionen unterlassen, so ist die Absicherung gegeben. Die flexiblen Wechselkurse sorgen bei Vernachlässigung internationaler Kapitalbewegungen für einen Ausgleich der Leistungsbilanz, so dass der Einkommenseffekt nicht zum Tragen kommt. Orientiert sich die Geldpolitik allein an binnenwirtschaftlichen Zielsetzungen und unterbleiben deshalb Devisenmarktinterventionen, so kann auch kein Geldmengen-Preis-Mechanismus auftreten. Reagiert schließlich die Leistungsbilanz normal auf eine Auslandsinflation, so bewirkt der Überschuss eine Aufwertung der Inlandswährung, die die in Inlandswährung ausgedrückten Preise wieder reduziert. Ist stets Kaufkraftparität erfüllt, so wird die prozentuale Aufwertung der prozentualen ausländischen Preissteigerung entsprechen, und die Inlandspreise bleiben konstant.

Es wurde aber bereits darauf hingewiesen, dass dieser Idealfall einer vollkommenen Abschirmung in der Realität nicht besteht. Internationale Kapitalbewegungen beeinflussen heute in weitaus stärkerem Maße als Güterbewe-

bewegungen beeinflussen heute in weitaus stärkerem Maße als Güterbewegungen die Devisenmärkte, so dass Leistungsbilanzsalden auch bei flexiblen Wechselkursen dauerhaft bestehen bleiben können, wie gerade das Beispiel der USA deutlich gezeigt hat. Notenbanken intervenieren immer wieder, auch bei flexiblen Wechselkursen, an den Devisenmärkten, um erratische Kursbewegungen zu vermeiden, und schließlich ist auch eine anormale Reaktion der Leistungsbilanz aufgrund einer Auslandsinflation nicht auszuschließen. *Flexible Wechselkurse können zwar tendenziell, aber nicht mit Sicherheit, ein Land vor einem Import ausländischer Preissteigerungen abschirmen.*

3. Stabilisierende und destabilisierende Währungsspekulation

3.1 Spekulation bei festen Wechselkursen

Nähert sich ein Wechselkurs in einem Festkurssystem mit Bandbreiten seinem oberen oder unteren Interventionspunkt und wird diese Entwicklung als kein vorübergehendes Phänomen angesehen, so setzen regelmäßig Spekulationen über eine bevorstehende Paritätsänderung ein. Durch solche Spekulationen wird der Druck auf den Wechselkurs aber weiter erhöht und der Rückkehr zum Gleichgewichtskurs entgegengewirkt. Insofern wirken diese Spekulationen destabilisierend.

> Geriet etwa im ehemaligen Europäischen Währungssystem der französische Franc gegenüber der D-Mark unter Abwertungsdruck, so fiel der Franc-Kurs. Erreichte er seinen unteren Interventionspunkt, so waren die Deutsche Bundesbank und die Banque de France zu Interventionen verpflichtet. Die Deutsche Bundesbank musste Franc ankaufen, die Banque de France dagegen Deutsche Mark verkaufen. Entstand auf den Märkten die Erwartung, der Paritätskurs des Franc, ausgedrückt in D-Mark, sei zu hoch, so lohnte es sich, D-Mark gegen Franc zu kaufen und nach der Abwertung des Franc die D-Mark gewinnbringend wieder zu verkaufen. Dieser spekulative Franc-Verkauf erhöhte aber das Franc-Angebot an den Devisenmärkten weiter und zwang die Notenbanken zu noch umfangreicheren Stützungskäufen.

Diese Art von Währungsspekulation ist relativ risikolos, denn entweder erfolgt die Paritätsänderung in die erwartete Richtung und man kann die erhofften Gewinne realisieren, oder sie unterbleibt, dann sind allenfalls die angefallenen Transaktionskosten zu zahlen. Man spricht deshalb auch von einer „Einbahnstraßenspekulation". Aus diesem Grund nehmen Spekulationen in einem Festkurssystem sehr schnell sehr große Volumina an, wie dies in der Krise des Europäischen Währungssystems 1992/93 beobachtet werden konnte. Oft werden Spekulationswellen gegen eine Währung auch bewusst deshalb durchgeführt, um das Durchhaltevermögen von Notenbanken und Wirtschaftspolitik zu testen.

Diese Zusammenhänge können in einem stufenflexiblen Wechselkurssystem zu einem wirtschaftspolitischen Klima führen, das generell durch größere Instabilität gekennzeichnet ist. Der Politik bleibt bei einer sich abzeichnenden Erwartungsbildung nur die Wahl, der Erwartung durch sofortiges Handeln zu entsprechen oder öffentlich ihr Vertrauen in die bestehende Parität zu bekunden. Jeder Anschein von Zweifel wird Kapitalbewegungen in einem Ausmaß induzieren, die jeden Versuch, die bestehenden Kursparitäten zu halten, zunichte macht. Dieses Dilemma führt oft dazu, dass die bestehenden Paritäten auch wider besseren Wissens verbal verteidigt werden. Haben sich öffentliche Bekundungen aber einmal als Unwahrheit erwiesen, so wird die Glaubwürdigkeit der handelnden Personen in der Zukunft sinken, was eine sachorientierte Politik weiter erschwert. Auch aus diesem Grund war des öfteren zu beobachten, dass Paritätsänderungen in einem System stufenflexibler Wechselkurse so lange wie möglich aufgeschoben wurden in der Hoffnung, die Marktverhältnisse könnten sich drehen und die Paritätsänderung damit vermieden werden.

Auch im Bretton Woods-System hat sich dieser Mechanismus gezeigt. Paritätsänderungen fanden vor allem in der letzten Dekade des Systems oft nur noch als Folge regelrechter Währungskrisen statt, die aber immer häufiger und massiver auftraten, je umfangreicher und mobiler die internationalen Kapitalströme wurden. Die Folge davon war, dass sich die am System beteiligten Länder immer öfter zu gemeinsam getragenen Aktionen zusammenfanden, bei denen sich auch solche Länder beteiligten, deren Währungen in die aktuellen Erwartungsbildungen nicht involviert waren. Diese konzertierten Aktionen wurden dadurch institutionalisiert, dass sich die Vertreter der Zentralbanken der 10 wichtigsten Mitgliedsländer des Bretton Woods-Systems (G-10-Gruppe) monatlich bei der BIZ in Basel zu einem Meinungsaustausch trafen. Teilnehmer war auch das Gastgeberland, obwohl die Schweiz kein Mitgliedsland des Systems war. Oft haben die Beratungen und Entscheidungen dieses Gremiums den IWF so stark beeinflusst, dass dieser die Baseler Vereinbarungen lediglich noch auf breiterer Ebene umsetzte.

3.2 Spekulation bei flexiblen Wechselkursen

Etwas anders sind die Zusammenhänge in einem System flexibler Wechselkurse. Hier können Devisenmarktspekulationen durchaus stabilisierend wirken, wobei allerdings die Wechselkurserwartung der Spekulanten richtig und damit profitabel gewesen sein muss. In Abbildung VII.7 ist als Ausgangspunkt ein Devisenmarktgleichgewicht in Punkt P unterstellt, das auch der langfristigen Erwartung entspricht. Der tatsächliche Wechselkurs w_0 ist identisch mit dem erwarteten Wechselkurs und dieser mit dem Terminkurs. Es sollen jedoch in regelmäßigen Abständen von allen Spekulanten als vorübergehend angesehene Schwankungen der Importnachfrage auftreten. Das Land kann etwa sehr stark auf den Import eines Gutes angewiesen sein, dessen Preis deutlichen zyklischen Veränderungen unterliegt. In Abbildung VII.7 verschiebe sich die Devisennachfragekurve zeitweise nach rechts zu N_1 und zeitweise nach links zu N_2. Der Wechselkurs würde daher zwischen w_1 und w_2 schwanken.

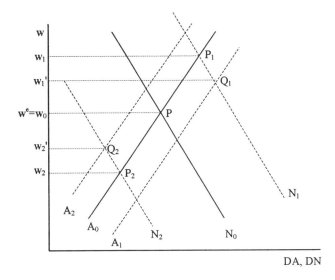

Abb. VII.7: Stabilisierende Spekulation

Zunächst sei eine Verschiebung der Nachfragekurve zu N_1 unterstellt. Wenn aufgrund der Nachfrageerhöhung der Wechselkurs zu steigen beginnt, so werden die Spekulanten als Anbieter am Markt auftreten, da sie die Dollar zu einem höheren Kurs als dem von ihnen langfristig erwarteten verkaufen können. Durch die Angebotssteigerung auf A_1 steigt der Wechselkurs nicht auf w_1, sondern nur auf w_1', die Abwertung der Inlandswährung wird durch das Dollarangebot der Spekulanten also abgeschwächt.

Wenn die Nachfrage aus Außenhandelsgeschäften auf N_2 sinkt, so treten die Spekulanten als Nachfrager auf. Berücksichtigt man ihr Verhalten in einer Linksverschiebung der Devisenangebotskurve, so wird diese auf A_2 sinken, und der Wechselkurs sinkt nur bis w_2'. Insgesamt ist die Wechselkursentwicklung durch das Auftreten der Spekulanten gedämpft worden.

Eine andere Situation tritt dann ein, wenn die von den Spekulanten erwartete Devisennachfragesteigerung ausbleibt, sie aber bereits Verkaufskontrakte abgeschlossen haben. In diesem Fall würde der Wechselkurs wegen des zusätzlichen Angebots ohne realen Hintergrund sinken. Bemerken die Spekulanten ihren Irrtum, so können sie die Dollar nur zu einem Kurs, der über dem Gleichgewichtskurs liegt (da sie jetzt als zusätzliche Nachfrager auftreten), zurückkaufen. Ihr Verhalten wäre also verlustbringend, gleichzeitig hätten sie die Kursentwicklung destabilisiert.

Ist ein solches destabilisierendes Verhalten nur von einer Gruppe von Spekulanten ausgegangen, so ist für den Rest der Marktteilnehmer der Rückgang des Wechselkurses nicht begründbar. Vermuten sie ein ihnen unbekannt gebliebenes Ereignis, also mangelnde eigene Marktinformation, und handeln sie im Sinne eines noise traders, so werden sie in Erwartung einer weiteren Aufwertung der Inlandswährung auf den Markt aufspringen und ebenfalls Dollar anbieten. Durch ein solches Herdenverhalten wird der Kurs weiter sinken, es kann sogar zu einer spekulativen Blase kommen. Gleichzeitig ermöglicht der weiter sinkende Wechselkurs den ursprünglichen Spekulanten, die diese Kursentwicklung ausgelöst haben, gewinnbringend aus dem Markt auszusteigen. Dies ist solange möglich, solange noch ein Nettodevisenangebot seitens der Spekulanten vorliegt.

Dreht sich diese Entwicklung um, d.h. kommt es zu Nettodevisenkäufen, so steigt der Wechselkurs. Wenn alle Marktteilnehmer ihr Engagement ausgleichen wollen, so muss der Kurs über den ursprünglichen Gleichgewichtskurs hinaus gestiegen sein. Damit bleibt es bei dem grundsätzlichen Ergebnis, dass eine destabilisierende Spekulation, wie sie hier vorliegt, auch Verluste impliziert. Diese Aussage gilt jedoch nur für die Summe aller Spekulanten, während einzelne Marktteilnehmer, und zwar vor allem diejenigen, die den Kursausschlag ausgelöst hatten, durchaus Gewinne realisieren können. Man spricht dabei auch von den Profis, die Gewinne erzielen, und den Amateuren, die bei einem solchen Verhalten Verluste erleiden. Dieses Ergebnis lässt die Vermutung zu, dass große und einflussreiche Devisenmarktteilnehmer ohne realen Hintergrund Spekulationswellen auslösen könnten, wenn sie in ihrem Entscheidungskalkül davon ausgehen, dass eine Vielzahl anderer Marktteilnehmer ihren Vorgaben folgen werden. Ist dies der Fall, so könnten sie aus der bewusst herbeigeführten Wechselkursschwankung auf Kosten der übrigen Marktteilnehmer Gewinne erzielen. Es bleibt dabei jedoch die Frage nach der Lernfähigkeit derer, die verlieren, und nach der langfristigen Reputation derer, die Auslöser einer solchen Spekulationswelle waren.

Ein weiterer Grund für Devisenmarktspekulationen bei flexiblen Wechselkursen sind time lags bei der Reaktion des Devisenangebots auf Wechselkursänderungen. So ist es u.U. mit erheblichen Zeitverzögerungen verbunden, bis das Devisenangebot aus dem Verkauf hochwertiger, in einem längeren Produktionsprozess hergestellter Maschinen aufgrund einer Abwertung der eigenen Währung tatsächlich steigt. Diese Problematik wurde oben unter dem Begriff des J-Kurven- und des Spazierstockeffekts diskutiert.

In Abbildung VII.8 sei im Ausgangsgleichgewicht P der Wechselkurs w_0 realisiert. Die Devisennachfragekurve verschiebt sich nun dauerhaft nach rechts zu N_1, der neue Gleichgewichtskurs liegt damit bei w_1. Dies wird von den Spekulanten antizipiert, d.h. w_1 ist der für die Zukunft erwartete Wechselkurs. Bleibt das Devisenangebot nun kurzfristig konstant, da die in der Kurve A_0 zum Ausdruck kommende Angebotssteigerung erst langfristig zum Tragen kommt, so würde der Wechselkurs auf w_1' steigen, um Angebot und Nachfrage in Übereinstimmung zu bringen. Sobald der Kurs aber über w_1 hinaus steigt, liegt der tatsächliche Wechselkurs über dem von den Spekulanten langfristig erwarteten Kursniveau. Sie werden deshalb als Anbieter am Markt auftreten, um die Dollar später wieder zu günstigeren Kursen zurückkaufen zu können. Durch das Angebot der Spekulanten verschiebt sich die kurzfristig senkrechte Devisenangebotskurve A_k nach rechts zu A_k^S, der tatsächliche Kurs steigt nicht bis w_1', sondern etwa bis w_2. Auch in diesem Fall ist die Devisenmarktspekulation gewinnbringend, gleichzeitig stabilisiert sie die Kursentwicklung.

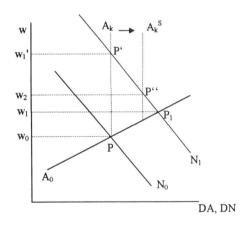

Abb.VII.8: Kurz- und langfristiges Devisenangebot

Bei flexiblen Wechselkursen sind Devisenmarktspekulationen also immer dann stabilisierend, wenn sie für die Gesamtheit aller Marktteilnehmer auch gewinnbringend sind. Destabilisierende Spekulationen bedeuten für die Gesamtheit der Marktteilnehmer Verluste. Dies heißt aber nicht, dass nicht auch destabilisierende Spekulationen für einen Teil der Marktteilnehmer gewinnbringend sein können. Dies ist umso eher der Fall, je inhomogener die Informationslage ist, je eher also Devisenmarktakteure ihr Verhalten am Verhalten anderer Marktteilnehmer ausrichten. In einem System fester Wechselkurse sind Spekulationen über eine bevorstehende Paritätsänderung stets destabilisierend, da sie eine unter Druck geratene Währung weiter belasten. Gleichzeitig ist eine solche Spekulation risikolos, da außer den Transaktionskosten keine Verluste anfallen.

4. Außenwirtschaftliche Einflüsse auf die Zinsentwicklung am Kapitalmarkt

In wirtschaftswissenschaftlichen Diskussionen, die sich nicht direkt mit geldtheoretischen Fragestellungen beschäftigen, wird meist von *dem* Zins einer Volkswirtschaft gesprochen, den die Notenbank durch ihre geldpolitischen Maßnahmen beeinflussen kann. Bei einer genaueren Analyse muss man jedoch die Zinssätze nach ihrer Fristigkeit unterscheiden. Notenbanken können mit Hilfe ihres Instrumentariums nur den Geldmarktzins direkt steuern, der für sehr kurzfristige Anlagen und Ausleihungen relevant ist. Längerfristige Anlagen und Ausleihungen finden dagegen am Kapitalmarkt statt, wo sich der Zinssatz durch Angebot und Nachfrage bildet. Auf diesen Kapitalmarktzinssatz haben die Notenbanken nur indirekten Einfluss.

Doch selbst wenn man die unterschiedliche Fristigkeit berücksichtigt, so wird doch meist ein gleichgerichteter Zusammenhang zwischen der Höhe des Geld- und des Kapitalmarktzinses unterstellt. Dabei wird wie folgt argumentiert: Erhöht die Notenbank ihre Leitzinsen, so steigt unmittelbar der Zins für kurzfristige Anlagen. Da in der Renditestruktur jetzt längerfristigere Anlagen an relativer Attraktivität eingebüßt haben, findet eine Umschichtung von lang- zu kurzfristigen Anlagen statt. Durch das sinkende Kapitalangebot am langfristigen Markt steigt auch dort der Zinssatz, so dass sich die kontraktive Geldpolitik auf alle Marktsegmente durchgesetzt hätte.

Diese gleichgerichtete Übertragung muss jedoch für eine offene Volkswirtschaft, die am freien internationalen Kapitalverkehr partizipiert, nicht gegeben sein. Die internationale Kapitalmarktverflechtung hat in den beiden letzten Jahrzehnten sehr stark zugenommen, so befanden sich im Jahr 2000 etwa 40% der öffentlichen Anleihen der Bundesrepublik Deutschland in den Händen von Ausländern. Es ist offensichtlich, dass dabei wechselseitige Abhängigkeiten zwischen inländischer und ausländischer Zinsentwicklung bestehen. Diese Abhängigkeiten kann man zunächst auf die Zinsparität beziehen, nach der der inländische Zinssatz vom ausländischen Zins und vom Swapsatz abhängig ist. Je längerfristig jedoch die Anlage ist, umso höher wird die Risikoprämie für eine Anlage in einem fremden Land sein, etwa wegen möglicher Kapitalverkehrskontrollen, wegen Ausfallrisiken o.ä., und umso weniger streng wird die Zinsparität erfüllt sein. Davon abgesehen ist eine Terminmarktabsicherung nur für begrenzte Laufzeiten möglich. Dennoch besteht grundsätzlich ein gleichgerichteter Zusammenhang zwischen den Zinssätzen an den wichtigsten internationalen Kapitalmärkten. So wird ein Zinsanstieg für 10-jährige Staatsanleihen in den USA c.p. auch die Sätze am deutschen Markt für Staatsanleihen mit dieser Fristigkeit nach oben treiben.[2]

Ein wesentlicher Bestimmungsfaktor der Kapitalmarktzinsen ist jedoch auch die Notenbankpolitik. Eine gleichgerichtete indirekte Übertragung der Veränderung des Geldmarktzinses auf den Kapitalmarkt, wie sie oben beschrieben wurde, muss dabei jedoch keineswegs gegeben sein. Vielmehr kann bei rationaler Erwartungsbildung von internationalen Kapitalanlegern der Zusammenhang zwischen der Veränderung dieser beiden Zinsen auch in entgegengesetzter Richtung verlaufen.

Unterstellt sei eine expansive Geldpolitik der inländischen Notenbank, mit der sie versucht, die inländischen Investitionen anzukurbeln, um so einen Beitrag zur wirtschaftlichen Expansion des eigenen Landes zu leisten. Wird aufgrund des gesamtwirtschaftlichen Umfelds diese expansive Geldpolitik als nicht genügend stabilitätsorientiert angesehen, so können Erwartungen ausgelöst werden, die Inflationsrate im betrachteten Land werde in Zukunft steigen. Dies ist umso wahrscheinlicher, je expansiver die geldpolitische Maßnahme ausfällt und je geringer die Reputation der betreffenden Notenbank ist.

Hätte die Europäische Notenbank im ersten Jahr ihres Bestehens, als die Märkte noch nicht auf einen Erfahrenswert ihrer Stabilitätsorientierung zurückgreifen konnten, der Forderung vieler Politiker nachgegeben und angesichts hoher Arbeitslosenzahlen eine expansivere Geldpolitik durchgeführt, so wäre die Wahrscheinlichkeit, dass sich die Erwartung einer steigenden Inflationsrate in Europa durchgesetzt hätte, recht groß gewesen.

Entsteht aber die Erwartung steigender Güterpreise, so ist damit bei flexiblen Wechselkursen unmittelbar auch die Erwartung einer Abwertung der betroffenen Währung verbunden. Dieser Zusammenhang kann etwa auf die Kaufkraftparitätentheorie zurückgeführt werden, aber auch die monetäre Wechselkurstheorie liefert eine Begründung hierfür. Übersteigt der für die Zukunft erwartete Kassakurs den für diesen Zeitpunkt geltenden Terminkurs, so werden die Spekulanten sofort am Terminmarkt Fremdwährung kaufen, um sie am Erfüllungstag gewinnbringend wieder verkaufen zu können. Hierdurch steigt unmittelbar mit der Entstehung der Abwertungserwartung auch der Terminkurs. Damit erhöht sich aber der Swapsatz, und gemäß der Zinsparitätentheorie steigt die Attraktivität einer Auslandsanlage. Die damit induzierten

---

[2] Vgl. hierzu auch Kapitel VIII.

Nettokapitalexporte führen am inländischen Kapitalmarkt zu einer Verknappung des Angebots, und der Zinssatz steigt. Der von der Notenbank initiierte Rückgang des Geldmarktzinses hat damit also zu einem Anstieg des Kapitalmarktzinses geführt. Die folgende Wirkungskette gibt einen Überblick über diesen Übertragungsmechanismus.

$i_G \downarrow$ Geldmarktzins sinkt wegen der expansiven Notenbankpolitik
$P^e \uparrow$ Inflationserwartung wegen mangelnder Stabilitätsorientierung
$w^e \uparrow$ Abwertungserwartung etwa wegen Kaufkraftparitätentheorie
$w^T \uparrow$ Terminkurs steigt wegen Terminmarktspekulation
$NKX \uparrow$ Nettokapitalexporte steigen
$i_K \uparrow$ Anstieg des Kapitalmarktzinses wegen des sinkenden Angebots

Da Investitionen in der Regel am Kapitalmarkt finanziert werden und damit vom langfristigen Zinssatz abhängig sind, hat der Versuch der Geldpolitik, einen Beitrag zur Erhöhung der zinsinduzierten Investitionen zu leisten, das Gegenteil erreicht. Die Investitionen werden wegen des steigenden Kapitalmarktzinses sinken und damit kontraktiv auf das inländische Volkseinkommen wirken.

Das Gleiche gilt auch für den Versuch, die Übertragung eines Zinsanstiegs im Ausland auf das Inland verhindern zu wollen. Aufgrund einer ausländischen Zinserhöhung hat das Inland Kapitalexporte zu verzeichnen, und auch am inländischen Kapitalmarkt kommt es wegen des sinkenden Angebots deshalb zu Zinssteigerungen. Ist dies unerwünscht und senkt deshalb die inländische Notenbank ihre Leitzinsen, so kann dies die oben beschriebene Inflationserwartung auslösen und damit die Nettokapitalexporte noch verstärken. Auch dieser Versuch wäre damit kontraproduktiv.

Diese Zusammenhänge wurden auch von der Deutschen Bundesbank immer wieder als Verteidigung für ihre im Durchschnitt eher restriktive Geldpolitik gegenüber politischen Forderungen nach einer deutlich expansiveren Politik vorgebracht. Die beste Möglichkeit, mit der eine Notenbank einen Beitrag zur wirtschaftlichen Expansion leisten kann, ist eine stabilitätsorientierte, glaubhafte, auf Kontinuität angelegte Geldpolitik, mit der sie das Vertrauen der internationalen Anleger gewinnen kann. Fehlende Risikoaufschläge und das Vertrauen in den inneren, aber auch den äußeren Wert einer Währung ziehen ausländisches Kapital an und sorgen damit für dauerhaft niedrige Kapitalmarktzinsen. Sie sind daher der beste Garant für eine Stabilisierung der wirtschaftlichen Aktivitäten.

5. Zusammenfassung von Kapitel VII

1. An der Verbesserung der terms of trade kann man die Wohlfahrtssteigerung eines Landes durch seine Teilnahme an der internationalen Arbeitsteilung messen. Da bei einer Verbesserung der Preis der Exportgüter im Verhältnis zum Preis der Importgüter steigt, heißt dies, dass das Land für eine Mengeneinheit des Exportguts mehr Mengeneinheiten des Importguts erhält.

2. Die terms of trade sind auch vom Wechselkurs abhängig, ein eindeutiger Zusammenhang ist allerdings nicht herstellbar. Eine Abwertung (Aufwertung) der Inlandswährung ist umso eher mit einer Verbesserung (Verschlechterung) der terms of trade dieses Landes verbunden, je größer die absoluten Werte der Nachfrageelastizitäten und je kleiner die der Angebotselastizitäten auf den Weltmärkten sind.

3. Eine allgemeine Nachfrageexpansion im Inland mit steigenden Preisen auf allen Märkten führt im Normalfall zu einer Verschlechterung der inländischen Leistungsbilanz, ein Nachfrageschub im Ausland mit steigenden Preisen auf dem dortigen Markt hat im Normalfall eine Verbesserung der inländischen Leistungsbilanz zur Folge.

4. Die ausländischen Preissteigerungen werden bei festen Wechselkursen durch mehrere Mechanismen ins Inland übertragen. Für das Inland steigen zum einen die Preise der importierten Güter, zum anderen werden sich auch die Preise der Exportgüter wegen der verstärkten ausländischen Nachfrage erhöhen. Dies nennt man den direkten internationalen Preiszusammenhang. Die sich im Normalfall verbessernde inländische Leistungsbilanz impliziert ein Überschußangebot an ausländischer Währung am Devisenmarkt. Bei festen Wechselkursen muss die inländische Notenbank dieses Überschußangebot aufkaufen, die inländische Geldmenge steigt, und hat eine Preissteigerungstendenz zur Folge (Geldmengen-Preis-Mechanismus). Schließlich ist die Leistungsbilanz Teil der gesamtwirtschaftlichen Nachfrage. Bei einer Verbesserung steigt diese und führt bei ausgelasteten Kapazitäten zu Preissteigerungen (Einkommenseffekt).

5. Im Idealfall treten die inflationsübertragenden Effekte bei flexiblen Wechselkursen nicht auf. Durch die Aufwertung der Inlandswährung werden die Weltmarktpreise in Inlandswährung nicht steigen, die Notenbank ist nicht verpflichtet, am Devisenmarkt zu intervenieren, so dass auch der Geldmengen-Preis-Mechanismus nicht existiert, und

schließlich sorgt im Idealfall der flexible Wechselkurs für eine ausgeglichene Leistungsbilanz, so dass auch kein Einkommenseffekt auftritt.

6. Berücksichtigt man jedoch privaten Kapitalverkehr, so kann ein Leistungsbilanzüberschuss auch bei flexiblen Wechselkursen bestehen bleiben, und der Einkommenseffekt wirkt. Intervenieren Notenbanken auch bei flexiblen Wechselkursen, wie in der Realität beobachtet, so tritt auch ein Geldmengeneffekt auf, und reagiert die Leistungsbilanz anormal auf eine ausländische Preissteigerung, so hat dies eine Abwertung der Inlandswährung zur Folge, die die Übertragung der Preissteigerungen auf die Weltmärkte noch verstärkt. Flexible Wechselkurse können also tendenziell aber nicht mit Sicherheit ein Land vor einem Import ausländischer Preissteigerungen abschirmen.

7. Währungsspekulationen sind in einem System fester Wechselkurse relativ risikolos und nehmen deshalb meist schnell große Volumina an. Sie wirken damit destabilisierend.

8. Sind Wechselkurserwartungen in einem System flexibler Wechselkurse korrekt, so stabilisieren sie die Wechselkursentwicklung und sind für die Spekulanten gewinnbringend. Nur falsche Erwartungen führen zu einer Destabilisierung, sie bedeuten für die Akteure aber Verluste. Diese Überlegung gilt für die Gesamtheit aller Spekulanten. Unterscheidet man einzelne Gruppen von Spekulanten, so kann der Teil, der mit einer falschen Erwartung eine Kursänderung ausgelöst hat, dennoch Gewinne erzielen, wenn der Rest der Spekulanten aufgrund eines Herdenverhaltens auf diese Entwicklung aufspringt. Dennoch gilt auch hier, dass die Summe aller Akteure einen Verlust erleidet, da ihr Verhalten zu einer Destabilisierung des Marktes geführt hat.

9. Der Zusammenhang zwischen der Veränderung des kurz- und des langfristigen Zinses ist nicht immer gleichgerichtet. Betreibt die Notenbank eine expansive Geldpolitik und führt dies bei den Marktteilnehmern zu der Erwartung eines stabilitätswidrigen Verhaltens und damit steigenden Güterpreisen in der Zukunft, so entsteht bei flexiblen Wechselkursen eine Abwertungserwartung der Inlandswährung. Dies führt durch das Verhalten der Spekulanten zu einem sofortigen Anstieg des Terminkurses und damit zu Kapitelexporten. Am inländischen Kapitalmarkt sinkt das Angebot, und der Kapitalmarktzins steigt. Damit hat der Versuch der Notenbank, durch eine Senkung des Geldmarktzinses die Konjunktur zu stabilisieren, das Gegenteil erreicht. Die In-

vestitionen werden wegen ihrer Abhängigkeit vom steigenden Kapitalmarktzins sinken.

6. Anhang zu Kapitel VII

Bestimmung der Steigung der Transformationskurve:

Gegeben sind die Produktionsfunktionen

$$Q_1 = f_1(K_1, A_1) \; ; \; Q_2 = f_2(K_2, A_2)$$

Bei totaler Differentiation und Division folgt:

$$\frac{dQ_1}{dQ_2} = \frac{f_K^1 dK_1 + f_A^1 dA_1}{f_K^2 dK_2 + f_A^2 dA_2}$$

Wenn die Faktorbestände gegeben und vollbeschäftigt sind, folgt:

$\overline{K} = K_1 + K_2$ und damit $dK_2 = -dK_1$

$\overline{A} = A_1 + A_2$ und damit $dA_2 = -dA_1$

Werden die Produktionsfaktoren gemäß ihrem Wertgrenzprodukt entlohnt, gilt:

$$i_1 = p_1 f_K^1 \; ; \; i_2 = p_2 f_K^2 \; ; \; \ell_1 = p_1 f_A^1 \; ; \; \ell_2 = p_2 f_A^2$$

Bei vollkommener Mobilität werden die Produktionsfaktoren in allen Sektoren gleich entlohnt: $\ell_1 = \ell_2$, $i_1 = i_2$

Setzt man diese Zusammenhänge in die Steigungsgleichung ein, so folgt:

$$\frac{dQ_1}{dQ_2} = -\frac{\dfrac{i}{p_1} dK_1 + \dfrac{\ell}{p_1} dA_1}{\dfrac{i}{p_2} dK_1 + \dfrac{\ell}{p_2} dA_1} = -\frac{p_2}{p_1}$$

Kapitel VIII

Wirtschaftspolitische Implikationen unterschiedlicher Währungssysteme

1. Makroökonomischer Modellrahmen

In den folgenden Abschnitten sollen die Wirkungen geld- und fiskalpolitischer Maßnahmen sowie externer Einflüsse in Abhängigkeit von alternativen Währungssystemen untersucht werden. Hierzu wird eine kleine offene Volkswirtschaft unterstellt, d.h. die wirtschaftliche Entwicklung der betrachteten Ökonomie wird zwar von außenwirtschaftlichen Gegebenheiten beeinflusst, sie selbst hat aber keinen messbaren Einfluss auf die Weltwirtschaft. In einem gesonderten Abschnitt wird diese Annahme aufgegeben, und es werden auch internationale Rückwirkungen berücksichtigt. Die Inlandsproduktion wird zum Teil im Inland konsumiert, zum Teil exportiert. Die Inländer konsumieren darüber hinaus auch ausländische Güter, deren Preis in Auslandswährung vom betrachteten Land nicht beeinflusst werden kann. Das makroökonomische Gleichgewicht des betrachteten Landes wird durch Gleichgewichte auf dem Gütermarkt, dem Geldmarkt und in der Zahlungsbilanz charakterisiert.

1.1 Internes Gleichgewicht

a) Gesamtwirtschaftliche Nachfrage

Die gesamtwirtschaftliche reale Güternachfrage setzt sich zusammen aus der realen Konsumnachfrage der privaten Haushalte (C_H), der realen Investitionsnachfrage (I), dem realen Konsum des Staates (C_{St}) und dem realen Außenbeitrag $\frac{1}{p}(X-M)$, ausgedrückt in inländischen Gütereinheiten. X und M bezeichnen wie bisher den in Inlandswährung ausgedrückten Wert der Ex- und Importe. Wird von Übertragungen abgesehen, so entspricht der nominelle Außenbeitrag als Differenz zwischen dem Export und dem Import von Gütern und Dienstleistungen dem Leistungsbilanzsaldo.

Die einzelnen Abhängigkeiten entsprechen den bereits bekannten Zusammenhängen. Die Konsumgüternachfrage der privaten Haushalte besteht aus einem autonomen Teil und ist darüber hinaus vom verfügbaren Volkseinkommen, d.h. von der Differenz zwischen dem Einkommen und den autonomen Steuerzahlungen (T^a), positiv abhängig. Die Nettoinvestitionen werden vom Zinssatz negativ beeinflusst und haben ebenfalls einen autonomen Teil. Der Konsum des Staates wird zur Vereinfachung als exogen gegeben unterstellt. Die Exporte des Inlands sind von der Nachfrage des Auslands, also vom ausländischen Volkseinkommen (Y*), positiv abhängig. Daneben hat die preisliche Wettbewerbsfähigkeit des Inlands Einfluss auf die Leistungsbilanz. Die Wettbewerbsfähigkeit kann durch die terms of trade bzw. durch den realen Wechselkurs ($w_R = wp^*/p$) ausgedrückt werden.[1] Steigt der reale Wechselkurs (Anstieg des nominalen Wechselkurses und/oder des ausländischen Güterpreisniveaus und/oder Rückgang des inländischen Güterpreisniveaus), so handelt es sich, wie im vorhergehenden Abschnitt ausführlich diskutiert, um eine reale Abwertung der Inlandswährung, die die preisliche Wettbewerbsfähigkeit inländischer Anbieter verbessert. Das Exportvolumen steigt. Aus dem gleichen Grund wird bei einer realen Abwertung der Inlandswährung die Importmenge sinken. Im Folgenden sei Normalreaktion der Leistungsbilanz aufgrund einer Änderung des realen Wechselkurses unterstellt, d.h. die Leistungsbilanz verbessert sich als Folge einer realen Abwertung und verschlechtert sich als Folge einer realen Aufwertung. Der Importwert ist darüber hinaus vom inländischen Volkseinkommen positiv abhängig.

(VIII.1)

$$Y^N = C_H^a + C_H\left(Y - T^a\right) + I^a + I(i) + C_{St}^a + \frac{1}{p}X\left(Y^*, w_R\right) - \frac{1}{p}M(Y, w_R)$$

$$\frac{dC_H}{dY} \equiv C_Y > 0, \frac{dI}{di} \equiv I_i < 0, \frac{\partial X}{\partial Y^*} \equiv X_{Y^*} > 0, \frac{\partial M}{\partial Y} \equiv M_Y > 0$$

$$\frac{\partial X}{\partial w_R} - \frac{\partial M}{\partial w_R} \equiv X_w - M_w > 0$$

(VIII.1) kann man als nachfrageseitiges Gütermarktgleichgewicht interpretieren, wenn man unterstellt, die gesamtwirtschaftliche Nachfrage entspreche stets dem gesamtwirtschaftlichen Realeinkommen ($Y^N = Y$). Dies ist dann der Fall, wenn das Güterangebot vollkommen elastisch ist, sich also jeder Veränderung der gesamtwirtschaftlichen Nachfrage ohne Preisänderung sofort anpasst. Dies wird hier zunächst angenommen.

---

[1] Es wird dabei unterstellt, dass das Preisniveau der im Inland produzierten Güter und Dienstleistungen (*p*) dem Preisniveau der exportierten Güter und Dienstleistungen entspricht, es also zu keinen Relativpreisänderungen bei den Inlandsprodukten kommt. Gleiches gelte im Ausland, so dass das Preisniveau der importierten Güter und Dienstleistungen dem in Inlandswährung ausgedrückten Auslandspreisniveau entspricht. Damit ist der reale Wechselkurs (*wp*/p*) gleich dem Kehrwert der terms of trade p^{Im}/p^{Ex}.

Fasst man die Differenz zwischen dem Volkseinkommen und dem inländischen Konsum (einschließlich des Staatsverbrauchs) zur gesamtwirtschaftlichen Ersparnis zusammen, so ergibt sich das in Kapitel I diskutierte Gleichgewicht einer offenen Volkswirtschaft als Identität von Leistungsbilanzsaldo und der Differenz aus gesamtwirtschaftlicher Ersparnis und gesamtwirtschaftlicher Nettoinvestition bzw. als Identität der Summe aus Investitionen und Exporte auf der einen und der Summe aus der gesamtwirtschaftlichen Ersparnis und den Importen auf der anderen Seite.

(VIII.2) $$I^a + I(i) + \frac{1}{p} X\left(Y^*, w_R\right) = S^a + S\left(Y - T^a\right) + \frac{1}{p} M(Y, w_R)$$

Diese Identität ist in Abbildung VIII.1 in einem Zinssatz-Volkseinkommens-Diagramm als IXSM-Kurve graphisch dargestellt. Die Kurve entspricht in ihren Grundzügen der IS-Kurve einer geschlossenen Volkswirtschaft. Der Zusammenhang zwischen inländischem Zinssatz und inländischem Volkseinkommen zur Aufrechterhaltung des Gleichgewichts ist negativ. Dies ergibt sich formal durch die Differentiation von (VIII.2) nach Y und i.

$$\left.\frac{di}{dY}\right|_{IXSM} = \frac{S_Y + M_Y}{I_i} < 0$$

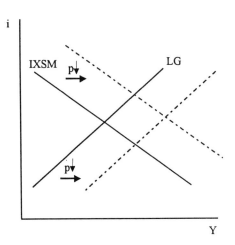

Abb.VIII.1: Nachfrageseitiges Güter- und Geldmarktgleichgewicht

Ein Rückgang des inländischen Zinssatzes erhöht die Investitionsnachfrage. Punkte unterhalb der IXSM-Kurve implizieren also eine Überschussnachfrage. Ist das Güterangebot vollkommen preiselastisch, so wird es sich c.p. dieser gestiegenen Nachfrage nach oben anpassen. Damit nehmen auch die Ersparnisse und die Importe zu, so dass das IXSM-Gleichgewicht gewahrt bleibt.

Die Lage der IXSM-Kurve wird durch alle autonomen Größen sowie den realen Wechselkurs und das ausländische Volkseinkommen determiniert. Eine *Rechtsverschiebung* der IXSM-Kurve ergibt sich bei einer Erhöhung des autonomen Konsums, der autonomen Investitionen, des staatlichen Konsums, der autonomen Exporte, des ausländischen Volkseinkommens sowie des realen Wechselkurses. All diese Veränderungen induzieren eine Erhöhung der gesamtwirtschaftlichen Nachfrage des betrachteten Landes und erfordern zur Wiederherstellung des Gleichgewichts eine Volkseinkommenssteigerung (bei konstantem Zinssatz) oder einen Zinsanstieg (bei konstantem Volkseinkommen).

Beispielhaft soll dies für die Veränderung des realen Wechselkurses aus (VIII.2) abgeleitet werden. Differenziert man (VIII.2) nach Y und w_R, so folgt:

$$\frac{dY}{dw_R} = \frac{X_w - M_w}{S_Y + M_Y} > 0$$

Da der Ausdruck $(X_w - M_w)$ wegen der Annahme der Normalreaktion der Leistungsbilanz positiv ist, wird bei Konstanz aller anderen Einflussgrößen das Volkseinkommen bei einer realen Abwertung der Inlandswährung steigen. Die IXSM-Kurve verschiebt sich also nach rechts. Eine reale Abwertung der Inlandswährung kann durch eine nominale Abwertung bei konstanten Preisniveaus, aber auch durch einen Rückgang des inländischen Preisniveaus (Anstieg des ausländischen Preisniveaus) bei konstantem ausländischen (inländischen) Preisniveau und konstantem nominalen Wechselkurs ausgelöst werden. Die IXSM-Kurve ist also auch von den Preisniveaus der beiden Länder abhängig.

b) Geldmarktgleichgewicht

Gleichgewicht auf dem Geldmarkt erfordert die Identität von realem Geldangebot und realer Geldnachfrage. Die reale Geldnachfrage (L) ist wie üblich vom realen Volkseinkommen positiv und vom Zinssatz negativ abhängig. G^H bezeichnet das von der Notenbank autonom bestimmbare nominelle Geldangebot, während G^Z Geldangebotsänderungen beschreibt, die durch Devisenmarktinterventionen ausgelöst werden, zu denen die Notenbank im Rahmen eines Systems fester Wechselkurse verpflichtet ist.

(VIII.3) $$\frac{G^H + G^Z}{p} = L(Y, i)$$

$$\frac{\partial L}{\partial Y} \equiv L_Y > 0, \quad \frac{\partial L}{\partial i} \equiv L_i < 0$$

Im Zinssatz-Volkseinkommens-Diagramm VIII.1 wird das Geldmarktgleichgewicht durch die LG-Kurve dargestellt. Die Steigung der LG-Kurve ist positiv, bei einer Differentiation von (VIII.3) nach Y und i folgt:

$$\left.\frac{di}{dY}\right|_{LG} = -\frac{L_Y}{L_i} > 0$$

Bei einer Einkommenssteigerung steigt der Bedarf an Transaktionskasse. Zur Wiederherstellung des Geldmarktgleichgewichts muss bei Konstanz des Geldangebots die Geldnachfrage wieder sinken. Hierzu ist eine Zinserhöhung notwendig, da die Geldnachfrage vom Zinssatz negativ abhängig ist. Rechts unterhalb der LG-Kurve existiert also eine Überschussnachfrage am Geldmarkt, links oberhalb ein Überschussangebot.

Die Lage der LG-Kurve wird durch das nominelle Geldangebot und das Preisniveau determiniert. Eine Erhöhung des nominellen Geldangebots und ein Rückgang des Preisniveaus verschiebt die Kurve nach rechts, da in beiden Fällen die reale Geldmenge steigt. Zur Wiederherstellung des Geldmarktgleichgewichts muss die Geldnachfrage durch einen Anstieg des Volkseinkommens und/oder durch einen Rückgang des Zinssatzes erhöht werden.

Wie bereits mehrmals diskutiert, hat jede Devisenmarktintervention einen Geldmengeneffekt zur Folge. Muss die Notenbank, aufgrund eines Überschussangebots am Devisenmarkt, Devisen aufkaufen, so steigen ihre Währungsreserven. Parallel hierzu erhöht sich aber auch die inländische Geldmenge, da der Kauf der Devisen mit „eigenem" Geld bezahlt werden muss. In (VIII.3) wird G^Z steigen. Versucht die Notenbank, diesen Geldmengeneffekt zu neutralisieren bzw. zu sterilisieren, so müsste G^H entsprechend sinken, das Gesamtgeldangebot bliebe dann konstant. Dies kann etwa durch Verkäufe von Wertpapieren an inländische Wirtschaftssubjekte geschehen. Auf die Folgen einer solchen Politik für das gesamtwirtschaftliche Gleichgewicht wird unten näher eingegangen.

1.2 Außenwirtschaftliches Gleichgewicht

Wie in Kapitel I dargestellt, ist die Zahlungsbilanz eines Landes formal stets ausgeglichen. Damit entspricht der Saldo der Devisenbilanz der Summe aus

Leistungsbilanzsaldo und Nettokapitalimporten. Die hier berücksichtigten Einflussgrößen des Leistungsbilanzsaldos wurden in (VIII.1) bereits dargestellt, Übertragungen bleiben weiterhin unberücksichtigt. Exporte von Gütern und Dienstleistungen entsprechen letztlich stets einem Devisenangebot, Importe implizieren eine Devisennachfrage.

Auch die Bestimmungsfaktoren der internationalen Kapitalbewegung wurden in den vorhergehenden Kapiteln bereits ausführlich diskutiert. Die Nettokapitalimporte (KI) werden steigen, wenn c.p. der inländische Zinssatz steigt (der ausländische Zinssatz sinkt), sie werden sinken, wenn c.p. der ausländische Zinssatz steigt (der inländische Zinssatz sinkt). Diese Reaktion berücksichtigt die jeweilige Verschiebung der Renditerelation. Auch eine Wechselkursänderungserwartung hat, wie oben ausführlich diskutiert, Auswirkungen auf internationale Anlageentscheidungen. w^e sei der erwartete Wechselkurs. Ein Anstieg dieser Größe bedeutet also eine erwartete Abwertung der Inlandswährung, d.h. einen gegenüber der bisherigen Erwartung höheren Wechselkurs. Dies erhöht auch den Terminkurs und damit den Swapsatz, so dass c.p. die Kapitalanlage im Ausland rentabler wird. Die Nettokapitalimporte sind von der Wechselkurserwartung also negativ abhängig.

Ein Anstieg der Nettokapitalimporte impliziert am Devisenmarkt ein Nettoangebot an Devisen, da für die Anlage im Inland zunächst die ausländische Währung in die inländische getauscht werden muss. Ein Rückgang der Nettokapitalimporte bedeutet analog eine Nettonachfrage nach Devisen. Es gilt:

(VIII.4) $\quad Z = X(w_R, Y^*) - M(w_R, Y) + KI(i, i^*, w^e)$

$$\frac{\partial KI}{\partial i} \equiv K_i > 0, \quad \frac{\partial KI}{\partial i^*} \equiv K_{i^*} < 0, \quad \frac{\partial KI}{\partial we} \equiv K_{we} < 0$$

Ist die Summe aus Leistungsbilanzsaldo und Nettokapitalimporten positiv (negativ), so impliziert dies ein Überschussangebot (eine Überschussnachfrage) am Devisenmarkt. Bei festen Wechselkursen ist die Notenbank verpflichtet, dieses Überschussangebot aufzukaufen (die Überschussnachfrage durch Verkauf eigener Reserven abzubauen). Die Währungsreserven der Notenbank nehmen also im Falle eines Überschussangebots am Devisenmarkt zu (Z ist positiv), bei einer Überschussnachfrage nehmen sie ab (Z ist negativ). Z steht somit für den Nettozufluss an Währungsreserven bei der Notenbank. Bei flexiblen Wechselkursen wird ein Ungleichgewicht am Devisenmarkt dagegen durch eine Anpassung des Wechselkurses ausgeglichen, die Devisenreserven ändern sich nicht. In diesem Falle ist Z Null, und der Leistungsbilanzsaldo muss stets den Nettokapitalexporten entsprechen.

(VIII.5) $\quad X(w_R, Y^*) - M(w_R, Y) = -KI(i, i^*, w^e)$

Gleichgewicht am Devisenmarkt und damit auch in der Zahlungsbilanz herrscht dann, wenn sich die Devisenreserven der Notenbank nicht verändern, wenn Z also Null ist. Der geometrische Ort aller Zinssatz-Volkseinkommens-Kombinationen, bei denen dies der Fall ist, wird in Abbildung VIII.4 durch die ZZ-Kurve dargestellt. Die Steigung der ZZ-Kurve ist im Normalfall wie die der LG-Kurve positiv. Steigt der inländische Zinssatz, so nehmen die Nettokapitalimporte zu. Dies impliziert ein Überschussangebot am Devisenmarkt. Um dieses Überschussangebot abzubauen, müssten die Güterimporte steigen, da hierzu Devisen benötigt werden. Ein Anstieg der Güterimporte setzt aber einen Anstieg des Volkseinkommens voraus. Punkte links oberhalb der ZZ-Kurve implizieren also ein Überschussangebot am Devisenmarkt, Punkte rechts unterhalb eine Überschussnachfrage. Differenziert man (VIII.5) nach i und Y, so gilt:

$$\left.\frac{di}{dY}\right|_{ZZ} = \frac{M_Y}{K_i} > 0$$

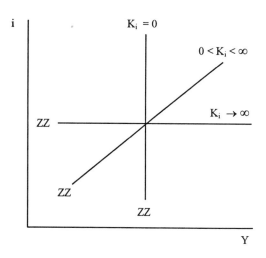

Abb. VIII.2: Außenwirtschaftliches Gleichgewicht

Das Ausmaß der Steigung der ZZ-Kurve ist neben der Einkommensabhängigkeit der Importe von der Zinsreagibilität der internationalen Kapitalbewegungen abhängig. Ist dieser Wert gering, so muss sich der Zinssatz stark verändern, um eine gegebene Ungleichgewichtssituation abzubauen. Die ZZ-Kurve ist in diesem Fall relativ steil. Im Extremfall vollkommen zinsunelastischer Kapitalbewegungen ist die ZZ-Kurve eine Senkrechte. Je größer die Zinsreagibilität des internationalen Kapitalverkehrs ist, um so flacher ist auch die ZZ-Kurve. Der Extremfall ist dann erreicht, wenn die Wirtschaftssubjekte eine inländische und eine ausländische Kapitalanlage als vollkommen substituierbar ansehen und der Zins im kleinen Inland durch den Auslandszins determiniert wird. In diesem Fall liegt vollkommene Kapitalmobilität vor, K_i geht gegen unendlich und die ZZ-Kurve entspricht einer Waagerechten in Höhe des gegebenen ausländischen Zinssatzes. Dies wird umso eher der Fall sein, je ähnlicher sich die beiden Länder sind und je weniger Kapitalverkehrsbeschränkungen zwischen diesen Ländern existieren. Auch diese beiden Extremfälle sind in Abbildung VIII.2 eingezeichnet.

Da die Geldmarktgleichgewichtskurve von der Abhängigkeit der inländischen Geldnachfrage vom Volkseinkommen und vom Inlandszins determiniert wird, diese Größen aber nicht mit der Zinselastizität der internationalen Kapitalbewegungen bzw. mit der Importneigung korreliert sind, ist ohne Kenntnis der konkreten Werte nicht eindeutig festzustellen, ob die LG- oder die ZZ-Kurve eine größere Steigung aufweist.

Die Lage der ZZ-Kurve ist von den autonomen Größen, vom ausländischen Volkseinkommen, vom ausländischen Zinssatz sowie vom Wechselkurs und dessen Änderungserwartung abhängig. Eine reale Abwertung der Inlandswährung, ein Anstieg des ausländischen Volkseinkommens, ein Rückgang des ausländischen Zinssatzes sowie eine erwartete Aufwertung der Inlandswährung führen zu einer Rechtsverschiebung der ZZ-Kurve, da in all diesen Fällen am Devisenmarkt ein Überschussangebot entsteht, zu dessen Abbau das inländische Volkseinkommen steigen müsste. Verändern sich die Größen in umgekehrter Richtung, so verschiebt sich die ZZ-Kurve entsprechend nach links.

Beispielhaft soll dies wiederum an einer Änderung des realen Wechselkurses gezeigt werden. Differenziert man (VIII.5) nach Y und w_R, so folgt:

$$\frac{dY}{dw_R} = \frac{X_w - M_w}{M_Y} > 0$$

Die ZZ-Kurve verschiebt sich als Folge eines Wechselkursanstiegs - einer realen Abwertung der Inlandswährung - nach rechts, da bei Normalreaktion der Ausdruck $(X_w - M_w)$ positiv ist. Die reale Abwertung der Inlandswährung führt zu einer Verbesserung der Leistungsbilanz und damit zu einem Überschussangebot an Devisen. Bei konstantem Zinssatz muss dieses Überschussangebot durch einen Anstieg des inländischen Volkseinkommens und die damit induzierten Güterimporte wieder abgebaut werden.

Man sieht hier auch, dass die Rechtsverschiebung der ZZ-Kurve als Folge der Änderung des realen Wechselkurses (bei gegebenem Zinssatz) größer ist als die der IXSM-Kurve. Für die Verschiebung der IXSM-Kurve ergab sich der gleiche Zähler, der Nenner war jedoch im Ausmaß S_Y größer. Ökonomisch ist die geringere Verschiebung der IXSM-Kurve als Folge einer Wechselkursänderung darin begründet, dass zum Abbau des Ungleichgewichts am Gütermarkt nicht nur eine Änderung der Importe, sondern auch der Ersparnis beiträgt, so dass sich das Volkseinkommen in geringerem Umfang ändern muss.

Mit der ZZ-Kurve ist das hier benutzte Modell einer kleinen offenen Volkswirtschaft komplettiert. Bei flexiblen Wechselkursen ist das Geldangebot exogen gegeben, da sich G^Z nicht verändert. Es kann in diesem Fall das Ausmaß der zur Erfüllung aller Gleichgewichtsbedingungen erforderlichen Wechselkursänderung determiniert werden, w ist eine endogene Größe. Da der Wechselkurs die Lage der IXSM- und der ZZ-Kurve bestimmt, erfolgt der Anpassungsprozess durch eine Verschiebung dieser beiden Kurven bei Konstanz der LG-Kurve.

In einem System fester Wechselkurse ist dagegen der Wechselkurs eine exogene Größe, die allenfalls durch politische Entscheidungen geändert werden kann. Von möglichen Bandbreiten in einem System fester Wechselkurse wird aus Vereinfachungsgründen abgesehen. Es besteht jedoch eine Interventionsverpflichtung der Notenbank, die die inländische Geldmenge verändert. In einem solchen System kann die zur Beseitigung des Devisenmarktungleichgewichts erforderliche Geldmengenänderung $\left(dG^Z\right)$ endogen bestimmt werden, d.h. das erforderliche Ausmaß der Interventionstätigkeit. Die Anpassung an ein neues Gleichgewicht erfolgt in diesem Fall also durch eine Verschiebung der Geldmarkt-Gleichgewichtskurve.

Ein Sonderfall im System fester Wechselkurse ist die Neutralisierung des Geldmengeneffekts einer Devisenmarktintervention durch die Notenbank. In einem solchen Fall bleibt das Geldangebot unverändert, da sich die Veränderungen von G^Z und G^H stets mit umgekehrten Vorzeichen entsprechen. Andererseits kann aber ohne Geldmengenanpassung oder sonstige Maßnahmen das außenwirtschaftliche Ungleichgewicht nicht beseitigt werden. Die Notenbank müsste ständig intervenieren. Das heißt aber, dass es nicht zu einem Gleichgewicht auf allen drei Märkten kommt, Zinssatz und Volkseinkommen werden allein aus dem Schnittpunkt von IXSM- und LG-Kurve als rein internes Gleichgewicht determiniert. Endogene Größe ist in diesem Fall Z, die das Ausmaß des außenwirtschaftlichen Ungleichgewichts mißt. Auf die Problematik, dass ein solcher Zustand auf Dauer nicht aufrechtzuerhalten ist, wurde in den vorhergehenden Kapiteln bereits eingegangen.

Mit Hilfe des hier beschriebenen Modellzusammenhangs sollen nun die Auswirkungen verschiedener politischer Maßnahmen und exogener Einflüsse auf die betrachtete Volkswirtschaft diskutiert werden. Dabei wird stets zwischen der Wirkung in einem System fester und einem System flexibler Wechselkurse unterschieden. Die Darstellung erfolgt hier allein graphisch und verbal, die algebraischen Ergebnisse sind im Anhang zu diesem Kapitel abgeleitet.

2. Geld- Fiskal- und Wechselkurspolitik

Um die Wirkung unterschiedlicher Einflüsse bei unterschiedlichen Währungssystemen genauer analysieren zu können, wird in Abschnitt 2 zunächst unterstellt, das gesamtwirtschaftliche Güterangebot sei unendlich preiselastisch, es passt sich also jeder Nachfrageänderung unendlich schnell an. Das gesamtwirtschaftliche Gleichgewicht wird in diesem Fall allein durch die Nachfrageseite bestimmt, in- und ausländische Güterpreise bleiben konstant. Da Keynes in seiner allgemeinen Theorie für den Fall einer unterbeschäftigten Volkswirtschaft diese Annahme gemacht hatte und Mundell sowie Fleming dieses Modell für den Fall einer offenen Volkswirtschaft erweitert haben, spricht man auch von einem Keynesianischen Festpreismodell oder vom Mundell-Fleming-Ansatz.

Obwohl es sich beim hier benutzten Modellzusammenhang um eine rein komparativ-statische Betrachtung handelt und dynamische Anpassungsprozesse vernachlässigt werden, sollen fiktiv verschiedene Phasen der Anpassung vom alten zum neuen Gleichgewicht unterschieden werden. Zunächst wird die Wirkung allein auf das interne Gleichgewicht untersucht und das dabei auftretende außenwirtschaftliche Ungleichgewicht dargestellt. Erst dann wird, abhängig vom jeweiligen Währungssystem, die Beseitigung des außenwirtschaftlichen Ungleichgewichts und damit der Weg zum neuen Gesamtgleichgewicht diskutiert.

2.1 Expansive Fiskalpolitik bei unterschiedlichen Währungssystemen

2.1.1 Der Fall flexibler Wechselkurse

Ausgangspunkt der Betrachtung ist Punkt A in Abbildung VIII.3, in dem simultan internes und externes Gleichgewicht erfüllt ist. Die Ausgangslage der Gleichgewichtskurven ist durch den Index 0 gekennzeichnet. In Abbildung VIII.3.a ist der Fall einer relativ geringen Zinselastizität der internationalen Kapitalbewegungen eingezeichnet, die ZZ-Kurve ist steiler als die LG-Kurve. Umgekehrt ist es in Abbildung VIII.3.b, wo eine relativ hohe Zinselastizität der internationalen Kapitalbewegungen unterstellt ist.

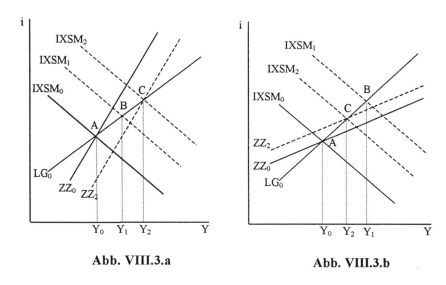

Abb. VIII.3.a   Abb. VIII.3.b

Abb. VIII.3: Staatsausgabenerhöhung bei flexiblen Wechselkursen

Erhöht der Staat seine Konsumausgaben, so setzt zunächst der bekannte Multiplikatoreffekt ein, der zu einer Erhöhung des Volkseinkommens führt. Die IXSM-Kurve verschiebt sich in beiden Abbildungen von VIII.3 nach rechts zu $IXSM_1$, es entsteht bei noch konstantem Zinssatz eine Überschussnachfrage auf dem Gütermarkt. Durch den verstärkten Transaktionskassenbedarf wird bei konstantem Geldangebot der Zinssatz steigen. Da die Investitionen vom Zinssatz negativ abhängig sind, wird ein crowding-out-Prozess ausgelöst, das Volkseinkommen geht wieder zurück, man bewegt sich auf der nach rechts verschobenen IXSM-Kurve nach links oben. Der neue Schnittpunkt zwischen IXSM- und unveränderter LG-Kurve, das neue interne Gleichgewicht, liegt in Punkt B, wo gegenüber der Ausgangssituation A sowohl der Zinssatz als auch das Volkseinkommen gestiegen ist.

Die im neuen internen Gleichgewicht existierende außenwirtschaftliche Situation ist von der Lage der ZZ-Kurve abhängig. Punkt B liegt in Abbildung VIII.3.a rechts unterhalb, in Abbildung VIII.3.b links oberhalb der ZZ_0-Kurve; es sind also unterschiedliche Fälle zu unterscheiden. Die Ursache hierfür liegt in der entgegengesetzten Wirkung einer Zins- und einer Einkommenserhöhung auf die Devisenmärkte. Ein inländischer Zinsanstieg erhöht c.p. die Attraktivität der Kapitalanlage im Inland, die Nettokapitalimporte und mit ihnen das Angebot an Devisen wird steigen. Andererseits führt das steigende Volkseinkommen zu steigenden Konsumausgaben, damit zu steigenden Güterimporten und auf diesem Weg zu einer steigenden Nachfrage nach Devisen. Je zinselastischer die internationalen Kapitalbewegungen sind - je flacher also die ZZ-Kurve verläuft -, umso stärker ist die Zunahme des Devisenangebots und umso eher wird sich insgesamt ein Überschussangebot am Devisenmarkt einstellen. Dies ist in Abbildung VIII.3.b unterstellt. Ist die ZZ-Kurve dagegen steiler als die LG-Kurve, so dominiert der Effekt der steigenden Güterimporte, und es entsteht insgesamt eine Überschussnachfrage nach Devisen, wie dies in Abbildung VIII.3.a dargestellt ist.

Auch die Veränderung des flexiblen Wechselkurses ist von dieser Marktkonstellation abhängig. Bei genügend großer Zinselastizität der internationalen Kapitalbewegungen und dem sich damit ergebenden Überschussangebot an Devisen wird die Inlandswährung aufgewertet. Eine Aufwertung der Inlandswährung hat jedoch eine negative Wirkung auf den Außenbeitrag. Die IXSM- und die ZZ-Kurve verschieben sich in Abbildung VIII.3.b beide nach links zu $IXSM_2$ bzw. ZZ_2, so dass der ursprüngliche Volkseinkommensanstieg abgeschwächt wird. Man erreicht Punkt C. Gegenüber der Ausgangssituation A verbleibt jedoch ein positiver Volkseinkommenseffekt (Y_2).

Dominiert am Devisenmarkt dagegen der Nachfrageeffekt aufgrund der steigenden Güterimporte, d.h. die zinsinduzierten Kapitalimporte reichen nicht aus, um die Verschlechterung der Leistungsbilanz zu finanzieren, so führt dies zu einer Abwertung der Inlandswährung. In diesem Fall kommt über die damit induzierte Verbesserung der Leistungsbilanz ein positiver Volkseinkommenseffekt hinzu. Die IXSM- als auch die ZZ-Kurve verschieben sich durch den Wechselkursanstieg in Abbildung VIII.3.a nach rechts. Das neue Gleichgewicht liegt in Punkt C bei weiter gestiegenen Werten von Zinssatz und Volkseinkommen.

In beiden betrachteten Fällen der Abbildung VIII.3 liegt der neue Gleichgewichtspunkt C auf der unverändert gebliebenen LG-Kurve. Während man sich jedoch im linken Bild durch die Abwertung der Inlandswährung ein weiteres Stück nach rechts bewegt, führt die Aufwertung der Inlandswährung im rechten Bild zu einer Abschwächung des positiven Volkseinkommenseffekts. Fiskalpolitische Maßnahmen haben also bei flexiblen Wechselkursen eine umso geringere Wirkung auf das Volkseinkommen, je stärker die internationalen Kapitalbewegungen auf Änderungen des inländischen Zinssatzes reagieren.

Sind die internationalen Kapitalbewegungen vollkommen zinselastisch - in- und ausländische Wertpapiere sind vollkommene Substitute, bei der ZZ-Kurve handelt es sich um eine Waagrechte -, so wird sich die Inlandswährung so stark aufwerten, die IXSM-Kurve verschiebt sich wieder so weit nach links, bis das alte Gleichgewicht A erreicht ist. Dies ist in Abbildung VIII.4 dargestellt. Bei vollkommen zinselastischen internationalen Kapitalbewegungen bleiben fiskalpolitische Maßnahmen eines kleinen Landes bei flexiblen Wechselkursen also wirkungslos.

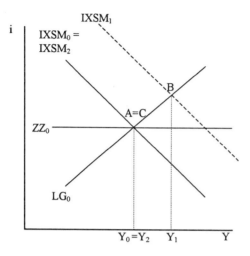

Abb. VIII.4: Staatsausgabenerhöhung bei flexiblen Wechselkursen und vollkommen zinselastischen Kapitalbewegungen

2.1.2 Der Fall fester Wechselkurse

Unabhängig vom Wechselkurssystem hat eine expansive Fiskalpolitik zunächst die oben diskutierte expansive Wirkung auf das inländische Volkseinkommen, auch der inländische Zinssatz wird steigen. Die IXSM-Kurve verschiebt sich in Abbildung VIII.5 nach rechts zu $IXSM_1$. Es kommt, in Abhängigkeit vom Ausmaß der Zinselastizität der internationalen Kapitalbewegungen, entweder zu einem Überschussangebot an Devisen (hohe Zinsreagibilität, Abbildung VIII.5.b) oder zu einer Überschussnachfrage (geringe Zinsreagibilität, Abbildung VIII.5.a).

Ist die Zinselastizität der internationalen Kapitalbewegungen gering, so dominiert der Effekt der sich verschlechternden Leistungsbilanz, es ergibt sich als Folge der expansiven Fiskalpolitik eine Überschussnachfrage am Devisenmarkt. In diesem Fall muss die Notenbank Devisen verkaufen, um die Nachfrage zu befriedigen. Die Inlandsgeldmenge wird sinken, die LG-Kurve in Abbildung VIII.5.a verschiebt sich nach links zu LG_2. Der kontraktive Geldmengeneffekt lässt den Zinssatz im Inland weiter steigen und wirkt damit wegen des Rückgangs der zinsinduzierten Investitionen kontraktiv auf das inländische Volkseinkommen. Es ergibt sich das neue Gesamtgleichgewicht C, in dem das Volkseinkommen gegenüber der Ausgangslage noch gestiegen ist. Dies ist solange der Fall, solange die Zinselastizität der internationalen Kapitalbewegung nicht gegen Null geht - die ZZ-Kurve also eine Senkrechte wäre. In diesem Fall müsste allein die Leistungsbilanz die Anpassungslast übernehmen. Der hierzu notwendige Zinsanstieg ist so groß, dass der positive Einkommenseffekt der expansiven Fiskalpolitik durch sinkende zinsinduzierte Investitionen völlig beseitigt wird. Es fände ein vollkommenes crowding out privater Investitionen statt.

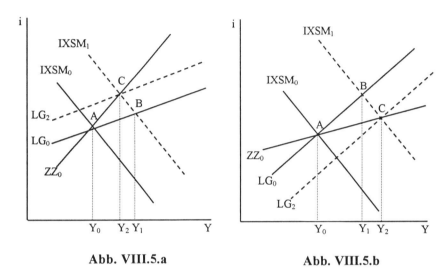

Abb. VIII.5.a   Abb. VIII.5.b

Abb. VIII.5: Staatsausgabenerhöhung bei festen Wechselkursen

Ist die Zinselastizität der internationalen Kapitalbewegungen genügend groß, d.h. verläuft die ZZ-Kurve flacher als die LG-Kurve, so ergibt sich ein Überschussangebot am Devisenmarkt. Das Überschussangebot führt wegen der Interventionsverpflichtung zu einem Kauf von Devisen durch die inländische Notenbank, die Inlandsgeldmenge steigt. Dieser Fall ist in Abbildung VIII.5.b dargestellt. Durch die Geldmengenausweitung verschiebt sich die LG-Kurve nach rechts zu LG_2. Die neue Volkseinkommens-Zinssatz-Kombination, bei der sowohl internes als auch externes Gleichgewicht erfüllt ist, liegt in Punkt C. Der Geldmengeneffekt der Devisenmarktintervention führt zu einem weiteren expansiven Effekt auf das inländische Volkseinkommen; der Zinssatz wird dabei tendenziell sinken.

Der größte expansive Effekt auf das Volkseinkommen ergibt sich bei vollkommener Zinselastizität der internationalen Kapitalbewegungen, da sich in diesem Fall die LG-Kurve solange nach rechts verschieben muss, bis der Inlandszins auf das Niveau des unverändert gebliebenen Auslandzinses gesunken ist. Dies ist in Abbildung VIII.6 dargestellt. Auf die mit der steigenden Geldmenge verbundenen Gefahr von Preissteigerungen wird hier nicht eingegangen, Preiseffekte werden in Abschnitt 4 in die Betrachtung einbezogen.

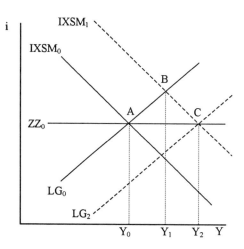

Abb. VIII.6: Staatsausgabenerhöhung bei festen Wechselkursen und vollkommen zinselastischen Kapitalbewegungen

Die Notenbank des betrachteten Landes könnte auch versuchen, die Geldmengeneffekte der jeweiligen Devisenmarktintervention, etwa durch gegengerichtete Offenmarktpolitik mit inländischen Wertpapieren, zu neutralisieren. In diesem Fall würde sich die LG-Kurve nicht verschieben, es bliebe in den jeweiligen Abbildungen bei den Punkten B. Man sieht, dass damit aber kein Ausgleichsmechanismus zur Beseitigung des Devisenmarktungleichgewichts existiert. Die Notenbank müsste ständig intervenieren, was auf Dauer nicht möglich ist. Entweder muss durch andere Maßnahmen das Ungleichgewicht beseitigt oder die Wechselkursparitäten müssen geändert werden.

2.1.3 Vergleich der Ergebnisse

Die Wirkung einer expansiven Fiskalpolitik bei vollkommen preiselastischem Güterangebot auf das inländische Volkseinkommen hängt vom existierenden Wechselkurssystem und von der Zinselastizität der internationalen Kapitalbewegungen ab. Handelt es sich bei den inländischen und ausländischen Wertpapieren um vollkommene Substitute, d.h. der Inlandszins orientiert sich stets am Auslandszins, so hat die Fiskalpolitik bei festen Wechselkursen ihre größte Wirkung, bei flexiblen Wechselkursen dagegen wäre sie wirkungslos. Verallgemeinert heißt dies, dass die expansive Wirkung fiskalpolitischer Maßnahmen auf das Volkseinkommen bei festen Wechselkursen umso größer (bei flexiblen Wechselkursen umso kleiner) ist, je zinselastischer die internationalen Kapitalbewegungen sind. Die zunehmende Kapitalverkehrsliberalisierung der letzten Jahrzehnte hat zumindest zwischen den großen Industrienationen die Zinselastizität deutlich ansteigen lassen, so dass von einem hohen Wert auszugehen ist. Da gleichzeitig nach dem Zusammenbruch des Währungssystems von Bretton Woods die Wechselkurse der wichtigsten Weltwährungen frei schwanken, muss aufgrund der hier abgeleiteten Ergebnisse die Geeignetheit von Fiskalpolitik als Instrument zur Konjunktursteuerung bezweifelt werden. Eine Modifikation dieser Aussage ergibt sich jedoch, wenn man die Auswirkungen der Volkseinkommensänderung auf die Güterpreise berücksichtigt, was in Abschnitt 4 geschieht.

2.2 Expansive Geldpolitik bei unterschiedlichen Währungssystemen

2.2.1 Der Fall flexibler Wechselkurse

Da in den folgenden Abschnitten die Relation der Steigungen von LG- und ZZ-Kurve keine Bedeutung mehr für das Vorzeichen der Ergebnisse hat, soll der Tatsache der in der Realität deutlich gestiegenen Zinselastizität der internationalen Kapitalbewegungen dadurch Rechnung getragen werden, dass in den meisten Fällen nur noch die Situation einer hohen (ZZ-Kurve flacher als die LG-Kurve) oder einer unendlich hohen (ZZ-Kurve waagrecht) Zinselastizität der internationalen Kapitalbewegung unterstellt wird.

Erhöht die inländische Notenbank die nominale Geldmenge, etwa durch den Kauf inländischer Wertpapiere (G^H steigt), so verschiebt sich die LG-Kurve in Abbildung VIII.7 nach rechts zu LG_1, da bei gegebenem Zinssatz ein höheres Volkseinkommen zur Aufrechterhaltung des Geldmarktgleichgewichts erforderlich wäre.

Durch den Anstieg des Geldangebots entsteht ein Überschussangebot am Geldmarkt. Bei zunächst konstantem Volkseinkommen steigt die Nachfrage nach verzinslichen Anlagen, was zu einem Rückgang des Zinssatzes führt. Der Zinsrückgang stimuliert die Investitionstätigkeit, wodurch das Volkseinkommen und mit ihm auch der Transaktionskassenbedarf zunimmt. Neues internes Gleichgewicht liegt in Punkt B, bei dem gegenüber der Ausgangslage der Zinssatz gesunken und das Volkseinkommen gestiegen ist.

Punkt *B* liegt jedoch rechts von der ZZ-Kurve und dies unabhängig von deren Steigung, denn dies gilt selbst dann, wenn die ZZ-Kurve steiler wäre als die LG-Kurve. Der Rückgang des inländischen Zinssatzes erhöht die relative Attraktivität einer Kapitalanlage im Ausland. Die Devisennachfrage wird dadurch steigen. Der gleiche Devisenmarkteffekt ergibt sich aus dem Anstieg des

Volkseinkommens, da hierdurch die Importnachfrage und mit ihr die Devisennachfrage positiv beeinflusst wird. Lediglich das Ausmaß der Überschussnachfrage nach Devisen ist von der Größe der Zinselastizität der internationalen Kapitalbewegungen abhängig.

Als Folge des Devisenmarktungleichgewichts wird die Inlandswährung abwerten, was - bei normaler Reaktion - einen weiteren positiven Effekt auf den Außenbeitrag und damit auf das inländische Volkseinkommen hat. Sowohl die IXSM- als auch die ZZ-Kurve verschieben sich in Abbildung VIII.7.a nach rechts zu $IXSM_2$ bzw. ZZ_2. Die Abwertung verstärkt damit die expansive Wirkung der Geldpolitik auf das inländische Volkseinkommen. Der Zinssatz bleibt trotz des expansiven Effekts eindeutig unter seinem Ausgangsniveau, die Kapitalbilanz hat sich damit verschlechtert.

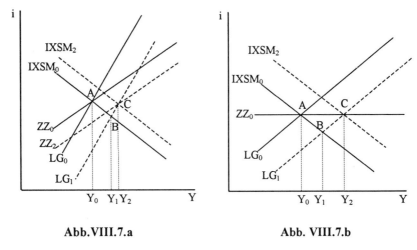

Abb.VIII.7.a Abb. VIII.7.b

Abb. VIII.7: Geldmengenerhöhung bei flexiblen Wechselkursen

Bei flexiblen Wechselkursen hat eine expansive Geldpolitik also über zwei Wirkungskanäle eine expansive Wirkung auf das Volkseinkommen. Zum einen stimuliert der induzierte Zinsrückgang die Investitionstätigkeit, zum anderen verbessert die Abwertung der Inlandswährung die Leistungsbilanz und erhöht damit die Auslandsnachfrage.

Sind die internationalen Kapitalbewegungen vollkommen zinselastisch, so ergibt sich der größte expansive Effekt auf das Volkseinkommen. Mit dem inländischen Zinsrückgang wird sofort Kapital exportiert, was den Wechselkurs nach oben treibt. Die Abwertung der Inlandswährung verbessert die Leistungsbilanz und verschiebt bei Konstanz der ZZ-Kurve die IXSM-Kurve in Abbildung VIII.7.b nach rechts zu $IXSM_2$. Da der Zins letztlich in Höhe des konstant gebliebenen Auslandszinses verharrt, muss der Wechselkurs die volle Anpassungslast der expansiven Geldpolitik tragen. Es kann im Vergleich zur Abbildung VIII.7.a kein Leistungsbilanzüberschuss verbleiben, da sich auch die Kapitalbilanz ausgleichen muss. Damit ergibt sich aber eine größere Zunahme des Volkseinkommens, da die Importe stärker steigen müssen, um diesen Ausgleich zu erzielen.

2.2.2 Der Fall fester Wechselkurse

Bei festen Wechselkursen muss die am Devisenmarkt entstandene Überschussnachfrage durch Interventionen der Notenbank abgebaut werden. Sie verkauft Devisen aus ihrem Bestand, parallel hierzu nimmt die inländische Geldmenge ab. Dies impliziert eine Rücknahme der ursprünglichen Geldmengenerhöhung. In den Abbildungen VIII.8.a und VIII.8.b hat sich durch die Geldmengenerhöhung die LG-Kurve nach rechts zu LG_1 verschoben. Durch die interventionsbedingte Geldmengenreduzierung verschiebt sie sich wieder nach links. Eine Neutralisierung des interventionsbedingten Geldmengenrückgangs würde dabei nichts am Devisenmarktungleichgewicht ändern,

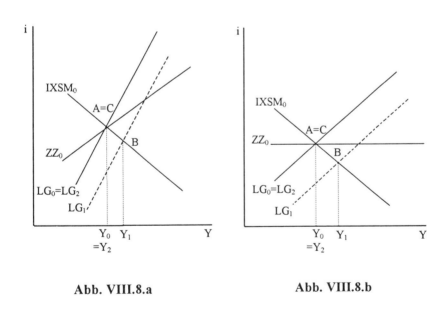

Abb. VIII.8.a Abb. VIII.8.b

Abb. VIII.8: Geldmengenerhöhung bei festen Wechselkursen

weshalb ein solcher Versuch nur über kurze Zeit möglich wäre. Dies ergibt sich allein aus dem begrenzten Bestand an Devisenreserven bei den Notenbanken. Sieht man von solchen Versuchen der Neutralisation des Geldmengeneffektes ab, so erfolgen die Interventionen solange, bis das Devisenmarktungleichgewicht beseitigt ist, bis also Gleichgewicht A wieder erreicht ist. Dies gilt auch dann, wenn beide betroffenen Notenbanken zu Interventionen verpflichtet sind und ein Saldenausgleichsmechanismus besteht. Die ausländische Notenbank müsste in der hier unterstellten Devisenmarktsituation die Inlandswährung aufkaufen und gibt diese an die inländische Notenbank weiter, die dafür konvertierbare Währungsreserven aus ihrem Bestand an die ausländische Notenbank abgibt. Damit resultiert jedoch der gleiche Effekt wie bei einer Intervention der inländischen Notenbank. Der Bestand an Währungsreserven bei der inländischen Notenbank nimmt ab, die Inlandsgeldmenge sinkt. Der Versuch, eine expansive Geldpolitik zu betreiben, ist gescheitert. Bei festen Wechselkursen ist eine eigenständige Geldpolitik also nicht durchführbar.

Einzige Ausnahme dieses Ergebnisses ist der oben ausführlich beschriebene Fall einer Leitwährungsnotenbank. Ist die Währung des betrachteten Landes im System fester Wechselkurse die Leitwährung, so werden sich die Notenbanken der anderen Länder der expansiven Geldpolitik der betrachteten Notenbank anschließen. Dadurch würde sich als Folge der Geldpolitik die Zinsrelation zwischen den einzelnen Ländern nicht ändern, es würde kein Ungleichgewicht am Devisenmarkt entstehen und damit auch keine Interventionsnotwendigkeit.

2.2.3 Vergleich der Ergebnisse

In Kapitel VI wurde am Beispiel des EWS ausführlich diskutiert, dass eine eigenständige Geldpolitik in einem System fester Wechselkurse nicht möglich ist, es sei denn, beim betrachteten Land handelt es sich um ein Leitwährungsland. Dieses in der praktischen Erfahrung dokumentierte Ergebnis zeigt sich auch in der Theorie. Während bei flexiblen Wechselkursen jedes Land Richtung und Ausmaß seiner Geldpolitik selbst bestimmen kann, und der flexible Wechselkurs den Effekt der geldpolitischen Maßnahmen auf das Volkseinkommen noch verstärkt, ist dies bei festen Wechselkursen nicht möglich. Es zeigt sich, dass die Notenbanken mit dem Mittel der Geldpolitik nur ein Ziel verfolgen können. Entweder es wird ein bestimmtes Wechselkursniveau angestrebt, dann ist das Geldangebot eine endogene Größe, die sich stets an der Situation am Devisenmarkt orientieren muss. Oder aber der Wechselkurs wird dem freien Spiel von Angebot und Nachfrage am Devisenmarkt überlassen, dann ist es der Notenbank auch möglich, das Geldangebot durch eigene Entscheidungen und nach eigener Motivation zu bestimmen. Dieses Ergebnis ist qualitativ auch unabhängig von der Größe der Zinselastizität der internationalen Kapitalbewegungen. Diese hat lediglich Einfluss auf den Umfang der notwendigen Interventionen bzw. auf das Ausmaß der Wechselkursänderung.

2.3 Wechselkurspolitik und Auslandseinflüsse bei unterschiedlichen Währungssystemen

In einer integrierten Weltwirtschaft haben Veränderungen gesamtwirtschaftlicher Größen eines Landes auch Auswirkungen auf andere Länder. So wird das hier betrachtete kleine Land auch von Veränderungen im Ausland betroffen. Wirkungskanäle sind die zinsabhängigen internationalen Kapitalbewegungen sowie die einkommens- und wechselkursabhängigen Güterströme. Zur Verdeutlichung des Übertragungsmechanismus sollen eine exogene Abwertung der Inlandswährung in einem System fester Wechselkurse und eine erwartete Abwertung mit einem System flexibler Wechselkurse untersucht werden. Außerdem werden die Wirkungen eines Rückgangs des ausländischen Zinsniveaus sowie eines Anstiegs des ausländischen Volkseinkommens, jeweils bei festen und bei flexiblen Wechselkursen, diskutiert.

2.3.1 Der Fall flexibler Wechselkurse

a) Wechselkursänderungserwartung: Zunächst soll eine Abwertungserwartung der Inlandswährung bzw. eine gegenüber der bisherigen Erwartung stärkere Abwertung unterstellt werden. Der Grund dieser Erwartungsänderung wird nicht näher untersucht, sie kann auf vielerlei Ursachen im In- und Ausland zurückzuführen sein. Der für die Zukunft erwartete höhere Kassakurs veranlasst die Spekulanten, am Terminmarkt Devisen zu kaufen, um sie zu einem späteren Zeitpunkt teurer verkaufen zu können. Dies hat einen Anstieg des Terminkurses zur Folge, der sich dem gestiegenen, für die Zukunft erwarteten Kassakurs anpasst. Damit steigt auch der Swapsatz, und eine Kapitalanlage im Ausland wird c.p. attraktiver. Der Nettokapitalimport sinkt. In Abbildung VIII.9 verschiebt sich damit die ZZ-Kurve nach links zu ZZ_1. Der gesunkene Nettokapitalimport erfordert eine Verbesserung der Leistungsbilanz, um das Zahlungsbilanzgleichgewicht sicherzustellen. Damit gehört zu jedem Wert des inländischen Zinssatzes ein geringerer Wert des inländischen Volkseinkommens, da dies ein niedrigeres Importvolumen induziert. Das interne Gleichgewicht - Schnittpunkt zwischen IXSM- und LG-Kurve - bleibt zunächst unverändert.

Durch die steigende Attraktivität der Kapitalanlage im Ausland nimmt auch die Nachfrage nach Auslandswährung am Devisenmarkt zu. Bei flexiblen Wechselkursen folgt damit eine Abwertung der Inlandswährung, d.h. die Abwertungserwartung führt durch die damit induzierten Kapitalexporte tatsächlich zu einer Abwertung der Inlandswährung. Es folgen die bekannten Wirkungen auf die Leistungsbilanz, diese verbessert sich und steigert damit die gesamtwirtschaftliche Nachfrage. In Abbildung VIII.9 verschiebt sich sowohl die IXSM- als auch die ZZ-Kurve nach rechts zu $IXSM_2$ bzw. ZZ_2.

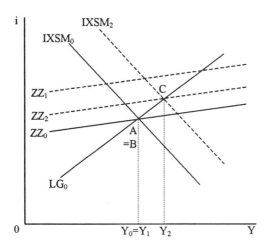

Abb. VIII.9: Abwertungserwartung bei flexiblen Wechselkursen

Da die Notenbank bei flexiblen Wechselkursen zu keinen Devisenmarktinterventionen verpflichtet ist - es sei hier unterstellt, dass sie dies auch tatsächlich nicht tut -, muss das neue Gesamtgleichgewicht auf der unveränderten LG-Kurve liegen. Dies impliziert aber, dass sich die ZZ-Kurve um weniger nach rechts verschiebt, als sie sich zuvor nach links verschoben hatte. Es verbleibt als Ergebnis der erwarteten Abwertung der Inlandswährung ein gestiegener Zinssatz und ein gestiegenes Volkseinkommen, man erreicht Punkt *C* in Abbildung VIII.9. Nicht berücksichtigt ist dabei allerdings, dass eine Abwertungserwartung auch mit einer Inflationserwartung verbunden sein kann, die ebenfalls Auswirkungen auf die ökonomischen Variablen hätte.

b) Ausländischer Zinsrückgang: Ein exogener Rückgang des ausländischen Zinssatzes hat die genau umgekehrte Wirkung. Es kommt aus Sicht des Inlandes c.p. zu steigenden Nettokapitalimporten. Die ZZ-Kurve verschiebt sich in Abbildung VIII.10.a also nach rechts zu ZZ_1. Da die steigenden Nettokapitalimporte c.p. das interne Gleichgewicht zunächst nicht beeinflussen, bleibt die Lage der IXSM- und der LG-Kurve unverändert. Am Devisenmarkt ist jedoch durch die Nachfrage nach Anlagemöglichkeiten im Inland ein Überschussangebot an Devisen entstanden. Die Inlandswährung wird sich deshalb aufwerten, der Wechselkurs sinkt. Dies führt bei der hier unterstellten Normalreaktion zu einer Verschlechterung der inländischen Leistungsbilanz. Hierdurch verschieben sich sowohl die IXSM- als auch die ZZ-Kurve nach links zu $IXSM_2$ bzw. zu ZZ_2. Das neue Gesamtgleichgewicht C liegt in Abbildung VIII.10.a auf der unveränderten Geldmarkt-Gleichgewichtskurve bei einem auch im Inland gesunkenen Zinssatz sowie einem verringerten Volkseinkommen. Der Rückgang des Volkseinkommens ist auf die Aufwertung der Inlandswährung zurückzuführen und kann auch nicht durch den inländischen Zinsrückgang, der allerdings geringer ist als der ausländische, vermieden werden.

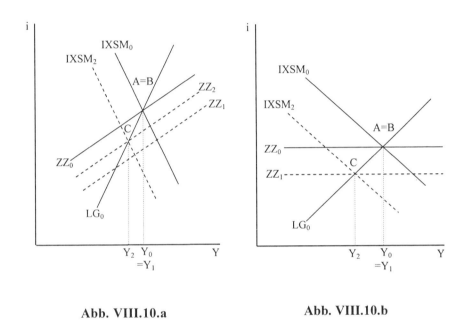

Abb. VIII.10.a   **Abb. VIII.10.b**

Abb. VIII.10: Rückgang des ausländischen Zinssatzes bei flexiblen Wechselkursen

Sind die internationalen Kapitalbewegungen vollkommen zinselastisch, so verschiebt sich die waagrechte ZZ-Kurve im Ausmaß der ausländischen Zinssenkung nach unten. Das Überschussangebot am Devisenmarkt als Folge der gestiegenen Attraktivität von Kapitalanlagen im Inland führt zu einer Aufwertung der Inlandswährung, durch die sich die IXSM-Kurve nach links verschiebt. Die ZZ-Kurve verändert wegen der vollkommenen Zinselastizität der Kapitalbewegungen ihre Lage als Folge der Aufwertung nicht. Da sich der Inlandszins im gleichen Ausmaß wie der Auslandszins reduziert, muss die Inlandswährung stärker aufwerten, da von den zinselastischen Investitionen kein Anpassungseffekt ausgeht. Damit ergibt sich auch ein stärkerer Rückgang des inländischen Volkseinkommens als Folge des ausländischen Zinsrückgangs. Die IXSM-Kurve verschiebt sich in Abbildung VIII.10.b nach links zu $IXSM_2$, es resultiert das Volkseinkommen Y_2.

c) Anstieg des ausländischen Volkseinkommens: Eine Erhöhung des Auslandseinkommens wirkt positiv auf die ausländischen Importe, was eine Steigerung der inländischen Exporte impliziert. Die damit verbundene exogene Verbesserung der Leistungsbilanz verschiebt die IXSM- und die ZZ-Kurve in Abbildung VIII.11.a nach rechts zu $IXSM_1$ bzw. ZZ_1, wobei, wie oben dis-

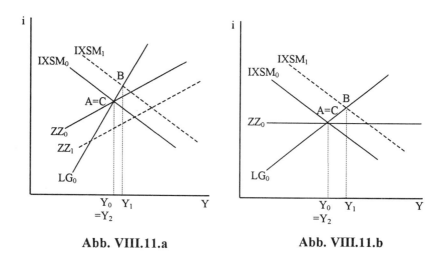

Abb. VIII.11.a   Abb. VIII.11.b

Abb. VIII.11: Anstieg des ausländischen Volkseinkommens bei flexiblen Wechselkursen

kutiert, die waagrechte Verschiebung der ZZ-Kurve größer ist als die der IXSM-Kurve. Der Anstieg der Exporte erhöht das inländische Volkseinkommen auf Y_1 und führt aufgrund des gestiegenen Transaktionskassenbedarfs bei konstantem Geldangebot zu einem Zinsanstieg. Neues internes Gleichgewicht liegt in Punkt B der Abbildung VIII.11.a. Am Devisenmarkt treten drei Effekte auf. Zum Ersten erhöht sich aufgrund des Anstiegs der Exporte das Devisenangebot. Im Zuge der Volkseinkommenserhöhung steigen auch die inländischen Importe, was eine Devisennachfrage impliziert. Da die Importneigung aber kleiner als Eins ist, ist auch die als Folgewirkung auftretende Devisennachfragesteigerung kleiner als die primär auftretende Devisenangebotserhöhung, so dass von der Leistungsbilanz her ein Überschussangebot am Devisenmarkt verbleibt. Als dritter Effekt führt der gestiegene Inlandszins zu einem Anstieg der Nettokapitalimporte, was ebenfalls ein Devisenangebot auslöst. Insgesamt ergibt sich als Folge des ausländischen Volkseinkommensanstiegs damit eindeutig ein Überschussangebot auf dem Devisenmarkt und dies unabhängig von der Größe der Zinselastizität der internationalen Kapitalbewegungen.

Bei flexiblen Wechselkursen hat das Überschussangebot am Devisenmarkt eine Aufwertung der Inlandswährung zur Folge, die bei Normalreaktion den Leistungsbilanzsaldo negativ beeinflusst. Damit verschiebt sich die IXSM- und die ZZ-Kurve wieder nach links. Das Devisenmarktgleichgewicht ist erst wieder beim Ausgangspunkt A erreicht. Eine Volkseinkommenserhöhung im Ausland hat also bei flexiblen Wechselkursen keine Auswirkung auf die betrachtete Volkswirtschaft.

Das prinzipiell gleiche Ergebnis folgt im Fall unendlich zinselastischer internationaler Kapitalbewegungen. Infolge der Exportsteigerung verschiebt sich die IXSM-Kurve nach rechts zu $IXSM_1$, es ergibt sich das interne Gleichgewicht B bei höherem Zins und höherem Volkseinkommen. Die damit induzierte Aufwertung der Inlandswährung verlagert die IXSM-Kurve wieder zurück zu $IXSM_0$, und man erreicht das ursprüngliche Gleichgewicht A.

2.3.2 Der Fall fester Wechselkurse

a) Abwertung der Inlandswährung: In einem System fester Wechselkurse können durch die wirtschaftspolitischen Instanzen Neufestsetzungen der Paritäten vorgenommen werden. Es soll hier beispielhaft die Wirkung einer Abwertung der Inlandswährung diskutiert werden. Ein Anstieg des nominalen Wechselkurses verbessert bei der hier unterstellten Normalreaktion die Leistungsbilanz und verschiebt damit in Abbildung VIII.12.a sowohl die IXSM- als auch die ZZ-Kurve nach rechts zu $IXSM_1$ bzw. zu ZZ_1. Das neue interne Gleichgewicht liegt in Punkt B, in dem sich aufgrund der gestiegenen Auslandsnachfrage das Volkseinkommen auf Y_1 erhöht hat und bei dem wegen der gestiegenen Transaktionskassennachfrage auch der Zinssatz gestiegen ist. Auf dem Devisenmarkt ergibt sich eindeutig ein Überschussangebot, zum einen wegen der verbesserten Leistungsbilanz, zum anderen wegen des zinsinduzierten Anstiegs der Kapitalimporte. Zwar steigen aufgrund der Volkseinkommenserhöhung auch die Importe und mit ihnen die Devisennachfrage, in der Leistungsbilanz bleibt es jedoch insgesamt bei einer Verbesserung.

In einem System fester Wechselkurse muss nun die Notenbank das Überschussangebot an Devisen vom Markt nehmen, die Inlandsgeldmenge steigt. Damit verschiebt sich die Geldmarktgleichgewichtskurve in Abbildung VIII.12.a nach rechts zu LG_2, was erneut einen positiven Impuls auf das inländische Volkseinkommen auslöst. Neues Gesamtgleichgewicht liegt in Punkt C.

Ein analoges Ergebnis, das in Abbildung VIII.12.b dargestellt ist, ergibt sich bei vollkommen zinselastischen internationalen Kapitalbewegungen. Der einzige Unterschied liegt darin, dass sich die ZZ-Kurve infolge der Abwertung der Inlandswährung nicht nach rechts verschiebt. Im neuen Gesamtgleichgewicht C hat sich bei unverändertem Zinssatz das Volkseinkommen auf Y_2 erhöht.

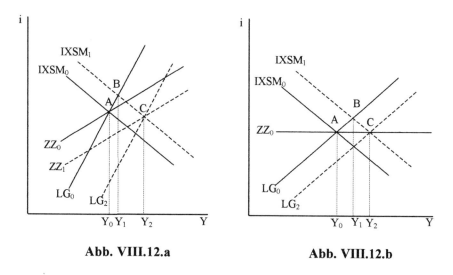

Abb. VIII.12.a   **Abb. VIII.12.b**

Abb. VIII.12: Abwertung der Inlandswährung im System fester Wechselkurse

Man sieht an diesem Beispiel, dass die sich als Folge der Abwertung letztendlich ergebende Verbesserung der Leistungsbilanz deutlich geringer sein kann als die Primärwirkung. Da das inländische Volkseinkommen als Folge der Abwertung steigt und damit auch die Importe zunehmen, wird die abwertungsbedingte Verbesserung der Leistungsbilanz wieder kleiner. Sie kann sogar in eine Verschlechterung umschlagen. Entscheidend hierfür sind die Absorptionskapazität und die Importneigung der inländischen Volkswirtschaft, d.h. in welchem Umfang der Volkseinkommensanstieg zu einer Erhöhung des Verbrauchs führt und wie viel davon aus dem Ausland bezogen wird. Diese Zusammenhänge zwischen der primären und der sich nach der Volkseinkommenserhöhung letztlich ergebenden Veränderung der Leistungsbilanz werden in der *Absorptionstheorie* präzisiert.

b) Ausländischer Zinsrückgang: Ein Rückgang des ausländischen Zinssatzes hat zunächst die gleiche Wirkung wie bei flexiblen Wechselkursen. Die Attraktivität der Auslandsanlage sinkt c.p., und die ZZ-Kurve verschiebt sich nach rechts bzw. unten. Bei zunächst unverändertem internen Gleichgewicht ist auf dem Devisenmarkt ein Überschussangebot entstanden, da die Inlandsanlage für die Kapitalanleger rentabler geworden ist. Bei Fixierung der Wechselkurse muss die Notenbank das Überschussangebot durch den Ankauf von Devisen beseitigen, die Inlandsgeldmenge steigt. In den Abbildungen VIII.13.a und b verschiebt sich die LG-Kurve nach rechts zu LG_2. Im neuen Gesamtgleichgewicht C ist das Volkseinkommen gestiegen, verbunden mit einem Rückgang des inländischen Zinssatzes. Im Gegensatz zum Fall flexibler Wechselkurse führt die erzwungene expansive Geldpolitik im Inland zu einem Anstieg des inländischen Volkseinkommens.

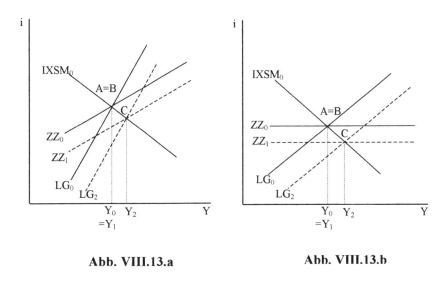

Abb. VIII.13.a   Abb. VIII.13.b

Abb. VIII.13: Rückgang des ausländischen Zinssatzes bei festen Wechselkursen

c) Anstieg des ausländischen Volkseinkommens: Auch bei einem Anstieg des ausländischen Volkseinkommens ergeben sich zunächst die gleichen Wirkungen wie bei flexiblen Wechselkursen. Die Verbesserung der Leistungsbilanz infolge gestiegener Exporte verschiebt die IXSM- und die ZZ-Kurve in Abbildung VIII.14.a nach rechts - im Fall vollkommen zinselastischer internationaler Kapitalbewegungen bleibt die waagerechte ZZ-Kurve unverändert, nur die IXSM-Kurve der Abbildung VIII.14.b weist die Rechtsverschiebung auf. Das neue interne Gleichgewicht liegt in Punkt B bei gestiegenem Volkseinkommen und gestiegenem Zinssatz. Es ergibt sich, wie im vorangegangenen Abschnitt ausführlich beschrieben, ein Überschussangebot an Devisen. Im hier unterstellten Fall fester Wechselkurse kauft die Notenbank die Devisen auf und erhöht damit die Inlandsgeldmenge. Die LG-Kurve verschiebt sich nach rechts zu LG_2 und verstärkt so den expansiven Volkseinkommenseffekt im Inland. Das neue Gleichgewicht liegt in Punkt C bei einem gegenüber B weiter gestiegenen Volkseinkommen und einem niedrigeren Zinssatz. Sind die internationalen Kapitalbewegungen vollkommen zinselastisch, so muss die Anpassung allein über den Leistungsbilanzeffekt erfolgen. Neuer und alter Gleichgewichtspunkt liegen auf der unveränderten ZZ-Kurve.

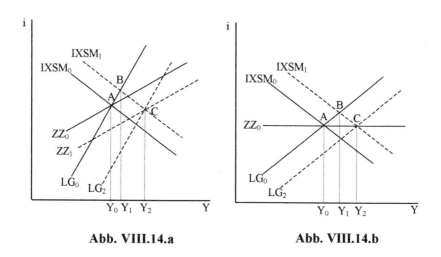

Abb. VIII.14.a   Abb. VIII.14.b

Abb. VIII.14: Anstieg des ausländischen Volkseinkommens bei festen Wechselkursen

2.3.3 Vergleich der Ergebnisse

Sowohl bei festen als auch bei flexiblen Wechselkursen überträgt sich ein ausländischer Zinsrückgang auf das Inland. Der Zinssatz wird, unabhängig vom Wechselkurssystem, auch im Inland sinken, was die geldpolitische Autonomie der inländischen Notenbank einschränkt. Während bei flexiblen Wechselkursen die Inlandswährung dadurch aber aufgewertet wird und hieraus ein negativer Volkseinkommenseffekt resultiert, muss die Notenbank bei festen Wechselkursen interventionsbedingt auch die Geldmenge erhöhen, was einen expansiven Impuls auf das inländische Volkseinkommen auslöst. Die gleichgerichtete Zinsänderung ist also eindeutig, der Volkseinkommenseffekt und das Ausmaß der außenwirtschaftlichen Abhängigkeit der Geldpolitik hängt vom Wechselkurssystem ab.

Die Übertragung eines ausländischen Volkseinkommensanstiegs ist dagegen nicht immer gegeben. Bei festen Wechselkursen überträgt sich der Volkseinkommensanstieg im Ausland auf das Inland, da die Notenbank zum Abbau des Devisenmarktungleichgewichts die Inlandsgeldmenge erhöhen muss. Bei flexiblen Wechselkursen dagegen kommt es durch den expansiven Impuls aus dem Ausland zu einer Aufwertung der Inlandswährung, die das außenwirtschaftliche Ungleichgewicht wieder beseitigt. Die Volkseinkommensänderung überträgt sich nicht auf das Inland.

Dies bestätigt die These, dass die wirtschaftspolitische Autonomie auch bei hoher Außenhandelsabhängigkeit des Landes in einem System flexibler Wechselkurse eher erhalten bleibt als bei fixierten Paritäten. Ungeklärt bleiben auch hier die sich in einem solchen Fall ergebende Änderungen der Güterpreise und die von ihnen ausgehenden realwirtschaftlichen Impulse. Dies wird in Abschnitt 4 diskutiert.

3. Internationale Rückwirkungen

In der bisherigen Analyse wurden die Wirkungen von Veränderungen inländischer Größen auf das Ausland und von dort eventuell ausgehende Rückwirkungen durch die Annahme eines kleinen Landes vernachlässigt. Berücksichtigt man solche Effekte, so geht man üblicherweise von gleichgerichteten, die Entwicklung im Inland noch verstärkenden Effekten aus. Die Argumentation lautet wie folgt: Ein expansiver Volkseinkommenseffekt im Inland erhöht die inländischen Importe. Die Importe des Inlands sind aber nichts anderes als die Exporte des Auslands, so dass auch das ausländische Volkseinkommen durch den Exportanstieg positiv beeinflusst wird. Steigt aber das ausländische Volkseinkommen, so nehmen auch die ausländischen Importe zu, die aber identisch sind mit den inländischen Exporten. Damit entsteht im Inland ein weiterer positiver Effekt auf das Volkseinkommen, der diesem grenzüberschreitenden Expansionseffekt einen erneuten Impuls verleiht. Die einzelnen Effekte werden jedoch von Runde zu Runde kleiner, da sich immer nur ein Teil der Volkseinkommensänderung auf die Importe überträgt.

$Y \uparrow \rightarrow M \uparrow = X^* \uparrow \rightarrow Y^* \uparrow \rightarrow M^* \uparrow = X \uparrow \rightarrow Y \uparrow \rightarrow M \uparrow = X^* \uparrow \rightarrow Y^* \uparrow ...$

Aufgrund dieses Zusammenhangs wird in Zeiten einer weltweit schwachen Konjunktursituation oft von den wirtschaftlich führenden Ländern eine Vorreiterrolle gefordert. Sie sollen eine *Lokomotivfunktion* einnehmen und durch einen expansiven Primärimpuls auch die Konjunktur in anderen Ländern positiv beeinflussen.

Bei einer genaueren Analyse zeigt sich jedoch, dass dieser Zusammenhang nicht immer stichhaltig ist. Dies soll beispielhaft für eine expansive Fiskalpolitik bei festen Wechselkursen, eine expansive Fiskalpolitik bei flexiblen Wechselkursen und eine expansive Geldpolitik bei flexiblen Wechselkursen dargestellt werden. Trotz der weiterhin benutzten komparativ-statischen Betrachtungsweise werden auch hier die auftretenden Effekte in drei fiktiv hintereinander ablaufende Stufen zerlegt. Stufe eins ist die primäre exogene Veränderung. Stufe zwei beschreibt das sich einstellende neue inländische Gleichgewicht, ohne Berücksichtigung von Rückwirkungen, und Stufe drei bringt die Modifikationen des Ergebnisses durch die internationalen Rückwirkungen zum Ausdruck. Wegen des dabei benutzten Zwei-Länder-Zusammenhangs wird im Ausland lediglich der Güter- und der Geldmarkt berücksichtigt, da die Zahlungsbilanzsituation stets mit umgekehrtem Vorzeichen der des Inlands entspricht.

a) Expansive Fiskalpolitik bei festen Wechselkursen

In Abbildung VIII.15.a verschiebt sich aufgrund der expansiven inländischen Fiskalpolitik die IXSM-Kurve nach rechts zu $IXSM_1$. Geht man realistischerweise von einer relativ hohen Zinselastizität der internationalen Kapitalbewegungen aus, so führt der Anstieg des inländischen Zinssatzes zu einem Überschussangebot an Dollar. Die inländische Notenbank kauft wegen des vereinbarten Festkurssystems die überschüssigen Dollar auf, die inländische Geldmenge steigt, und die LG-Kurve verschiebt sich nach rechts zu LG_2. Es ergibt sich damit das oben diskutierte neue Gleichgewicht C.

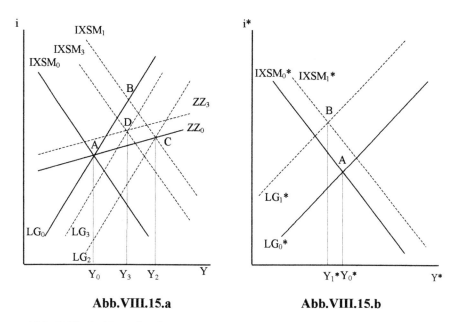

Abb.VIII.15.a Abb.VIII.15.b

Abb.VIII.15: Negative internationale Rückwirkung bei expansiver Fiskalpolitik und festen Wechselkursen

Ist dagegen durch vertragliche Vereinbarungen auch die ausländische Notenbank zu Interventionen verpflichtet, so muss sie Euro verkaufen, um das Überschussangebot an Dollar vom Markt zu nehmen, die Dollargeldmenge sinkt. Sind keine Saldenausgleichsvereinbarungen getroffen und kann die ausländische Notenbank den Geldmengeneffekt der Devisenmarktintervention - zumindest längerfristig - auch nicht sterilisieren, so verschiebt sich die ausländische LG*-Kurve nach links. Dies ist in Abbildung VIII.15.b dargestellt. Durch die steigenden inländischen Importe, d.h. durch die Exportexpansion im Ausland, wird sich die IXSM*-Kurve nach rechts verschieben. Beide Verschiebungen bewirken einen Anstieg des ausländischen Zinssatzes, durch den zinsinduzierte Investitionen verdrängt werden. Als Gesamteffekt im Ausland ist der Fall möglich – aber nicht notwendig -, dass die externen Einflüsse in ihrer Summe zu einem Rückgang des ausländischen Volkseinkommens führen, wie dies in Abbildung VIII.15.b dargestellt ist. Das neue Gleichgewicht B liegt links vom alten Gleichgewicht A.

Damit wären aber auch die Rückwirkungen auf das Inland negativ. Infolge sinkender ausländischer Importe und damit inländischer Exporte würden sich die inländische IXSM- und die ZZ-Kurve nach links verschieben. Der Zinsanstieg im Ausland hat aus Sicht des Inlands außerdem Kapitalexporte zur Folge, die ebenfalls zu einer Linksverschiebung der ZZ-Kurve führen. Neue Lage der IXSM- und ZZ-Kurve ist $IXSM_3$ bzw. ZZ_3. Da auch die ausländische Notenbank am Devisenmarkt interveniert, fallen die notwendigen Interventionen der inländischen Notenbank geringer aus, die inländische Geldmenge wird also in geringerem Umfange steigen. Damit verschiebt sich die LG-Kurve nicht nach LG_2, sondern nur nach LG_3. Neues Gleichgewicht ist in Punkt D erreicht, d.h. gegenüber dem Fall ohne internationale Rückwirkungen ergibt sich ein geringeres Volkseinkommen, die Rückwirkungen sind negativ.

Wäre die LG-Kurve des Inlands flacher als die ZZ-Kurve, die Zinselastizität des internationalen Kapitalverkehrs wäre also relativ gering, so würde sich auf dem Devisenmarkt insgesamt eine Überschussnachfrage nach Dollar ergeben. Die ausländische Notenbank müsste in diesem Fall Euro ankaufen, die LG*-Kurve verschiebt sich damit, wie auch die IXSM*-kurve, nach rechts, und der positive Übertragungsmechanismus wäre eindeutig gegeben. Bei einer hohen Zinselastizität der internationalen Kapitalbewegungen kann jedoch in einem System fester Wechselkurse nicht ausgeschlossen werden, dass die expansive Fiskalpolitik eines großen Landes die konjunkturelle Entwicklung anderer Länder über einen zinsinduzierten Kapitalsog negativ beeinflusst und sich damit auch die erhoffte Lokomotivfunktion umkehrt.

b) Expansive Fiskalpolitik bei flexiblen Wechselkursen

Bei flexiblen Wechselkursen hat eine expansive Fiskalpolitik ohne Berücksichtigung internationaler Rückwirkungen einen eindeutig positiven Volkseinkommenseffekt im betrachteten Land, wenn die Zinselastizität der internationalen Kapitalbewegungen relativ gering ist. Mit zunehmender Zinselastizität nimmt jedoch das Überschussangebot am Devisenmarkt und damit die erforderliche Aufwertung der Inlandswährung zu. Die Aufwertung wirkt aber negativ auf das inländische Volkseinkommen. Das Ergebnis dieser Effekte ist in Abbildung VIII.16.a durch Punkt C dargestellt, es entspricht dem Gesamtergebnis der Abbildung VII.3.b.

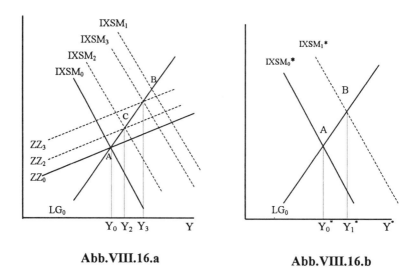

Abb.VIII.16.a   Abb.VIII.16.b

Abb.VIII.16: Positive internationale Rückwirkungen bei expansiver Fiskalpolitik und flexiblen Wechselkursen

Auch dieses Ergebnis wird modifiziert, wenn man internationale Rückwirkungen berücksichtigt. Da die Aufwertung der Inlandswährung eine Abwertung der Auslandswährung impliziert, wird dort ein leistungsbilanzbedingter expansiver Volkseinkommenseffekt ausgelöst. Die IXSM*-Kurve in Abbildung VIII.16.b verschiebt sich nach rechts. Die Volkseinkommenserhöhung im Ausland löst steigende Importe und damit auch eine Zunahme der Exporte im Inland aus, die IXSM- und die ZZ-Kurve verschieben sich dadurch nach rechts. Durch den ausländischen Zinsanstieg werden aus Sicht des Inlands Kapitalexporte ausgelöst, die eine Verschiebung der ZZ-Kurve des Inlands nach links zur Folge haben. Damit ergibt sich im Inland ein zusätzlicher positiver Effekt auf das Volkseinkommen, der neue Gleichgewichtspunkt liegt in Punkt D. Die ZZ-Kurve hat sich durch die Rückwirkungen insgesamt nach links zu ZZ_3 verschoben, die IXSM-Kurve nach rechts zu $IXSM_3$. In beiden Ländern ist das Zinsniveau und das Volkseinkommen gestiegen.

c) Expansive Geldpolitik bei flexiblen Wechselkursen

Eine expansive Geldpolitik führt im Inland zu einem sinkenden Zinssatz, steigenden Investitionen und damit auch zu einer Erhöhung des Volkseinkommens. In Abbildung VIII.17.a ergibt sich Punkt B. Dies induziert eine Überschussnachfrage am Devisenmarkt und führt zu einer Abwertung der Inlandswährung, die die expansive Wirkung der Geldpolitik auf das inländische Volkseinkommen noch verstärkt, man erreicht durch die Rechtsverschiebung von IXSM- und ZZ-Kurve den Punkt C. Dies entspricht dem Gesamtergebnis der Abbildung VIII.7.a.

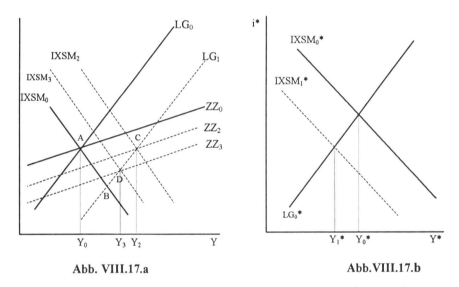

Abb. VIII.17.a　　　　　　　　Abb. VIII.17.b

Abb. VIII.17: Negative internationale Rückwirkungen bei expansiver Geldpolitik und flexiblen Wechselkursen

Die Abwertung der Inlandswährung wird im Ausland aber einen aufwertungsbedingten Rückgang des Volkseinkommens, verbunden mit einer Zinssenkung, zur Folge haben. Die IXSM*-Kurve verschiebt sich nach links. Der Rückgang des ausländischen Volkseinkommens impliziert für das Inland sinkende Exporte, was die IXSM- und die ZZ-Kurve nach links verschiebt. Dabei wird die Linksverschiebung der ZZ-Kurve allerdings durch den Rückgang des ausländischen Zinssatzes in eine Rechtsverschiebung umgewandelt, da dies aus Sicht des Inlandes Nettokapitalimporte auslöst. Man erreicht Punkt D in Abbildung VIII.17.a als Schnittpunkt von $IXSM_3$, ZZ_3 und LG_1. Insgesamt bleibt es durch die expansive Geldpolitik bei einem positiven Volkseinkommenseffekt im Inland, der jedoch durch die Berücksichtigung internationaler Rückwirkungen abgeschwächt wird.

4. Geld- und Fiskalpolitik bei flexiblen Güterpreisen

Die in Abschnitt 2 dargestellten Resultate fiskal- und geldpolitischer Maßnahmen sowie exogener Auslandseinflüsse einer kleinen offenen Volkswirtschaft galten unter der Annahme eines vollkommen preiselastischen Güterangebots. Die abgeleiteten Gleichgewichtslösungen waren also rein nachfragebestimmt, das Angebot passte sich der Nachfrage ohne Preisänderung an. Diese restriktive Annahme soll in diesem Abschnitt aufgegeben werden. Es werden Veränderungen des inländischen Preisniveaus zugelassen, das zumindest teilweise durch Angebot und Nachfrage auf dem inländischen Gütermarkt determiniert wird. Hierzu ist es erforderlich, zunächst die gesamtwirtschaftliche Nachfragefunktion und die gesamtwirtschaftliche Angebotsfunktion zu bestimmen.

4.1. Erweiterung der Modellstruktur

a) Gesamtwirtschaftliche Nachfragekurve

Die gesamtwirtschaftliche Güternachfrage und das Geldmarktgleichgewicht sind vom inländischen Preisniveau abhängig. Steigt das Inlandspreisniveau in Abbildung VIII.18 von p_0 auf p_1, so sinkt das reale Geldangebot. Die LG-Kurve verschiebt sich nach links zu LG_1, da das reale Volkseinkommen sinken müsste, um die reale Geldnachfrage mit dem gesunkenen Geldangebot in Übereinstimmung zu bringen. Zum Zweiten wird bei Konstanz des Auslandspreisniveaus und des nominalen Wechselkurses der reale Wechselkurs sinken, was eine Verschlechterung der Leistungsbilanz zur Folge hat. Die IXSM-Kurve verschiebt sich daher ebenfalls nach links zu $IXSM_1$. Die Nachfrage nach Inlandsprodukten sinkt also sowohl durch die Geldverknappung (zinselastische Investitionen werden verdrängt) als auch durch die reale Aufwertung der Inlandswährung (die Auslandsnachfrage sinkt). Damit ergibt sich eine negativ verlaufende Nachfragefunktion, die im unteren Teil der Abbildung VIII.18 dargestellt ist. Diese Kurve verläuft flacher als in einer geschlossenen Volkswirtschaft, da in der offenen Volkswirtschaft der aufwertungsbedingte Nachfrageeffekt hinzutritt. Ihre Lage ist von allen Größen abhängig, die Einfluss auf die IXSM- und die LG-Kurve haben, u.a. also auch vom nominalen Wechselkurs sowie von den ausländischen Größen.

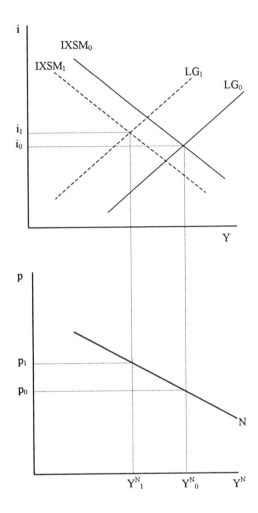

Abb. VIII.18: Gesamtwirtschaftliche Nachfragekurve

Zum besseren Verständnis der folgenden Ergebnisse ist festzuhalten, dass *die gesamtwirtschaftliche Nachfrage bei einem Anstieg des realen Wechselkurses, also einer realen Abwertung der Inlandswährung, steigt.*

b) Gesamtwirtschaftliches Güterangebot

Das gesamtwirtschaftliche Güterangebot wird durch die gesamtwirtschaftliche Produktionsfunktion bestimmt.

(VIII.6) $Y^a = F(K, A)$

Der gesamtwirtschaftliche Kapitalstock (K) wird für den betrachteten Zeitraum als konstant unterstellt. Das gesamtwirtschaftliche Beschäftigungsniveau (A) ergibt sich durch Gleichgewicht am Arbeitsmarkt. Sowohl das Arbeitsangebot der Haushalte als auch die Arbeitsnachfrage der Unternehmen seien vom Reallohn abhängig. Die Unternehmen werden bei sinkendem Reallohn gemäß der bekannten Grenzproduktivitätsentlohnung mehr Arbeitskräfte nachfragen, für die Haushalte sei unterstellt, dass sie bei steigendem Reallohn ihr Angebot an Arbeit ausweiten.[2] Es besteht jedoch ein wesentlicher Unterschied zwischen den beiden Seiten des Arbeitsmarktes. Der für die Unternehmen relevante Reallohn ergibt sich aus ihrer Gewinnmaximierungsstrategie und entspricht dem Verhältnis zwischen Nominallohn (l) und dem bisher benutzten Inlandspreisniveau. Damit gilt:

(VIII.7) $A^N = A^N\left(\dfrac{l}{p}\right)$ mit $\dfrac{dA^N}{d(l/p)} < 0$

Der für die Haushalte relevante Reallohn ist der, der die Kaufkraft ihrer Löhne ausdrückt. Da sie aber auch importierte Güter konsumieren, ergibt sich das Konsumentenpreisniveau (p^K) als gewichteter Durchschnitt aus Inlands- und Auslandspreisniveau.

$$p^K = p^\gamma \left(wp^*\right)^{(1-\gamma)} = p\left(\dfrac{wp^*}{p}\right)^{(1-\gamma)} = p(w_R)^{1-\gamma}$$

γ bezeichnet dabei das Gewicht inländischer Güter an den Konsumausgaben der Haushalte. Damit ergibt sich der Konsumentenreallohn als

$$\dfrac{l}{p^K} = \dfrac{l}{p}(w_R)^{(\gamma-1)}$$

und für das Arbeitsangebot folgt:

(VIII.8) $A^A = A^A\left(\dfrac{l}{p}(w_R)^{\gamma-1}\right)$ mit $\dfrac{dA^A}{d(l/p^K)} > 0$

---

[22] Diesen Zusammenhang kann man aus der Maximierung des Haushaltsnutzens unter Berücksichtigung von Einkommen und Freizeit als Argument der Nutzenfunktion ableiten.

Der Konsumentenreallohn steigt also nur bei konstantem realen Wechselkurs im gleichen Ausmaß wie der Produzentenreallohn. Erhöht sich dagegen der reale Wechselkurs, etwa aufgrund einer nominalen Abwertung der Inlandswährung, so sinkt aufgrund der Verteuerung der Importgüter der Konsumentenreallohn und damit auch das Arbeitsangebot der privaten Haushalte.

Im linken oberen Teil der Abbildung VIII.19 sind das Arbeitsangebot und die Arbeitsnachfrage in Abhängigkeit vom Produzentenreallohn dargestellt. Ausgangspunkt ist G. Steigen nun c.p. die Inlandspreise, so sinkt der Produzentenreallohn auf $(l/p)_2$. Die Arbeitsnachfrage wird damit steigen, das Arbeitsangebot sinkt, man bewegt sich auf den beiden Kurven nach unten, und es entsteht eine Überschussnachfrage nach Arbeit in Höhe von BC. In einer geschlossenen Volkswirtschaft würde nun der Nominallohn und mit ihm der Reallohn so weit steigen, bis das alte Gleichgewicht G wieder erreicht wäre, das Arbeitsvolumen bliebe konstant.

Mit dem Anstieg des Inlandspreisniveaus sinkt jetzt aber auch der reale Wechselkurs, die Inlandswährung wird real aufgewertet. Dies impliziert eine Rechtsverschiebung der Arbeitsangebotskurve. Die konstanten Preise der Importgüter dämpfen den negativen Effekt der Reallohnsenkung für die privaten Haushalte, der Konsumentenreallohn sinkt weniger als der Produzentenreallohn. Damit ist der Nominallohnanstieg, der zur Wiederherstellung des Arbeitsmarktgleichgewichts erforderlich ist, geringer als in einer geschlossenen Volkswirtschaft. Es ergibt sich im neuen Gleichgewicht D ein gegenüber der Ausgangslage geringerer Produzentenreallohn $(l/p)_1$ und damit ein steigendes Arbeitsvolumen als Folge des Anstiegs des Inlandspreisniveaus.

Noch deutlicher wird dieser Effekt im rechten oberen Teil von Abbildung VIII.19, wo die Arbeitsmarktzusammenhänge in einem Nominallohndiagramm dargestellt sind. Durch die Erhöhung des Inlandspreisniveaus sinkt der Reallohn, was sowohl die Arbeitsangebots- als auch die Arbeitsnachfragekurve nach oben verschiebt. Der Nominallohn, der die Arbeitsnachfrage konstant halten würde, wäre l_2, d.h. die Arbeitsnachfragekurve verschiebt sich so weit nach oben, bis das bisherige Arbeitsvolumen A_0 einem Nominallohn von l_2 entspricht. Da aber die Importpreise konstant bleiben, macht sich die Inlandspreiserhöhung für die Konsumenten nicht so stark bemerkbar, der Nominallohn müsste also nur bis l_3 steigen, um den Konsumentenreallohn und damit das Arbeitsangebot konstant zu halten. Damit ergibt sich ein neues Arbeitsmarktgleichgewicht in Punkt D bei einem Nominallohn in Höhe von l_1 und einem Arbeitsvolumen von A_1. Für die Konsumenten ist der Reallohn also gestiegen, da der gleichgewichtige Nominallohn l_1 über l_3 liegt, also über dem Nominallohn, der den Konsumentenreallohn konstant gehalten hätte. Dagegen ist der Produzentenreallohn gesunken, da der neue gleichgewichtige

Nominallohn l_1 unter l_2 liegt, also unter dem Nominallohn, der den Produzentenreallohn konstant gehalten hätte. Beides, der Rückgang des Produzentenreallohns und der Anstieg des Konsumentenreallohns, ist aber notwendig, um das gleichgewichtige Arbeitsvolumen zu erhöhen.

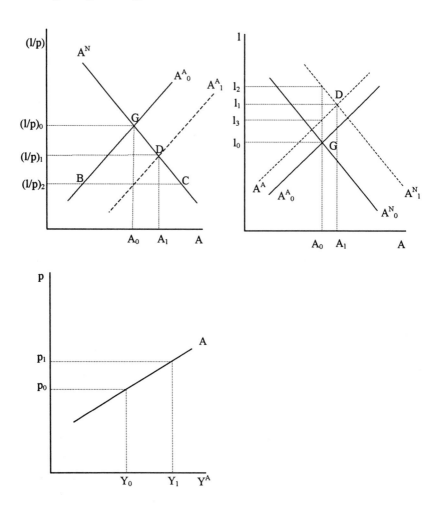

Abb. VIII.19: Gesamtwirtschaftliche Angebotskurve

Aufgrund dieser Zusammenhänge ist das gesamtwirtschaftliche Güterangebot vom Inlandspreisniveau positiv abhängig, obwohl hier flexible Nominallöhne unterstellt werden und obwohl die Arbeitsnachfrage der privaten Haushalte vom Reallohn abhängig ist. Dies ist im unteren Teil der Abbildung VIII.19 dargestellt.

Würde jedoch als Folge des gestiegenen Arbeitsvolumens die Inlandswährung nominal abwerten, so würde c.p. auch der reale Wechselkurs steigen, und das Arbeitsangebot und damit das Güterangebot würden wieder sinken. Ursache sind in diesem Fall die gestiegenen Ausgaben der Konsumenten für die importierten Güter, was ihren Reallohn senkt. Umgekehrt würde eine nominale Aufwertung der Inlandswährung das Arbeitsvolumen und damit das gesamtwirtschaftliche Güterangebot erhöhen. Da die Konsumenten weniger für die importierten Güter zahlen müssen, steigt ihr Reallohn und damit auch ihre Arbeitsbereitschaft.

Das gesamtwirtschaftliche Güterangebot ist also letztlich vom realen Wechselkurs abhängig, der bei festen Wechselkursen durch das endogene inländische Preisniveau, bei flexiblen Wechselkursen durch Preisniveau und nominalen Wechselkurs bestimmt wird. *Eine reale Aufwertung der Inlandswährung erhöht das Güterangebot, eine reale Abwertung führt zu einem Rückgang des Güterangebots.* Es handelt sich dabei um die genau entgegengesetzte Reaktion wie die der gesamtwirtschaftlichen Nachfrage aufgrund einer Änderung des realen Wechselkurses.

Um die Darstellung zu vereinfachen, wird im Folgenden ausschließlich der Fall einer vollkommenen Zinselastizität der internationalen Kapitalbewegungen unterstellt. Damit kann auch die Möglichkeit einer Sterilisierung der Geldmengeneffekte von Devisenmarktinterventionen außer Acht gelassen werden, da dies aufgrund der Reagibilität der Kapitalbewegungen auf Zinsänderungen nicht möglich wäre. Es zeigt sich, dass durch die Flexibilisierung des Preisniveaus zum Teil deutliche Modifikationen der bisherigen Ergebnisse auftreten.

4.2 Expansive Fiskalpolitik bei unterschiedlichen Währungssystemen

4.2.1 Der Fall flexibler Wechselkurse

Bei konstantem Güterpreisniveau und vollkommen zinselastischen internationalen Kapitalbewegungen führte eine expansive Fiskalpolitik zu Zinssteigerungstendenzen, die eine Aufwertung der Inlandswährung auslösten. Diese Aufwertung führte zu einer Verdrängung der Auslandsnachfrage genau in dem Umfang, in dem die Ausgaben des Staates gestiegen waren, so dass das reale Volkseinkommen unverändert blieb. Es fand ein vollständiger wechsel kursinduzierter crowding-out-Effekt statt. Dieses Ergebnis wurde in Abbildung VIII.4 dargestellt. Bei festen Wechselkursen ist in einem Nicht-Leitwährungsland die Fiskalpolitik dagegen wirksam, da die Notenbank durch die Verpflichtung zum Ankauf der Fremdwährung zu einer expansiven Geldpolitik gezwungen wird und die Nachfrage damit monetär alimentiert.

Auch bei flexiblen Güterpreisen hat die expansive Fiskalpolitik zunächst einen positiven Impuls auf das Volkseinkommen, in Abbildung VIII.20 verschiebt sich die IXSM-Kurve nach rechts zu $IXSM_1$ und mit ihr die gesamtwirtschaftliche Nachfragekurve in der unteren Graphik ebenfalls nach rechts zu N_1. Bei konstantem Preisniveau und unverändertem Wechselkurs würde man das Volkseinkommen Y_1 erreichen.

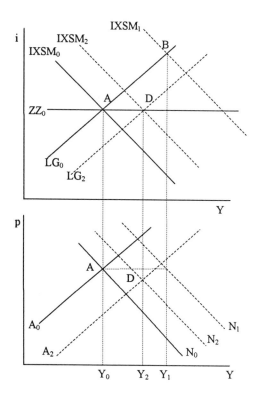

Abb. VIII.20: Expansive Fiskalpolitik bei flexiblem Preisniveau und flexiblem Wechselkurs

Die durch die zinsinduzierten Kapitalimporte verursachte Aufwertung der Inlandswährung verschiebt jedoch beide Kurven wieder nach links. Die nominelle Aufwertung der Inlandswährung hat aber c.p. auch einen Rückgang des realen Wechselkurses zur Folge. Dies führt zu einer Erhöhung des gesamtwirtschaftlichen Güterangebots, da die wechselkursbedingte Verbilligung der Güterimporte das Konsumentenpreisniveau reduziert und den Konsumentenreallohn damit erhöht. Die Güterangebotskurve verschiebt sich nach rechts zu A_2. Aufgrund dieses Angebotseffekts verschiebt sich die gesamtwirtschaftliche Nachfragekurve nicht zurück in ihre Ausgangslage, sondern nur bis N_2, das neue Gleichgewicht liegt in D bei einem Volkseinkommen von Y_2. Es verbleibt damit ein positiver Effekt auf das reale Volkseinkommen bei gesunkenem Güterpreisniveau. Dies impliziert, dass auch die IXSM-Kurve sich nicht wieder – wie in Abschnitt 2 - zurück zu $IXSM_0$, sondern nur bis $IXSM_2$ verschiebt. Das gesamtwirtschaftliche Gleichgewicht wird letztlich durch eine Rechtsverschiebung der LG-Kurve zu LG_2 erreicht, da der Rückgang des inländischen Preisniveaus einen Anstieg der realen Geldmenge impliziert.

Durch den aufwertungsbedingten positiven Angebotseffekt findet bei flexiblen Güterpreisen kein vollständiges, sondern nur ein teilweises wechselkursbedingtes crowding out statt, so dass Fiskalpolitik im Gegensatz zum Fall konstanter Güterpreise auch bei flexiblen Wechselkursen und vollkommen zinselastischen internationalen Kapitalbewegungen nicht völlig ohne Wirkung auf das Volkseinkommen bleibt. Der reale Wechselkurs ist im neuen Gleichgewicht, ebenso wie das Güterpreisniveau, gesunken.

Dieses Ergebnis zeigt auch, dass eine kontraktive Fiskalpolitik bei flexiblen Wechselkursen kein geeignetes Instrument zur Inflationsbekämpfung ist. Eine aus diesen Gründen durchgeführte Ausgabensenkung des Staates würde zu kontraproduktiven Ergebnissen führen. Nicht nur das Volkseinkommen würde sinken, bedingt durch die damit einhergehende Abwertung der Inlandswährung würden die Preise der Importgüter und damit auch das inländische Preisniveau steigen.

4.2.2 Der Fall fester Wechselkurse

Auch bei festen Wechselkursen hat die expansive Fiskalpolitik zunächst eine Rechtsverschiebung der IXSM-Kurve zu $IXSM_1$ und damit eine Nachfrageexpansion zur Folge. Das sich jetzt ergebende zinsinduzierte Überschussangebot am Devisenmarkt muss wegen der Konstanz der Wechselkurse von der Notenbank aufgekauft werden, und die inländische Geldmenge steigt. Die LG-Kurve in Abbildung VIII.21 verschiebt sich nach rechts zu LG_1, die Nachfrageexpansion wird also monetär zugelassen. Man erreicht das Volkseinkommen Y_1 in Punkt C. In diesem Umfang verschiebt sich bei noch konstanten Güterpreisen auch die gesamtwirtschaftliche Nachfragefunktion nach rechts.

Da sich die Güterangebotsfunktion bei unverändertem nominalen Wechselkurs und unverändertem ausländischen Preisniveau nicht verschiebt, ergibt sich eine Überschussnachfrage am Gütermarkt und damit eine Erhöhung des Inlandspreisniveaus. Die inländische Preissteigerung führt zu einem Angebotsanstieg, man bewegt sich auf der Güterangebotskurve A_0 nach rechts oben zum neuen Gleichgewichtspunkt D. Grundlage der Angebotserhöhung ist die reale Aufwertung der Inlandswährung, also der Rückgang des realen Wechselkurses. Da die Importpreise konstant bleiben, steigt das Konsumentenpreisniveau weniger als das Produzentenpreisniveau. Dies hat zur Folge, dass der Produzentenreallohn sinkt, während gleichzeitig der Konsumentenreallohn steigt und damit ein höheres gleichgewichtiges Arbeitsvolumen resultiert.

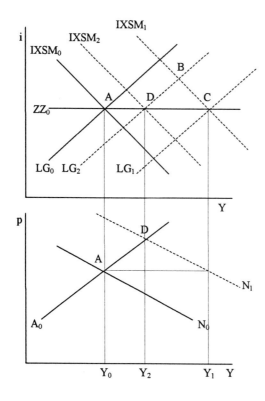

Abb. VIII.21: **Expansive Fiskalpolitik bei flexiblem Preisniveau und festen Wechselkursen**

Die inländische Preissteigerung führt auch zu einem negativen Nachfrageeffekt, man bewegt sich auf der nach rechts verschobenen Nachfragekurve N_1 nach links. Im oberen Teil der Abbildung VIII.21 macht sich der Anstieg des Inlandspreisniveaus in einer Linksverschiebung der LG-Kurve zu LG_2 bemerkbar, da die reale Geldmenge durch die Preissteigerung sinkt. Auch die IXSM-Kurve verschiebt sich aufgrund des Rückgangs des realen Wechselkurses und der damit induzierten Verschlechterung der Leistungsbilanz nach links zu $IXSM_2$. Auch hier ergibt sich das neue Gleichgewicht D bei einem gegenüber der Ausgangslage gestiegenem Volkseinkommen. Dieser expansive Volkseinkommenseffekt ist jedoch geringer als bei konstantem Preisniveau.[3]

4.2.3 Vergleich der Ergebnisse

Während bei konstanten Güterpreisen im Falle vollkommen zinselastischer Kapitalbewegungen ein eindeutiger Zusammenhang zwischen der Wirkung fiskalpolitischer Maßnahmen und dem herrschenden Wechselkurssystem möglich war - Wirkung bei festen Wechselkursen, wirkungslos bei flexiblen Wechselkursen -, werden bei flexiblen Güterpreisen beide Ergebnisse modifiziert. Bei festen Wechselkursen bleibt expansive Fiskalpolitik zwar wirksam, durch die Güterpreissteigerung fällt die Volkseinkommenserhöhung jedoch geringer aus. Im Gegensatz zur geschlossenen Volkswirtschaft dämpfen dabei die konstant gebliebenen Preise der importierten Güter den auftretenden Preiseffekt, so dass der reale Wechselkurs sinkt und eine Angebotsausweitung ermöglicht. Das prinzipiell gleiche Ergebnis erfolgt auch bei flexiblen Wechselkursen, wo durch die flexiblen Güterpreise ein positiver Volkseinkommenseffekt erst ermöglicht wird.

Ein wesentlicher Unterschied ergibt sich jedoch hinsichtlich des Preiseffekts einer expansiven Fiskalpolitik. Während bei festen Wechselkursen die Volkseinkommenserhöhung mit einer Erhöhung des inländischen Güterpreisniveaus einhergeht, ist die Volkseinkommenserhöhung bei flexiblem Wechselkurs mit einem Rückgang des inländischen Preisniveaus verbunden.

4.3 Expansive Geldpolitik bei unterschiedlichen Währungssystemen

4.3.1 Der Fall flexibler Wechselkurse

Während bei festen Wechselkursen geldpolitische Maßnahmen stets wirkungslos bleiben, erreichen sie bei flexiblen Wechselkursen und konstanten Güterpreisen ihren größten Einfluss auf das Volkseinkommen, wenn die internationalen Kapitalbewegungen vollkommen zinselastisch sind. Im oberen Teil der Abbildung VIII.22 verschiebt sich die LG-Kurve infolge der Geldmengenausweitung nach rechts zu LG_1. Die damit induzierte Abwertung der Inlandswährung löst einen expansiven Impuls auf die Leistungsbilanz aus, der die IXSM-Kurve nach rechts zu $IXSM_1$ verschiebt. Die Gesamtnachfrage ist

---
[3] In einer geschlossenen Volkswirtschaft würde bei flexiblen Güterpreisen und Nominallöhnen das Volkseinkommen letztlich unverändert bleiben. Grundlage des im Gegensatz hierzu verbleibenden expansiven Effekts auf das Volkseinkommen ist der nur unvollständige preisbedingte crowding-out-Effekt, da die konstanten Importpreise dämpfend auf den Anstieg des Konsumentenpreisniveaus wirken.

im Gleichgewichtspunkt C von Y_0 auf Y_1 gestiegen. Dies drückt sich auch in einer Verschiebung der Nachfragekurve im unteren Bild - bei konstantem Preisniveau im Ausmaß $Y_0 Y_1$ - nach rechts zu N_1 aus.

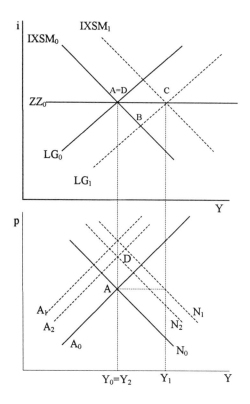

Abb. VIII.22: Expansive Geldpolitik bei flexiblen Güterpreisen und flexiblen Wechselkursen

Durch die Abwertung der Inlandswährung steigt c.p. auch der reale Wechselkurs, was einen kontraktiven Angebotseffekt auf dem Gütermarkt zur Folge hat. Grund ist der Rückgang des Konsumentenreallohns, da die Abwertung die importierten Güter verteuert und das Konsumentenpreisniveau damit erhöht. Die Güterangebotskurve im unteren Teil der Abbildung VIII.22 verschiebt sich also nach links zu A_1. Sowohl der Rückgang des Güterangebots als auch der Anstieg der gesamtwirtschaftlichen Güternachfrage führt zu einem Preisanstieg im Inland. Dies hat einen Rückgang der realen Geldmenge zur Folge, die LG-Kurve verschiebt sich wieder nach links. Durch den kontraktiven Geldmengeneffekt entstehen Zinssteigerungstendenzen, die unmittelbar zu einer Aufwertung der Inlandswährung führen, wodurch sich auch die

IXSM-Kurve wieder nach links verschiebt. Damit sinkt auch die gesamtwirtschaftliche Güternachfrage, die Nachfragefunktion verschiebt sich von N_1 aus nach links. Auf der anderen Seite steigt durch die Aufwertung der Inlandswährung auch wieder das Güterangebot, die Güterangebotskurve verschiebt sich von A_1 aus nach rechts.

Ein neues Gütermarktgleichgewicht kann sich nur senkrecht über dem bisherigen Gleichgewichtspunkt A bei unverändertem Volkseinkommen Y_0 einstellen. Eine Erhöhung der gesamtwirtschaftlichen Güternachfrage aufgrund einer Preis- und einer nominalen Wechselkursänderung setzt, wie oben diskutiert, eine reale Abwertung voraus. Ein Anstieg des gesamtwirtschaftlichen Güterangebots dagegen hat eine reale Aufwertung zur Voraussetzung. Ändern sich lediglich der inländische Güterpreis und der nominale Wechselkurs, so kann Gütermarktgleichgewicht nur bei unverändertem realen Wechselkurs zustande kommen. Die expansive Geldpolitik führt also auch bei flexiblen Wechselkursen letztendlich nur zu einem Anstieg des Preisniveaus und zu einer Abwertung der Inlandswährung, während das reale Volkseinkommen ebenso wie der reale Wechselkurs unverändert bleiben. Dies ist ein Widerspruch zum Ergebnis einer expansiven Geldpolitik bei flexiblen Wechselkursen und konstanten Güterpreisen, wo eine realwirtschaftliche Wirksamkeit gezeigt werden konnte.

4.3.2 Der Fall fester Wechselkurse

Ein kleines offenes Land, dessen Währung keine Ankerfunktion im System einnimmt, kann keine eigenständige Geldpolitik betreiben. Der Versuch der Notenbank, die Geldmenge zu erhöhen, führt bei vollkommen zinselastischen internationalen Kapitalbewegungen unmittelbar zur Notwendigkeit, Währungsreserven zu verkaufen und damit die Geldmenge wieder zu reduzieren. Die geldpolitischen Impulse erreichen nicht den Gütermarkt, so dass sich an diesem Ergebnis auch unter Berücksichtigung von flexiblen Güterpreisen nichts ändert. Der Versuch, eine expansive Geldpolitik zu betreiben, führt lediglich zu einem Verlust an Währungsreserven.

4.3.3 Vergleich der Ergebnisse

Unter Berücksichtigung von flexiblen Güterpreisen hat Geldpolitik weder bei festen noch bei flexiblen Wechselkursen Einfluss auf das reale Volkseinkommen. Das heißt aber nicht, dass Geldpolitik in beiden Systemen wirkungslos wäre. Nur bei festen Wechselkursen ist Geldpolitik wirkungslos, da sie insbesondere bei hoher Zinselastizität internationaler Kapitalbewegungen unmittelbar Devisenmarktinterventionen zur Folge hat, die den Geldmengeneffekt wieder neutralisieren, so dass von diesem keine Effekte ausgehen. Bei flexiblen Wechselkursen dagegen hat eine expansive Geldpolitik lediglich auf reale Größen, wie das reale Volkseinkommen oder den realen Wechselkurs, keinen Einfluss, während das Preisniveau und der nominale Wechselkurs steigen.

Im Umkehrschluss folgt aus dem hier gewonnenen Ergebnis, dass Geldpolitik bei flexiblen Wechselkursen ein geeignetes Instrument zur Preisniveaustabilisierung darstellt, da eine kontraktive Geldpolitik das Güterpreisniveau reduziert, ohne negative Auswirkungen auf das reale Volkseinkommen zu haben. Das Ergebnis sollte auch im Hinblick auf die immer wieder erhobenen politischen Forderungen an die Notenbanken, sie sollten bei ihrer Geldpolitik auch die realwirtschaftlichen Gegebenheiten und die Situation an den Arbeitsmärkten berücksichtigen, zu denken geben.

Die hier beschriebenen Folgeeffekte einer Veränderung des inländischen Preisniveaus und des realen Wechselkurses gelten analog auch für die in Abschnitt 2 diskutierten Auslandseinflüsse, die deshalb nicht noch einmal gesondert diskutiert werden sollen.

5. Wirtschaftspolitische Implikationen

In Kapitel VIII wurden die Wirkungen geld- und fiskalpolitischer Maßnahmen sowie Einflüsse aus dem Ausland unter verschiedenen Annahmen diskutiert. Es zeigte sich durchgehend, dass eine einfache und eindeutige Erklärung über die Wirkung bestimmter Maßnahmen in einer offenen Volkswirtschaft kaum möglich ist.

Bestätigt hat sich lediglich, dass in einem System fester Wechselkurse eine eigenständige Geldpolitik für ein Nicht-Leitwährungsland nicht möglich ist. Aber auch bei flexiblen Wechselkursen tritt eine Volkseinkommensänderung nur bei konstanten Güterpreisen auf, während bei flexiblen Güterpreisen lediglich monetäre Größen beeinflusst werden. Dieses Ergebnis widerspricht zum einen der These, Geldpolitik könne einen wertvollen Beitrag zum Abbau von Unterbeschäftigung leisten, zum anderen wird deutlich, dass bei flexiblen Wechselkursen eine kontraktive Geldpolitik geeignet ist Preisniveaustabilität zu erreichen, ohne dabei Beschäftigungsprobleme in Kauf nehmen zu müssen.

Die Wirkung expansiver Fiskalpolitik auf das inländische Volkseinkommen ist nicht eindeutig gegeben. Während bei konstanten Güterpreisen die Wirkung in Abhängigkeit vom Wechselkurssystem und der Zinselastizität der internationalen Kapitalbewegungen von höchst effizient bis vollkommen unwirksam reicht, werden die Ergebnisse durch flexible Güterpreise nivelliert. Positive Volkseinkommenseffekte werden abgeschwächt, geringe Volkseinkommenseffekte erhöht.

Schließlich konnte gezeigt werden, dass internationale Übertragungsmöglichkeiten in alle Richtungen möglich sind, d.h. die These der Lokomotivfunktion einer großen Volkswirtschaft zur Ankurbelung der Weltkonjunktur ist nicht eindeutig gegeben.

Durch die Vielzahl und die Unterschiedlichkeit der Wirkungen bestimmter politischer Maßnahmen in Abhängigkeit von Zins- und Güterpreiselastizitäten wird auch die Strategie eines Policy-Mix infrage gestellt. Die relativ eindeutigen Ergebnisse des Mundell-Fleming-Modells einer kleinen offenen Volkswirtschaft mit festen Güterpreisen und Vernachlässigung von Rückwirkungen legte die Vermutung nahe, man könne durch eine geeignete Kombination aus Wechselkurs-, Geld- und Fiskalpolitik jede gewünschte politische Zielkonstellation erreichen. Insbesondere sei es durch eine geschickte Mittelkombination auch möglich, gleichzeitig Ziele zu verfolgen, zwischen denen aus dem Blickwinkel nur eines Instruments ein Zielkonflikt bestünde. Ende der 70er Jahre wurden solche Vorstellungen auch auf den Weltwirtschaftsgipfeln diskutiert.[4]

Neben der Unsicherheit über den erforderlichen Umfang der Einflüsse und den time-lags bis zur Erreichung der neuen Gleichgewichte stellen die hier berücksichtigten flexiblen Güterpreise und die Unsicherheit über die Richtung möglicher Rückwirkungen eine solche Strategie grundsätzlich infrage. Es gibt jedoch noch weitere Unsicherheiten einer solchen Politik, etwa die Auswirkungen auf die Erwartungen der Marktteilnehmer, so dass heute die gezielte Beeinflussung der internationalen Marktprozesse durch eine Kombination politischer Maßnahmen kaum noch ernsthaft diskutiert wird. Eine verlässliche, stabilitätsorientierte, auf Konstanz angelegte Wirtschafts- und Geldpolitik dürfte angesichts der internationalen Marktvolumina eine bessere Strategie sein als der ständige fallweise Versuch, Marktprozesse direkt beeinflussen zu wollen.

6. Zusammenfassung von Kapitel VIII

1. Bei konstanten Güterpreisen ist die Wirkung von Fiskalpolitik auf das Volkseinkommen vom Wechselkurssystem und von der Zinselastizität der internationalen Kapitalbewegungen abhängig. Bei festen Wechselkursen hat Fiskalpolitik eine um so größere Wirkung, je zinselastischer die internationalen Kapitalbewegungen sind. Bei flexiblen Wechselkursen wird die Wirkung dagegen um so geringer, je stärker die internationalen Kapitalbewegungen auf Zinsänderungen reagieren. Da zwischen den großen Industrienationen die Wechselkurse flexibel

---
[4] Vgl. Abschnitt 3 in Kapitel V.

sind und die Zinselastizität relativ hohe Werte erreicht, bestätigen diese Ergebnisse die Zweifel an der Wirksamkeit fiskalpolitischer Maßnahmen zur Konjunktursteuerung.

2. Geldpolitik ist bei festen Wechselkursen wirkungslos, es sei denn, es handelt sich um ein Leitwährungsland. Bei konstanten Güterpreisen und flexiblen Wechselkursen hat Geldpolitik Wirkung auf das Volkseinkommen. Der gleichgewichtige Zinssatz wird bei einer expansiven (kontraktiven) Geldpolitik sinken (steigen), nur im Falle vollkommen zinselastischer internationaler Kapitalbewegungen bleibt der Zins konstant. Das Ergebnis bestätigt die Unvereinbarkeit von autonomer Geldpolitik und Wechselkursstabilisierung.

3. Sowohl bei festen als auch bei flexiblen Wechselkursen überträgt sich eine ausländische Zinssenkung gleichgerichtet auf das Inland. Bei flexiblen Wechselkursen wird dabei aufwertungsbedingt das Volkseinkommen sinken, bei festen Wechselkursen durch die interventionsbedingte Geldmengenausweitung steigen. Ein ausländischer Volkseinkommensanstieg überträgt sich dagegen nur bei festen Wechselkursen auf das inländische Volkseinkommen weil die Notenbank interventionsbedingt die Geldmenge ausweiten muss. Flexible Wechselkurse schirmen dagegen, solange die Güterpreise konstant sind, das inländische Volkseinkommen vor einer Übertragung des ausländischen Volkseinkommensanstiegs ab.

4. Berücksichtigt man internationale Rückwirkungen, so geht man üblicherweise von einer Verstärkung des im Inland wirkenden Effektes aus. Steigt das inländische Volkseinkommen, so werden auch die Importe steigen, was im Ausland ebenfalls zu einem positiven Volkseinkommenseffekt führt. Da somit auch die ausländischen Importe zunehmen, überträgt sich der ausländische Volkseinkommensanstieg wieder positiv auf das Inland. Daraus folgt, dass ein großes Land mit einer expansiven Volkseinkommenspolitik eine „Lokomotivfunktion" übernehmen könnte. Es kann jedoch auch gezeigt werden, dass der gleichgerichtete Verstärkungseffekt durch internationale Rückwirkungen nicht immer eintritt, er kann sich unter bestimmten Umständen sogar umkehren.

5. Die Aussagen über die Wirkung geld- und fiskalpolitischer Maßnahmen werden modifiziert, wenn man explizit Angebotseffekte in die Betrachtung einbezieht und die Güterpreise endogenisiert. Die Wirkung einer expansiven Fiskalpolitik auf das Volkseinkommen nivelliert sich.

Der expansive Effekt im Falle fester Wechselkurse wird durch einen Anstieg der Güterpreise kleiner, bei flexiblen Wechselkursen wird im Falle vollkommen zinselastischer Kapitalbewegungen ein positiver Volkseinkommenseffekt erst möglich, da das Güterpreisniveau sinkt.

6. Während bei festen Wechselkursen Geldpolitik auch im Falle flexibler Güterpreise wirkungslos bleibt, hat sie bei flexiblen Wechselkursen und vollkommen zinselastischen Kapitalbewegungen auf nominelle Größen Wirkung, während reale Größen unverändert bleiben. So führt eine kontraktive Geldpolitik zu einem Rückgang des Preisniveaus und einer nominellen Aufwertung der Inlandswährung während der reale Wechselkurs unverändert bleibt. Dies untersteicht die Wirksamkeit geldpolitischer Maßnahmen als Instrument der Preisniveaustabilisierung.

7. Anhang zu Kapitel VIII

Internes und externes Gleichgewicht

Gütermarktgleichgewicht:

$$I^a + I(i) + \frac{1}{p}X\left(Y^*, w_R\right) = S^a + S\left(Y - T^a\right) + \frac{1}{p}M(Y, w_R)$$

mit: $S^a = -\left(C_H^a + C_{St}^a\right)$

Geldmarktgleichgewicht:

$$\frac{G^H + G^Z}{p} = L(Y, i)$$

Außenwirtschaftliches Gleichgewicht:

$$Z = X\left(Y^*, w_R\right) - M(Y, w_R) + KI\left(i, i^* w^e\right)$$

Bei unverändertem Preisniveau und $p = 1$ in der Ausgangslage folgt nach totaler Differentiation:

$$-\left(dC_H^a + dC_{St}^a\right) + S_Y dY + M_Y dY - I_i di = dI^a + (X_w - M_w)dw_R + X_{Y*}dY^*$$

$$L_Y dY + L_i di = dG^H + dG^Z$$

$$dZ + M_Y dY - K_i di = (X_w - M_w)dw_R + X_{Y*}dY^* + K_{i*}di^* + K_{we}dw$$

Fall 1: Feste Wechselkurse, keine Neutralisation des Geldmengeneffekts

Wird der Geldmengeneffekts einer Devisenmarktintervention nicht neutralisiert, so ist neben dem Volkseinkommen und dem Zinssatz der Geldmengeneffekt der Devisenmarktintervention (G^Z) die dritte endogene Variable. Es gilt:

$$\begin{vmatrix} S_Y + M_Y & -I_i & 0 \\ L_Y & L_i & -1 \\ M_Y & -K_i & 0 \end{vmatrix} \begin{vmatrix} dY \\ di \\ dG^Z \end{vmatrix} = \begin{vmatrix} dI^a + dC_H^a + dC_{St}^a + (X_w - M_w)dw_R + X_{Y*}dY^* \\ dG^H \\ (X_w - M_w)dw_R + X_{Y*}dY^* + K_{i*}di^* + K_{we}dw^e \end{vmatrix}$$

mit: $\Delta_1 = I_i M_Y - K_i(S_Y + M_Y) < 0$

Fall 2: Feste Wechselkurse, Neutralisation des Geldmengeneffekts

Wird der Geldmengeneffekt einer Devisenmarktintervention neutralisiert, so ist das Ausmaß des außenwirtschaftlichen Ungleichgewichts (Z) die dritte endogene Variable, während das Geldangebot exogen bestimmbar bleibt:

$$\begin{vmatrix} S_Y + M_Y & -I_i & 0 \\ L_Y & L_i & 0 \\ M_Y & -K_i & 1 \end{vmatrix} \begin{vmatrix} dY \\ di \\ dZ \end{vmatrix} = \begin{vmatrix} dI^a + dC_H^a + dC_{St}^a + (X_w - M_w)dw_R + X_{Y*}dY^* \\ dG^H \\ (X_w - M_w)dw_R + X_{Y*}dY^* + K_{i*}di^* + K_{we}dw^e \end{vmatrix}$$

mit: $\Delta_2 = (S_Y + M_Y)L_i + L_Y I_i < 0$

Ergebnisse bei festen Wechselkursen

a) Staatsausgabenänderung

ohne Neutralisation:

$$\frac{dY}{dC_{St}^a} = \frac{1}{\Delta_1} K_i > 0 \quad ; \quad \frac{di}{dC_{St}^a} = -\frac{1}{\Delta_1} M_Y > 0$$

mit Neutralisation:

$$\frac{dY}{dC_{St}^a} = \frac{1}{\Delta_2} L_i > 0 \quad ; \quad \frac{di}{dC_{St}^a} = -\frac{1}{\Delta_2} L_Y > 0$$

b) Geldmengenänderung

ohne Neutralisation:

$$\frac{dY}{dG^H} = 0 \quad ; \quad \frac{di}{dG^H} = 0$$

mit Neutralisation:

$$\frac{dY}{dG^H} = \frac{1}{\Delta_2} I_i > 0 \quad ; \quad \frac{di}{dG^H} = \frac{1}{\Delta_2}(S_Y + M_Y) < 0$$

c) Wechselkursänderung

ohne Neutralisation:

$$\frac{dY}{dw} = \frac{1}{\Delta_1}(X_w - M_w)(I_i - K_i) > 0 \quad ; \quad \frac{di}{dw} = \frac{1}{\Delta_1}(X_w - M_w)S_Y < 0$$

mit Neutralisation:

$$\frac{dY}{dw} = \frac{1}{\Delta_2}(X_w - M_w)L_i > 0 \quad ; \quad \frac{di}{dw} = -\frac{1}{\Delta_2}(X_w - M_w)L_Y > 0$$

d) Ausländische Zinsänderung

ohne Neutralisation:

$$\frac{dY}{di^*} = \frac{1}{\Delta_1} K_{i*} I_i < 0 \qquad \frac{di}{di^*} = \frac{1}{\Delta_1} K_{i*}(S_Y + M_Y) > 0$$

mit Neutralisation:

$$\frac{dY}{di^*} = 0 \qquad \frac{di}{di^*} = 0$$

e) Ausländische Volkseinkommensänderung

ohne Neutralisation:

$$\frac{dY}{dY^*} = \frac{1}{\Delta_1} X_{Y*}(I_i - K_i) > 0 \qquad \frac{di}{dY^*} = \frac{1}{\Delta_1} X_{Y*} S_Y < 0$$

mit Neutralisation:

$$\frac{dY}{dY^*} = \frac{1}{\Delta_2} X_{Y*} L_i > 0 \qquad \frac{di}{dY^*} = -\frac{1}{\Delta_2} X_{Y*} L_Y > 0$$

Fall 3: Flexible Wechselkurse

Bei flexiblen Wechselkursen ist der Wechselkurs die dritte endogene Variable. Z ist stets Null und das Geldangebot ist exogen bestimmbar. Es ergibt sich das Gleichungssystem:

$$\begin{vmatrix} (S_Y + M_Y) & -I_i & -(X_w - M_w) \\ L_Y & L_i & 0 \\ M_Y & -K_i & -(X_w - M_w) \end{vmatrix} \begin{vmatrix} dY \\ di \\ dw \end{vmatrix} = \begin{vmatrix} dI^a + dC_H^a + dC_{St}^a + X_{Y*}dY^* \\ dG^H \\ X_{Y*}dY^* + K_{i*}di^* + K_{we}dw^e \end{vmatrix}$$

mit $\Delta_3 = -(X_w - M_w)[S_Y L_i + L_Y(I_i - K_i)] > 0$

Ergebnisse bei flexiblen Wechselkursen

a) Staatsausgabenänderung:

$$\frac{dY}{dC_{St}^a} = \frac{1}{\Delta_3}(-L_i(X_w - M_w)) > 0 \qquad \frac{di}{dC_{St}^a} = \frac{1}{\Delta_3}(L_Y(X_w - M_w)) > 0$$

$$\frac{dw}{dC_{St}^a} = -\frac{1}{\Delta_3}(L_Y K_i + M_Y L_i) \stackrel{>}{{=}}_{<} 0$$

Die Veränderung des Wechselkurses ist abhängig von dem Verhältnis der Steigungen von LG- und ZZ-Kurve. Wenn z.B. $|L_i| < L_Y$ und $M_Y < |K_i|$, ist die ZZ-Kurve flacher und das Vorzeichen ist negativ.

b) Geldmengenänderung:

$$\frac{dY}{dG^H} = \frac{1}{\Delta_3}((K_i - I_i)(X_W - M_W)) > 0 \qquad \frac{di}{dG^H} = \frac{1}{\Delta_3}(-S_Y(X_W - M_W)) < 0$$

$$\frac{dw}{dG^H} = \frac{1}{\Delta_3}[K_i(S_Y + M_Y) - M_Y I_i] > 0$$

c) Änderung des ausländischen Zinssatzes:

$$\frac{dY}{di^*} = \frac{1}{\Delta_3}(L_i K_{i*}(X_W - M_W)) > 0 \qquad \frac{di}{di^*} = \frac{1}{\Delta_3}(-L_Y K_{i*}(X_W - M_W)) > 0$$

$$\frac{dw}{di^*} = \frac{1}{\Delta_3} K_{i*}(L_Y I_i + L_i(S_Y + M_Y)) > 0$$

d) Änderung des ausländischen Volkseinkommens:

$$\frac{dY}{dY^*} = 0 \qquad \frac{di}{dY^*} = 0$$

$$\frac{dw}{dY^*} = \frac{1}{\Delta_3} X_{Y*}(L_i S_Y + L_Y(I_i - K_i)) < 0$$

Eine Wechselkursänderungserwartung hat die prinzipiell gleichen Ergebnisse wie eine Änderung des ausländischen Zinssatzes.

Kapitel IX

Perspektiven und "neue Architektur" der internationalen Finanzmärkte

1. Das magische Dreieck der internationalen Finanzarchitektur

Die in den letzten Jahren verstärkt geführte Diskussion um die Notwendigkeit einer neuen internationalen Finanzarchitektur ist durch mehrere Entwicklungen gekennzeichnet. Mit der dramatischen Zunahme des freien internationalen Kapitalverkehrs kam es in der jüngeren Vergangenheit zu einer Reihe gefährlicher Krisen, insbesondere in den Schwellen- und Transformationsländern. Indizien für eine bevorstehende Problemsituation waren fast immer eine systematische Überbewertung der Währung, relativ geringe Währungsreserven und hohe Leistungsbilanzdefizite, oft verbunden mit einer starken Expansion der Kreditaufnahme im Ausland. Auch war meist eine im Vergleich zu den Industrieländern höhere Inflationsrate zu konstatieren.

Zwar ist es auch früher des öfteren zu kritischen Zuspitzungen gekommen, die in der letzten Zeit zu beobachtenden Finanzkrisen unterscheiden sich jedoch wesentlich von früher aufgetretenen Schwierigkeiten, man spricht mittlerweile von der dritten Generation von Krisenmodellen, wobei eine strikte Ursachentrennung sicher nicht möglich ist.

Bei den Krisen der ersten Generation waren in der Regel verschlechterte makroökonomische Rahmenbedingungen der betroffenen Länder im Umfeld eines Systems fester Wechselkurse zu konstatieren. Oft wurde der unrealistisch gewordene Wechselkurs nicht oder zu spät angepasst. Auslöser der zweiten Generation von Währungskrisen waren meist Spekulationswellen gegen bestimmte Währungen, die primär auf einem mangelnden Vertrauen in die Glaubwürdigkeit der Politik des betroffenen Landes beruhten. Bei den jüngsten Währungskrisen stehen dagegen vor allem mikroökonomische Defizite im Vordergrund. Auslöser war meist eine übermäßige Verschuldung, hervorgerufen durch eine zu risikoreiche Kreditvergabe ausländischer Gläubiger sowie Unzulänglichkeiten des Finanzsystems der betroffenen Länder, wie etwa ein mangelhafter institutioneller Rahmen zur Überwachung der Finanzmarktakteure. Neu ist auch, dass sich die Finanzkrise eines Landes sehr schnell auf andere Länder übertrug, die von den Märkten als gleichgelagerte Fälle angesehen wurden.

Mitursache für die neue Art von Krisenmodellen könnte auch die zunehmende Verwendung von elektronischen Medien und das Handeln von Fonds-managern sein, die sich immer weniger an fundamentalen ökonomischen Daten orientieren, da deren Erfassung und Kontrolle erheblichen Aufwand verursacht. Vielmehr dominieren technische Maßstäbe wie etwa die Chart-Analyse, und die Orientierung am Erfolg von Vergleichsgruppen. Zu diesem Herdenverhalten kommt das principal-agent-Problem, da die Fonds-Manager zwar am Gewinn beteiligt sind, aber in der Regel nicht das Risiko eines Verlustes tragen müssen. All dies hat die Risikobereitschaft der Marktteilnehmer systematisch erhöht.[1] Allerdings darf man diese Entwicklung keinesfalls als alleinige Ursache der entstandenen Krisen interpretieren. Keine der aufgetretenen Problemfälle war ein reines Zufallsprodukt orientierungsloser Spekulanten. Es waren immer auch Probleme im gesamtwirtschaftlichen Umfeld der betroffenen Länder zu konstatieren. Zu dieser Entwicklung kommt, dass der IWF mit dem Zusammenbruch des ehemaligen Ostblocks eine Vielzahl neuer Mitglieder und damit Probleme bekommen hat, durch die seine Entscheidungsstrukturen nicht leichter geworden sind. Daher sind Forderungen nach einer Reform des IWF auch immer öfter mit Vorschlägen zu einer völligen Neuordnung der internationalen Finanzmärkte verbunden.

Die internationalen Finanzmärkte, und hierzu zählen insbesondere auch die Devisenmärkte, stehen heute vor einem Dilemma. Zum Ersten existiert der Wunsch vieler Marktteilnehmer nach der sicheren Kalkulationsgrundlage fester Wechselkurse und nach Stabilität des gesamten internationalen Finanzsystems. Zum Zweiten besteht das Ziel der nationalen politischen Instanzen, ihre Wirtschafts-, Finanz- und Geldpolitik möglichst autonom gestalten zu können. Auf der anderen Seite haben aber die Industriestaaten seit Anfang der 80er Jahre ihren Kapitalverkehr weitestgehend liberalisiert. Parallel dazu kam es zu einer technischen Revolution bei der Telekommunikation, so dass die Marktvolumina an den internationalen Finanzmärkten in den letzten Jahren geradezu explodiert sind. Dabei wurde durch die zunehmenden Freiheiten im Kapitalverkehr - insbesondere bei Direktinvestitionen - auch die Übertragung von technologischem know how erleichtert, wovon vor allem diejenigen Länder profitieren, die ihre Volkswirtschaften frühzeitig den Erfordernissen einer globalisierten Welt angepasst haben. Dazu zählen in zunehmendem Maße auch Entwicklungsländer.

Man kann die derzeitigen Situation der Weltfinanzmärkte - in Anlehnung an das magische Viereck der Wirtschaftspolitik - als ein magisches Dreieck der internationalen Finanzarchitektur bezeichnen (vgl. z.B. Frenkel / Menkhoff, 2000). Die drei Ecken werden gebildet durch:

1. feste Wechselkurse und stabile Finanzmarktverhältnisse,
2. autonome Wirtschaftspolitik,
3. freier und ungestörter internationaler Kapitalverkehr.

---

[1] Vgl. hierzu auch Abschnitt 6.3 in Kapitel III.

Feste Wechselkurse - Stabile Finanzmarktverhältnisse

A

**Autonome Geld-
Wirtschafts- und Finanzpolitik**

B

C

**Freier internationaler
Kapitalverkehr**

Von den drei Ecken des magischen Dreiecks sind immer nur zwei miteinander vereinbar.

Kombination A: Stabile Finanzmarktverhältnisse mit festen Wechselkursen und autonome Geld- Wirtschafts- und Finanzpolitik der einzelnen Staaten. Diese Welt ist mit freiem internationalen Kapitalverkehr unvereinbar. So ist etwa keine autonome stabilitätsorientierte Geldpolitik möglich, wenn diese im Dienst der Wechselkursstabilisierung steht. Deshalb müssten die Wechselkurse durch Beschränkungen des freien Devisenhandels kontrolliert werden, umeine autonome Geldpolitik sicherstellen zu können. Auch im Festkurssystem von Bretton Woods erkannte man dieses Dilemma. Die Regulierung des internationalen Kapitalverkehrs war deshalb allein Angelegenheit der nationalen Instanzen und der international vereinbarte Abbau von Beschränkungen bezog sich nur auf leistungsbilanzrelevante Zahlungen.

Kombination B: Freie Internationale Kapitalbewegungen und nationale Autonomie der Geld-, Wirtschafts- und Finanzpolitik. Eine solche Kombination führt immer dann zu Instabilitäten auf den Finanz- und Devisenmärkten, wenn es zu einer asymmetrischen wirtschaftlichen Entwicklung in den einzelnen Ländern kommt, sie ist also mit festen Wechselkursen unvereinbar. Dies haben die EWS-Krisen von 1992/93 deutlich belegt. Ähnliches gilt bei Unterschieden in den wirtschafts- und geldpolitischen Zielsetzungen der einzelnen Staaten.

Kombination C: Freier internationaler Kapitalverkehr und stabile internationale Finanz- und Devisenmärkte. Angesichts der Schnelligkeit, mit der sich Kapital in einer vernetzten Welt bewegt und angesichts der globalen Perspektiven der Marktteilnehmer kann eine solche Kombination nur dann aufrechterhalten werden, wenn die nationalen Instanzen auf eine Verfolgung eigenständiger Ziele verzichten und ihre Politik an der Stabilität des Finanzmarktsystems ausrichten.

Die Vorschläge zur Lösung dieses magischen Dreiecks und damit zur Neuordnung der internationalen Finanzarchitektur sind mittlerweile so vielfältig und zum Teil auch widersprüchlich, dass hier nur die wichtigsten diskutiert werden können.

2. Vorschläge zur Erhöhung der internationalen Finanzmarktstabilität

Die Vorschläge, das internationale Finanzsystem im Sinne einer mehr oder weniger strengen Regulierung neu zu ordnen, richten sich zum einen auf neu zu schaffende oder zu reformierende internationale Institutionen, zum anderen auf Beschränkungen der Freiheiten der internationalen Finanzmärkte, wobei der Bogen von einer grundsätzlich beizubehaltenden Liberalität unter zu setzenden Rahmenbedingungen bis zu massiven Eingriffen reicht. Einige dieser Vorschläge sollen im Folgenden kurz diskutiert werden.

2.1 Institutionelle Überwachung der Märkte

Es gibt schon bisher eine ganze Reihe international agierender Institutionen, zu deren Aufgaben auch die Überwachung des internationalen Finanzsystems gehört. Zu nennen sind insbesondere der in Kapitel IV ausführlich vorgestellte Internationale Währungsfonds, aber auch dessen Schwesterorganisation, die Weltbank, die primär in Entwicklungsländern zum Aufbau funktionsfähiger Finanzsysteme beiträgt. Die Bank für internationalen Zahlungsausgleich (BIZ) in Basel unterstützt vor allem öffentliche Gremien bei der Stärkung des internationalen Finanzsystems durch die Übernahme analytischer und statistischer Aufgaben. Auch die OECD, die Organisation für wirtschaftliche Zusammenarbeit und Entwicklung, beteiligt sich an der makroökonomischen Überwachung der Weltwirtschaft und der Finanzmärkte. Daneben existieren noch eine Vielzahl international agierender Regulierungs- und Aufsichtsinstanzen für Finanzakteure und zur Beobachtung der Funktionsweise der internationalen Märkte. Für Regeln auf dem Gebiet der Bankenaufsicht ist der "Baseler Ausschuss für Bankenaufsicht" zuständig. Daneben gibt es die internationale Vereinigung der Wertpapieraufseher (IOSCO), deren Aufgabe die Förderung der Integrität von Wertpapier- und Terminmärkten ist, und die internationale Versicherungsaufsicht (IAIS), die für Standards auf dem Gebiet der Versicherungsaufsicht zuständig ist. Schließlich liefern der Ausschuss für Zahlungsverkehr und Abrechnungssysteme und der Ausschuss für das globale Finanzsystem Analysen über die Lage der internationalen Finanzmärkte und geben Empfehlungen zur Verbesserung ihrer Funktionsweise.

Zur Beendigung dieses Nebeneinanders der verschiedensten Organisationen, die sicher nicht den Erfordernissen zunehmend integrierter Märkte Rechnung trägt, und zur Verbesserung ihrer Effizienz wurde auf Vorschlag des ehemaligen Präsidenten der Deutschen Bundesbank, Hans Tietmeyer, von den G7-Staaten das Forum für Finanzmarktstabilität (Financial Stability Forum) gegründet, das im Jahre 1999 unter dem Vorsitz des Managing Directors der BIZ, Andrew Crockett, seine Arbeit aufnahm. Es soll als Koordinierungsstelle für aufsichtsrechtliche Fragen im Rahmen der internationalen Finanzmarktregulierung dienen und vor allem auch die Interessen von Schwellenländern stärker berücksichtigen. Das Forum hat allerdings keine Möglichkeiten, seine Empfehlungen auch durchzusetzen.

Neben der besseren Koordinierung der bereits bestehenden Institutionen existieren auch zahlreiche Vorschläge zur Schaffung neuer Finanzorganisationen. Diese reichen von der Vorstellung einer Weltzentralbank als Emittent einer Weltwährung, einer Weltfinanzorganisation, die analog zur WTO unter dem Dach der Vereinten Nationen tätig werden sollte, um das als ungerecht empfundene Stimmengewicht des IWF zu umgehen, bis zu global agierenden Finanzaufsichtsbehörden, denen nationale Kompetenzen im Bereich der Kapitalmärkte übertragen werden sollen. Um eine stärkere Finanzmarktregulierung zu erreichen, wurde auch eine strengere Bankenaufsicht auf internationaler Ebene ins Auge gefasst. Hierzu wurde vorgeschlagen, die bei der BIZ in Basel angesiedelte Arbeitsgruppe für Bankenaufsicht aufzuwerten und stärker zu institutionalisieren.

2.2 Regulierung der Märkte

a) Wechselkurszielzonen

In den letzten Jahren gab es zwar keine ernstzunehmenden Forderungen mehr nach Neuinstallierung eines weltweiten Festkurssystems, allerdings tauchen immer wieder Vorschläge zur Schaffung von Wechselkurszielzonen auf, die entweder veröffentlicht oder reine interne Absprache bleiben sollen. Dieses Konzept geht zurück auf Williamson (Williamson, 1983), präzisiert und theoretisch fundiert durch Krugman (Krugman, 1991). Dahinter steht die idealtypische Vorstellung, dass die Marktteilnehmer die Verteidigung der Bandbreiten durch die Notenbanken in ihrem Verhalten antizipieren und sich deshalb stabilitätsbewusst verhalten. Je mehr sich ein Wechselkurs von seinem Zielkurs entfernt und sich seinem Zonenrand nähert, umso eher rechnen die Marktteilnehmer mit einer Bewegung in Richtung des Zielkurses, die durch Devisenmarktinterventionen ausgelöst wird. Diese Erwartung führt zu Engagements der Spekulanten, die den Wechselkurs in Richtung des Zielkurses bewegen, ohne dass die Devisenmarktinterventionen tatsächlich stattgefunden hätten. Nach dieser These könnte also bereits die bloße Ankündigung von Zielzonen, sofern diese Ankündigung glaubhaft ist, zu einer Stabilisierung der Wechselkursentwicklung beitragen.

Entscheidend für die beschriebene Wirkung von Wechselkurszielzonen ist die Glaubwürdigkeit der Bänder, denn die Marktteilnehmer müssen der festen Überzeugung sein, dass diese tatsächlich unbegrenzt verteidigt werden. Sobald hieran Zweifel bestehen und eine Verschiebung der ganzen Bandbreiten für möglich gehalten wird, existiert ein Anreiz zur Spekulation gegen das

Bandende, was dann sogar eine Krise auslösen kann. Auch ergibt sich das prinzipiell gleiche Problem wie bei festen Wechselkursen: Nach welchen Kriterien und Erkenntnissen sollen die Wechselkurszielzonen festgelegt werden und wie sollen sie bei asymmetrischen Entwicklungen verändert werden können? Feste Wechselkurse, ebenso wie Wechselkurszielzonen, setzen eine koordinierte Geldpolitik, nach Möglichkeit auch eine abgestimmte Wirtschafts- und Finanzpolitik voraus. Entweder dies funktioniert über einen realen Anker wie beim Goldstandard, oder eine Währung setzt sich als Ankerwährung durch und bestimmt die Geldpolitik des gesamten Systems. Beides ist im Falle eines neu zu schaffenden Festkurssystems, an dem alle großen Weltwährungen beteiligt wären, unrealistisch, aber auch ineffizient. Zum einen wäre weder Europa noch Japan bereit, sich einseitig der Geldpolitik der USA zu unterwerfen, zum anderen sind asymmetrische Entwicklungen zwischen diesen Blöcken nicht nur nicht auszuschließen, sondern sogar wahrscheinlich. Man würde durch eine Kursfestschreibung aber auf einen marktmäßigen Anpassungsmechanismus freiwillig verzichten. Insgesamt sollten Wechselkurszielzonen, ebenso wie Festkurssysteme, daher eher als Gefahrenquelle einer stärkeren Instabilität, denn als Instrument zur Vermeidung solcher Instabilitäten angesehen werden.

b) Gespaltene Devisenmärkte

Die gleichen Einwände gelten für gespaltene Devisenmärkte. Je nach Verwendungsart - Warenverkehr, Kapitalverkehr oder andere Unterscheidungen - gelten andere Kurse oder andere Kursfindungsregeln. Meist wird dabei vorgeschlagen (vgl. z.B. Dornbusch, 1985), für Güter- und Leistungstransaktionen einen festen (offiziellen) Wechselkurs zu installieren, den die Notenbanken durch Interventionen zu verteidigen hätten. Ziel ist ein ungestörter internationaler Leistungsaustausch. Für die sonstigen Devisentransaktionen gilt ein frei schwankender Wechselkurs. Wenn aufgrund von Erwartungsänderungen eine Währung stärker nachgefragt wird, so führt dies zu einer Aufwertung auf dem freien Teil des Devisenmarktes. Die Leistungstransaktionen sind davon nicht betroffen, und auch für die Notenbanken existiert in diesem Fall keine Interventionsverpflichtung, die zu Geldmengenänderungen führen würde.

Problematisch wird eine Devisenmarktspaltung allerdings dann, wenn sich der freie Kurs deutlich vom fixen Kurs entfernt, da dies Anreize schafft, die Spaltung des Devisenmarkts zu umgehen. Dies kann etwa durch verzerrte Verrechnungspreise multinationaler Unternehmen oder durch Verschleierung der Motive einer Devisentransaktion geschehen, denn oft ist eine strikte Trennung in Leistungs- und Kapitaltransaktionen nicht möglich. Gespaltene Devisenmärkte erfordern daher in der Praxis umfangreiche Kontrollmechanismen, oder sogar Kapitalverkehrsbeschränkungen. Gespaltene Wechselkurse wurden bereits praktiziert, in Europa etwa in Frankreich und in Italien. Sie hatten jedoch nie längeren Bestand und es kam in dieser Zeit zu keinen größeren Abweichungen zwischen freiem und offiziellem Kurs.

c) Devisenmarktsteuer

Aufgrund der in den letzten Jahren aufgetretenen Währungskrisen wurde die Forderung erhoben, zumindest die kurzfristigen internationalen Kapitalströme zu regulieren, da eine plötzliche Umkehr dieser Ströme aufgrund ihres Umfangs Auslöser einer Krise sein könnte. Eine Möglichkeit hierzu ist der keineswegs neue Vorschlag einer proportionalen Steuer auf alle Devisenmarkttransaktionen, die sog. Tobin-Steuer (vgl. Tobin, 1978). Ziel einer solchen steuerlichen Belastung ist die Einschränkung kurzfristiger Währungsengagements, um den langfristigen Fundamentalfaktoren wieder stärkere Geltung zu verschaffen.

Ein kleines Beispiel zeigt die Wirkung einer solchen Steuer. t sei der prozentuale Steuersatz, der auf einen Kauf oder Verkauf von Devisen erhoben wird. Geht ein Anleger nur für eine gewisse Zeit in eine Fremdwährung, so fällt die Steuer zweimal, sowohl beim Kauf als auch beim Verkauf der Devisen an. n sei die Dauer des Auslandsengagements, gemessen in Tagen, i, i* und s ist der in- bzw. der ausländische Zinssatz sowie der Swapsatz, alle Größen bezogen auf Jahresbasis zu 360 Tagen. Damit gilt für das Entscheidungskalkül eines Anlegers (vgl. Kapitel II)

(IX.1) $$i\frac{n}{360} \Leftrightarrow i^*\frac{n}{360} + s\frac{n}{360} - 2t$$

Die folgende Tabelle zeigt die Kombinationen von inländischem Zins, ausländischem Zins und Anlagedauer in Tagen bei einer Devisenumsatzsteuer von 1% und einem Swapsatz von Null, wenn der Ertrag im Inland und im Ausland identisch ist.

Tabelle IX.1: Kombinationen von In- und Auslandszinssätzen für einen Nettoertrag von Null bei einer Devisenumsatzsteuer von 1%

n	i	i*
180	6%	10%
60	6%	18%
30	6%	30%
10	6%	78%
5	6%	150%
1	6%	726%

Man sieht, dass die prozentuale Kostenbelastung durch die Devisenumsatzsteuer um so größer wird, je kurzfristiger der Anlagezeitraum ist. Bei einer 5-tägigen Anlagedauer müsste der Auslandszins 150% betragen, um bei einem Inlandszins von 6% den gleichen Ertrag zu erbringen. Es wären durch eine solche Steuer also vor allem die kürzerfristigen Kapitalströme betroffen, was im Idealfall zu einer Reduzierung der Volatilität der Wechselkurse führen würde.

Ähnliche Vorschläge beziehen sich auf eine unverzinsliche Zwangseinlage bei den Notenbanken für Devisenkäufe oder eine Steuer in Höhe der Realzinsdifferenz zwischen den beteiligten Ländern. Letzteres Instrument hatten die USA im Jahre 1963 für mehrere Jahre eingeführt, um zinsinduzierte Kapitalexporte zu bremsen.

Alle Versuche, durch staatliche Eingriffe auf den Devisenmärkten die Umsätze zu beeinflussen, treffen jedoch prinzipiell auch die nicht-spekulativen internationalen Transaktionen wie Außenhandel, Direktinvestitionen oder Portfolioinvestitionen, so dass die Vorteile aus der internationalen Arbeitsteilung zu sinken drohen. Außerdem erfordern die Maßnahmen einen erheblichen Kontrollaufwand zur Ausschaltung von Umgehungsmöglichkeiten.

d) Internationale Koordination der Geldpolitik

Eine Ursache für starke Wechselkursschwankungen sieht McKinnon (McKinnon, 1982, 1984) in plötzlich auftretenden Veränderungen der Währungspräferenzen. Durch eine solche *Währungssubstitution* treten Verschiebungen der Geldnachfrage zwischen den Ländern auf und lösen dadurch Zins- und Wechselkurseffekte aus. Verhalten sich die betroffenen Länder asymmetrisch, d.h. orientiert sich Land 1 in seiner Geldpolitik allein an binnenwirtschaftlichen Zielen und überläßt den Außenwert seiner Währung dem freien Markt, während das andere Land versucht, den Wechselkurs zu stabilisieren, so hat dies je nach Richtung der Währungssubstitution einen expansiven oder einen kontraktiven Effekt auf die Weltgeldmenge mit entsprechenden inflationären Folgen. Nur ein koordiniertes Verhalten der Notenbanken und eine Ausrichtung der Geldmengenpolitik an den Erfordernissen der Devisenmärkte könnte nach Auffassung McKinnons die Wechselkursschwankungen vermeiden.

Hintergrund der Theorie der Währungssubstitution sind Verschiebungen der internationalen Nachfrage nach US-Dollar, dem Land, das traditionell dem Außenwert seiner Währung keine dominierende Bedeutung beimisst, die in den 70er und 80er Jahren zu beobachten waren. In den 70er Jahren kam es zu einer Bewegung weg vom Dollar - vgl. Kapitel V.3.2 -, die verbunden war mit einer Abwertung dieser Währung sowie einer Expansion der Weltgeldmenge und der Inflationsraten. In den 80er Jahren dagegen wurde der US-Dollar sehr stark präferiert, sein Wert stieg, während gleichzeitig die Wachstumsrate der Weltgeldmenge sank.

Die mit einer Währungssubstitution verbundenen Verschiebungen der Weltgeldmenge sollen an einem einfachen Zwei-Länder Beispiel verdeutlicht werden. Land 1 sei das Land, das seine Geldmenge aufgrund der Währungsnachfrageverschiebung nicht ändert, Land 2 orientiert sich dagegen am Außenwert seiner Währung. In den beiden Graphiken der Abbildungen IX.1 ist das Geldangebot und die Geldnachfrage der beiden Länder vom jeweiligen

Zinssatz dargestellt. L bzw. L* beschreiben den negativen Zusammenhang zwischen Geldnachfrage und Zinssatz, G bzw. G* kennzeichnen das zur Vereinfachung autonom bestimmbare Geldangebot der beiden Länder. Im Ausgangsgleichgewicht A stimmen In- und Auslandszins in Höhe von i_0 überein, die Geldmärkte in beiden Ländern befinden sich im Gleichgewicht.

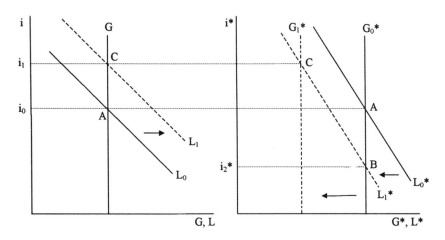

Abb. IX.1: Währungssubstitution zugunsten von Land 1

Verändert sich nun die internationale Liquiditätspräferenz zugunsten der Währung des Landes 1, so verschiebt sich in Abbildung IX.1 die Geldnachfragefunktion des Landes 1 nach rechts, die Geldnachfragefunktion des Landes 2 dagegen nach links. Hält Land 1 sein Geldangebot konstant, so wird der Zinssatz auf i_1 steigen, neues Geldmarktgleichgewicht wird in Punkt C erreicht. In Land 2 dagegen würde der Zinssatz bei unveränderter Geldmenge auf i_2^* sinken, Geldmarktgleichgewicht wäre in Punkt B erfüllt. Diese Zinsdifferenz löst jedoch internationale Kapitalströme in Richtung des Landes 1 aus, die Währung des Landes 2 würde weiter abwerten. Will Land 2 diese Abwertung verhindern, so müsste die Geldmenge auf G_1^* sinken, so dass Geldmarktgleichgewicht bei einem Zinssatz von i_1 in Punkt C erreicht wird. Die Weltgeldmenge wäre damit gesunken.

Der umgekehrte Fall ist in Abbildung IX.2 dargestellt. Die Verringerung der Geldnachfrage in Land 1 führt zu einem Rückgang des Zinssatzes auf i_1, das neue Geldmarktgleichgewicht liegt bei unverändertem Geldangebot in Punkt C. Land 2, das sich einer gestiegenen Geldnachfrage gegenübersieht, müsste nun, um einen Zinsanstieg auf i_2^* und eine Aufwertung seiner Währung zu verhindern, das Geldangebot auf G_1^* erhöhen, um bei i_1 Geldmarktgleichgewicht in Punkt C zu gewährleisten. Die Weltgeldmenge würde damit bei sinkendem Zinssatz steigen, die weltweite Inflationsgefahr nimmt zu.

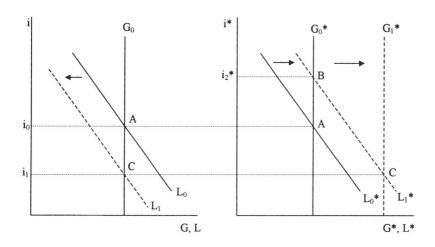

Abb. IX.2: Währungssubstitution zugunsten von Land 2

Zur Vermeidung solcher Schwankungen schlägt Mc-Kinnon vor, die Notenbanken der bedeutendsten Währungen der Welt sollten beim Auftreten von Währungssubstitutionseffekten koordiniert handeln, um Wechselkursschwankungen zu unterbinden und das Wachstum der Weltgeldmenge in stabilitätsorientiertem Umfang zu garantieren.

Im Falle einer Währungssubstitution zu Gunsten des Landes 1 müsste dieses Land sein Geldangebot erhöhen, während gleichzeitig das Ausland sein Geldangebot verknappt. Damit könnten die Geldmarktgleichgewichte in beiden Ländern bei unverändertem Zinssatz bestehen bleiben. Dieser Fall ist in Abbildung IX.3 dargestellt. Konkret heißt dies, dass Land 1 die verstärkte Nachfrage nach seiner Währung am Devisenmarkt durch den Kauf von Währung des Landes 2 befriedigt und den dadurch entstehenden expansiven Geldmengeneffekt nicht neutralisiert, während Land 2 das Überschussangebot seiner Währung vom Markt nimmt und gehaltene Währung des Landes 1 verkauft. Auch in Land 2 darf der damit verbundene kontraktive Geldmengeneffekt nicht neutralisiert werden. Beide Länder erreichen bei unverändertem Zinssatz den neuen Gleichgewichtspunkt C.

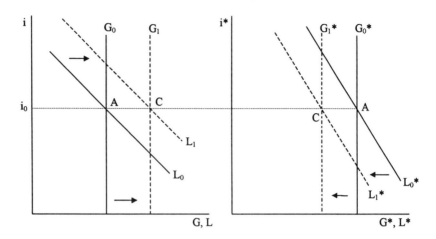

Abb. IX.3: Internationale Koordination der Geldpolitik

Bei genauerer Betrachtung handelt es sich bei der von McKinnon vorgeschlagenen internationalen Koordination der Geldpolitik um nichts anderes als um die Vereinbarung eines Festkurssystems mit Interventionsverpflichtung aller beteiligten Länder. Die Geldpolitik soll dabei allein in den Dienst der Stabilisierung der Wechselkurse gestellt werden. Damit existiert bei diesem Vorschlag aber die gleiche Problematik wie bei jedem Festkurssystem. Hinzu kommt, dass Einigung über das langfristige Wachstum der Weltgeldmenge erzielt werden muss, dass empirisch kaum hinreichend belegt werden kann, dass zu beobachtende Wechselkursschwankungen auf einen generellen Währungssubstitutionseffekt zurückzuführen sind und dass eine internationale geldpolitische Koordination mit strikter Ausrichtung am Wechselkurs wohl kaum durchsetzbar sein wird.

e) Kapitalverkehrskontrollen

Durch Beschränkungen des Erwerbs oder Verkaufs ausländischer Aktiva, oder des Umfangs von Bankgeschäften mit dem Ausland sollen die internationalen Kapitalströme gelenkt werden. Neben der auch hier bestehenden Problematik der Umgehungsmöglichkeiten, besteht für jedes Land, das zu diesen Maßnahmen greift, für die Zukunft eine erhöhte Risikoeinschätzung, was es ihm schwieriger machen dürfte, an internationalen Kapitalmärkten aktiv zu werden. Hauptkritikpunkt an einer Beschränkung des freien internationalen Kapitalverkehrs ist aber die Verhinderung einer optimalen internationalen Allokation des Faktors Kapital.

3. Freier internationaler Kapitalverkehr und Konsequenzen für die nationale Wirtschaftspolitik

3.1 Optimale internationale Kapitalakkumulation und nationale Wirtschaftspolitik

Nur durch freien Kapitalverkehr kann eine optimale internationale Allokation von Kapital erreicht werden, und können Finanzmärkte ihre Allokationsfunktion bei der internationalen Verwendung der gesamtwirtschaftlichen Ersparnisse optimal erfüllen. Dies soll anhand eines einfachen Zwei-Länder-Beispiels belegt werden.

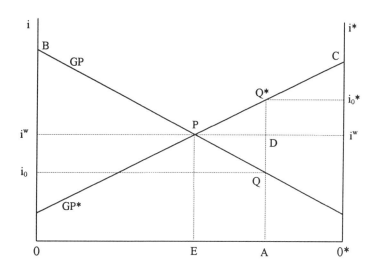

Abb. IX.4: Optimale internationale Kapitalakkumulation

Die Strecke 00^* in Abbildung IX.4 entspreche dem Gesamtkapitalbestand, der den beiden Ländern zur Verfügung steht. Unter der Annahme abnehmender Grenzproduktivitäten kennzeichnen die beiden Geraden GP und GP* die Grenzproduktivitätsgeraden des Inlands und des Auslands. Ein steigender Kapitaleinsatz im Inlands wird also von links nach rechts, ein steigender Kapitaleinsatz im Auslands von rechts nach links abgetragen. Der Kapitalbesitz ist jedoch zwischen den beiden Ländern nicht gleich verteilt, das Inland besitzt die Menge 0A, das Ausland entsprechend die Menge 0*A. Wird in jedem Land der im eigenen Besitz befindliche Kapitalbestand auch eingesetzt, so erreicht das Inland die Grenzproduktivität im Punkt Q, die durch i_0 gemessen wird. Das Ausland realisiert analog dazu den Punkt Q* mit der

Grenzproduktivität i_0^*. Da die Ausbringungsmenge der Fläche unter den Grenzproduktivitätsgeradendes Faktors Kapital entspricht, beträgt die inländische Produktion 0BQA, die ausländische Produktion entsprechend 0*AQ*C, die Weltproduktion kann durch die Punkte 0BQQ*C0* umfasst werden.

Lässt man nun freie Mobilität des Faktors Kapital zwischen den beiden Ländern zu - die Besitzverhältnisse bleiben davon unberührt -, so wird, durch die höhere Rendite angelockt, Kapital aus dem Inland ins Ausland wandern. Damit steigt die Grenzproduktivität in Land 1, während sie in Land 2 sinkt. Vernachlässigt man Kapitalverkehrsbeschränkungen jeder Art sowie länderspezifische Risikoaspekte, so werden die Kapitalbewegungen solange stattfinden, bis sich die Renditen im In- und Ausland in Punkt P angeglichen haben. Die einheitliche Weltgrenzproduktivität beträgt i^w. Die Inlandsproduktion ist durch die Verringerung des Kapitalstocks um die Fläche EPQA gesunken, während die Produktion in Land 2 um EPQ*A gestiegen ist. Damit ist der Umfang der Weltproduktion also um das Dreieck PQ*Q größer geworden.

Das Inland wird jedoch für den Produktionsausfall entschädigt, denn es erhält die Rendite aus seinem im Ausland eingesetzten Kapital. Diese beträgt EPDA - Grenzproduktivität multipliziert mit der im Ausland eingesetzten Kapitalmenge - und ist damit um das Dreieck PDQ größer als der Produktionsausfall im eigenen Land, d.h. Land 1 stellt sich insgesamt besser. Aber auch für Land 2 lohnt sich der Kapitalimport. Zwar fließt die Rendite in Land 1 zurück, diese ist aber kleiner als die in Land 2 zu verzeichnende Produktionszuwachs, es verbleibt für Land 2 ein Gewinn von PQ*D. Damit ist als Ergebnis der freien Bewegungsmöglichkeit des Faktors Kapital die Weltwohlfahrt eindeutig gestiegen.

Man kann bereits anhand dieses einfachen Zwei-Länder-Zusammenhangs zeigen, dass ein staatlicher Eingriff in die freie Kapitalmobilität zu suboptimalen Ergebnissen führt. Versucht das Inland, den Kapitalexport zu behindern, etwa durch eine Kapitalexportabgabe, so verschiebt sich in Abbildung IX.5 die Grenzproduktivitätsgerade des Inlands um die Abgabe nach oben, da die Rendite nach Abzug der Abgabe die gleiche bleiben muss. Lässt man nun unter Berücksichtigung dieser Restriktion Kapitalbewegungen zu, so erreicht man den Gleichgewichtspunkt P'. Man sieht, dass sich jetzt die Renditen auch nach dem Kapitalexport des Landes 1 unterscheiden, die Rendite des Auslands ist nur bis $i^{w'}$ gesunken und ist damit genau um die Kapitalverkehrsabgabe größer als die im Inland erzielte Rendite von i_1. Der Kapitalexport aus dem Inland ist jetzt geringer, er beträgt nur AE' gegenüber AE ohne Kapitalverkehrsbeschränkungen. Man sieht auch, dass die Weltproduktion jetzt nur um FP'Q*Q zunimmt und damit um PP'F weniger als bei freiem Kapitalverkehr. Auch der Gewinn, den das Inland aus den Kapitalexporten erzielen kann, ist gesunken. Sein Produktionsrückgang beträgt E'FQA, dafür erzielt es eine Rendite für das exportierte Kapital in Höhe von E'FDA. Sein Gewinn ist also auf FDQ gesunken. Die Suboptimalität, zu der die Kapitalverkehrsbeschränkung führt, ist aus Abbildung IX.5 offensichtlich.

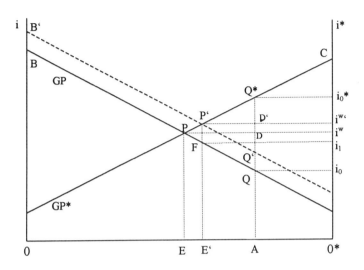

Abb. IX.5: Beschränkung des freien Kapitalverkehrs

Auch dem Einwand, bei freiem Kapitalverkehr müsse die Politik zur Vermeidung von Instabilitäten auf ihre Autonomie verzichten, wird widersprochen. Sie kann ihre Ziele lediglich nicht mehr mit jedem Instrumentarium erreichen. Die Politik ist jedoch keineswegs machtlos, sie besitzt durchaus Möglichkeiten, die Kapitalströme zu lenken, denn marktorientierte Politik wird belohnt, administrative Hemmnisse dagegen bestraft. Kapital fließt dorthin, wo die erwarteten Renditen am höchsten sind, und das ist, wenn man die „politischen Kosten" in die Betrachtung einbezieht, nicht unbedingt dort, wo Kapitalknappheit herrscht. Nur wenn sich der Bedarf an Kapital auch in höheren Anreizen niederschlägt, kann Kapital attrahiert werden. Aus Verteilungsgesichtspunkten ist es sicher nicht sinnvoll, dass die USA die höchste externe Verschuldung der Welt aufweisen und seit zwei Jahrzehnten netto privates Kapital an sich ziehen. Aber die Wirtschafts- und Geldpolitik der USA wird als sinnvoll und stabilitätsorientiert erachtet, was positive Erwartungen zur Folge hat. Der US-Kapitalimport induziert natürlich eine entsprechende Dollarnachfrage und hält den Kurs der amerikanischen Währung stabil auf hohem Niveau. Aber ist der Dollar deshalb überbewertet? Andere Länder haben die Freiheit, eine ebenso stabilitäts- und wachstumsorientierte Wirtschaftspolitik zu betreiben und auch die Möglichkeit, die Märkte für immobile Produktionsfaktoren, also vor allem den Arbeitsmarkt, zu flexibilisieren. Dann hätten sie sicher Chancen, als Konkurrenten der USA um das international mobile Kapital bestehen zu können.

Wenn ein Land eine hohe staatliche Auslandsschuld aufbaut, weil privates Kapital wegen politischer Risiken - etwa ungewisse Eigentumsverhältnisse oder drohende Kapitalverkehrsbeschränkungen - ins Ausland flüchtet und deshalb hohe öffentliche Kredite aufgebaut werden müssen, dann ist das kein Marktversagen, das staatliche Eingriffe rechtfertigen würde, sondern allenfalls Politikversagen. Auch die These, nur feste Wechselkurse förderten eine auf Stabilität ausgerichtete Wirtschaftspolitik, ist nicht stichhaltig, denn wenn alle Länder eine stabilitätsorientierte Wirtschaftspolitik betreiben, würden sich automatisch auch stabile Wechselkursverhältnisse ergeben.

3.2 Angestrebter Leistungsbilanzausgleich und Wechselkursziele als Garant eines globalen Gleichgewichts?

Leistungsbilanzsalden, ebenso wie bestimmte Wechselkursniveaus, erscheinen als wirtschaftspolitische Zielvorgaben zumindest problematisch. Weshalb sollten Notenbanken bessere Erkenntnisse über die richtigen Kurse haben? Aber die Notenbanken können durchaus Einfluss auf die freien Devisenmärkte nehmen. Nicht durch Devisenmarktinterventionen - ihre Reserven reichen nicht aus, um gegen den Markttrend zu intervenieren - sondern durch eine solide, vertrauensbildende Politik. Bei einer von den Märkten als falsch angesehenen Wirtschaftspolitik und einer damit induzierten Abwertungserwartung der eigenen Währung kann man das Problem nicht durch eine Fixierung des Wechselkurses lösen. Nicht das Symptom, die Ursache des Symptoms muss gelöst und damit das Misstrauen der Märkte abgebaut werden. Geschieht dies nicht und hält man den Wechselkurs künstlich stabil, so übertragen sich die Asymmetrien auf andere Märkte und zeigen sich in anderen volkswirtschaftlichen Größen wie etwa den Arbeitsmärkten oder den Leistungsbilanzsalden.

Der Versuch, durch politische Maßnahmen angebliche Verzerrungen aufzulösen, kann sogar selbst Ursache für Suboptimalitäten sein. Die Leistungsbilanz und damit letztlich die Nettoauslandsposition des Landes wird durch Spar- und Investitionsentscheidungen bestimmt, wie dies in Kapitel I anhand des intertemporalen Ansatzes zur Zahlungsbilanztheorie verdeutlicht wurde. Gesamtwirtschaftliche Ersparnis und gesamtwirtschaftliche Nettoinvestition sind das Ergebnis von individuellen Entscheidungen der Wirtschaftssubjekte, in denen sich auch aktuelle und erwartete politische Maßnahmen, von der Steuerpolitik über umweltpolitische Ankündigungen bis zu Regulierungen oder Deregulierungen widerspiegeln.

Wie man aus der Zahlungsbilanzarithmetik entnehmen kann, sind Forderungen nach dem Abbau von Leistungsbilanzsalden stets identisch mit der Forderung nach einem Ausgleich der Kapitalbilanzen. Das hieße im Falle eines Leistungsbilanzüberschusses, die gesamte inländische Ersparnis sollte auch im Inland investiv verwendet werden. Und auf ein Leistungsbilanzdefizit bezogen, die inländischen Investitionen sollten allein aus inländischen Ersparnissen finanziert werden. Kann man einen solchen Zustand als Gleichgewicht interpretieren? Ein durch Restriktionen nicht behinderter internationaler Kapitalverkehr führt, wie oben gezeigt, zur Gleichheit der Renditen in allen Ländern und zum Ausgleich von Sparen und Investieren - allerdings global und nicht nationalstaatlich. Salden in den nationalen Kapital- und Leistungsbilanzen sind folglich das Ergebnis von Entscheidungen über Konsumieren, Sparen und Investieren im globalen Wirtschaftsraum. Diese Größen basieren auf zukunftsgerichteten Planungen und Ansätze, sie zu erklären, dürfen daher den Zeitaspekt nicht außer Acht lassen. Dies geschieht im intertemporalen Ansatzes zur Zahlungsbilanztheorie.

In Abbildung IX.6 ist die Situation eines Leistungsbilanzüberschusses dargestellt, die dabei zugrunde gelegten Zusammenhänge wurden in Abschnitt I.4 ausführlich diskutiert. In Periode 1 existiert eine positive private Ersparnis in Höhe von $0e_1 - c_1d_1 - 0a_1 = a_1e_1 - c_1d_1 = a_1c_1 + d_1e_1$ und eine negative Ersparnis des Staates im Ausmaß b_1c_1. Damit ergibt sich als Differenz zwischen der gesamtwirtschaftlichen Ersparnis in Höhe von $a_1b_1 + d_1e_1$ und dem optimalen Niveau der Nettoinvestitionen (d_1e_1) ein Leistungsbilanzüberschuss von a_1b_1, d.h. im Ausmaß der waagrechten Differenz zwischen den Punkten C und G.

Dieser Leistungsbilanzüberschuss wurde hier aus einer Optimalplanung von Unternehmen und Haushalten bei gegebener Staatsaktivität abgeleitet und stellt damit strenggenommen eine optimale Größe dar. Optimal natürlich nur dann, wenn keine verzerrenden Einflüsse, etwa durch den Staat, vorliegen. Man sieht aus dieser Darstellung - selbst wenn man die zahlreichen Einschränkungen des dabei benutzten einfachen Zwei-Perioden-Zusammenhangs berücksichtigt -, dass ein Leistungsbilanzüberschuss nicht als bloßes Ergebnis der hohen internationalen Wettbewerbsfähigkeit eines Landes interpretiert werden kann, sondern auf verschiedene Ursachen zurückzuführen ist. Man sieht auch, dass der Saldo als bloße Zahl nichts über eine Gleichgewichts- oder Ungleichgewichtssituation aussagt und wirtschaftspolitischen Handlungsbedarf signalisiert.

Würde man dennoch versuchen, Leistungsbilanzsalden, etwa durch eine Beschränkung des freien internationalen Kapitalverkehrs, abzubauen, so bedeutet dies im hier diskutierten Beispiel, dass das Land bei konstanten staatli-

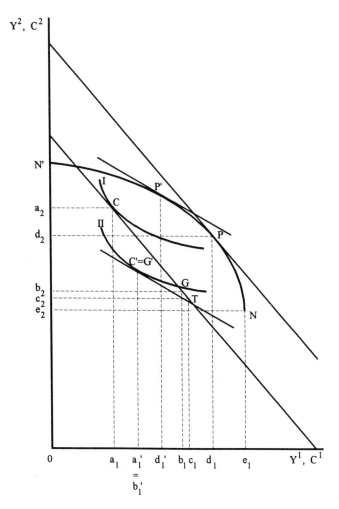

Abb. IX.6: Leistungsbilanzsaldo und Kapitalverkehrsbeschränkungen

chen Einnahmen- und Ausgabengrößen den inländischen Realzins gegenüber dem Weltmarkt reduzieren muss, um zum einen die Investitionstätigkeit, zum anderen den Gegenwartskonsum zu erhöhen. Die für das Inland relevante Kapitalmarktlinie weist dann eine geringere absolute Steigung auf. Graphisch verschiebt sich Punkt P auf der unveränderten Transformationskurve nach links zu P'. Da sich das staatliche Ausgabenniveau nicht verändert hat, bleibt der senkrechte und waagerechte Abstand zwischen P' und G' der gleiche wie zwischen P und G. Punkt C wandert nach rechts zu C', der jetzt wegen der unterstellten Forderung nach einer ausgeglichenen Leistungsbilanz mit Punkt G' zusammenfallen muss. Die Steigung der Indifferenzkurve in C' und die

Steigung der intertemporalen Transformationskurve in P' müssen übereinstimmen. Es wird deutlich, dass der erzwungene Leistungsbilanzausgleich mit einem niedrigeren Nutzenniveau verbunden ist (II < I) sowie mit einer internationalen Fehlallokation des Faktors Kapital.

Nun sind in den letzten Jahrzehnten keine Kapitalverkehrskontrollen geschaffen, sondern, im Gegenteil, abgebaut worden. Man kann die obige Argumentation auch umdrehen und von einem Zustand ausgehen, in dem Kapitalverkehrskontrollen existieren und in dem als Sonderfall die Leistungsbilanz ausgeglichen ist (P' und C'). Ein vollkommener Abbau von Kapitalverkehrskontrollen führt dann zu dem zunächst als Ausgangssituation beschriebenen Zustand eines Leistungsbilanzüberschusses (P und C). Das heißt also, der Abbau von Hindernissen des freien Kapitalverkehrs kann gerade Salden der Kapital- bzw. der Leistungsbilanz schaffen oder vergrößern. Den Abbau der Kapitalverkehrskontrollen kann man aber sicher nicht als einen Schritt von einem ökonomischen Gleichgewicht zu einem ökonomischen Ungleichgewicht interpretieren. Lediglich die Gleichheit von nationaler Ersparnis und nationaler Nettoinvestition wird dadurch gestört.

Obwohl man aufgrund der Restriktionen eines Zwei-Perioden-Zusammenhangs bei der Übertragung des Ergebnisses auf die Realität vorsichtig sein muss, wird doch deutlich, dass die strikte Vorgabe ausgeglichener Leistungsbilanzsalden nicht immer zu einem weltwirtschaftlichen Optimum führt. Vor allem dann nicht, wenn man die angestrebten Ziele durch Beschränkungen der freien Märkte erreichen will. Man sieht anhand des intertemporalen Ansatzes, selbst in der hier benutzten vereinfachten Version, dass man auch auf andere Weise zu einem Ausgleich kommen kann. Ein höheres Investitionsvolumen ist auch durch entsprechende Anreize bzw. durch den Abbau politischer Investitionshemmnisse zu erreichen. In diesem Fall bräuchte man nicht die intertemporale Kapitalmarktlinie zu manipulieren, vielmehr würde sich die inländische intertemporale Transformationskurve nach oben verschieben, und das Investitionsvolumen würde dadurch steigen.

4. Vorschläge für eine „neue internationale Finanzarchitektur"

Eine verstärkte Kooperation der für die Überwachung und Organisation der internationalen Finanzmärkte zuständigen Instanzen ist sicher durchaus sinnvoll. Allerdings nicht im Sinne einer strengen Finanzmarktregulierung, sondern lediglich zur Setzung von Rahmenbedingungen im Sinne einer internationalen Ordnungspolitik. Das Forum für Finanzmarktstabilität ist ein Schritt in diese Richtung. Es hat 1999 seine Arbeit aufgenommen. Zwischen diesem Forum, das den öffentlichen Sektor vertritt, und den privaten Finanzorganisationen sollte es einen regelmäßigen Austausch geben, denn eine der Hauptforderungen ist ja die Beteiligung der Privaten an der Bewältigung von Finanzkrisen, da es meist eine zu risikobehaftete Kreditvergabe von privater Seite ist, die solche Krisen mitverursacht haben. Die verstärkte Kooperation der internationalen Aufsichtsgremien könnte durchaus zu einer verbesserten Funktionsweise der internationalen Finanzmärkte und damit zu einer möglichst vollen Nutzung der Vorteile eines freien internationalen Kapitalverkehrs beitragen.

Schwachstellen in den nationalen und internationalen Finanzsystemen müssen leichter erkennbar werden, eventuell auch durch die Vorgabe von Orientierungsmaßstäben. Die Notenbanken, ebenso wie die Finanzmarktpolitik, müssen ihr Handeln transparenter und verständlicher machen, um damit berechenbarer zu werden. Daneben können auch internationale Organisationen zur Erhöhung der Transparenz beitragen. Um die Gefahr von Währungs- und Finanzkrisen möglichst bereits in der Entstehungsphase zu erkennen, könnte neben den bisher verfügbaren Informationen über Wachstumsraten, Inflation und Staatsbudgets auch das Ausmaß der vorhandenen Devisenreserven und die Rolle des Finanzsektors sowie die Qualität seiner Überwachung durch staatliche Instanzen offengelegt werden. Offen bleibt natürlich, wie diese zusätzlichen Informationen von den Marktteilnehmern interpretiert würden. Denn gerade die zeitnahe Bereitstellung umfangreicher Daten, die vor allem bei einer instabilen Situation schwierig sein dürfte, könnte die Marktteilnehmer, in der Überzeugung, ein zuverlässiges Instrument zur Früherkennung von Währungsturbulenzen zu besitzen, dazu veranlassen, ihr Verhalten zu ändern und eine Währung so frühzeitig zu attackieren, dass dadurch eine ansonsten vermeidbare Krise erst ausgelöst wird. Allerdings kann man heute sehen, dass das Bewusstsein der Märkte für die Bedeutung von Finanzkrisen zugenommen hat. Die unterschiedlichen Länderrisiken drücken sich heute sehr viel stärker in den Zinsunterschieden zwischen verschiedenen Ländern und Regionen aus, als dies vor den jüngsten Krisen der Fall war. Dies ist sicher ein stabilisierendes Element für die Finanzmärkte.

Ziel einer neuen Finanzarchitektur muss sein, die Märkte dauerhaft funktionsfähig zu machen. Forderungen nach einer Regulierung sind zweifelhaft, denn wie sollte man zwischen guten und schlechten Kapitalbewegungen unterscheiden können? Außerdem sind solche Vorschläge in der heute vernetzten Welt unrealistisch. Wie sollten sie überwacht, wie sollten Verzerrungen vermieden werden? Regierungen und Zentralbanken würden sich damit dem Wettbewerb entziehen, Fehlallokation von Kapital wäre die Folge. Die Sparer in den Industrieländern könnten nicht mehr nach optimalen Gesichtspunkten investieren und auch in Entwicklungsländern würden die dringend erforderlichen Kapitalimporte zurückgehen.

Die Wechselkurse sollten nicht mehr als ein politisches Prestigeobjekt angesehen werden, wie dies Anfang der 90er Jahre in der EWS-Krise häufig der Fall war. Wechselkursfixierungen sind problematisch, da sie die Verwundbarkeit eines Landes durch eine sich verschlechternde Wettbewerbsfähigkeit oder volatile Kapitalimporte erhöhen können. Auch müsste in diesem Fall die gesamte Politik der Fixierung des Wechselkurses untergeordnet werden. Die Problematik fester Wechselkurse zeigte sich auch bei der Asienkrise Ende der 90er Jahre. Viele asiatische Schwellenländer hatten ihre Währungen eng an den US-Dollar gebunden, was zu Überbewertungen führte und die Wettbewerbspositionen dieser Länder bereits seit 1995 verschlechterte. Die Paritäten konnten nur durch relativ hohe Inlandszinsen aufrechterhalten werden, was Anreiz für starke, auch kurzfristige Kapitalimporte war. Das damit einhergehende Wechselkursrisiko wurde von den Investoren wegen der bereits länger existierenden Bindung an den US-Dollar systematisch vernachlässigt.

Die Konsequenz dieser Problematik zeigt sich heute auch in einer Bewegung hin zu Rändern des Spektrums möglicher Kursbildungssysteme. Innerhalb der großen Wirtschaftsblöcke gibt es eine Tendenz zu Währungszusammenschlüssen, zwischen den großen Währungen der Welt zu frei beweglichen Wechselkursen. So haben in Europa die meisten Länder ihre Währungen zunächst unverändert aneinandergebunden und dann durch eine gemeinsame Währung ersetzt. Zwischen den großen Wirtschaftsblöcken USA, Europa und Asien sind und sollten die Wechselkurse dagegen möglichst flexibel bleiben. Einerseits ermöglicht dies freie, unbeschränkte Kapitalmärkte, denn es ist kaum davon auszugehen, dass die großen Wirtschaftsblöcke ihre interne Politik dem Ziel der internationalen Wechselkursstabilisierung unterordnen würden. Zum anderen können flexible Wechselkurse zwischen den großen Blöcken unterschiedliche Entwicklungen ausgleichen und zur Erreichung einer optimalen internationalen Kapitalakkumulation beitragen.

Jede Wechselkursbeeinflussung, die von den Märkten als Scheinlösung angesehen würde, löst dagegen spekulative Attacken aus, denn kein Kursniveau ist gegen die Märkte durchsetzbar. Deshalb ist auch die Vermeidung von moral-hazard-Problemen so zentral. Für die privaten Marktteilnehmer muss die Balance zwischen Gewinn- und Verlustrisiko gewährleistet bleiben. Gerade die staatlichen Instanzen aufstrebender Länder sollten lernen, vorsichtig zu sein mit der leichtfertigen Vergabe von Staatsgarantien, die Risikoprämien würden dadurch sinken, (zu) hohe Kapitalzuflüsse in Form unzureichend abgesicherter Kredite wären die Folge. Bei Krisensignalen würden diese Gelder das Land sehr schnell verlassen und Verwerfungen auslösen. In der Vergangenheit wurde ein solches Verhalten u.a. durch den IWF noch unterstützt. So wurden in der Mexiko-Krise 1994/95, in Asien 1997, in Russland 1998 und in Brasilien 1999 öffentliche Finanzhilfen z.T. zur Finanzierung von Kapitalexporten privater Anleger benutzt, die sich möglichst ohne Verluste von ihren

Risiken trennen wollten. Wenn ein solches Verhalten öffentlicher Institutionen antizipiert wird, so führt dies zu einer tendenziellen Unterschätzung des Risikos einer Auslandsanlage.

Die zukünftigen Aufgaben des IWF müssen vor allem in einer umfassenden makroökonomischen Kontrolle der einzelnen Länder liegen, um mögliche Krisen frühzeitig erkennen und die betroffenen Länder politisch beraten zu können. Eine Beschränkung auf die Beobachtung der Leistungsbilanzsituation und der Geld- und Finanzmärkte reicht hierfür nicht aus. Auch sollte die Situation der einzelnen Länder möglichst transparent gemacht werden, um Unsicherheiten der Finanzmärkte und das Entstehen von Spekulationswellen zu verhindern. Ziel sollte dabei auch sein, die Bonität der Mitglieder zu erhöhen, um ihnen den Zugang zu privaten Kapitalmärkten zu ermöglichen. Ist dies erreicht, so ist eine Finanzierung durch den IWF, die über kurzfristige Finanzhilfen zur Überwindung von Zahlungsbilanzschwierigkeiten hinausgeht, nicht zu rechtfertigen. Es sollten nicht private Geldgeber durch öffentliche Institutionen verdrängt werden. Außerdem sollte das früher geltende Prinzip der katalytischen Finanzierung, also der Beteiligung privater Investoren auch bei Finanzkrisen strikt beibehalten werden, um das „falsche" Signal zu vermeiden, Finanzlücken von Schuldnerländern würden letztlich durch öffentliche Stellen gedeckt.

Der IWF hat die Problematik erkannt und begonnen, seine Überwachungs- und Informationsfunktionen zu stärken. Auch wird bereits eine größere Offenheit bei den Länderberichten praktiziert. Ein Rückzug aus der Entwicklungsfinanzierung, die in den Aufgabenbereich der Weltbank fällt, ist ebenfalls vorgesehen. Aber selbst bei noch so umfassenden Reformen lassen sich Krisen nie völlig vermeiden. Der IWF könnte dann zumindest dazu beitragen, ein Ausbreiten der Krisen zu verhindern und damit einen Beitrag zur größeren Stabilität der internationalen Finanzmärkte leisten.

5. Zusammenfassung von Kapitel IX

1. Angesichts der steigenden Zahl krisenhafter Zuspitzungen kann man die derzeitige Situation an den Weltfinanzmärkten als ein magisches Dreieck der internationalen Finanzarchitektur kennzeichnen. Es stehen sich die drei Alternativen

- feste Wechselkurse und stabile Finanzmarktverhältnisse,
- autonome Wirtschaftspolitik,
- freier und ungestörter internationaler Kapitalverkehr

gegenüber, von denen immer nur zwei miteinander vereinbar sind. Dies hat zu einer Fülle von Vorschlägen zur grundsätzlichen Erneuerung der internationalen Finanzarchitektur geführt.

2. Vorschläge zur stärkeren institutionellen Überwachung der Finanzmärkte zielen vor allem auf eine stärkere Koordinierung der bereits zahlreich existierenden Institutionen. Dem ist durch die Gründung des Forums für Finanzmarktstabilität, das 1999 seine Arbeit aufnahm, bereits Rechnung getragen worden.

3. Vorschläge zur stärkeren Regulierung der Märkte sollten dagegen kritisch bewertet werden. Wechselkurszielzonen beinhalten die gleichen Probleme wie feste Wechselkurse, es muss ein ökonomisch sinnvoller Zielwert gefunden und spekulative Attacken verhindert werden. Gespaltene Devisenmärkte erfordern einen umfangreichen Kontrollmechanismus, da sie zur Suche von Umgehungsmöglichkeiten einladen. Eine Devisenmarktsteuer trifft immer auch die nichtspekulativen internationalen Transaktionen und gefährdet damit die Vorteile der internationalen Arbeitsteilung.

4. Stabilisiert eine Notenbank den Außenwert ihrer Währung während die andere Notenbank bei ihrer Geldpolitik allein binnenwirtschaftliche Zielsetzungen verfolgt, so kommt es bei einer Verschiebung der Nachfrage nach den beiden Währungen (Währungssubstitution) zu Schwankungen der Weltgeldmenge und damit zu Instabilitäten. Um dies zu vermeiden wird beim Auftreten von Währungssubstitution eine internationale Koordinierung der Geldpolitik vorgeschlagen. Letztlich ist jedoch dieser Vorschlag nichts anderes als die Installierung eines Festkurssystems mit geldpolitischer Ausrichtung auf die Außenwertstabilisierung.

5. Nur durch freien Kapitalverkehr kann eine optimale internationale Allokation von Kapital erreicht werden. Jeder Eingriff in die freie Bewegungsmöglichkeit von Kapital führt zu einem Rückgang der Weltproduktion und damit zu negativen Wohlfahrtseffekten. Außerdem hat ein Land, das zum Mittel von Kapitalverkehrskontrollen greift mit Bonitätsverlusten an den internationalen Kapitalmärkten zu rechnen.

6. Auch der Versuch, durch Kapitalmarkteingriffe eine ausgeglichene Leistungsbilanz zu erzwingen, führt zu Suboptimalitäten. Dies kann mit Hilfe des intertemporalen Ansatzes der Zahlungsbilanztheorie verdeutlicht werden. Auch Leistungsbilanzsalden können, wenn sie auf freiem

Verhalten der Wirtschaftssubjekte beruhen, als ein „optimaler" Zustand interpretiert werden, Ersparnis und Nettoinvestition stimmen überein, allerdings global und nicht nationalstaatlich.

7. Ziel einer neuen Architektur der Weltfinanzmärkte muss sein, die Märkte dauerhaft funktionsfähig zu machen. Dies kann letztlich nur durch eine auf Stabilität ausgerichtete Wirtschafts- Finanz- und Geldpolitik geschehen, die von den Marktteilnehmern als glaubhaft angesehen wird. Eine stärkere Koordination der Instanzen zur Überwachung der Rahmenbedingungen freier internationaler Finanzmärkte erscheint dabei durchaus sinnvoll. Dagegen ist jeder Versuch, durch interventionistische Maßnahmen die Märkte zu stabilisieren mit der Gefahr verbunden, spekulative Attacken auszulösen und damit selbst Ursache von Instabilitäten zu sein.

Literaturverzeichnis

ADEBAHR, H. (1978), *Währungstheorie und Währungspolitik, Einführung in die monetäre Außenwirtschaftslehre*, Berlin.

ALEXANDER, S.S. (1959), „Effects of a Devaluation: A Simplified Synthesis of Elasticities and Absorption Approaches", *The American Economic Review*, 49, S. 22–42.

ALIBER, R. (1989), „Gold in the International Monetary System: A Catalog of the Options", in Aliber, R., Hrsg., *The Reconstruction of International Monetary Arrangements*, 2. Aufl., London, S. 168–182.

ALTVATER, E. und MAHNKOPF, B. (1993), „Tarifautonomie gegen ökonomische Sachzwänge im vereinten Europa", *WSI Mitteilungen*, 46, S. 503–512.

ARGY, V. und SALOP, J. (1979), „Price and Output Effects of Monetary and Fiscal Policy Under Flexible Exchange Rates", *International Monetary Fund Staff Papers*, 26, S. 224–256.

BALBACH, A.B. (1978), „The Mechanics of Intervention in Exchange Markets", *Federal Reserve Bank of St. Louis Review*, 60, No. 2, S. 2–7.

BALDWIN, R. (1990), „Hysteresis in Trade", *Empirical Economics*, 15, S. 127–142.

BALDWIN, R. und KRUGMANN, P. (1989), „Persistent Trade Effects of Large Exchange Rate Shocks", *Quarterly Journal of Economics*, 104, S. 635–654.

BALTENSPERGER, E. (1981), „Die internationale Konjunkturübertragung bei flexiblen Wechselkursen", in Bombach, G., Gahlen, B. und Ott, A.E., Hrsg., *Zur Theorie und Politik internationaler Wirtschaftsbeziehungen*, Tübingen, S. 299–352.

BALTENSPERGER, E. (1992), „Monetäre Außenwirtschaftstheorie", *Zeitschrift für Wirtschafts- und Sozialwissenschaften*, 112, S. 505–565.

BALTENSPERGER, E. und BÖHM, P. (1982), „Stand und Entwicklungstendenzen der Wechselkurstheorie – Ein Überblick", *Außenwirtschaft*, 37, S. 109–157.

BARRO, R.J. (1979), „Money and the Price Level under the Gold Standard", *The Economic Journal*, 89, S. 13–33.

BAUMOL, W.J. (1957), „Speculation, Profitability, and Stability", *The Review of Economics and Statistics*, 39, S. 263–271.

BAYOUMI, T. (1994), "A Formal Model of Optimum Currency Areas", *IMF Staff Papers*, 41, S. 537–554.

BAYOUMI, T. und EICHENGREEN, B. (1992), "Is there a Conflict between EC-Enlargement and European Monetary Unification?", *NBER Working Paper 3590*, Cambridge.

BELKE, A. (1996), "Maastricht-Implikationen einer zentralisierten Geld- und Währungspolitik für die Beschäftigung in Europa", *Institut für Europäische Wirtschaft*, Ruhr Universität Bochum, Diskussionspapier 8.

BERG, H. (1976), *Internationale Wirtschaftspolitik*, Göttingen.

BERTHOLD, N. (1990), *Monetäre Integration in Europa*, Köln.

BERTHOLD, N. (1992), "Europa nach Maastricht – Sind die währungspolitischen Fragen gelöst?", *Wirtschaftsdienst*, 72, S. 23–28.

BLACK, S.W. (1973), "International Money Markets and Flexible Exchange Rates", *Princeton Studies in International Finance*, No. 32, Princeton.

BLACK, ST.W. (1977), *Floating Exchange Rates and National Economic Policy*, New Haven u.a.

BLANCHARD, O. (1979), "Speculative Bubbles, Crashes and Rational Expectations", *Economic Letters*, S. 387–389.

BLINDER, A.S. und SOLOW, R.M. (1973), "Does Fiscal Policy Matter?", *The Journal of Public Economics*, 2, S. 319–337.

BLOOMFIELD, A.I. (1959), *Monetary Policy and the International Gold Standard: 1880–1914*, New York.

BLOOMFIELD, A.I. (1963), "Short-Term Capital Movements Under The Pre-1914 Gold Standard", *Princeton Studies in International Finance*, No. 11, Princeton, N.J.

BORCHERT, M. (1999), *Außenwirtschaftslehre. Theorie und Politik*, 6. Aufl., Göttingen.

BORDO, M.D. (1981), "The Classical Gold Standard: Some Lessons for Today", *Federal Reserve Bank of St. Louis Review*, 63, No. 5, S. 2–17.

BORDO, M.D. (1993), "The Gold Standard, Bretton Woods and Other Monetary Regimes: A Historical Appraisal", *Federal Reserve Bank of St. Louis Review*, 75, No. 2, S. 123–191.

BRANSON, W.H. (1976), "The Dual Roles of the Government Budget and the Balance of Payments in the Movement from Short-Run to Long-Run Equilibrium", *The Quarterly Journal of Economics*, 90, S. 345–367.

BRANSON, W.H. (1977), "Asset Markets and Relative Prices in Exchange Rate Determination", *Sozialwissenschaftliche Annalen des Instituts für Höhere Studien*, 1, S. 69–89.

BRANSON, W.H. (1979), „Exchange Rate Dynamics and Monetary Policy", in Lindbeck, A., Hrsg., *Inflation and Employment in Open Economies*, Amsterdam, S. 189-224.

BRUNO, M. (1976), „The Two Sector Open Economy and the Real Exchange Rate", *American Economic Review*, 66, S. 566-577.

CASSEL, G. (1927), *Theoretische Sozialökonomie*, 4. Aufl., Leipzig.

CLAASSEN, E.-M. (1995), „Geldmengensteuerung in Deutschland aus internationaler Sicht", in Siebke, J. und Thieme, J., Hrsg., *Geldpolitik*, Baden-Baden, S. 209-218.

CLAASSEN, E.-M. (1996), *Monetäre Außenwirtschaftslehre*, München.

COOPER, R.N. (1982), „The Gold Standard: Historical Facts and Future Prospects", *Brooking Papers on Economic Activity*, S. 1-45.

COOPER, R.N. (1987), *The International Monetary System*, Cambridge.

CORDEN, W.M. (1972), „Monetary Integration", *Essays in International Finance*, No. 93, Princeton, N.J.

DE GRAUWE, P. (1989), *International Money. Post-War Trends and Theories*, Oxford.

DE GRAUWE, P. (1994), *The Economics of Monetary Integration*, 2. Aufl., Oxford.

DE GRAUWE, P. und VANHAVERBEKE, W. (1993), „Is Europe an Optimum Currency Area? Evidence from Regional Data", in Masson, P. und Taylor, M., Hrsg., *Policy Issues in the Operation of Currency Unions*, Cambridge.

DELORS-AUSSCHUSS (1989), *Bericht zur Wirtschafts- und Währungsunion in der Europäischen Gemeinschaft*, Brüssel.

DEUTSCHE BUNDESBANK (1992), „Die Beschlüsse von Maastricht zur Europäischen Wirtschafts- und Währungsunion", Monatsbericht Februar, Frankfurt/M.

DEUTSCHE BUNDESBANK (1992), „Internationale Organisationen und Abkommen im Bereich von Währung und Wirtschaft", Sonderdruck 3, Frankfurt/M.

DEUTSCHE BUNDESBANK (1993), „Entwicklung und Bestimmungsfaktoren des Außenwerts der D-Mark", Monatsbericht November, Frankfurt/M.

DEUTSCHE BUNDESBANK (1994), „Reale Wechselkurse als Indikatoren der internationalen Wettbewerbsfähigkeit", Monatsbericht Mai, Frankfurt/M.

DEUTSCHE BUNDESBANK (1995), „Änderung in der Systematik der Zahlungsbilanz", Monatsbericht März, Frankfurt/M.

DEUTSCHE BUNDESBANK (1997), „Die Bedeutung internationaler Einflüsse für die Zinsentwicklung am Kapitalmarkt", Frankfurt/M.

DEUTSCHE BUNDESBANK (1999), „Der Beginn der Wirtschafts- und Währungsunion am 1. Januar 1999", Monatsbericht Januar, Frankfurt/M.

DEUTSCHE BUNDESBANK (1999), „Zur Bedeutung von Fundamentalfaktoren für die Entstehung von Währungskrisen in Entwicklungs- und Schwellenländern", Monatsbericht April, Frankfurt/M.

DEUTSCHE BUNDESBANK (1999), „Neuere Ansätze zur Beteiligung des Privatsektors an der Lösung internationaler Verschuldungskrisen", Monatsbericht Dezember, Frankfurt/M.

DEUTSCHE BUNDESBANK (2000), „Die Rolle des Internationalen Währungsfonds in einem veränderten weltwirtschaftlichen Umfeld", Monatsbericht September, Frankfurt/M.

DEUTSCHE BUNDESBANK (2001), „Strukturelle Leistungsbilanzsalden: Längerfristige Entwicklungen und Bestimmungsfaktoren", Monatsbericht Januar, Frankfurt/M.

DEUTSCHE BUNDESBANK (2001), Geschäftsbericht 2000, Frankfurt/M.

DEUTSCHE BUNDESBANK (o. J.), Monatsberichte, verschiedene Jahrgänge, Frankfurt/M.

DEUTSCHE BUNDESBANK (o. J.), Devisenmarktstatistik, verschiedene Ausgaben, Frankfurt/M.

DIECKHEUER, G. (1995), *Internationale Wirtschaftsbeziehungen*, 3. Aufl., München.

DORNBUSCH, R. (1973), „Devaluation, Money and Nontraded Goods", *The American Economic Review*, 63, S. 871–880.

DORNBUSCH, R. (1975), „A Portfolio Balance Model of the Open Economy", *The Journal of Monetary Economics*, 1, S. 3–20.

DORNBUSCH, R. (1976), „Expectations and Exchange Rate Dynamics", *Journal of Political Economy*, 84, S. 1161–1176.

DORNBUSCH, R. (1976), „The Theory of Flexible Exchange Rate Regimes and Macroeconomic Policy", *The Scandinavian Journal of Economics*, 78, S. 255–275.

DORNBUSCH, R. (1980), *Open Economy Macroeconomics*, New York.

DORNBUSCH, R. (1982), „Equilibrium and Disequilibrium Exchange Rates", *Zeitschrift für Wirtschafts- und Sozialwissenschaften*, 37, S. 573–599.

DORNBUSCH, R. (1985), „Special Exchange Rates for Capital Account Transactions", *NBER Working Paper 1659*, Cambridge.

DORNBUSCH, R. (1988), „Doubts About the McKinnon Standard", *Journal of Economic Perspectives*, 2, S. 105–112.

DORNBUSCH, R. und FRANKEL, J.A. (1988), „The Flexible Exchange Rate System: Experience and Alternatives", in Borner, S., Hrsg., *International Finance and Trade in a Polycentric World*, Basingstoke, S. 151–197.

DUWENDAG, D. (1991), „Zur Frage eines tragfähigen Policy mix: Sind adäquate Regeln für die Fiskalpolitik unentbehrlich?", in Weber, M., Hrsg., *Europa auf dem Weg zur Währungsunion*, Darmstadt, S. 220–248.

EICHENGREEN, B. (1990), „One Money for Europe? Lessons from the US Currency Union", *Economic Policy*, 10, S. 177–188.

EICHENGREEN, B. (1993), „European Monetary Unification", *Journal of Economic Literature*, 31, S. 1321–1357.

EICHENGREEN, B. und WYPLOSZ, CH. (1993), „The Unstable EMS", *Brookings Papers on Economic Activity*, S. 51–124.

EUROPEAN COMMISSION (1990), „One Market, Ohne Money", *European Economy*, No. 44

FILC, W. (1991), „Harte" oder „gehärtete" ECU für Europa?, *Wirtschaftsdienst*, 71, S. 196–201.

FLEMING, J.M. (1962), „Domestic Financial Policies Under Fixed and Under Floating Exchange Rates", *International Monetary Fund Staff Papers*, 9, S. 369–379.

FLEMING, J.M. (1974), „Dual Exchange Markets and other Remedies for Disruptive Capital Flows", *IMF Staff Papers*, 21, S. 1–27.

FLOOD, R. (1979), „An Example of Exchange Rate Overshooting", *Southern Economic Journal*, 46, S. 68–78.

FRANKEL, J.A. (1996), „Recent Exchange-Rate Experience and Proposals for Reform", *The American Economic Review*, 86, Papers and Proceedings, S. 153–158.

FRANKEL, J.A. und ROSE, A.K. (1998), „The Endogeneity of the Optimum Currency Area Criteria", *The Economic Journal, 108, S. 1009–1025.*

FRATIANNI, M. (Hrsg.) (1978), *One Money for Europe*, London.

FRATIANNI, M. und HAGEN, J. V. (1990), „German Dominance in the EMS: The Empirical Evidence", *Open economies review*, 1, S. 67–87.

FRATIANNI, M. und HAGEN, J. V. (1990), „The European Monetary System Ten Years after", *Carnegie-Rochester Conference Series*, 32, S. 173–241.

FREEDMAN, C. (1977), „The Euro-Dollar Market. A review of five recent studies", *Journal of Monetary Economics*, 3, S. 467–478.

FRENKEL, J.A. (1976), „A Monetary Approach to the Exchange Rate: Doctrinal Aspects and Empirical Evidence", *Scandinavian Journal of Economics*, 78, S. 200–224.

FRENKEL, J.A. (1978), „Purchasing Power Parity: Doctrinal Perspective and Evidence from the 1920s", *Journal of International Economics*, 8, S. 169–191.

FRENKEL, J.A. und JOHNSON, H., Hrsg. (1976), *The Monetary Approach to the Balance of Payments*, London.

FRENKEL, J.A. (1981), „Flexible Exchange Rates, Prices, and the Role of „News": Lessons from the 1970s", *Journal of Political Economy*, 89, S. 665–705.

FRENKEL, J.A. (1981), „The Collapse of Purchasing Power Parities During the 1970's", *European Economic Review*, 16, S. 145–165.

FRENKEL, J.A. und GOLDSTEIN, M. (1986), „A Guide to Target Zones", *International Monetary Fund Staff Papers*, 33, S. 633–673.

FRENKEL, J.A. und RAZIN, A. (1987), *Fiscal Policies and the World Economy*, Cambridge u.a.

FRENKEL, M. (1995), „Neuere Entwicklungen in der Wechselkurstheorie", *WiSt*, Heft 1.

FRENKEL, M. und KLEIN, M. (1991), „Der Übergang zur Europäischen Währungsunion: Fiskalische Harmonisierung und Wechselkursvorbehalt", in Siebke, J., Hrsg., *Monetäre Konfliktfelder der Weltwirtschaft*, Berlin, S. 411–427.

FRENKEL, M. und MENKHOFF, L. (2000), „Neue internationale Finanzarchitektur: Defizite und Handlungsoptionen", *Perspektiven der Wirtschaftspolitik*, 1, S. 259–279.

FRENKEL, M. und MENKHOFF, L. (2000), *Stabile Weltfinanzen - Die Debatte um eine neue internationale Finanzarchitektur*, Berlin u.a.

FUNABASHI, Y. (1988), *Managing the Dollar: From the Plaza to the Louvre*, Washington, D.C.

GAAB, W. (1983), *Devisenmärkte und Wechselkurse – Eine theoretische und empirische Analyse*, Berlin.

GANDOLFO, G. (1986), *International Economics*, Berlin u.a.

GÄRTNER, M. (1997), *Makroökonomik flexibler und fester Wechselkurse*, 2. Aufl., Berlin u.a.

GIAVAZZI, F. und GIOVANNINI, A. (1989), *Limiting Exchange Rate Flexibility. The European Monetary System*, Cambridge, Mass.

GOODHART, C.A.E. (1990), „Economists Perspectives on the EMS - A Review Essay", *Journal of Monetary Economics*, 26, S. 471–478.

GREENAWAY, D. und HINE, R. (1991), „Intra-Industry Specialization, Trade Expansion and Adjustment in the European Economic Space", *Journal of Common Market Studies*, Jg. 29, S. 603-622.

GROS, D. und THYGESEN, N. (1992), *European Monetary Integration*, London.

GRUBEL, H.G. (1973), „The Case for Optimum Exchange Rate Stability", *Weltwirtschaftliches Archiv*, 109, S. 351-381.

GRUBEL, H.G. (1984), *The International Monetary System. Efficiency and Practical Alternatives*, 4. Aufl., Harmondsworth.

GUTOWSKI, A. und SCHARRER, H.-E. (1983), „Das Europäische Währungssystem – Ein Erfolg?", in Ehrlicher, W. und Richter, R., Hrsg., *Geld- und Währungsordnung*, Berlin, S. 147-180.

HABERLER, G. (1949), „The Market of Foreign Exchange and the Stability of the Balance of Payments", *Kyklos*, 3, S. 193-218.

HAGEN, J. V. (1989), „Monetary Targeting with Exchange Rate Constraints: The Bundesbank in the 1980's", *Federal Reserve Bank of St. Louis Review*, 71, S. 53-69.

HAGEN, J. V. und EICHENGREEN, B. (1996), „Ferderalism, Fiscal Restraints, and European Monetary Union", *The American Economic Review*, 86, Papers and Proceedings, S. 134-138.

HELLER, H.R. (1974), *International Monetary Economics*, Englewood Cliffs.

HELPMAN, E. und KRUGMAN, P. (1985), *Market Structure and Foreign Trade*, Harvester.

ISSING, O. (1965), *Leitwährung und internationale Währungsordnung*, Berlin.

ISSING, O. (1989), „Leistungsbilanzungleichgewichte und Leistungsbilanzziele", in Bub, N., Duwendag, D. und Richter, R., Hrsg., *Geldwertsicherung und Wirtschaftsstabilität*, Festschrift für Helmut Schlesinger zum 65. Geburtstag, Frankfurt am Main, S. 87-100.

ISSING, O. (1993), „Disziplinierung der Finanzpolitik in der Europäischen Währungsunion?", in Duwendag, D. und Siebke, J., Hrsg., *Europa vor dem Eintritt in die Wirtschafts- und Währungsunion*, Berlin, S. 181-194.

ISSING, O. und MASUCH, K. (1989), „Zur Frage der normativen Interpretation von Leistungsbilanzsalden", *Kredit und Kapital*, 22, S. 1-17.

JARCHOW, H.-J. (1976), „Die Kursbildung auf dem Devisenkassa- und dem Devisenterminmarkt", *Wirtschaftswissenschaftliches Studium*, S. 297-315.

JARCHOW, H.-J. (1997), „Rationale Wechselkurserwartungen, Devisenmarkteffizienz und spekulative Blasen", *Wirtschaftswissenschaftliches Studium*, 10, S. 509-516.

JARCHOW, H.-J. und RÜHMANN, P. (2000), *Monetäre Außenwirtschaft Band I: Monetäre Außenwirtschaftstheorie*, 5. Aufl., Göttingen.

JARCHOW, H.-J. und RÜHMANN, P. (1997), *Monetäre Außenwirtschaft Band II: Internationale Währungspolitik*, 4. Aufl., Göttingen.

JOHNSON, H. (1972), „The Monetary Approach to Balance-of-Payments Theory", in Johnson, H., Hrsg., *Further Essays in Monetary Economics*, London, S. 229–249.

JOHNSTON, R.B. (1983), *The Economics of the Euro-Market. History, Theory and Policy*, London u.a.

KEMP, D.S. (1975), „A Monetary View of the Balance of Payments", *Federal Reserve Bank of St. Luis Review*, 57, S. 14–22.

KENEN, P.B. (1969), „The Theory of Optimum Currency Areas: An Eclectic View", in Mundell, R.A. und Swoboda, A.K., Hrsg., *Monetary Problems of the International Economy*, Chicago, S. 41–60.

KENEN, P.B. (1988), *Managing Exchange Rates*, London.

KENEN, P.B. (1990), „Organizing Debt Relief: The Need for a New Institution", *The Journal of Economic Perspectives*, 4, S. 7–18.

KENEN, P.B. (1995), „What Have We Learned from the EMS Crises?", *Journal of Policy Modeling*, 17, S. 449–461.

KLOTEN, N. und BOFINGER, P. (1988), „Währungsintegration über eine europäische Parallelwährung?", in Duwendag, D., Hrsg., *Europa-Banking*, Baden-Baden, S. 57–84.

KLÜVER, A. und RÜBEL, G. (2001), „Industrielle Konzentration als Kriterium für die Geeignetheit eines einheitlichen Währungsraums", *Jahrbücher für Nationalökonomie und Statistik*, 221, S. 68–86.

KOMMISSION DER EUROPÄISCHEN GEMEINSCHAFT (1990), *Ein Markt - Eine Währung*, Luxemburg.

KRAVIS, I.B. und LIPSEY, R.E. (1977), „Export Prices and the Transmission of Inflation", *The American Economic Rieview*, Papers and Proceedings, 67, S. 155–163.

KRUGMAN, P. (1991), *Geography and Trade*, London.

KRUGMAN, P. (1991), „Target Zones and Exchange Rate Dynamics", *Quarterly Journal of Economics*, 106, S. 669–682.

KRUGMAN, P. und OBSTFELD, M. (1999), *Internatioinal Economics Theory and Policy*, 4. Aufl., Reading, Mass.

KRUGMAN, P. und VENABLES, A. (1995), „Globalization and the Inequality of Nations", *The Quarterly Journal of Economics*, Jg. 110, S. 857–880.

LAURSEN, S. und METZLER, L.A. (1950), „Flexible Exchange Rates and the Theory of Employment", *The Review of Economics and Statistics*, 32, S. 281–299.

LEHMENT, H. (1980), *Devisenmarktinterventionen bei flexiblen Wechselkursen: Die Politik des Managed Floating*, Tübingen.

LEHMENT, H. und SCHEIDE, J. (1992), „Die Europäische Wirtschafts- und Währungsunion: Probleme des Übergangs", *Weltwirtschaft*, S. 50–67.

LERNER, A. (1944), *The Economics of Control*, New York.

MACDONALD, R. (1988), *Floating Exchange Rates. Theories and Evidence*, London.

MACDONALD, R. und TAYLOR, M.P. (1992), „Exchange Rate Economics. A Survey", *International Monetary Fund Staff Papers*, 39, S. 1–57.

MACDOUGALL, G.D.A. (1968), „The Benefits and Costs of Private Investment from Abroad: A Theoretical Approach", in Caves, R.E. und Johnson, H.G., Hrsg., *Readings in International Economics*, London, S. 172–194.

MARSHALL, A. (1923), *Money, Credit and Commerce*, London.

MATTHES, H. (1992), „Währungsunion mit der Peripherie", *Wirtschaftsdienst*, 72.

MCCALLUM, B.T. (1996), *International Monetary Economics*, New York u.a.

MCCLOSKEY, D.N. und ZECHER, J.R. (1976), „How the Gold Standard Worked, 1880–1913", in Frenkel, J.A. und Johnson, H.G., Hrsg., *The Monetary Approach to the Balance of Payments*, London, S. 357–385.

MCKINNON, R. (1963), „Optimum Currency Areas", *American Economic Review*, 53, S. 717–725.

MCKINNON, R. (1982), „Currency Substitution and Instability in the World Dollar Market", *American Economic Review*, 72, S. 320–333.

MCKINNON, R. (1984), *An International Standard for Monetary Stabilization*, Washington, D.C.

MEADE, J.E. (1951), „The Theory of International Economic Policy", *The Balance of Payments*, London.

MENKHOFF, L. und MICHAELIS, J. (1995), „Ist die Tobin-Steuer tatsächlich „tot"?", *Jahrbuch für Wirtschaftswissenschaften*, 46, S. 34–54.

MENKHOFF, L. und MICHAELIS, J. (1995), „Steuern zur Begrenzung unerwünschter Währungsspekulation", *Aussenwirtschaft*, 50, S. 443–462.

MOLITOR, CH. (1995), „Probleme regionaler Lohnpolitik im vereinten Europa", in Oberender, P. und Streit, M. Hrsg., *Europas Arbeitsmärkte im Integrationsprozess*, Baden-Baden.

MORGENSTERN, O. (1959), *International Financial Transactions and Business Cycles*, Princeton.

MUNDELL, R.A. (1960), „The Monetary Dynamics of International Adjustment under Fixed and Flexible Exchange Rates", *The Quarterly Journal of Economics*, 74, S. 227–257.

MUNDELL, R.A. (1961), „A Theory of Optimum Currency Areas", *American Economic Review*, 51, S. 657–665.

MUNDELL, R.A. (1961), „Flexible Exchange Rates and Employment Policy", *The Canadian Journal of Economics and Political Science*, 27, S. 509–517.

MUNDELL, R.A. (1961), „The International Disequilibrium System", *Kyklos*, 14, S. 154–172.

MUNDELL, R.A. (1962), „The Appropriate Use of Monetary and Fiscal Policy for Internal and External Stability", *IMF Staff Papers*, 9, S. 70–79.

MUNDELL, R.A. (1963), „Capital Mobility and Stabilization Policy under Fixed and Flexible Exchange Rates", *Canadian Journal of Economics and Political Science*, 29, S. 475–485.

MUNDELL, R.A. (1968), *International Economics*, New York u.a.

NELDNER, M. (1988), „Wege zur Währungsintegration", in Issing, O., Hrsg., *Wechselkursstabilisierung, EWS und Weltwährungssystem*, Hamburg, S. 261–283.

NIEHANS, J. (1975), „Some Doubts about the Efficacy of Monetary Policy under Flexible Exchange Rates", *Journal of International Economics*, 5, S. 275–281.

NIEHANS, J. (1978), *The Theory of Money*, Baltimore u.a.

NIEHANS, J. (1984), *International Monetary Economics*, Oxford.

NURSKE, R. (1944), *International Currency Experience. Lessons of the Inter-War Period*, Genf.

OHR, R. (1987), „Notenbankinterventionen und Effizienz der Devisenmärkte", *Kredit und Kapital*, 20, S. 200–213.

OUDIZ, G. und SACHS, J. (1984), „Macroeconomic Policy Coordination among the Industrial Economies", *Brookings Papers on Economic Activity*, S. 1–64.

POLAK, J.J. (1979), „The SDR as a Basket of Currencies", *International Monetary Fund Staff Papers*, 26, S. 627–653.

POHL, R. (1992), „Tarifpolitik bei fortschreitender europäischer Integration", *WSI Mitteilungen*, 45, S. 755–757.

PRATTEN, C. (1988), „A Survey of the Economies of Scale", in Commission of the European Communities, Hrsg., *Research on the „Cost of Non-Europe" - Studies on the Economics of Integration - Basic Findings*, Luxemburg.

ROBINSON, J. (1937), *Essays in the Theory of Employment*, Oxford.

ROBINSON, J. (1943), „The International Currency Proposals", *The Economic Journal*, 53, S. 161–175.

ROBINSON, J. (1952), „A Geometric Analysis of the Foreign Trade Multiplier", *Economic Journal*, 62, S. 546–564.

ROSE, K. und SAUERNHEIMER, K. (1999), *Theorie der Außenwirtschaft*, 13. Aufl., München.

RÜBEL, G. (1982), *Devisenmarktoperationen bei flexiblen Wechselkursen*, Hamburg.

RÜBEL, G. (1988), „Intertemporale Zahlungsbilanztheorie", *Jahrbuch für Sozialwissenschaft*, 39, S. 102–110.

RÜBEL, G. (1988), *Factors Determining External Debt - An Intertemporal Approach*, Berlin u.a.

RÜBEL, G. (1994), „Europäische Integration und Leistungsbilanzsalden", in Rübel, G., Hrsg., *Perspektiven der Europäischen Integration*, Heidelberg.

SACHS, J.D. (1981), „The Current Account and Macroeconomic Adjustment in the 1970's", *Brooking Papers on Economic Activity*, S. 201–268.

SACHS, J.D. (1996), „Economic Transition and the Exchange-Rate Regime", *The American Economic Review*, 86, Papers and Proceedings, S. 147–152.

SACHS, J. und OUDIZ, G. (1984), „Macroeconomic Policy Coordination Among Industrial Countries", *Booking Papers on Economic Activity*, S. 1–64.

SCHÄFER, H. (1987), „Schaden flexible Wechselkurse der Weltwirtschaft? Ein Überblick zum aktuellen theoretischen und empirischen Forschungsstand", *Konjunkturpolitik*, Jg. 33, S. 219–241.

SCHÄFER, W. (1985), „Anmerkungen zur J-Kurve", *Kredit und Kapital*, 18, S. 490–503.

SCHÄFER, W. (1987), „Informationseffekte von Devisenmarktinterventionen", in Köhler, C. und Pohl, R., Hrsg., *Aspekte der Geldpolitik in offenen Volkswirtschaften*, Berlin, S. 61–75.

SCHEIDE, J. und TRAPP, P. (1991), „Erfordert eine Europäische Währungsunion die Harmonisierung der Finanzpolitik?", in Siebke, J., Hrsg., *Monetäre Konfliktfelder der Weltwirtschaft*, Berlin, S. 429–446.

SCHMITT-RINK, G. und BENDER, D. (1992), *Makroökonomie geschlossener und offener Volkswirtschaften*, 2. Aufl., Berlin u.a.

SCHNEIDER, E. (1968), *Zahlungsbilanz und Wechselkurs. Eine Einführung in die monetären Probleme internationaler Wirtschaftsbeziehungen*, Tübingen.

SCHRÖDER, J. (1969), *Zur Theorie der Devisenterminmärkte*, Berlin.

SCHRÖDER, J. (1978), „Kapitalbewegungen, internationale, II. Theorie und Politik", *Handwörterbuch der Wirtschaftswissenschaft*, 4, S. 389–404.

SCHRÖDER, J. (1990), „The Role of the SDRs in the International Monetary System", in Claassen, E.-M., Hrsg., *International and European Monetary Systems*, Oxford u.a., S. 65–82.

SCHULMEISTER, S. (1988), „Currency Speculation and Dollar Fluctuations", *Banca Nazionale del Lavoro Quarterly Review*, 167, S. 343–365.

SIEBERT, H. (2000), *Außenwirtschaft*, 7. Aufl., Stuttgart.

SOHMEN, E. (1969), *Flexible Exchange Rates*, Chicago.

SOHMEN, E. (1973), *Wechselkurs und Währungsordnung*, Tübingen.

STOBBE, A. (1994), *Volkswirtschaftslehre I: Volkswirtschaftliches Rechnungswesen*, 8. Aufl., Berlin.

SVENSSON, L.E.O. (1992), „An Interpretation of Recent Research on Exchange Rate Target Zones", *Journal of Economic Perspectives*, 6, S. 119–144.

SWOBODA, A.K. (1972), „Equilibrium, Quasi-Equilibrium, and Makroeconomic Policy under Fixed Exchange Rates", *The Quarterly Journal of Economics*, 86, S. 162–171.

SWOBODA, A.K. (1983), „Exchange Rate Regimes and European-U.S. Policy Interdependence", *International Monetary Fund Staff Papers*, 30, S. 75–102.

THE ECONOMIST, Ausgabe vom 3.4.1999.

TICHY, G. (1992), „Theoretical and Empirical Considerations on the Dimension of an Optimum Integration Area in Europe", *Aussenwirtschaft*, Jg. 47, S. 107–137.

TIETMEYER, H. (1999), „Internationale Zusammenarbeit und Koordination auf dem Gebiet der Aufsicht und Überwachung des Finanzmarkts", *Deutsche Bundesbank*, Monatsbericht Mai.

TOBIN, J. (1969), „A General Equilibrium Approach To Monetary Theory", *Journal of Money, Credit, and Banking*, 1, S. 15–29.

TOBIN, J. (1978), „A Proposal for International Monetary Reform", *Eastern Economic Journal*, 4, S. 153–159.

TRIFFIN, R. (1960), *Gold and the Dollar Crisis*, New Haven.

TRIFFIN, R. (1964), „The Evolution of the International Monetary Stystem: Historical Reappraisal and Future Perspectives", *Princeton Studies in International Finance*, No. 12, Princeton, N.J.

TRIFFIN, R. (1971), „The Use of SDR Finance for Collectively Agreed Purposes", *Banca Nazionale del Lavoro Quarterly Review*, 24, S. 3–12.

VAUBEL, R. (1978), „Strategies for Currency Unification. The Economics of Currency Competition and the Case for a European Parallel Currency", *Kieler Studien*, 156, Tübingen.

VAUBEL, R. (1988), „Monetary Integration Theory: A Survey and Critique", in Zis, G., Hrsg., *International Economics*, London u.a., S. 223–262.

VAUBEL, R. (1990), „Currency Competition and European Monetary Integration", *Economic Journal*, 100, S. 936–946.

VAUBEL, R. (1990), „Die politische Ökonomie des Internationalen Währungsfonds, Eine Public-Choice-Analyse", *Jahrbuch für Neue Politische Ökonomie*, 9, S. 258–281.

WELFENS, P. (1994), „Binnenmarkt und Währungsintegration: Theoretische Aspekte und wirtschaftspolitische Optionen", *Hamburger Jahrbuch für Wirtschaftspolitik*, 39, S. 307–337.

WESTPHAL, U. (1968), „Die importierte Inflation bei festem und flexiblem Wechselkurs", *Kieler Studien*, 87, Tübingen.

WESTPHAL, U. (1994), *Makroökonomik. Theorie, Empirie und Politikanalyse*, 2. Aufl., Berlin.

WILLIAMSON, J. (1973), „Surveys in Applied Economics: International Liquidity", *The Economic Journal*, 83, S. 685–746.

WILLIAMSON, J. (1983), „The Exchange Rate System", *Policy Analysis in International Economics*, No. 5, Washington, D.C.

WILLMS, M. (1988), „Wechselkursstabilisierung durch währungspolitische Kooperation?", in Issing, O., Hrsg., *Wechselkursstabilisierung, EWS und Weltwährungssystem*, Hamburg, S. 229–260.

WILLMS, M. (1990), „Der Delors-Plan und die Anforderungen an eine gemeinsame Europäische Geldpolitik", *Kredit und Kapital*, 23, S. 30–59.

WILLMS, M. (1995), *Internationale Währungspolitik*, 2. Aufl., München.

YEAGER, L.B. (1976), *International Monetary Relations: Theory, History, and Policy*, 2. Aufl., New York.

Sachverzeichnis

Absorption 2
Absorptionskapazität 45
Absorptionstheorie 270
Abweichungsindikator 189 f., 193
Abwertungs-Inflations-Spirale, 227
Abwertungsrunde 171
adjustable peg 136
Angebotspolitik 140
Ankaufsregelung 135
Ankerwährung 130, 134, 193, 197 ff.
Arbeitsmärkte
- Flexibilität der 215 ff.
Arbitragegeschäfte 55
Arbitragemöglichkeitskurve 81 ff., 95
Arbitragewunschkurve 78, 78 ff., 95
asymmetrische Schocks 208 ff., 213 ff., 216
Auslandseinflüsse
- Übertragung von 265 ff.
Außenbeitrag 2, 7, 246
Außenhandelsgeschäfte
- kursgesicherte 72 f.
Außenwert
- realer 58
Autarkie 18
Autarkiepreis 18 ff., 220
Bancor 172
Bandbreiten
- Umfang der 135
- bilaterale 134 f.
beggar-my-neighbour policy 15
Beistandssystem
- wechselseitiges 189, 191
Big Mac Parität 90 f.
Bretton Woods
- Scheitern von 177
- System von 171 ff., 236
- Wechselkursmechanismus 172 ff.
Briefkurs 56
Bruttosubstitutionalität 105 f.
Chartanalyse 123 f., 299
Clearing Union 172
crawling peg 136
cross-rate 55
crowding-out 256, 259, 283, 287
Currency Board 132 ff.
Deflationspolitik 169
Delors-Ausschuss 201 f.
Deport 57

Devisenangebot 12
- aus Außenhandelsgeschäften 63 ff.
Devisenbilanz
- Definition 10 f.
- Determinanten der 29 ff.
Devisenmarkt
- gespaltener 303 f.
- homogener 56
- Überschussangebot am 12, 17
- Überschussnachfrage am 12, 17
Devisenmarkteffizienz 121 f.
Devisenmarktgleichgewicht 64, 139
- instabiles 69
- stabiles 68 ff.
Devisenmarktinterventionen 138, 190, 199, 250
- bei Indikatoren 149 f.
- Motive von 148 ff.
- neutralisierte 141 f., 254, 260, 263 f.
- nicht sterilisierte 150 ff.
- sterilisierte 141 f., 151 ff., 250
- und Geldmengeneffekt 254, 263 ff.
Devisenmarktsteuer 304 f.
Devisennachfrage 12
- aus Außenhandelsgeschäften 63 ff.
Direkter internationaler
  Preiszusammenhang 230
Direktinvestitionen 9, 299
- Motive von 30
- Risiko einer 61
Doller-Recycling 45
ECOFIN-Rat 204
ECU 189, 191
Ersparnislücke 3
Ersparnisüberschuss 3
Erwerbs- und Vermögenseinkommen 7 f.
Euro
- Bestimmung der Anfangskurse 208
Euro-Märkte 179
Europäische Rechnungseinheit 191
Europäische Währungsunion 200 ff.
- und Faktormobilität 214
- Transaktionskostenersparnis 208
- und Arbeitsmärkte 214 ff.
- und Faktorpreisflexibilität 214
Europäischer Wechselkursverbund 188 f.
Europäisches Währungssystem 119, 189 ff.
- Krise von 1992/93 194 ff.

- Bandbreitenerweiterung 197 f.
- Leitwährung 193 f.
Eurosklerose 183
exchange rate pass-through 24 f., 61
Exportwert
- und Wechselkurs 22 f.
exposure 60
Externer Schock
- temporärer 39 f.
- zukünftig erwarteter 40 f.
EZB 10, 202
- Aufbau der 205 ff.
- Unabhängigkeit der 205
EZB-Rat 205 f.
- erweiterter 206 f.
Faktormobilität 214
Faktorpreisflexibilität 214
Fiduziärsystem 160
Finanzarchitektur 316
Finanzausgleich 214 ff.
Finanzierungsfazilität 154 ff.
Finanzierungssaldo
- eines Wirtschaftssubjekts 1
- gesamtwirtschaftlicher 1, 3, 8
- sektoraler 4, 32 ff.
Finanzmarktverhältnisse
- stabile 299, 301 ff.
Finanztransaktionen 5, 9 ff., 29
Fiskalpolitik
- bei festen Wechselkursen 258 ff.
- bei flexiblen Güterpreisen 283 ff.
- bei flexiblen Wechselkursen 255 ff.
Floaten
- kontrolliertes 138
Forum für Finanzmarktstabilität 301, 315
Gebietsansässige 5
Gebietsfremde 5
Gegenwartspräferenz 39, 42
Geldkurs 56
Geldmengen-Preis-Mechanismus 164 ff., 233 f.
Geldpolitik
- bei festen Wechselkursen 263 ff., 273
- bei flexiblen Güterpreisen 287 ff.
- bei flexiblen Wechselkursen 261 ff., 271 ff.
- Glaubwürdigkeit der 132
- internationale Koordination, 137, 305 ff.
- kontraktive 140
- und Wechselkursänderung 261 ff.
- und Wechselkursstabilisierung 147 ff.
- wechselkursorientierte 131
Gerechtigkeitszuteilung 144

Gesamtbilanz 13
gesamtwirtschaftliche Nachfrage 246 ff.
- und realer Wechselkurs 279
gesamtwirtschaftliches Angebot 279 ff.
- und realer Wechselkurs 283
Gleichgewicht
- am Geldmarkt 249 ff.
- außenwirtschaftliches 14, 250 ff.
- einer geschlossenen Volkswirtschaft 1
- einer offenen Volkswirtschaft 248
- internes 246 ff.
Gold 10, 143, 147
Goldarbitrage 161 ff.
- Kosten der 162
Gold-Devisen-Standard 143
Goldexportkurs 162 f.
Goldimportkurs 162 f.
Goldkernwährung 160
Goldparität 161 f.
Goldpool 176
Goldstandard
- klassischer 160 ff.
- Restaurierung des 170 f.
Goldumlaufwährung 160
Gouverneursrat 154
Grenzproduktivitätsentlohnung 34, 280
Gruppenfloaten 179, 188
Güter
- handelbare 59, 92 ff.
- nicht-handelbare 59, 92 ff.
- Verfügbarkeit 16
Güterpreisflexibilität 213
Handel
- intraindustrieller 16
Hard-ECU 202
Heckscher-Ohlim-Theorem 20
Hedging 63
Herdenverhalten 124, 299
Horten
- Definition von 100 f.
- Funktionen des 100 ff.
- und Anstieg der Geldmenge 102 f.
- und Anstieg des Volkseinkommens 103 f.
Hysterese-Effekt 25 ff..
Importnachfrage
- Preiselastizität der 22 f.
Importwert
- und Wechselkurs 22
Importzoll 140
Indifferenzkurve
- intertemporale 35 ff., 42
Industrielle Agglomeration 211 ff.

Inflationsimport
- bei festen Wechselkursen 230 ff.
- bei flexiblen Wechselkursen 233 ff.
Internationale Rückwirkungen
- bei expansiver Fiskalpolitik 274 ff., 277 f.
- bei expansiver Geldpolitik 277 f.
Internationaler Konjunkturzusammenhang
- bei festen Wechselkursen 271 f.
- bei flexiblen Wechselkursen 268 ff.
Internationaler Preiszusammenhang 230 f., 234
Internationaler Zinszusammenhang
- bei festen Wechselkursen 270 f.
- bei flexiblen Wechselkursen 266 ff.
Interventionen
- beidseitige 135
- intramarginale 136, 189, 194
- marginale 190, 194
- optimales Niveau 34, 41, 53
- Verpflichtung 259, 173 f., 177
Interventionspunkt 136, 189
IS-Kurve 248
IWF 10, 143, 153 ff., 299, 317
- Gründung des 172
- zukünftige Aufgabe 318
IXSM-Kurve 254 ff., 248 f.
J-Kurven Effekt 25, 239
Kapitalakkumulation
- optimale internationale 31, 309 ff.
- und staatliche Eingriffe 310 f.
Kapitalbilanz
- Determinanten der 29 f.
Kapitalexport
- Definition 8 f.
- kursgesicherter 75 ff.
Kapitalimport
- Definition 8 f.
- kursgesicherter 75 ff.
Kapitalmarktlinie
- intertemporale 37 f.
Kapitalstock
- gesamtwirtschaftlicher 280
Kapitalverkehr
- Beschränkung 303, 310 ff.
- freier 299 f.
- Zinselastizität des 252 f., 256 ff.
Kapitalverkehrskontrollen 194, 303, 308
Kapitalverkehrsliberalisierung 261
Kassakurs
- und Terminkurs 80 ff.
Kassamarktspekulation 73 f.
Kassawechselkurs
- erwarteter 74 f.

Kaufkraft
- Gleichheit der 88
Kaufkraftparität
- in absoluter Form 88 f.
- in relativer Form 89 ff., 92 f., 96
- und realer Wechselkurs 89 ff.
Keynesisches Festpreismodell 255
Konjunkturzusammenhang
- internationaler 166
Konsumentenreallohn 280 ff.
Konsummöglichkeitsgerade
- intertemporale 35 f., 42 ff.
- Steigung der 36
Konsumplanung
- intertemporale 35 f., 51 f.
Konvergenzkriterien 203 f.
Korbwährung 135
Kreditverkehr
- kurzfristiger 10
- langfristiger 10
Krisenmodelle
- Generationen von 298 f.
leaning against the wind 148 f.
Krönungstheorie 207
Leistungsbilanz
- anormale Reaktion 23, 28
- Ausgleich 8
- Bestimmungsfaktoren der 16 ff., 251
- Definition der 8
- Normalreaktion der 50, 70 f., 247
- Saldo der 2, 12
- Saldo der korrigierten 8
Leistungsbilanzsaldo
- als Ergebnis individueller Planungen 31 ff.
- als wirtschaftspolitisches Ziel 14 f., 30 f., 312
- Determinanten 39 ff.
- erzwungener Abbau 312 ff.
- Folgen eines 30 f.
- intertemporale Bestimmung 313 ff.
- optimaler 44, 313
- und ausländische Preisänderungen 229 ff.
- und ausländisches Volkseinkommen 28
- und Güterpreise 27 f.
- und inländische Preisänderungen 228 ff.
- und inländisches Volkseinkommen 28
- und staatliche Einflüsse 42 ff.
- und Wechselkurs 21 ff., 47 ff.
Leistungstransaktionen 5, 7 ff.
Leitwährungsnotenbank 194 f., 264
LG-Kurve 250 ff., 261 ff.
Lohndifferenzierung 215 f.
Lokomotivfunktion 273

Louvre Akkord 184
Maastrichter Vertrag 200
Magisches Dreieck 299
Marktüberwachung 301 f.
Marshall-Lerner-Bedingung 24, 51
Mengennotierung 54
Monetaristen 200
moral hazard 157, 317
Multiplikatoreffekt 256
Mundell-Fleming-Modell 255, 278, 291
Nettoauslandsvermögen 3
Nettokapitalexporte
- kursgesicherte 81 ff.
Nettokapitalimporte 251, 256
- kursgesicherte 81 ff.
Nettotransaktionskurve 71
noise trade 124 f.
Normalreaktion der Leistungsbilanz 50, 70 f..
- und Stabilität des
- Devisenmarktgleichgewichts 70 f.
Ökonomisten 200
Ölpreisschocks 34, 45 f., 179
Parallelwährung 201
Paritätengitter 135, 189
Paritätsänderungen 136 f.
Plaza-Abkommen 183
Policy mix 291
Politikkoordination 182
Portfoliogleichgewicht 108 ff.
Portfolioinvestitionen 9
Preisnotierung 54
Preisvorteile
- absolute 16 f.
- relative 18 ff.
pricing to market 24, 61, 65
principal-agent-Problem 299
Protektionismus 140 f.
Produzentenreallohn 280 ff.
Proportionalsystem 160
random walk 121, 124
Realignment 190
Rentenmark 170
Reparationszahlungen 170
Report 57
Restposten 10 f.
Ricardianisches Äquivalenztheorem 43
Ricardo-Theorem 20
Risikoprämie 74
Robinson-Bedingung 24, 51
Saldenausgleich 136, 193, 264
Smithonion Agreement 178, 188

Sonderziehungsrechte 10, 143 ff.
- Nutzung von 144
- Zuteilung von 144
Spazierstockeffekt 25, 239
Spekulation 62, 193 ff.
- bei festen Wechselkursen 235 ff.
- bei flexiblen Wechselkursen 236 ff.
- destabilisierende 235
- Einbahnstraße 235
- gewinnbringende 236 ff.
- Profis 238
- risikolose 235
- stabilisierende 236 ff.
Spekulative Blasen 122 f.
Spekulationswellen 298
Stabilisierungsfonds 172
Stabilitäts- und Wachstumspakt 204
Swapsatz 57
- kritischer 77, 95
Technische Analyse 123 f.
Terminkurs
- und Kassakurs 80 ff.
Terminmarktspekulation 73 ff.
terms of trade 58 f., 219
- Abhängigkeit von Preiselastizitäten 219 ff.
- eines kleinen Landes 225 f.
- und Güterhandel 219 ff.
- und Wohlfahrt 221
- Wechselkursabhängigkeit der 221 ff.
Tobin-Steuer 304 f.
Transaktionen
- autonome 13
- zahlungsbilanzinduzierte 13
Transaktionskasse 250
Transformationskurve
- intertemporale 37 ff., 44
Triffin-Dilemma 175 ff.
Übertragungen
- einmalige 7
- laufende 7
- netto 2
Verfügbarkeit 16
Verkaufsregelung 135
Vermögenseffekt
- wechselkursinduzierter 107 ff.
Vermögensübertragungen 8
Währungsbeistand
- kurzfristiger 191
- mittelfristiger 191
Währungsfuture 63
Währungskorb 191
Währungsoption 62 f.

Währungsraum
- optimaler 208 f.
Währungsreserven 130
- Arten von 143 ff.
- Schaffung von 145 ff.
- und Devisenmarktgleichgewicht 251
- Veränderung der 10
Währungsrisiko 59 ff.
Währungssubstitution 305 ff.
Währungssystem 130 ff.
- Asymmetrie des 142
- (n-1) Problem 134
Währungswettbewerb 201
Wechselkurs
- Abwertungswirkung 269 ff.
- Änderungserwartung 265 ff.
- am Kassamarkt 56 f.
- am Terminmarkt 57 f.
- bilateraler 54
- effektiver 57
- erwarteter 29 f., 251
- fester 131 ff.
- Fixierung des 316 f.
- kurzfristige Reaktion 117 ff.
- langfristige Reaktion 117 ff.
- nominaler 17
- realer 58 ff., 89, 226 f., 247 ff., 253 f.
- realer und handelbare Güter 92 ff.
- realer und nicht-handelbare Güter 92 ff.
- Referenzraten des 150
- überschießende Reaktion 117 ff.
- und absolute Preisvorteile 17 f.
- und ausländischer Zinssatz 112 f.
- und erwarteter Wechselkurs 115 ff.
- und Geldangebot 110 f.
- und Geldmarktgleichgewicht 96 ff.
- und Portfoliotheorie 104 ff.
- und Produktivitätsentwicklung 94 ff.
- und Risikoprämie 122
- und technische Analyse 123 f.
- und Vermögenseffekt 107 f.
- und Volkseinkommens 113 f.
- und Zinsparität 115 ff.
- Volatilität 56, 60
- Zielzonen für 149 f., 183 f., 302 f.
Wechselkurs- und
  Interventionsmechanismus 189 ff.
Wechselkurserwartungen 62
Wechselkursrisiken 59 ff.
Weltbank 153
Weltmarktpreise
- Bestimmung der 18 ff.
- gleichwertige 20 f.

Weltwährungsordnung 130
Weltwirtschaftsgipfel 181 f..
Werner-Plan 200 f.
Wettbewerbsfähigkeit
- preisliche 226 f., 247
Wirtschaftskreislauf 1
Wirtschaftspolitik
- autonome 299 f.
Zahlungsbilanz
- Ausgleich 130, 165 f., 250 f.
- Definition der 5 ff
- formaler Ausgleich 12 f.
- intertemporaler Ansatz der 31 ff., 51 ff.
- materieller Ausgleich 13 f.
- Saldo der 13
- und Devisenmarkt 12 f., 31
Zahlungsbilanzanpassung 139 ff.
Zahlungsbilanzfinanzierung 139, 141 ff.
Zahlungsbilanzungleichgewicht 138
- fundamentales 173
Ziehungsrechte 154, 174
Zins
- am Geldmarkt 240
- am Kapitalmarkt 240
- und Inflationserwartung 241
- und Wechselkurserwartung 241
- Zusammenhang zwischen kurz- und
  langfristigem 240 f.
Zinsarbitragegeschäft 75 ff., 78 f.
Zinsparität 120
- gesicherte 78
- ungesicherte 78
Zinsparitätenkurve 198 ff.
ZZ-Kurve 252 ff., 261 ff.